高中历史

课堂教学行思录

黄牧航 ◎ 著

广东高等教育出版社
Guangdong Higher Education Press
·广州·

图书在版编目（CIP）数据

高中历史课堂教学行思录／黄牧航著. --广州：广东高等教育出版社，2025.5（2025.6 重印）. --ISBN 978-7-5361-7777-2

Ⅰ. G633.512

中国国家版本馆 CIP 数据核字第 2024ZC4252 号

GAOZHONG LISHI KETANG JIAOXUE XINGSILU

出版发行	广东高等教育出版社 地址：广州市天河区林和西横路 邮政编码：510500　电话：（020）87553335 http://www.gdgjs.com.cn
印　　刷	佛山市浩文彩色印刷有限公司
开　　本	787 毫米×1 092 毫米　1/16
印　　张	21.5
字　　数	409 千
版　　次	2025 年 5 月第 1 版
印　　次	2025 年 6 月第 2 次印刷
定　　价	59.00 元

序

把科研论文写在教学第一线

从 2020 年 9 月起，广东省使用统编高中历史教材的改革已经走过了近五个年头。在头四年里，我一直在华南师范大学附属中学兼授高中普通班的课程，在高一和高二各任教了两年，高一的课程完整地讲授了两轮，高二的课程采取接力课的方式，已经讲完了三分之二以上的内容。高二余下的内容也在广州大学附属中学做了部分实践。在这四年多既忙碌又充实的实践中，我一直反思，对于新课标、新教材，我们广东省能否探索出普通高中历史教学的广东路径？凑巧的是，2023 年广东省启动第七批特支计划遴选，广州大学附属中学席长华老师成为第七批省特支项目主持人，本人也成为团队的一员。这就让我将中学实践与省特支项目的研究有机结合起来。这本结集成册的小书既是我四年多来所写的教学反思文章的汇编，也是第七批省历史特支计划项目“广东省高中历史教学指南”研究的阶段性成果之一。

到高中进行完整的授课，是我个人的心愿，是我个人工作的需要，同时也是学校和学院的安排。2017 年，教育部颁布《普通高中历史课程标准（2017 年版）》。历史文化学院的领导意识到，我们学院的毕业生今后必须面对新的课程标准和新的教科书。学院马上启动了本科课程的修订工作，增添了若干门与中学历史课程改革相关的课程，我承担了其中的一门——“历史学核心素养与中学历史教学实践研究”。由于这门课程的名称强调“实践”，我当时就倍感压力：新的课程和教材我自己并没有实践过，我凭什么来教我的学生去实践呢？

2020 年，华南师范大学教务处倡导从事学科教学法工作的教师都能够深入到基础教育一线去进行实践研究。在教务处和华南师范大学附属中学的积极筹划下，我得以进入华南师范大学附属中学担任普通班的授课工作。我当时对中学提出的要求是给我随机安排一个班就行了，我相信在普通班的教学实践更有说服力。我最初的想法是任课一年，但一年后我发现很多问题并没有解决，于是又在高一重教了一年。后来了解到老师们纷纷反映高二的教学难度更大，于是我申请到高二任教，坚持了两年的时间。应该说，这项任务最终能够落实完全得益于天时、地利、人和。如果没有中学和高校的课程改革，没有华师附中紧挨着高校的地理优势，没有各级领导的大力支持和个人的强烈意愿，我都不可能完成这项任务。

回顾这四年多的时间，基本上是在一种高强度的工作状态中度过的。我在大学里的所有工作都如常进行，本科生和研究生的课都得上，其他的科研工作、培训工作和各种琐碎事务也得认认真真地完成。在这一前提下，中学的教学工作确实给我增添了非常大的压力。为了按照中学的课程表授课，我需要放弃许多邀请，为此开罪了不少单位和朋友；为了保证上课的质量，我需要花大量的时间去备课；为了让学生在各种考试中都能够取得好的成绩，我的心情从来就没有轻松过；为了积累素材给本科生上课，我几乎每天都在记录教学过程和撰写教学反思。我也经常问自己：何苦把自己弄得那么疲累？

然而，这四年多的中学任教经历给我带来的收获是巨大的，更是终身受益的，这是我能够坚持下去的原因。

首先，我得到了中学生的普遍认可。这是一群眼里有光的学生，他们旺盛的求知欲让我尽享上课的快乐，忘记备课的辛劳。学生给我的回报是多方面的。例如，他们在考试中都取得了优异的成绩，这是让我最骄傲的事情之一。2022 年 9 月 11 日，一名高二的学生给我发来了信息："老师中午好！虽然昨天才是教师节，但还是请允许我们补上一句'教师节快乐'！非常感谢高一一整年来您的教导，身处高二历史班的我总是时不时在上历史课的时候出神。不，我是因为非常地怀念您探究式的有趣的课堂！也非常感谢假期您对我所提出的问题的耐心解答。希望您今后的每一天都顺利开心。然后这是一位同学让我替她发的信息！我们在历史学考中都取得了很棒的成绩！"再如，除了成绩外，我更加欣喜地发现在许多同学身上发生的、实实在在的进步。我忘不了那些抱着《文献通考》、二十四史中的《辽史》、马克思的《法兰西内战》来跟我讨论问题的学生。忘不了一个学生写给我的信："从前，我一上历史课就睡（主要是九年级），并且导致自己历史基础非常差，是老师您让我很开心地上了一整年的历史课！我可以很骄傲地告诉老师您，我今年一整年都是很认真地上历史课，从来没有打过瞌睡！"后来，这个自称在初中阶段历史从来没有考过 80 分的同学在高一学考中得到了 98 分，她说这是她做梦都没有想到过的成绩。更加让我欣慰的是，我相信我对某些学生的影响是持久的，这正符合核心素养的培育理念。如 2020 级的那批学生，现在都已经在大学里读书了。最近看到了其中一名同学发的微信朋友圈，让我十分感动："躺在深夜里，想起在高中讲台上把我这个差生收服的黄老师。何为真正的学者？遇到他，我才有了一个具象的答案。时过境迁，感慨颇多。他依然风度翩翩，站在三尺讲台上，让真正的知识走出书斋，去影响每一个愿意思考的灵魂，也时刻提醒着我，对知识保持敬畏，学海无涯，谦卑作舟。想念每节课都给我们带不同的书和邮票，只为我们能多感受一点历史厚度的黄老师了。”这名学生，当年多次跟我说，她的梦想就是要成为一名教授，今天，她依然在追逐着她的梦想。

其次，我也得到了大学生和中学教师的认可。2020—2023 年，许多周边的老师克服各种困难前来听课，弄得我每节课都不敢掉以轻心。由于有了一定的课堂教学实践经验积累，在给大学生和研究生上课、跟中学教师培训交流时，我不再空谈理念，而是能够通过大量的操作案例进行分析。我从不要求别人做一些我自己也做不到的事情。新课程改革提出了许多新的教学理念和教学方法，这些理念和方法如何与历史学科相结合？在实践中会遇到哪些困难？我觉得实践出真知，如果没有经过实践的检验，空洞地向师范生和教师提出各种各样的要求是不切实际的。通过四年多的中学教学实践，在大学的课堂里、在中学教师的培训现场，我不再像过去那样滔滔不绝地宣讲大道理，而是通过一个个具体的课例进行实践操作分析。更重要的是，我改变了过去的教学和培训方式，通常直接进行模拟授课——我模拟中学教师，师范生和中学教师则模拟中学生。这种自曝己短的做法受到不少非议：我的一些教学设计中规中矩，就有人说大学教师也不过如此；而一些教学设计稍有新意，就有人说毕竟是大学教师，不了解中学的实际情况，这些做法在中学是行不通的。但我相信大多数师范生和教师还是能够接受和从中获益的，我也一直坚持下来了。我从不认为我上的课就是示范课、标杆课，而仅仅是展示课、尝试课、试水课。无论是大学课堂还是中学教师的培训课，课堂的价值不在于听众获得了多少真理，而在于引发大家的思考。最糟糕的课堂是听众听完后没有任何反应的课堂，大家既不说你好，也懒得反驳你，自觉毫无收获，浪费时间。只要能够激发大家一点点思考，哪怕大家都认为此路不通，我也觉得我教研的目标已经达成了。

最后，我在科研上打开了新的局面。过去做科研工作，完全是困在高校的象牙塔中，思维方式局限于各种时髦的理论，所用资料亦受制于各种文本材料，至于我所提倡的许多理念和方法是否真的有助于中学的教学，连我自己都没有太大的把握。现在回想起来，每每觉得后悔和惭愧。四年多来，我的研究方向和论文题目的选择不是来自各种新理论，而是来自我在中学课堂教学中遇到的问题。每次上课后，我都把问题记录下来，认认真真地写教学反思。在这个过程中，得到了许多师长和朋友的鼓励和帮助。《历史教学》《历史教学问题》《中学历史教学》《中学历史教学参考》《基础教育课程》《教育研究与评论》等期刊发表了我撰写的大量教学反思性文章，让我受到了极大的鼓舞。由于撰写教学反思已经成为习惯，写下的文字也越来越多，在家人的支持下，2022 年底我开辟了个人的微信公众号“黄牧航的书斋”，以平均三天一篇的更新速度发表个人的教学心得。在两年多的时间里，公众号就得到了全国众多师生的关注和欢迎。一些教师说，阅读我的公众号成为了他们的教学日常甚至教研活动的主题。我非常喜欢这种不为发表而写作、不为评职称而写作的工作状态。我愿意永远扎根在中学历史教学的一线，把科研论文写在教学第一线上。四年多时间里，我既是新课程的践行者，也是新课程的思考者，因此我把这本小书定名为《高中历史课堂教学行思录》。

我只是一名普通的大学教师，我的本职工作就是给本科生和研究生上课。我无意也无能力开创先河、引领潮流，我所做的一切事情，最终都是为了服务好我的学生。在这四年多的教改实践中，我写下了 60 多万字的反思记录。这组文稿大多是在课后匆匆写成的，相信有不少地方欠缺推敲，甚至贻笑大方，但所有的内容都源自个人的亲身经历和所思所想。如同常态课尽显教学实践的真实一样，这组文稿也尽显我最原始的思想轨迹。广东高等教育出版社的冯沪萍老师是最先建议我把反思汇编成册、结集出版的人，在她不断的鼓励和催促下，我从过去四年多所刊发的文章和公众号推送的文章中精选出 86 篇，归纳为 18 个专题，编撰成这本小书。本书不拟构建出一个完备的学科体例，但 18 个专题基本囊括中学历史教学实践的主要方面；本书不刻意追捧各种时髦的教学理念，但 18 个专题尽量体现课程标准的目标要求；本书不做长篇大论的理论阐释，但 86 篇案例分析能够帮助读者掌握基本的实践操作方法。希望这种体例能够得到读者们的喜欢，更希望读者们能够推陈出新、举一反三，从每个专题中挖掘出更丰富的内容，从每篇教学反思中创新出更生动、有效的课例。

小书行将付梓，我的心也略感忐忑。每年的出版物卷帙浩繁，大有排山倒海之势。这本小书若能掀起一朵小小的浪花，也足以让我感到无比的欣慰和自豪。与此同时，我也深深感念一路上对我鼎力支持的单位和个人，如果没有华南师范大学教务处和历史文化学院的领导和同事不断地给予我鼓励，如果没有华南师范大学附属中学、广州大学附属中学的领导和历史科组的教师不断地为我排忧解难、包揽了大量的琐碎工作，如果没有各大出版社、杂志社编辑部的老师为我出谋划策、用心编校，我也绝无可能取得这些成绩，这本小书也不会呈现在大家面前。最后，仍期望广大读者能以海涵之心，包容我这粗浅的实践；亦以批判之思，指出我的薄弱和不足之处；更以改革为念，帮助我不忘初心、砥砺前行，为中学历史课程改革做出更积极的贡献。

黄牧航

二〇二五年五月于华南师范大学

目　录

第一章
历史教育教学理念的实践反思

2017 年，教育部颁布《普通高中历史课程标准》；2019 年，统编高中历史教材开始使用；2020 年，《普通高中历史课程标准》做了修订。以学科核心素养为目标的课程改革使课堂教学和考试评价都发生了较大的变化。五年来，一线教师的教改热情高涨，不断地探索符合课程改革理念的新方法，但同时也带来了许多新问题，如：新旧课程教学有何不同？有哪些教学理念和方法是值得我们追求的？如何评价新的教学方法的实际应用价值？这些问题都可以归结到一个核心问题——以学科核心素养为导向的中学历史课堂教学的基本要求是什么？我带着这些问题走上了高中历史课堂教学实践的道路。通过不断地进行实践和反思，我对一些较重要的理论问题形成了自己的观点。观点虽然粗浅甚至有错误，但都是我在教学中慢慢感悟总结出来的。

一、我的中学历史课堂教学追求①

2024 年是我从教第 32 年。近年一直在思考一个问题——我的课堂教学有什么风格？最近又在想，风格这东西恐怕不能自己说了算。有还是没有？如果有，又该如何描述？旁观者更有发言权。我自己能够总结的只能是课堂教学的追求。

一般说来，任何教师都会有自己的教学追求，把这些追求表述出来就成为教学主张；有 7 年以上教龄的教师，通常能够形成自己的教学风格，把这些风格形成文字，就成为初步的教学思想；当教学思想为一群志同道合的人所接受和践行的时候，就成为一种教学流派。教学流派是指拥有相同或相近

① 本文曾发表于《中学历史教学》2024 年第 3 期，有改动。

教学理念、原则和方法的一群教师的教学实践。对于一个区域的教研发展来说，教学流派的形成是至关重要的。

从教学主张到教学风格再到教学思想、教学流派，在整个形成过程中有共性的内容，就是需要一定的历史条件和文化环境，需要成熟的教学指导和长期的教学实践，需要丰富的教学案例和过硬的研究成果，而教学流派的形成还需要有成规模的专家队伍和名师队伍。

我把自己的中学历史课堂教学追求归纳为 8 个字：简洁精要，开放生成。

第一，“简洁”是指教学内容的呈现方式，包括课件和学案的设计。现在网络上的历史教学课件资源极其丰富，从设计风格来看，大致可以分为两类：第一类是内容繁杂型的，把大量教学素材事无巨细都往课件里搬；第二类是内容简洁型的，只突出最重点的文字和图片。第一类课件是潮流主体，占绝大多数。其实，两种风格各有千秋，难分优劣，但我更加倾向于第二类的风格。我认为课件呈现的内容应秉承“少即是多”的原则。内容越少，越能突出重难点，越能吸引学生的注意力，越能进行“留白”的版面设计。课件内容丰富，有利于资源的积累和呈现，也有利于教师旁征博引地讲授，但对中学生而言，往往会给他们造成巨大的视觉和接受压力。课件内容太多，意味着字体和图片都偏小，坐在后排的学生通常会看不清楚，同时由于呈现的内容过于庞杂，学生就不知道哪些才是重点。近年来，我的课件越做越简单，备课时将更多的时间和精力投向了学案设计。我相信课件是有助于教师讲授的，而学案是有助于学生自主学习的。在学案的设计上，我也是喜爱简洁型的。学案作为学生的导学材料，不宜把内容弄得比教材还要多，那就完全是喧宾夺主了。在网上看到的一些学案，阅读量巨大，版面拥挤，却成为中考高考的试题汇编。我认为学案设计应该突出学法指导和重要史料的呈现，排版力图简明、美观、活泼，这样更容易为中学生所接受。

第二，“精要”是指教学内容的提炼方式，包括把握概念、取舍内容和简易体例等。其中把握概念，是指教师能够把课程标准和教材中的概念术语讲述清楚已经是善莫大焉。中学历史教材中有大量的专有名词，理解好这些名词，是学习好教材的基础。例如，高一《中外历史纲要》中就有大量的概念术语，包括早期国家、华夏族、封建、专制、国家出路、民族危机、民主革命、民族革命、中华民族、共和、运动、主义等。这些概念出现的频率非常高，容易给人的错觉是学生都已经掌握了。其实，熟悉和理解是两回事，我们通常对耳熟能详的事情是一知半解的。在中学教学中，能够把这些概念术语给学生讲明白很不简单，非常考验教师的功力。我不主张在学生没有弄清楚教材中的概念术语之前，教师就额外地给学生增添太多课外的概念。取舍内容是指教师授课的时候要立足于精讲，没有必要面面俱到，把教材的所有内容都给学生细讲一遍。中学历史教材尤其是高中历史教材，在一定程度上已经实现了从教材向学材的转变，许多栏目的内容都是提供给学生自主学习的，教师只需要加以引导即可。简易体例是指每节课给学生搭建的教学提纲不宜太复杂。教学中，无论是新授课、复习课还是体验课、活动课等，都应该有一个基本的教学提纲。提纲围绕几个教学问题展开，是为一级标题；对问题进行深入的探讨，可进入二级标题。一级标题的构建，体现教学思维的宽度；二级以下标题的构建，体现教学思维的深度。就一节课而言，宽度不宜过宽，以三到四个一级标题为宜，深度不宜过深，以二级标题为宜。教学体例的设计，可依据教材的表述逻辑，也可以遵循教学的讲授逻辑。以高一《中外历史纲要（上）》第 9 课《两宋的政治和军事》为例，教材的逻辑是四点："宋初中央集权的加强""边防压力与财政危机""王安石变法""南宋的偏安"。我最终给学生的提纲是三点："宋初国策的制定""宋初国策造成的困境""摆脱困境的改革"。既依托教材的内容，也梳理了新的授课逻辑。"精要"是把教材内容化繁为简，深入提炼，而不是简单地删减内容、降低难度。

第三，"开放"是指教学内容的学习方式，包括丰富资源、拓宽视野和发散思维。丰富资源是指教师要建设好自己的课程资源库。课程资源库不但需要种类多样，也需要数量充盈。历史教学是一门非常看重资源建设的学科，教师可以从文本资源、思想资源、图片资源、视频资源、教具资源、教案资源等方面打造属于自己的资源库。根据"泛史料"的观念，教师应该以开放的心态去积累课程资源，随时随处留心身边的事物，努力搜集与教学相关的优质资源。拓宽视野是指教师要有积极的钻研态度，广泛且及时地了解历史学科的学术研究动态。中学教材的使用通常会持续在十年以上的时间，而学术研究的进步是日新月异的，教师应该坚持海量阅读、勤于写作，多参与学术讲座、读书分享会、教学展示会，不断地更新知识储备、了解学术前沿动态，让自己的思维始终处于兼收并蓄、博采众长的状态。发散思维是指教师要以本学科的内容为基础，通过跨学科的研究和教学思维的拓宽，摆脱思维定式，把更多的教学资源和思维方法融入历史学科的教学中。

第四，"生成"是指教学内容的教授方式，包括创设问题情境、布置驱动任务、聚焦素养培养。新课程的改革，至关重要的一个操作方式就是"以新情境下的问题解决为重心"①。有情境，不一定有问题；有问题，肯定伴

---

① 中华人民共和国教育部. 普通高中历史课程标准（2017 年版 2020 年修订）[S]. 北京：人民教育出版社，2020：59.

随情境；而素养的提升，必然与完成具体的学习任务密切相关。生成教学的追求由来已久，但学科核心素养导向下的教学尤其重要。过去，我们强调最好的课堂是在实践中生成出来的，而不是预设出来的；今天，我们强调学生素养的提升是在解决一个个具体问题的过程中实现的。根据历史学科的内容创设情境，根据学生的生活实践需要提出问题，根据历史学科核心素养的目标布置任务，这是我所追求的课堂教学方式。在这个教学过程中，学生会提出各种各样的古怪问题，会带给我种种下不来台的难堪，但在师生互动的过程中，我觉得我是在面对真实的问题、解决真实的疑惑。虽然我不一定能够给学生满意的答复，但起码可以推动学生的思维真正启动、学习真正发生。

在这四点之中，“开放”和“生成”是许多教师都能够理解并且可以做到的，他们在教学中充分利用了大量的教学资源，也善于提出有价值的问题启发学生思考，反而如何做到“简洁”“精要”则成为一个老大难的问题。某些教师的课件，字号偏小，文字量巨大，既考验学生的视力，也挑战学生的快速阅读能力；某些教师的课，教学目标偏多，教学容量偏大，教师使尽浑身解数，学生却有点手忙脚乱、无所适从。

其实，呈现海量内容、让学生始终处于“八面受敌”紧张状态的课堂教学也不失为一种教学风格，它有其存在的意义和价值，但我个人更钟情于简洁精要的教学方式。回想起来，我对简洁精要教学方式的偏爱由来已久，并非近年来的自主选择。因为我觉得一位教师采取什么样的教学方式，与其所处的人文地理环境是密切相关的。

作为一个土生土长的广东人，我一直在思考自己的教学追求与广东文化有何关系。李权时主编的《岭南文化》一书用 8 个词来概括岭南文化的特点：重商、开放、兼容、多元、创新、务实、享乐、直观①。除了“重商”跟教学没有关系外，其他 7 个我觉得都有联系。在广东的教学界，我见到的多是来自全国各地的教师，“开放”“兼容”“多元”不是我个人的选择，而是我必须面对的教学现状。地缘的优势使我更乐于接受外来的新事物，务实的传统使我更愿意扎根基层，丰富的市井生活使我更关注年轻人的行为方式，重视直观形象的思维使我对图片素材和实物材料情有独钟、喜爱有加。然而，随着社会的发展和信息技术的进步，上述的诸多要素其实很多地方的教师都拥有，而广东的地域文化带给我最大的影响是简易之学。罗韬老师在《如何看待“岭南无文化”的评价》一文中提出了一个非常精辟的观点：“岭南文化的最精粹之处正在于易简之学。”② 这也正是我一直以来孜孜不倦

① 李权时. 岭南文化［M］. 广州：广东人民出版社，1993.

② 罗韬. 半半集［M］. 广州：广东人民出版社，2016：9.

的追求。

对于南北学术的差异，刘义庆在《世说新语》的“文学篇”中已有概括：“北人学问，渊综广博；南人学问，精通简要。”这本无高低好坏之分，只有取法路径的不同。罗韬老师的解读是：“北方是邃密之学，是尊儒的，是严密而繁富的，是结构的；南方是易简之学，是尚玄的，是更简要而综括的，往往是解放的。”① 广东地处祖国的南方，几乎是最后的文化开发地，崇尚易简的特点尤其明显。罗韬老师对“易简之学”的定义是：“反对经院式的繁琐，反对支蔓，追求一贯；提倡回到元典，回到自心。”②

罗韬老师的文章风格跟他推崇的易简之学相一致，辞少意丰，不以堆砌材料见长，而以通识辞章取胜。例如：论述岭南文化的易简特征，他没有引经据典，而是简要分析了三个历史人物——六祖惠能、陈白沙和康有为。

唐代，各个领域人才辈出，唯有哲学领域颇显凋零，幸有惠能横空出世，不仅最终实现了佛教的本土化，也写就了中国乃至世界哲学史上的辉煌篇章。作为一名不认字的“獦獠”，惠能自然不会走躲进藏经楼、遍阅大藏经的皓首穷经之路，他对“佛性无南北”的顿悟和自信，开启了一个“自得曹溪法，诸经更不看”的佛教新境界。陈白沙是明代心学的奠基者，也是广东唯一一位从祀孔庙的大儒，他宣称：“观书博识，不如静坐。”“道不明，虽日诵万言，博极群书，不害为末学。”康有为在政治上并不成功，私德也备受诟病，但思想路径独树一帜，确有恢宏深刻之处。他宣称：“日埋故书堆中，汩其灵明，不如绝学捐书，静坐养心，静里忽现天地万物与我一体，大放光明。”罗韬老师指出：“惠能之学，引领着一个世俗主义的潮流；陈白沙之学，引领着一个个人主义的潮流；而康有为之学，则是引领着整个二十世纪乌托邦与改良主义相纠结、相交胜的潮流。其实背后都有岭南易简之学作为它们的根本基础。”③

文化的奇妙之处，在于其一旦形成，就会渗透到社会中的各个领域，也会在潜移默化中影响着身处其中的每个人的思想方式和行为习惯。罗韬老师的文章较少引经据典，但他的思维却能触类旁通，发现不同领域事物中所蕴藏的共同的、潜在的规律。我从他撰写的《移花就镜：二十四品诗书画印通释》一书中获益良多。

《二十四诗品》是唐代诗人司空图创作的一部古代诗歌美学和诗歌理论专著，用二十四首四言诗来分别论述二十四种诗歌美学境界。罗韬老师并没

---

① 罗韬．半半集［M］．广州：广东人民出版社，2016：9.

② 罗韬．半半集［M］．广州：广东人民出版社，2016：10.

③ 罗韬．半半集［M］．广州：广东人民出版社，2016：16.

有对这二十四首诗进行逐字逐句的训诂，而是通过大量的古今诗歌、绘画、书法和印章来印证这二十四种美学境界。

《二十四诗品》中与易简之学关系最密切的是“洗炼品”，原诗为：“如矿出金，如铅出银。超心炼冶，绝爱缁磷。空潭泻春，古镜照神。体素储洁，乘月返真。载瞻星辰，载歌幽人。流水今日，明月前身。”这首诗想表达什么？孙联奎在《诗品臆说》中提炼为8个字：“不洗不净，不炼不纯。”罗韬老师做了更加清白的解说：“要言不烦，片言解纷。把复杂的问题说清楚，自是一种能力。因为只有把事情想清楚了，才能说清楚；反过来，凡说不清楚的，其实是没有想清楚。所以，莎士比亚说：‘简洁的言语是一种智慧。’能精能净，归为一个字——简。”①

什么样的诗歌称得上“洗炼”？罗韬老师举了柳宗元的《江雪》：“千山鸟飞绝，万径人踪灭。孤舟蓑笠翁，独钓寒江雪。”什么样的绘画称得上“洗炼”？罗韬老师举了吴冠中的画作《双燕》。什么样的书法称得上“洗炼”？罗韬老师举了欧阳询的《九成宫碑》的例子。什么样的印章称得上“洗炼”？罗韬老师举了钱君匋为张大千刻的朱文印“大千写记”的例子。

“洗炼”本是司空图用于形容诗歌之美，罗韬老师却能把它迁移到绘画之美、书法之美、印章之美上，原因在于真正把握了“洗炼”之美的本质——易简。易简并非意味着容易、简单、渺小，而是象征着本原、力量和创新。老子在《道德经》中称“万物之始，大道至简，衍化至繁”，陆九渊诗云“易简工夫终久大，支离事业竟浮沉”，郑板桥有对联“删繁就简三秋树，领异标新二月花”。这些都说明易简之美源自千锤百炼的磨砺，而不是来自得过且过的敷衍。

同样的道理，教学中追求易简之美并非指为降低教学难度而谋求简单、显浅、平庸的效果，而是指对教学内容“尽去枝蔓，扫除繁儿，单刀直入，切中要害”。具体说来，我对自己的要求是四点——磨砺思想、精选史料、锤炼语言、简化课件。

“磨砺思想”是指运用自己的阅读感悟和人生阅历去理解历史现象，对教材进行二度消化，把教学内容真正内化为自身的思想感情，避免所有照本宣科、故弄玄虚、生搬概念、硬套理论的做法。

“精选史料”是指史料研读求精不求多，课堂教学中所提供的史料务求逐字逐句地给学生讲深讲透，避免求量不求质的堆砌方式和囫囵吞枣的讲授方式。

---

① 罗韬．移花就镜：二十四品诗书画印通释［M］．广州：广东人民出版社，2020：89.

“锤炼语言”是指努力提高自己的语言表达能力，力求用简洁、精准、通俗、生动的语言来讲述，多提启发性问题，多跟学生互动交流，避免教师一讲到底的“满堂灌”做法。

“简化课件”是指根据奥卡姆剃刀原理和“少即是多”的原则，课件制作力求“如非必要，勿添一字；如非必须，勿增一图”。课件上的一字一图，务必跟学生交代说明清楚。

这四个方面的追求，为的就是收到“易简”的教学效果。通常来说，准备 15 分钟的说课，难度比 40 分钟的讲课要大；准备 40 分钟的讲课，难度比两个小时的讲座要大。付出是巨大的，过程是艰辛的，但唯有如此，才能像《二十四诗品》所说的那样，通过“如矿出金，如铅出银”的手段，方能达到“空潭泻春，古镜照神”的境界。

以上是我对自身多年教学追求的思考和总结。虽然有一定的实践基础，但由于对史学理论的研究十分肤浅，对教育哲学的钻研未窥堂奥，因此教学规律的探索仍属粗糙。我希望每位教师在沉浸于忙碌工作的同时，都能够沉下心来反思自己的教学行为。知其然，也知其所以然，知道自己的来处，也清楚自己的去向。形成教育思想、打造教学流派并非每个人都需要做的事情，但把自己的教学追求梳理清晰、形成文字应该是可以做到的。

二、我是这样备课的

在中学上课的四年多时间里，耗时最多的，自然就是备课。新备一课书，在没有干扰的情况下，起码需要两天的时间。事实上，很多时候保证不了。这意味着一些课是在准备并不充分的情况下就匆匆完成了。现在回想起来，我仍然觉得非常惭愧和后怕。

网上流传一句话：“人生需要准备的，不是昂贵的茶，而是喝茶的心情。”这句话是有一定道理的。备课首先面对的问题，并非是否有名师指点、同伴互助，也并非是否已经积累了丰富的素材，而是你是否拥有了备课的心情。备课的心情包括四方面的因素：一是在思想上你是否把备课这项工作看得很重要？二是在身体上你是否拥有良好的精神状态？三是在时间上你是否有充裕的时间保证？四是在空间上你是否有一个平静、不被打扰的环境？这四方面的因素，如果缺乏了其中一点，我觉得都很难备出高质量的课。而在这四点中，最为重要的还是第一点。

认真地备课，只需要一个理由，就是认识到备课的重要性。而不认真备课，则可以有许多的理由——事务性的工作多，家庭的生活压力大，社交应酬难以推辞，身边没有足够的图书资源，身体总是出毛病……在中学上课的前两年中，我一直在跟各种各样不认真备课的理由作斗争。肩负着高校诸多的科研和教学担子，每周还要备两节全新的高中课程，其难度可想而知。多少次，都想着敷衍过去就算了。网上有大量现成的课件，下载几个，略微改造，就能应付过去。这么多年也算小有积累，讲几个段子，播放几个小视频，也能轻松完成40分钟的教学。然而，最终过不了的，还是自己的这一关——无法说服自己去随意、将就。于是，白天应付各种营营役役的事务，晚上拖着疲惫的身躯，还是硬着头皮枯坐在电脑前，思考下一节课该如何讲。

作家麦家说过："我365天至少有300天是写作期，早晨定时起床，定时地去面对电脑，有时候状态好可能会写个一两千字，状态不好可能一两百字都写不出来。但是你必须要坐在电脑前，你要那种现场感。写不出来没关系，写不出来你可以思考，总之你要不停地面对，面对电脑其实是面对那个未知的生命。你不能说前面两个小时写不出来，就离开了，那不行，基本上我每天至少有5到6个小时肯定在电脑前，状态不好也要熬5到6个小时，也许最后一个小时状态就好了。"① 在四年多的备课经历里，我也基本是处于这种状态，无论多忙，每天都必须挤出5~6个小时来读书备课。我尤其喜欢"面对电脑其实是面对那个未知的生命"这一句，我所有的教学设计和课件，都是从电脑键盘里敲出来的。可能正因为过于憧憬那个未知的生命，过于享受看到新生命诞生的喜悦，这两年居然也就坚持下来了。

这高强度工作的四年，也是新型冠状病毒肆虐的时期。疫情给人们的工作生活造成了极大的困扰，却给我带来了难得的平静时光。免除了许多舟车劳顿的出差，免除了许多乏味冗长的会议，免除了许多毫无意义的应酬，我也有更多的机会像麦家所说的那样："早晨定时起床，定时地去面对电脑"。很多时候，清晨的工作能够带来更多的灵感。这种思如泉涌、创意迭出的感觉真是美妙。我常常为一个奇思妙想而激动不已，恨不得马上与学生分享，这正是作为一名教师的快乐所在。这种心无旁骛、忘我投入的学习工作状态，我睽违已久，上一次拥有似乎还是在读大学期间。

然而，在很多时候，备课并非顺风顺水，而是困难重重。我经常面对着课程标准和教材发呆，一筹莫展，毫无头绪，只能胡乱地翻着书，紧张地搜索着网页，在房间里来回踱步，坐立不安，身心备受煎熬。我虽然没有女性分娩的体验，却有多次住院卧床十多天的痛苦经历。每次躺在病床上时，我总觉得做一个健康的正常人是多么美好的事情。而每次备课无法进行下去时，就觉得跟朋友吃饭聊天、旅游看电影是多么轻松愉快的事情。但我知

① 张日，柏栎，尹夕远．不流血，别人就不会珍视你：对话麦家［J］．人物，2019（5）：66－73．

道，为了迎接那个“新生命”的到来，我必须抵御种种诱惑，咬牙坚持下去。

记不清楚有多少次，由于各种事情的耽搁，能够坐下来备课已经是晚上10点以后。头脑一兴奋，睡眠就困难。即使能够入睡，我能梦到的也全是讲课的思路。印象最为深刻的是备美苏冷战的内容。我一直想把电影《少年派的奇幻漂流》的情节与美苏冷战进行类比，又总觉得有不少环节是说不通的。于是，在睡梦中，冷战的内容与少年派的内容交替呈现，我最后似乎得到了圆满的解释。然而，第二天醒来，我才发现梦中的思路完全是荒诞不经的。

工作上的困难尚能理智应对，身体上的毛病则难以控制。从2020年开始到2021年9月，我一直深受胸闷的困扰。心慌气短使我经常全身乏力、头晕眼花，做什么事情都提不起劲。许多备课的思路其实是躺在床上想出来的，是坐在医院候诊室的椅子上冒出来的。2021年9月后，胸闷的症状有所缓解，但干眼症又随之而来。刚开始的时候，我并不清楚是干眼症，只觉得视物昏花、眼睛干涩疼痛得难以忍受，甚至引发头晕头痛，读书看电脑无法坚持超过10分钟。四处求医问药却收效甚微，青光眼、颈椎病、脑瘤……各种可怕的后果，我都想到了，心中的恐惧和慌乱可想而知。干眼症对我的打击，比胸闷还要大，因为已经无法正常地使用电脑了。于是，我只能多思少看，考虑成熟后马上依靠眼药水缓解一下就迅速把课件做出来。

我曾经有过六年专职从事中小学教师培训的工作经历。通过与大量的教师打交道，我认识到促进教师专业成长最重要的因素就是个人发展的内驱力，其次才是各种客观条件的支撑。近四年深入中学一线实践，让我更加坚信这个想法是正确的。成功的教师总有相似的因素，而暂未成功的教师则总有形形色色的理由。无论在哪个时代，社会难免有各种各样的不公，人生难免有接二连三的坎坷。多读几本人物传记，就会明白大多数人的内心深处都埋藏着一个痛苦不堪的灵魂；多跟身边的人深入交流，就会理解大多数人的工作生活都有着无穷无尽的烦恼。作为教育行政部门和学校领导干部，理应想方设法地给教师们减负，为教师们的专业发展提供良好的制度环境和物质环境。而作为教师本人，坚定职业的信念和操守却是无可替代的素养。面对工作、生活的困难和压力，自怨自艾、怨天尤人是于事无补的，要解决问题最终还是得靠自己。尼采曾经说过：“在自己身上，克服这个时代。”① 我经

---

① 原文为：“一个哲学家最初和最终要求自己什么呢？就是要于自身中克服他的时代，成为‘无时代的’。”参见：尼采．瓦格纳事件　尼采反瓦格纳［M］．孙周兴，译．北京：商务印书馆，2011：4．

常拿这句话与学生共勉：当大多数人热衷于交际宴请时，你可以立志埋头苦干；当大多数人喜好快餐文字时，你可以选择深度阅读；当身边的人显得心浮气躁时，你可以追求脚踏实地；当身边的人做事情都是得过且过时，你可以立足于精益求精。当然，最为重要的是——当许多人认为备课不重要的时候，你可以坚定地认为备课是至关重要的事情！

三、“学史学者，须先习基本科学”

2023 年 12 月发生的两件事，都勾起了我对高中时代学习历史的回忆。

第一件事是收到了 2023 年意大利邮政发行的纪念老普林尼的邮票。这是我收集到的第一枚纪念老普林尼的邮票。老普林尼是谁？现在的中学生不一定知道。盖乌斯·普林尼·塞孔都斯（Gaius Plinius Secundus，23—79 年）又称老普林尼，是古罗马百科全书式的作家，以《自然史》一书著称。2023 年是老普林尼诞辰 2 000 周年纪念年。

人教版高中《世界历史》（1987 年 9 月第二版）是我读高中时使用的教材，较为详细地介绍了老普林尼。30 多年过去了，这个知识点今天仍记忆犹新：“普林尼（23—79 年）是一位学识渊博的科学家，著有《自然史》，内容包括天文、地理、生物、冶金、医学等各方面，是一部百科全书式的著作。”①

第二件事是买到了一本新书《改写地球历史的 25 种石头》②。该书的第一篇题为《火山凝灰岩》，讲述的正是老普林尼的故事。

中学教材对老普林尼与维苏威火山爆发的故事是这样写的：“他很注重实地考察。79 年维苏威火山爆发，他到那里去救援和考察现场，结果中毒窒息而死。”③而《改写地球历史的 25 种石头》的叙述就更加详尽了：

> 这场火山喷发的目击者几乎都葬身于这场灾难之中，未留下只言片语，他们的想法也都消逝在历史的迷雾中。幸运的是，目击者历史学家小普林尼的记述留了下来。灾难发生时，小普林尼 17 岁，正和家人一起乘船逃往米塞努姆镇（Misenum）。米塞努姆镇离海湾对面的维苏威火山只有 35 千米。这位年轻人在写给他的朋友——著名历史学家科尼利厄斯·塔西佗（Cornelius Tacitus）的信中写道，他 56 岁的舅舅，古罗

①③ 世界历史［M］. 2 版. 北京：人民教育出版社，1987：62 – 63.

② 普罗瑟罗. 改写地球历史的 25 种石头［M］. 周敏，译. 杭州：浙江科学技术出版社，2023.

> 马著名的海军将领、学者和博物学家老普林尼，决定乘小船到火山附近解救他的朋友。自从我在高中拉丁语课上第一次阅读到这段叙述，它便成为我最喜欢的关于火山喷发的记述之一。①

这段叙述让我颇有感触。对老、小普林尼和维苏威火山的认识，我和普罗瑟罗一样，都源自高中的教材。不同的是，我重点记住的是老普林尼，普罗瑟罗重点记住的是火山；我的知识来自历史教材，普罗瑟罗的知识来自拉丁语教材；历史教材给我提供的阅读量很少，拉丁语教材给普罗瑟罗提供的阅读量非常大。

这两件小事都指向了同一件事情——勾起我对中学时代的历史教材的回忆，我进而有了三方面的思考。

第一个思考是中学教材对人的一生的影响是巨大的。高中历史教材一段短短的叙述，使我多年以来一直关注老普林尼、小普林尼、维苏威火山和庞贝遗址，一直没有停止过搜集相关专题的材料。早在 1961 年，为纪念小普林尼诞辰 1900 年，意大利邮政就发行了纪念邮票。这么多年以来，我一直遗憾没有收集到老普林尼的邮票，终于在 2023 年填补了这个空白。

关于维苏威火山爆发导致庞贝城的毁灭，最著名的一幅油画作品出自俄国画家之手。俄国画家卡尔·巴甫洛维奇·布留洛夫于 1827—1833 年间创作了《庞贝的末日》，现藏于圣彼得堡的俄罗斯博物馆。该画场面宏伟，构图复杂，运用浪漫主义与现实主义相结合的手法描绘了这一著名的历史事件。苏联和俄罗斯先后把这幅名作搬上了邮票。关于庞贝遗址的邮票数量不少，最值得收藏的当然是意大利发行的邮票。庞贝遗址出土的文物数量巨大，中学历史教材采用的图片“亚历山大在伊苏斯”就出土于庞贝遗址。另外，还有希腊发行的邮票等。这些资源，都是我在教学中反复使用的素材，都源自我读高中时所用教材播下的思想种子。

第二个思考是阅读《改写地球历史的 25 种石头》后的感受。这是一本难得的好书，我居然有点舍不得马上读完的感觉。我想，如果我的高中时代能够读到更多类似的书，或者我的人生会走向另外一条道路。

近年来出版了许多以“改写历史的 × 种……”为题的书，如《改变历史的 50 种食物》《改变历史的 50 种植物》《改变历史的 50 种动物》《改变历史的 50 种矿物》等。这些书角度新颖、思维发散、图片精美，能给读者莫大的启发。但从人文性和科学性相结合的角度来看，我仍然觉得《改写地

---

① 普罗瑟罗. 改写地球历史的 25 种石头［M］. 周敏，译. 杭州：浙江科学技术出版社，2023：3－4.

球历史的25种石头》是目前看到的最好的一本。

我本以为地质的历史与人类历史不会有太大的关系，毕竟地质的历史太长，人类的历史太短，但这本书还是非常巧妙且令人信服地把地质的历史与人类的历史结合起来叙述。全书的故事性非常强，让我这个“理科盲”阅读起来毫不费力。尤其难得的还有两点：一是每种石头的叙述路径居然各不相同，有的从重大的历史事件导入，有的从重大灾难导入，有的从历史谜案导入，有的从名人逸事导入，有的从作者的生活经历导入……让读者总能饶有趣味地阅读下去。二是有些篇章居然能从对石头的叙述中提炼价值观，如在《火山凝灰岩》一篇中，作者最后总结道：

> 维苏威火山和庞贝城的故事，与其他大型火山喷发并无二致。让它与众不同的是老普林尼和他的外甥在火山喷发时的观察和记录。他们并没有将这次火山喷发看作神的复仇，而是以一种科学的方式来观察它，将它描述为一种自然过程。这与老普林尼一生中所著的《博物志》（*Natural History*，共37卷，是史上最早的博物志著作之一）所体现的科学思想是一致的。小普林尼对浓密的火山灰很像地中海地区的松树的描写，及其对随后的火山喷发过程的描述，是史上第一次细节详尽、科学准确、不带神话色彩的火山喷发记录。因此，两位普林尼先生（老普林尼还在科学观察中不幸身亡）的记述标志着人类用自然观察法研究地质过程（我们现在将其称为地质学）的开端。①

第三个思考是基本学科知识对历史学习的重要性。历史学习的许多内容其实都离不开基本学科的知识。例如，这本书所论述的25种石头，有许多种都是跟中学历史教学密切相关的，如铜、锡、铀、磁石等。跨学科的理解对于历史学习来说不是可有可无的事情，而是必须进行的事情。这个道理，在20世纪20年代北京大学史学系的课程指导书中就表述得非常清楚。详细内容可见《现代大学史学系概览（1912—1949）》一书。②

该书提供了1923年的北京大学史学系的教学指导书。指导书明确提出：

> 学史学者，先须习基本科学。盖现代之史学，已为科学的史学，故

① 普罗瑟罗．改写地球历史的25种石头［M］．周敏，译．杭州：浙江科学技术出版社，2023：12.

② 王应宪．现代大学史学系概览（1912—1949）［M］．上海：上海古籍出版社，2016.

> 不习基本科学，则史学无从入门。所谓基本科学者，即生物学、人类学、人种学、社会学、政治学、经济学、法律哲学、社会心理学等科，必须于二年以内，先行学完，乃可以言史学。而各种科学中，以社会学及社会心理学尤为重要。故本系各种基本科学，按其先后次第，尽排列在第一、第二两学年中（基本科学中，尚有人地学一科，将来亦须添设）。①

1923 年开设的基本学科有社会学、政治学原理、经济学原理、生物学、人类学及人种学、法律哲学、社会心理学、统计学等。1924 年，新增基本学科“地史学”一门，由朱家骅开设：

> 本课纲目如下：地球之性质、地力之流行、地壳之产生于变迁、大洋、汽圈与气候、火山之现象、地史之证据、地史时期之区别、元古界之概略。
>
> 古生代：通论、气候、地球之形、海洋与大内斜、造山、造煤。中生代：通论、大陆与大内斜之演进、海洋与大陆、地壳之分布、海进、造山作用与火山。新生代：通论、海洋与大陆、造山作用与火山、气候、第三纪之概略、洪积层之冰期、历史前之人类。②

这里所说的“地史学”，与《改写地球历史的 25 种石头》一书的内容许多是相通的。但从地史学的人文价值来看，今天学者的认识水平恐怕又远超民国时期的学者了。

学习历史的好处，在于无论你阅读什么书籍，别人都不能指责你不务正业。万事万物都跟历史相关，打好基本学科的基础，就是学好历史的基础，阅读任何书籍，其实都有助于历史理解。认识到这一点，对于今天的年轻学生来说尤其重要。

开卷永远有益。要学好历史，宜读一些“跟历史无关”的书，尤其是理工科的书。因为当年的史学家就告诫过我们：“学史学者，须先习基本科学。”

---

① 王应宪. 现代大学史学系概览（1912—1949）［M］. 上海：上海古籍出版社，2016：17.

② 王应宪. 现代大学史学系概览（1912—1949）［M］. 上海：上海古籍出版社，2016：28.

四、AI 时代历史教育的追求

2025 年农历新年伊始，DeepSeek（深度求索）掀起的技术狂飙如万钧雷霆，震惊了世界，也彷徨了众生。一个已经工作多年的学生忧心忡忡地问我，人工智能的这种发展势头是否会让历史教师失业？因为中学生遇到问题时询问 AI 比请教老师可能更靠谱，DeepSeek 用了几秒钟做出来的教学设计比她思考了两周时间做出来的更优秀。我跟她说，无论在生活中还是在工作中，人类都已经进入到与 AI 共生共赢的时代，恐惧、排斥和拒绝的态度都是不可取的。一方面，我们要努力学习如何运用 AI；另一方面，我们要思考一下有哪些事情是 AI 做不到或者做不好的。

当我们询问 AI 一个问题，它拥有的历史知识量可能比我们更丰富，它看待历史事物的角度可能比我们更多元，它分析历史问题的条理可能比我们更清晰。虽然 AI 能做到的事情不等于我们能做到，对事物的最终判断也还是取决于人类本身，但它确实可以给予我们无穷的启发，让我们少走很多弯路。然而，在历史教学中，有一项技能是 AI 无能为力的——它不可能像人类一样对历史事物产生共情。

在英国霍德教育出版社（Hodder Education）版的中学历史教材《什么是历史?》（*What is history?*）一书中，编者从六方面对低年级学生提出学习历史的技能：时间区（Time Zone）、证据区（Evidence Zone）、解释区（Interpretation Zone）、“为什么”区（Why? Zone）、意义区（Significance Zone）和神入（共情、移情）区（Empathy Zone）。我思考了一下，在这六方面中，最难被 AI 取代就是“神入（共情、移情）”（Empathy）。①

什么叫 empathy? 教材提出了一个简单的定义：“推测过去人们的想法和感受称为‘共情’。”（We call working out what people in the past thought and felt “EMPATHY”.）② 教材没有展开更多的论述，而是通过针对一个具体的历史事件让学生理解什么是共情。

第二次世界大战后，英国面临着严重的劳工短缺问题，于是从殖民地招募了大量劳工进入英国。1948 年 6 月，有 500 名西印度群岛人乘坐帝国疾风号（The SS Empire Windrush）客轮到达英国。教材提供了客轮到达英国港口时的大幅照片，我们可以看到船上的人无不欢欣雀跃、笑逐颜开，体现出常人初到一个新的国度时的兴奋心情。

---

① DAWSON I. What is history? [M]. London: Hodder Education, 2003: 2-3.

② DAWSON I. What is history? [M]. London: Hodder Education, 2003: 32.

接下来，教材提供了9则材料，分别介绍了9个（群）人在英国工作的命运和感受。当然，这9个（群）人中只有3个人是1948年乘坐帝国疾风号的乘客，其余的都是其他时间进入英国的劳工。例如，材料A展示了1958年9月22日一群来自牙买加的移民抵达纽黑文港口的场景。材料B讲述了一个叫尤斯顿·克里斯蒂安（Euston Christian）的人的经历。他来自西印度群岛，二战期间效力于英国空军，战后回到了牙买加，最后又乘坐帝国疾风号重返英国，还当上了曼彻斯特市的议会议员。他回忆了他在二战期间作为一个外来人参加英国空军的感受。材料H讲述了帝国疾风号一位乘客阿尔德温·罗伯茨（Aldwyn Roberts）的命运——他成为了一名歌手。他在采访中声称他的日子过得像国王一样。

对于中国的历史教师来说，这种铺陈一大堆史料的做法并不新奇，但根据这堆史料向学生提出的学习任务却是我们很少想到的。教材要求学生完成三个任务：一是根据这堆史料写出这批劳工到达英国后的感受是什么。二是请你的同学也完成同样的任务。三是对比你的感受与你同学的感受有何不同。

这三个任务不是要求学生去解释和评价历史现象，而是设身处地地想象和感受这批移民劳工的人生际遇。教材希望学生能够明白一个道理：不同的人都会有不同的人生经验和主观感受。历史上不同的人对待同样的一件事情是这样，今天不同的人去看待历史上的人和事也是这样。因此，很多历史问题并没有固定的答案，它取决于有着不同人生经验和主观感受的人怎样去看待它。

这个设计给了我诸多的启发。

首先，神入（共情、移情）是历史教学的一项重要能力，但我们向来关注不多。没有感情和想象力的投入，历史学习就会成为一门冷冰冰的学科，学生整天面对的就是枯燥的知识点、干巴的规律和不容置疑的结论。人类有五千多年的文明史，生产力取得了飞跃性的进步，但五千多年来，人性几乎没有任何改变，人性中的优点和缺点同样存在于古人和今人的身上。趋利避害、喜新厌旧、对美好生活的向往、对无常命运的恐惧等都是与生俱来的人性特征，只是不同的人表现出来的程度有所差异而已。因此，离开了对人性的反思和感受，也就不可能对历史现象有清醒准确的理解。

其次，要求学生对历史上的人和事产生共情离不开对史料的阅读和分析。我经常看到的一些教学设计是："如果你回到某某朝代会怎么样?""如果你是某某历史人物你会怎样做?"提出这些问题的时候，如果不提供相应的史料素材，学生就只能胡思乱想、胡说八道，不会取得好的教学效果。我十分欣赏《什么是历史?》教材里的一个问题设计：提出5个历史人物，问学生在这5个人之中，你跟谁产生共情比较容易？又跟谁产生共情比较困难？这5个历史人物分别是英国首相格莱斯顿、19世纪前后的年轻工人罗伯特·布林科（Robert Blincoe）、挪威国王哈拉尔·哈德拉达、伊丽莎白一世时期啤酒商汤姆斯·伍德科克（Thomas Woodcock）、英国女王伊丽莎白一世。大多数人可能认为，年轻工人和啤酒商跟我们一样都是普通人，我们更加容易与他们产生共情，其实不然，我们跟英国首相、挪威国王和英国女王更容易产生共情，因为他们留给我们的史料比较丰富，而对年轻工人和啤酒商的情况我们知道得甚少。我们能够跟一个历史人物产生共情，主要不是因为我们跟他们的社会地位相近，而是因为我们掌握了更多的关于他们的史料。因此，脱离史料去谈共情完全就是空穴来风。

再次，历史学习者跟历史人物和历史事件产生共情就是AI不可能完全取代的技能。人类的情感是一种非常复杂的人生体验，而且人与人之间的差异极大，这是AI难以模拟和复制的。例如，面对教材提供的9则素材，不同的人得出的共情感受是完全不同的。从材料A的大合照中我们感受到了什么呢？有人感受到的是喜悦，有人感受到的是迷茫，有人感受到的是希望。从材料B的照片中我们感受到的是英国本土战士与外来援助者的和谐相处、其乐融融，而从尤斯顿·克里斯蒂安的叙述中我们又感受到他的被孤立和被排挤。从材料H中阿尔德温·罗伯茨的叙述中，可能有人会感受到一个外来人员融入英国社会的喜悦，但有人生阅历的读者可能感受到他的言不由衷——作为一个还得依靠英国听众来供养的流行歌手，他只能够美化当前的处境。凡此种种，教材最后归纳总结出一个“大观念”（The Big Ideas）：历史是什么呢？从共情的角度来说，历史就是运用材料来共情过去的人们的感受和经验。学习历史你需要大量运用共情的技能，但不是凭空地想象，你必须利用材料来发现过去的人们的感受和经验。①

AI跟人不一样，它没有人生的阅历，没有人类的感情，它可以对历史现象做逻辑的推演分析，却无法以人类的情感和道德判断来理解历史现象。我喜爱阅读历史人物传记，尤其喜爱对比阅读不同作者撰写的同一历史人物的传记。我发现传记的差异，主要还不是体现在对史料运用的功力的不同，而是体现在作者对传主投入的共情理解的不同。例如，关于贝多芬的传记可谓多矣，但要超越罗曼·罗兰的《贝多芬传》恐怕并不容易。在该书中，罗曼·罗兰的核心观点是：“我称为英雄的，并非以思想或强力称雄的人；而只是靠心灵而伟大的人。”②

---

① DAWSON I. What is history?［M］. London：Hodder Education，2003：36.

② 罗兰. 贝多芬传［M］. 傅雷，译. 北京：人民音乐出版社，1978：X.

在书的序言中，罗曼·罗兰写下了他的心路历程：

> 二十五年前，当我写这本小小的《贝多芬传》时，我不曾想要完成什么音乐学的著作。那是一九〇二年。我正经历着一个骚乱不宁的时期，充满着兼有毁灭与更新作用的雷雨。我逃出了巴黎，来到我童年的伴侣、曾经在人生的战场上屡次撑持我的贝多芬那边，寻觅十天的休息。我来到波恩，他的故里。……然后我又和他单独相对，倾吐着我的衷曲，在多雾的莱茵河畔，在那些潮湿而灰色的四月天，浸淫着他的苦难、他的勇气、他的欢乐、他的悲哀，我跪着，由他用强有力的手搀扶起来，给我的新生儿约翰·克利斯朵夫行了洗礼。在他祝福之下，我重又踏上巴黎的归路，得到了鼓励，和人生重新缔了约，一路向神明唱着病愈者的感谢曲。①

罗曼·罗兰还解释了他这本传记与一般学术著作的不同之处：

> 但今日会有人在这支颂歌里面寻求以严格的史学方法写成的渊博的著作，对于他们，我不得不有所答复。我自有我做史家的时间。我在《亨德尔》和关于歌剧研究的几部书内，已经对音乐学尽了相当的义务。但《贝多芬传》绝非为了学术而写的。它是受伤而窒息的心灵的一支歌，在苏生与振作之后感谢救主的，我知道，这救主已经被我改换面目。但一切从信仰和爱情出发的行为都是如此的。而我的《贝多芬传》便是这样的行为。②

如果说贝多芬是因心灵而伟大的人物，那罗曼·罗兰同样如是。歌德曾经说过："世间最纯粹、最暖人胸怀的乐事，恐怕莫过于看见一颗伟大的心灵对自己开诚相见吧。"要理解和感受一颗伟大的心灵，我们需要有相应的人生阅历，需要投入人类的情感。我想，这正是历史教育的价值所在，也是AI无能为力的。

好的历史教育如同好的历史作品，它需要教师和作者投入健康的人类情感。有没有真情实感的投入，是我评课和评价作品好坏的重要标准。例如，研究史前史的著作非常多，但作者能够与古人类共情的作品就很少。《重返冰河时代：发现史前世界》是一部优秀的作品，作者希望摆脱那种为项目而

---

① 罗兰. 贝多芬传［M］. 傅雷，译. 北京：人民音乐出版社，1978：Ⅲ.

② 罗兰. 贝多芬传［M］. 傅雷，译. 北京：人民音乐出版社，1978：Ⅳ.

研究、为经费而学术的写作风格，创作出一部“让故事更有人情味”① 的作品。

如罗曼·罗兰一样，作者首先讲述了他写作的起因。他用形象的文字描述了他所居住的地方：

> 这本书要从一小片空地讲起。空地位于安大略省中南部一家农场后面的一条长煤渣道的尽头，隐藏在一堵破败的篱笆墙后。篱笆因年久失修，长满了茂密的小树和灌木。空地较远一端是平坦的沙地，缓缓延伸到一大片根枝缠结、昏暗阴沉的杉木沼泽地。这片沼泽地继续向东绵延数里至下个小镇，甚至更远。这地方相当僻静，除了篱笆周边的小树林中偶尔传来乌鸦嘶哑的叫声，或是残枝败叶被形单影只的路人踩到后，藏身其下的蚱蜢四处逃窜时发出的沙沙声。乍看这地方似乎与世隔绝，然而远方的道路上不时有汽车和卡车呼啸而过，提醒我们这里并未远离尘世，那些散布在篱笆四周的大树桩和暴露在弃耕的沙地上的玻璃碎片、生锈金属以及砖块也是明证。显然红尘喧嚣曾光顾于此并留下痕迹，但又匆匆离去。只有某个漫步者正在享受这种被遗弃的感觉，以及由此带来的时间静止感。②

然而，面对这平淡无奇的生活景观，只有具有历史感的人才能够遥想到在冰河时期在这里生活的先人会遇到什么事情，这种写作方法才真正增添了人类所独有的温度：

> 除了寂静，这里并不像看上去的那般空空荡荡、平平无奇。这只是一种错觉。漫步者没走几步就会意识到这一点。这片空地以及与之毗邻的杉木沼泽，其实相当于一座博物馆。……他发现了一个凸出地面的东西——那东西棱角分明、外形对称，一半露在土外，一半埋在土里。他试着把这个物品从土里拔出来，并清理掉上面的泥土。他一时并不确定手中的东西是什么，后来才兴奋地意识到这可能是一件印第安人的遗物，很可能是一个箭头。就在他小心翼翼地检视手中的物件时，心中不可思议地涌出对其制造者的敬意。切实的重量和触感立刻激起了他与那

① 斯托克. 重返冰河时代：发现史前世界［M］. 陈虹，刘吉颖，陈冉，译. 北京：商务印书馆，2024：xv.

② 斯托克. 重返冰河时代：发现史前世界［M］. 陈虹，刘吉颖，陈冉，译. 北京：商务印书馆，2024：xi.

> 个早已逝去之人的共鸣，并将他与过去连接起来。他想知道这块石头的主人是谁，生活在多久以前。徒步者陷入沉思，伫立许久，然后小心地将东西装入口袋，转身离去，准备向朋友们讲述这段不平凡的旅程。①

我想，在历史教育和研究中，最难的并非史料的积累和方法的运用，而是对过去的人和事拥有历史感。这种历史感，是我们发现问题的起点，也是我们研究问题的终点。这种历史感，离不开感情的投入和共鸣，也只有人类才能够拥有。

当然，随着技术的突飞猛进，AI 是否能够拥有人类的情感？这也绝非完全不可能的事情。因此本文的题目还是谨慎地表述为“不完全能够被 AI 取代”。因为即使 AI 不具有人类的情感，它的强大模拟功能也会引导人们如何对事物投入感情，如教人们面对一个事物的时候应该高兴还是恐惧，应该乐观还是沮丧。在不知不觉中人们的思想和感情都有可能被 AI 牵着鼻子走，虚情假意将如瘟疫般在全球蔓延。这里涉及的就是科技伦理的大问题了。如果人类科技的进步只追求工具理性而不讲求价值理性，未来的世界不见得会更美好。

五、历史教学中的“白菜豆腐”理论
——《秦统一多民族封建国家的建立》教学反思

“白菜豆腐”的故事出自金庸小说《射雕英雄传》第十二回《亢龙有悔》。“白菜豆腐”是我根据小说情节总结出来的教学理论。小说原文如下：

> 黄蓉噗哧一笑，说道：“七公，我最拿手的菜你还没吃到呢。”洪七公又惊又喜，忙问：“什么菜？什么菜？”黄蓉道：“一时也说不尽，比如说炒白菜哪，蒸豆腐哪，炖鸡蛋哪，白切肉哪。”
>
> 洪七公品味之精，世间稀有，深知真正的烹调高手，愈是在最平常的菜肴之中，愈能显出奇妙功夫，这道理与武学一般，能在平淡之中现神奇，才说得上是大宗匠的手段，听她这么一说，不禁又惊又喜，满脸是讨好祈求的神色。

这个故事告诉我们，真正的烹饪高手，首先是做家常菜的能手；真正的

---

① 斯托克. 重返冰河时代：发现史前世界［M］. 陈虹，刘吉颖，陈冉，译. 北京：商务印书馆，2024：xi－xii.

武学高手，其功力体现在于其扎实的基本功，而不在于施展各种阴招、怪招、损招。同样的道理，真正的史学大师，不会靠独占几则罕见史料来暴得大名，更不会靠出格的言论来迷惑众生，而必须依靠扎实的史料功夫和深厚的人生阅历。读大学时，我的老师跟我说，他认识一位敦煌学大师，请教学问之道，大师说无他，只是习惯把一则则敦煌的籍账材料裁成小纸条放在裤袋里，时时拿出来阅读思考，看看有哪些信息还不能理解和提取而已。我由此感悟到，历史教学也是同样的道理。真正的好教师，不在于在课堂上拼命呈现新观点新材料，而在于帮助学生把最基本的史实、史料和观点理解到位。

历史教学中的“白菜豆腐”理论是指历史教师专业成长的重点在于夯实史学和教学的基本功，不断地提升自己的学养和教养，而历史教学的重点在于帮助学生打好知识基础，发展思维能力，逐步提升核心素养水平。从高中、初中历史课程标准的要求来看，师生的共同目标都是“通过学科学习而逐步形成的正确价值观念、必备品格和关键能力”；从高考评价体系的要求来看，基于核心素养的必备知识、关键能力和核心价值是基本的考查目标。这些目标要求都非常宏大，而落实到教学实践中，教科书就是“白菜豆腐”，教师吃透教科书就是煮好了白菜豆腐，学生用好教科书就是消化了白菜豆腐。

在教学和命题中，轻视教科书的现象是非常普遍的。一些教师认为历史教科书人人都读得懂，实在没什么好讲的，弄不好还会被人指责为照本宣科。于是，在常态课和公开课中，他们都热衷于抛开教科书的内容，通过展现新奇的观点和寻找大量的课外史料来显示自己的能力。一些命题者也认为依靠历史教科书的命题是观念和技术落后的表现，好的题目还是得依赖最新的学术观点和最新发现的史料。如果说教材是“白菜豆腐”，那些学术新观点新材料就是“山珍野味”。山珍野味偶尔吃一两顿是可以的，但不可能餐餐吃，世界上本来就没有太多山珍野味，而且有些保护动物和植物还属于绝对不能吃的。现在有些公开课，教师讲授的内容只有题目是跟课标和教材相吻合的，其他内容基本与之没有关系。他们端出的山珍野味到底煮熟了没有？还是煮糊煮焦了？这些山珍野味本应是什么味道的？学生和听课教师都似懂非懂、一脸茫然。命题也一样，学者们研究多年才写出的万字长文，却被命题者截取出几百字来，要求学生在极短的时间内阐述其微言大义。这种题目对中学历史教学并未起到良好的引导作用。

我希望教师在备课时，尤其在准备公开课和竞赛课时，要避免一个误区就是以展示新观点和新史料为能事，认为不这样做就是没有认真备课。而命题者在命题时要避免的误区就是脱离中学历史教学的实际，以呈现新概念、新观点、新史料为能事，认为不这样做就体现不了题目的难度。无论是教学还是命题，教科书都是我们首先要充分利用好的“白菜豆腐”。

如何煮好“白菜豆腐”？我对自己的要求是四招——从新处讲、从疑处讲、从出处讲、从对比处讲。从新处讲，是指从学生都熟悉的教材内容中讲出新意；从疑处讲，是指从学生都自以为理解的教材内容中提出疑问；从出处讲，是指帮助学生理解教材观点的史料依据；从对比处讲，是指帮助学生理解教材不同内容的关联比较。

例如，讲述高一《秦统一多民族封建国家的建立》一课时，可从“新处”“疑处”“出处”“对比处”四方面切入。

新处如：关于秦朝的疆域，初中教材的表述是“南达南海”，而高中教材的表述是“南至北向户”。“北向户”是个什么概念？什么样的房子门口会向北开？

疑处如：教材的题目强调“统一多民族国家”，夏商西周时期我们国家也是统一的和多民族的，为什么讲到秦朝的时候会强调这个问题？

出处如：教材正文写道“陈胜自立为王，号为‘张楚’”，同时在“学思之窗”中提供了《史记·陈涉世家》的原文“陈涉乃立为王，号为张楚”。教材的正文基本照抄了《史记》的表述。“张楚”是国号、年号还是口号？史学界历来有争议，从史料的字面意义上都能解释得通。教材在问题设计中明确认定“张楚”是政权的称号。有考古材料证明“张楚”有可能是口号。湖南益阳市博物馆收藏了一枚写着“张楚之岁”的觚，学者们认为楚国长期通行“大事纪年法”——把重要事件发生的第二年以此事件来命名，“张楚之岁”意思是“陈胜张大楚国的第二年”。学者们据此分析“张楚”应该是口号，意为“张大楚国”。①

对比处如：教材“秦朝形势图”有个图例为“政权部族界”，我让学生对比教材此前所出现过的所有地图，找出哪幅地图最先出现“政权部族界”，并思考为什么会出现这个图例。

教科书不是教学唯一的资源，但绝对是教学最重要的资源。在很大程度上，我们每一个人都是被教科书塑造出来的。我们之所以变成了今天这个模样，涉足了某个专业领域并且有了一技之长，从小学到大学的系列教科书起到了至关重要的作用。“白菜豆腐”理论强调教科书就是教学中的“白菜豆腐”，教师使用好教科书就是掌握了烹饪“白菜豆腐”的技能。我并不反对教师钻研烹调“山珍野味”的“屠龙技”，但前提是要掌握好烹饪“白菜豆腐”的基本功。

---

① 李琛. 楚人何以亡秦［J］. 中华遗产，2022（11）：154－159.

六、历史学科核心素养课堂教学的基本要求

——《官员的选拔与管理》单元教学反思

课程改革给课堂教学带来的变化是多方面的，最显著的变化是教材的更新，而最本质的变化是理念的转变。中学历史课堂教学现状是一成不变与千变万化并存。在某些教师的课堂里，除了授课内容有新的调整外，授课的方式方法并没有太大的改变，而在另外一些教师的课堂里则是花样百出、热闹非凡。如何正确理解学科核心素养导向下的课堂教学追求，是实现课程改革目标的基本前提。我们是沿着以下四个方面的思路开展研究的。

第一，理解历史核心素养课堂教学的文件要求。如何开展学科核心素养导向下的课堂教学，教育部颁布的许多文件中是有明确表述的，吃透和落实文件的精神是我们研究教学的基础。例如，《普通高中历史课程标准（2017年版2020年修订）》在“教学与评价建议”中对“有效设计教学过程”提出了四个方面的要求：一是创设历史情境，二是以问题为引领，三是开展基于史料研习的教学活动，四是充分运用现代信息技术，提高教学手段的多样化和信息化水平。① 这四个方面的要求是我们在教学设计中务必达成的。我们可以在此基础上做加法，即根据学情增添一些新的教学方法，但不宜做减法，因为《普通高中历史课程标准（2017年版2020年修订）》的要求必须做到。又如《普通高中历史课程标准（2017年版2020年修订）》提供了一个完整的“教学与评价案例”，该案例的突出特点是由三个学习任务组成，可见任务驱动式学习是《普通高中历史课程标准（2017年版2020年修订）》所倡导的。② 再如，《中国高考评价体系》是指导评价的重要文本，其对学科素养给出了明确的定义：“学科素养是指即将进入高等学校的学习者在面对生活实践或学习探索问题情境时，能够在正确的思想价值观念指导下，合理运用科学的思维方法，有效整合学科相关知识，运用学科相关能力，高质量地认识问题、分析问题、解决问题的综合品质。”③ 依据以评促教的原理，

---

① 中华人民共和国教育部. 普通高中历史课程标准（2017年版2020年修订）[S]. 北京：人民教育出版社，2020：50－54.

② 中华人民共和国教育部. 普通高中历史课程标准（2017年版2020年修订）[S]. 北京：人民教育出版社，2020：73－83.

③ 教育部考试中心. 中国高考评价体系说明［M］. 北京：人民教育出版社，2019：18.

这个定义对教学的要求表现为四个方面：把握正确的思想观念、创设历史问题情境、提供学习方法指导和设计历史学习任务。以上要求都应该成为新课程教学设计的基本准则。

第二，落实历史核心素养课堂教学的最低要求。所谓课堂教学的最低要求，是指课程标准和教材对教学提出的基本要求。依标靠本进行教学设计本是教学的重要原则，但当前脱离课程标准和教材进行教学的现象还是较为普遍。例如，在教研活动中，我们常见以下现象：①以竞赛课的标准来推广课例，而忽视对常态课的研究。②过分突出某些重点学校和优秀教师的表现，而忽视广大普通学校甚至是薄弱学校的教师需求。③单纯鼓励教师追求新立意、新观点、新材料和新方法，而忽视了对课程标准和教材的消化和利用。教研追求高质量发展与满足大多数普通教师的实际需求并不相悖。教研中探索出来的方法和规律要适用于大多数普通学校才更有实践价值。2022 年，人民教育出版社编撰出版了针对高中历史教材的“专用版”教师教学用书。所谓“专用版”，是指在“通用版基础上专门为民族地区教师编写的教学参考书”。[①] 该教学参考书致力于帮助教师满足教学的最基本要求，虽然是服务于民族地区的教师，但任何地区都有基础相对薄弱的学校，所以落实课堂教学的最低要求是课程改革中不可忽视的重要问题。

第三，追寻合格性考试和选择性考试较难达成的要求。高中教学，很容易被异化为单纯满足应试需求的教学。高一教学的目标指向了应对合格性考试，高二、高三的教学目标指向了应对选择性考试，这些现象并不罕见。在课堂教学中，我们需要牢记课程改革的初衷：“促进学生全面而有个性的发展，为学生适应社会生活、高等教育和职业发展作准备，为学生的终身发展奠定基础。”[②] 当前，以学科核心素养为导向的考试命题改革已经取得重大进展，评价对教学的引导作用不断加强，但同时我们也要认识到，有相当部分的课程目标是考试命题评价较难达成的，如学习兴趣、社会责任感、终身学习能力、沟通合作能力等。这需要我们全面深入地理解课程改革的要求，不宜将课堂教学中的每个行为都指向应试目标，而应该更多地思考如何真正有效地提升学生的能力素养。

第四，区分不同学年的历史教学对核心素养的要求。在学科核心素养的培养过程中，高一和高二教学所面临的要求是不同的，高二选择性必修课程

---

① 普通高中教科书　教师教学用书　历史　必修　中外历史纲要（上）（专用版）［M］. 北京：人民教育出版社，2022：1.

② 中华人民共和国教育部. 普通高中课程方案（2017 年版 2020 年修订）［S］. 北京：人民教育出版社，2020：3.

是对高一必修课程的递进和拓展。高一和高二教学所面临的难题也不一样：高一教学的突出问题是课程容量较大与课时相对不足的矛盾，教师为了完成教学进度而忽视了对核心素养的培育；高二教学的突出问题是面对高考的压力，不少教师把新课上成了复习课，完全忽视了核心素养课堂教学所推出的新理念和新方法。从观念层面上看，无论是高一还是高二教学，我们都需要一视同仁，以培育学生的学科核心素养为首要目标；但从操作层面上看，解决高一教学困境的重点在于对教材内容的取舍，解决高二教学困境的重点在于平衡学习任务设计与高考试题命制的关系。

根据课程方案和课程标准的要求，并针对当前课堂教学中出现的难题，我总结归纳出高中历史核心素养课堂教学改革的六方面基本要求：立足教材、价值引领、创设情境、史料研习、任务驱动和原创试题。下面以高中历史选择性必修1《国家制度与社会治理》第二单元《官员的选拔与管理》为例逐一分析。

（一）立足教材

教学设计和课堂教学要紧密依托教材，这是教学的基本要求。强调这一点是因为当前脱离教材进行讲授的现象较为普遍。有的教师认为教材的内容学生都能够看懂，没有详细讲述的必要，也有的教师认为高考命题一般不会选取教材的内容，所以重点还是应该由教师补充新的素材。我们认为，尽管教材不是学生学习的唯一资源，但依然是学生学习最重要的资源。抛开教材去授课，效果并不好，往往会导致学生掌握不了教材的知识，对教师增补的内容也懵懵懂懂。

立足教材的教学，意味着我们要更新许多理念和做法。例如，我们要树立“用教材”而不是“教教材”的理念。在高中历史教学中，逐字逐句地给学生讲述教材并无必要，关键是让学生把教材的知识灵活地运用起来。例如，“学习聚焦”栏目指出晚清选官制度的三大变革：废除科举制度、设立学堂选官制度和留学毕业生选官制度。单纯记忆这些内容意义不大，宜跟“学习拓展”类目中“搜集资料，进一步了解清末选官制度变革对传统教育和读书人命运产生的冲击”的任务设计联系起来讲授。又例如，我们要掌握把知识点的讲授与情境创设相结合的方法，教材讲了从秦汉到明清的官员选拔制度，但基本没有说这些制度选拔出哪些著名人物，这就需要结合初中和高一的教材内容，把相关人物的事迹增补进去。

（二）价值引领

价值观教育是历史教育的核心内容。主题教学设计是落实价值引领功能的有效方法。“所谓历史主题，就是有明确价值导向的专题。”① 主题教学的重点在于引导学生树立正确的价值观念。在教学中突出主题引领的方法有五种：一是学习党和国家的方针政策；二是依托历史课程标准的表述；三是借鉴高考评价体系的指标；四是充分利用统编教材的观点；五是提炼历史学术研究的成果。② 而在实际操作中，无非是两种类型：一是运用教材的观点；二是根据教材的内容重新提炼观点。

根据上述第一方面的要求，进行主题设计的时候首先要立足教材，把握好教材的观点。例如，本单元的序言提出了官员的选拔与管理“也是社会治理的必要前提”，中国古代历史上的官员选拔与管理经验“为人类政治文明作出了重要贡献”等等观点，都是本单元教学中的重要主题。我们也可以在教材内容的基础上提炼新的主题，如根据第一单元《政治制度》和第二单元《官员的选拔与管理》的关系，再根据“问题探究”栏目中的“分析中国古代对官员‘德’‘才’的要求有何特点”的提问，可以提炼出“官员素质在政治制度运作中的重要作用”这个主题。

（三）创设情境

在本次课程改革中，“情境”这个概念被提到非常重要的地位。“以新情境下的问题解决为重心”既是教学设计的追求，也是考试命题的主要原则。③ 情境创设的主要目的有两个，一是通过再现学科知识产生的场景让学生更好地掌握知识，二是通过呈现现实情境中的实际问题让学生在解释或解决问题的过程中提高综合素养。针对高中历史教材的表述过于概括和抽象等特点，在教学中强化情境创设就显得尤其重要。

例如，教材指出秦汉官员的考核办法主要是上计制，并对该制度的基本内容做了概述。在教学中，我们需要结合具体的人和事帮助学生理解上计制是如何运作的。汉初三杰之一的萧何的经历就能够较好地说明这一点。《史记》有较生动的描述：“萧相国何者，沛丰人也。以文无害，为沛主吏掾。……秦御史监郡者与从事，常辨之。何乃给泗水卒史事，第一。秦御史

---

① 黄牧航，张庆海. 中学历史学科核心素养的教学与评价［M］. 北京：人民教育出版社，2020：153.

② 黄牧航. 中学历史核心素养命题的关键技术一：聚焦价值观念［J］. 历史教学（上半月刊），2024（4）：14－18.

③ 中华人民共和国教育部. 普通高中历史课程标准（2017 年版 2020 年修订）［S］. 北京：人民教育出版社，2020：59.

欲入言徵何，何固请，得毋行。”① 萧何作为秦朝的地方官吏，办事井井有条，御史对他的考核结果名列第一。这则史料是对教材概述的情境化解说，我们可以在此基础上提出探究问题：“根据教材的表述，请指出萧何担任秦朝沛县的官吏，其工作的主要职责是什么？秦朝负责考核官员的职官被称为什么？萧何在考核评价中被评为第一名，这种考核评价制度在秦朝称为什么制度？”依托史料营造情境，根据情境导出问题，针对问题提出解决的方案，这就是历史学科核心素养课堂教学设计的重要方法。

（四）史料研习

史料教学被视为最有历史学科特点的教学方式，自 1989 年高考出现史料解释题以来，史料教学已经被中学教师广为接受。在本次课程改革中，不但“史料实证”被列入历史学科的核心素养之一，史料研习也被写进有效教学设计的基本要求。在新的改革背景下，一是要充分利用教材中的史料，二是要积极探索通过史料研习来提升核心素养的有效方式。

把教材视作史料，意味着不仅仅使用教材提供的史料资源，还可以把教材正文和各栏目的内容都当作史料来使用。例如，教材并没有说元朝的选官制度最终选拔出什么人才，但高一的教材提到郭守敬和许衡这两个名人，这就可以作为史料来佐证教材的观点。

史料研习方式的转变是课堂教学改革的重点。教师不宜大量使用“以论带史”的方式来进行教学，而应该教会学生自主地运用史料实证的思维方式来分析问题。例如，教材“思考点”栏目提出了“为什么说工业革命推动了文官制度的建立？”这个问题，学生梳理教材的内容就可以将其作为史料来论证，关键是要掌握论证的方法：第一步，理论阐述，简述论证所依据的唯物史观的基本原理；第二步，史实分析，运用唯物史观基本原理来分析主要史实；第三步，总结提炼，重申、印证或者反驳题目的观点。

（五）任务驱动

任务驱动式教学，是指学生在教师的指导下，紧紧围绕一个或多个任务进行自主探究或互动协作，最终通过解决问题来达成教学目标的学习实践活动。在以核心素养为目标的课程改革中，任务驱动式教学是课堂教学改革的又一重要内容。

要准确理解任务驱动式的教学设计，需要把任务和问题区分开来。在传统的课堂教学中，我们也经常向学生提问题。但“提问题”不一定是“任

① 司马迁．史记·萧相国世家［M］．北京：中华书局，2013：2431－2432.

务驱动”。作为一个任务，它通常包含目标、方法、流程、材料、工具、结果等要素。① 本单元的学习内容繁杂，做教学设计时不宜过分拘泥于琐碎的知识点，应该着力于任务驱动教学来帮助学生掌握学习方法和提高思维素养。如我们围绕“西方文官制度的建立是学习中国科举制度的结果吗?”这个专题设计了三个层次的任务，分别引导学生探索三个问题：第一步是辨析概念，思考“西方文官制度”和“中国科举制度”是不是同一层面的概念；第二步是收集史料，把教材中的相关表述整理出来；第三步是辨析史料，对教材的叙述和教师提供的史料逐一辨析，论证史料与结论之间的逻辑关系。

（六）原创试题

原创试题不是《普通高中历史课程标准（2017 年版 2020 年修订）》和《中国高考评价体系》的要求，是教学改革过程中提出的现实要求。本次课程改革中，命题评价的理念和方法都发生了较大的变化，由于改革时间尚短，能够体现学科核心素养理念的优质题目还不多，不少教师只能把过去的题目改头换面来弥补试题资源的不足。在教学实践中，我们经常看到好的教学设计与陈旧的评价方式并存，两者形成巨大的反差。在这种情况下，教师备课时尝试设计新的问题就成为一件重要的工作。

作为新授课的试题，没有必要完全按照高考试题的题型、篇幅和思路进行，在符合学科核心素养导向的基础上，可大胆创新命题的方式方法。本单元的教学，我们就给学生提供了填空题、连续题、判断题、识图题、阅读题等大量不同高考题型的题目。新授课的史料阅读也不需要像高考试题那样受篇幅的限制，可以指导学生阅读一些相对完整的材料。例如，明代的监察制度是教学的难点，学生很难理解整个监察系统是如何运作的。黄仁宇的《万历十五年》一书做了较生动的论述，文字通俗易懂，便于学生理解。由于《万历十五年》叙述较完整，高考命题是很难截取重要段落来命题的。但作为新授课的教学，则完全可以让学生阅读相应章节后再回答教师提出的问题。

上述六个方面，其实是一项任务的六项内容，它们之间是紧密相连的。例如，后五个方面都跟第一方面的“立足教材”相关，“创设情境”也渗透到其他五个方面中，“史料研习”“任务驱动”和“原创试题”通常是同步进行的。这应该成为高中历史核心素养常态教学的基本要求。

---

① 黄牧航．任务驱动式教学与中学历史核心素养的培育［J］．天津师范大学学报（基础教育版），2022（6）：44－49.

七、给学生的半桶水是什么水？
——《全球航路的开辟》教学反思

教育行业里常听到的一句话是："要给学生半桶水，教师必须有一桶水。"我其实一直没搞懂这句话是什么意思，我觉得这句话的逻辑是有问题的。如果学生只需要半桶水，我也刚好有半桶水，全部倒给学生不就行了吗？我为什么必须要有一桶水呢？此外，如果我把我的一桶水给了学生一半，那我自己不也就成为半桶水了吗？

无论是谈历史还是谈教育，都要慎用比喻。许多比喻貌似有道理，深究下去，就会发现漏洞百出，经不起推敲。不过我近年来发现，对于中学历史教材那么一点内容，我的许多认知也就是半桶水，甚至连半桶水都称不上。

例如，在备《中外历史纲要（下）》第6课《全球航路的开辟》时，我发现了一个现象：教材叙述新航路开辟的四个著名航海家最为详尽的是麦哲伦。除了正文和地图外，教材中"学习聚集""学思之窗"和"历史纵横"三个栏目的内容都跟麦哲伦相关，"新航路的开辟"一节中的一张配图"麦哲伦船队中的'维多利亚号'（绘画作品）"，也介绍的是麦哲伦。从教材的篇幅来看，麦哲伦的重要性远远大于哥伦布、迪亚士和达·伽马。教材为什么这样处理？我不知道。但我发现了一个问题：这么多年以来，我对麦哲伦的了解并不比教材的叙述多出多少。如果说学生需要半桶水，我也只有这半桶水。

我把关于麦哲伦的书单梳理了一下，发现责任也不完全在我身上——关于麦哲伦的传记，这么多年以来似乎只有斯蒂芬·茨威格的《麦哲伦传》，而斯蒂芬·茨威格算不上是严格意义上的历史学者。换言之，哪怕我想更多地了解麦哲伦，其实也没有太多的中文书籍可读。

近一个月来，我花了零碎的时间，把美国历史学家劳伦斯·贝尔格林撰写的《麦哲伦与大航海时代：寻找黄金、香料与殖民地的环球航行探索史》① 断断续续地读完了。

当初选择阅读这本书，并非想恶补关于麦哲伦的知识，而是为了解决集邮中的一个小问题。2023年9月14日，西班牙邮政发行了一枚邮票纪念麦哲伦远航船队中的一个小角色——胡安·德·祖比列塔。1519年，麦哲伦船队从西班牙塞维利亚港出发时有船员265人，3年后只有埃尔·卡诺等18名

---

① 贝尔格林．麦哲伦与大航海时代：寻找黄金、香料与殖民地的环球航行探索史［M］．李文远，译．北京：中国科学技术出版社，2023．

幸存者返回了西班牙。邮票展现了埃尔·卡诺等人从塞维利亚港下船时的景象。邮票目录显示该枚邮票纪念的是其中一人——胡安·德·祖比列塔。

我遇到的问题是：胡安·德·祖比列塔是谁？干过什么事情？值得专门发行邮票来纪念他吗？贝尔格林撰写的《麦哲伦与大航海时代：寻找黄金、香料与殖民地的环球航行探索史》声称是目前最详尽的关于麦哲伦的传记。但我通读了全书，基本没有关于胡安·德·祖比列塔的记载，只有在书中结尾处提到：

> 如今，在圣卢卡·德·巴拉梅达一处繁华的广场上，有一座破旧的建筑物，它的石墙正面竖立着一块很小的大理石碑，石碑表面那已经失去光泽的铭文记录着人类首次环球航行完成后18位幸存者的姓名……①

这18人的名单中，排第一位的是胡安·塞巴斯蒂安·埃尔卡诺，身份是船长。麦哲伦死后，船队在他的带领下完成了最后的航程。排在倒数第二位的就是胡安·德·祖比列塔，他的身份是学徒。在远洋船队中，学徒是个什么角色呢？书中写道：

> 学徒的等级仅高于杂工，也是所有船员中经常受到差遣、极其弱势的群体。他们的年纪从17岁到20岁不等，每当船长下令收起或扬起风帆，他们就要马上奔向桅杆上的观察哨，或者前去划动船桨，或者操作复杂的机械装置、滑轮、吊臂、缆绳、船锚，以及各种固定和活动的索具。他们要相互配合操作绞盘，用杠杆转动鼓轮，还要装卸沉重的补给品、武器和压舱物。他们甚至要给船长剃腿毛或修剪脚指甲，可能也是为接下来两人发生性关系创造条件，尽管同性恋行为是被严格禁止的。学徒是最有可能因不服从命令而被处罚的群体，还有可能戴着足枷禁足一周时间。②

从中可见，学徒处于船队中的最底层，是完全可以忽略不计的“路人甲”。那么，西班牙邮政为什么要给这位“路人甲”发行纪念邮票呢？我查不到相关资料。但从《麦哲伦与大航海时代：寻找黄金、香料与殖民地的环球航行探索史》一书中，我还是找到了一些可供猜测的表述：

---

① 贝尔格林. 麦哲伦与大航海时代：寻找黄金、香料与殖民地的环球航行探索史[M]. 李文远，译. 北京：中国科学技术出版社，2023：395.

② 贝尔格林. 麦哲伦与大航海时代：寻找黄金、香料与殖民地的环球航行探索史[M]. 李文远，译. 北京：中国科学技术出版社，2023：108.

> 在这份名单中（指最后返回西班牙的18人），只有船长埃尔卡诺、领航员阿尔沃、理发师布斯塔门特和麦哲伦的航行书记官皮加费塔可被视为舰队初始名单中的重要成员，其他人多半是20来岁甚至更年轻的普通船员或高官和专家的仆人。无论身份地位高低与否，他们都比前人看到过更大的世界。无论是偶然还是命中注定，他们已经与人类历史上最伟大的探险家齐名。①

这段文字，可以说是这本书最打动我的一段文字了。这是一段反英雄史观的文字。我们在教学中要求学生记住麦哲伦的名字，我也以自己居然知道埃尔卡诺、皮加费塔而沾沾自喜，觉得这就是我比学生多出的半桶水。但细想一下，如果脱离了理性思考和价值判断，单纯记住这么多的人名能有多大意义呢？麦哲伦远航成功并非麦哲伦一人的功劳，没有了埃尔卡诺，船队可能完成不了最后的远航；没有了皮加费塔“那传神、偶尔带淫秽色彩的日记”，我们今天就不清楚整个航程究竟发生了什么事情；而没有了胡安·德·祖比列塔这种小人物，船队也不可能坚持到最后。按照马克思和恩格斯的论述，所有参与历史活动的个人都是历史的创造者。

胡安·德·祖比列塔究竟是什么样子的？估计已经没有人知道了。邮票中的图画明显就是现代画家的油画作品。邮票名为纪念胡安·德·祖比列塔，实质上是纪念这群从船上走下来的、衣衫褴褛、疲惫不堪的船员，胡安·德·祖比列塔只是他们的代表而已。胡安·德·祖比列塔究竟干了什么事情？估计《麦哲伦与大航海时代：寻找黄金、香料与殖民地的环球航行探索史》的作者也没有找到什么资料。但正如书中所表达的思想，尽管胡安·德·祖比列塔的贡献比不上麦哲伦和埃尔卡诺，但他毕竟属于比前人看到更大的世界的第一批人。

《麦哲伦与大航海时代：寻找黄金、香料与殖民地的环球航行探索史》号称是目前关于麦哲伦的最详尽的传记，作者查阅了多种文字的文献史料，揭示了许多鲜为人知的故事。我阅读之后，主要有以下四个方面的收获。

第一，了解到了更多的史实。例如，西班牙邮政在2023年9月26日还发行了冈萨洛·戈麦斯·德·埃斯皮诺萨的纪念邮票。《麦哲伦与大航海时代：寻找黄金、香料与殖民地的环球航行探索史》对这个人物的命运有详尽的描述。麦哲伦丧命后，埃斯皮诺萨留在了香料群岛修补另一艘船，原计划

---

① 贝尔格林. 麦哲伦与大航海时代：寻找黄金、香料与殖民地的环球航行探索史［M］. 李文远，译. 北京：中国科学技术出版社，2023：396－397.

是按原路返回西班牙，结果被葡萄牙人逮捕，后被转移至葡萄牙本土的监狱中，最后葡萄牙人还是释放了他。在埃尔卡诺完成航行四年半之后，埃斯皮诺萨和另外一位领航员回到了西班牙，他的余生在西班牙的塞维利亚度过。知道了这个故事以后，我就不会说埃尔卡诺等 18 人是麦哲伦船队硕果仅存的 18 人了。

第二，增进了讲故事的技巧。《麦哲伦与大航海时代：寻找黄金、香料与殖民地的环球航行探索史》是用倒叙的手法来叙事的。故事的开篇题为《诡异的幽灵》，用生动的文字描述了麦哲伦船队的结局：

> 1522 年 9 月 6 日，一艘破旧不堪的帆船出现在西班牙圣卢卡·德·巴拉梅达（Sanlucar de Barrameda）港口附近的地平线上。
>
> 当这艘船驶近港口时，那些聚在岸边看热闹的人注意到船上破烂的风帆在风中轻轻摇摆，船上的索具残破不堪，船体在阳光的直射下褪去了颜色，船舷在暴风雨的肆虐下布满了小孔。一艘小型领航船受命去引导这艘奇怪的帆船穿过暗礁，驶进港口。待领航船靠近这艘帆船时，船员们惊讶地发现，等待他们领入港口的帆船由 18 名水手和 3 名囚徒操控。
>
> 船上所有人均由于严重营养不良而骨瘦如柴，绝大多数人没力气走路甚至开口说话。他们舌头浮肿，皮下长满了黄水疮。这艘帆船的船长、官员、水手长和领航员都死了，剩下的船员也都奄奄一息。①

该书的写作基于丰富的史料，但文字的叙述又不乏雄奇的想象。高中历史教材有一句话提到，“他们绕过南美洲，经过风浪险恶的海峡进入太平洋”。《麦哲伦与大航海时代：寻找黄金、香料与殖民地的环球航行探索史》中的“超越哥伦布的壮举：穿越麦哲伦海峡”一章中对麦哲伦海峡壮丽景色的描绘极大地激发了我的想象力，也使我在日后的授课中有了更加丰富的资源：

> 当麦哲伦的舰队沿着海峡继续前行时，一面面宏伟而坚固的冰墙突然出现在船员们面前。它们有些高达 200 英尺，有些则高达 500 英尺，甚至更高。它们是远古时代的冰川，有些是一万年前形成的。船员们看到，经历了风化作用的冰墙表面布满了凹痕。
>
> 冰川由积雪和冰组成，它们的活动从不停歇。它们会断裂、会呻

① 贝尔格林. 麦哲伦与大航海时代：寻找黄金、香料与殖民地的环球航行探索史［M］. 李文远，译. 北京：中国科学技术出版社，2023：前言 1 – 2.

吟、会怒吼，还会分解和坍塌到下面的沙滩和海面上。它们会形成不规则的晶状冰柱，悬垂在水面上，犹如动物腐烂下颚里的蛀牙。在阳光照射和大风侵蚀下，平静水面上的冰柱变得摇摇欲坠，一根接一根地崩解，扬起大量冰碴，并发出雷鸣般低沉而响亮的声音，宣告冰川解体。①

第三，掌握了一些从人性分析的角度来讲述历史的方法。该书的叙述充分展现了以麦哲伦为首的殖民者暴力、冷血、贪婪的一面，将人性的复杂面毫不遮掩地描写出来，而以葡萄牙、西班牙为首的殖民帝国的纷争，本质上也呈现了人性残暴和疯狂的一面。高中历史教材中“历史纵横”栏目强调的是麦哲伦船队生活艰苦的一面，而该书更多描述的是殖民者凶残嗜血的一面：

在麦哲伦那个时代，酷刑是日常生活中一种令人恐惧的存在，也是船长们管束船员的撒手锏之一。酷刑披着法律和宗教的虚假外衣，比传统的鞭刑更系统化、更残忍，对受害者造成的心理伤害也更大。即使受害者肉体上的痛苦已经痊愈，心灵上的创伤也会在他们的灵魂深处继续溃烂。②

第四，体会到了作者写这本书的学术情境。任何人选择阅读一本书或者决定写作一本书，都会有一个缘由，这个缘由就是阅读或者写作的情境。作者在序言中写道：

2001 年初，我哥哥死于霍奇金淋巴瘤；六个月后，我父亲意外去世了，而我和妻子的长久婚姻也在走向破裂。我的文稿代理人苏珊娜·格鲁克（Suzanne Gluck）说，我也在走向世界的边缘。

几个月后，发生了“9·11”袭击事件，爆心投影点距离我在纽约的家只有几英里。该事件一夜之间彻底改变了全球地缘政治。现代人的生活变得动荡起来，而麦哲伦也许早就意识到了这点。那是一段奇怪的时期，人们不再外出，路上不再车水马龙，整个世界都愕然止息。写书

---

① 贝尔格林. 麦哲伦与大航海时代：寻找黄金、香料与殖民地的环球航行探索史［M］. 李文远，译. 北京：中国科学技术出版社，2023：176.

② 贝尔格林. 麦哲伦与大航海时代：寻找黄金、香料与殖民地的环球航行探索史［M］. 李文远，译. 北京：中国科学技术出版社，2023：143.

就变成了一种安慰和逃避，而不是繁杂的工作。①

在世界和家庭面临重大变故的时期，作者选择了写作，也选择了麦哲伦这个主题。这两者有诸多相似之处。高中历史教材把新航路的开辟放在了《走向整体的世界》这一单元，意思是世界面临重大变局。历史学家总是在世道和人心面临重大变化的时刻，才屡屡想到如何从历史中寻找智慧。500多年前发生了那一系列大事件，我们今天看来通常不会有太激烈的感慨，觉得事情本该如此。但把这些事件跟一个个体的人生经历结合起来思考，还是颇有感触。人生所面临的重大变化如同世界面临的巨大变局，即使外表显得波澜不惊，内心深处还是山呼海啸、地动山摇。

翻阅完此书后，我把作者的另外两本书也买了。一本是《丝绸、瓷器与人间天堂：马可·波罗亲历的陆地和海上丝绸之路文明史》②，一本是《海洋征服者与新航路：哥伦布的四次航行》③。这三本书合称为“大航海时代三部曲”。

佛经云：“弱水三千，只取一瓢。”在历史的长河里，任何人穷其一生的时间和精力，也只能取其一瓢。历史教师应该如同有源头活水的长河，学生可趟水泛舟，亦可汲水解渴。教师不能确定学生会取哪瓢水，也不知道学生需要多少桶水，只能努力确保自身源头不断、活水长流。海量阅读和社会实践是保证教师的能力和水平如大江大河般奔流不息、永不枯涸的重要渠道。我们不知道读过的哪本书对教学有用，也不知道读过的哪本书对学生有益，但每一次的阅读都能够使历史专业的长河更加丰盈充沛，能够尽量保证学生饮用的那半桶水的水质和水量。

---

① 贝尔格林. 麦哲伦与大航海时代：寻找黄金、香料与殖民地的环球航行探索史［M］. 李文远，译. 北京：中国科学技术出版社，2023：作者序.

② 贝尔格林. 丝绸、瓷器与人间天堂：马可·波罗亲历的陆地和海上丝绸之路文明史［M］. 周侠，译. 北京：新世界出版社，2022.

③ 贝尔格林. 海洋征服者与新航路：哥伦布的四次航行［M］. 王祖宁，译. 北京：新世界出版社，2022.

第二章 培养唯物史观素养的教学反思

《普通高中历史课程标准（2017 年版 2020 年修订）》指出，“唯物史观是诸素养得以达成的理论保证”，“唯物史观是揭示人类社会历史客观基础及发展规律的科学的历史观和方法论”，并要求学生“了解唯物史观的基本观点和方法”，“将唯物史观运用于历史的学习与探究中，并将唯物史观作为认识和解决现实问题的指导思想”。① 历史唯物主义是对马克思主义史学的精确表达，是现代科学史学的重要代表，是科学史学诞生以来最重要的指导性史观。新一轮中学历史课程改革将历史唯物主义作为历史教学的指导思想，是符合历史学发展的基本规律、现代史学发展的趋势和中学历史教学要求的。在中学历史教学中，唯物史观素养的培育要力图与学科知识的教学紧密融合，有机地融入各种教学方式中。

一、指向唯物史观素养的任务驱动式教学设计

——《五四运动与中国共产党的诞生》② 教学反思

在《普通高中历史课程标准（2017 年版 2020 年修订）》中，唯物史观被放在了历史学科核心素养五大方面的首位。③根据《普通高中历史课程标准（2017 年版 2020 年修订）》的要求，我们在教学中应该更多地设计学习任务，让学生在任务执行的过程中不断地提高自身的唯物史观素养。任务的设计要注意两点：一是任务的内容必须与具体的历史事物结合在一起；二是

①③ 中华人民共和国教育部. 普通高中历史课程标准（2017 年版 2020 年修订）[S]. 北京：人民教育出版社，2020：4，6.

② 该课学案设计见本章学案设计 2－1。

任务的要求不能仅仅停留在识记理解的层面，而应该更多地与问题的解决结合在一起。

历史的学习离不开具体的人和事，唯物史观的基本原理和方法也源自人类的劳动实践。因此，在历史学习中掌握唯物史观的基本原理和方法不宜从概念到概念，从理论到理论，而必须与具体的历史史实相结合。例如，《五四运动与中国共产党的诞生》一课讲述了马克思主义传入中国的史实，是让学生理解唯物史观基本内容的重要一课。在进行教学设计时，可充分利用好课后的“探究与拓展”栏目。这个栏目通常能够给任务驱动设计提供非常好的素材和思路，它提供了蔡和森在《新青年》发表的一篇文章的部分内容，要求学生阅读后“谈谈蔡和森为什么信仰马克思主义”。在进行设计时我们要认识到——传播和接受马克思主义的都是具体的人。在历史教学中，不宜脱离开人和事来空谈思想的传播。蔡和森作为早期马克思主义者的典型个案，材料中明确表达了他对马克思主义的理解以及接受马克思主义的原因。在教学中，教师完全可以照搬教材这个栏目的内容作为学习任务设计的内容。

此外，根据学生的基础，本设计还有两种加强版的思路。第一种思路是增加恩格斯《在马克思墓前的讲话》的材料，让学生对比这两组材料的观点是否完全一致；第二种思路是增加吴泽主编的《史学概论》的内容，让学生明白马克思主义传播的思想背景后，得出结论——中国古代传统的变易思想和西方庸俗的进化观点无法给中国指明出路。这三种设计的目标都是为了让学生更好地理解唯物史观的内容，而学习的方法是对具体的人和事进行探究，认识到马克思主义在中国的传播并非是一帆风顺的。

唯物史观素养的培育，我们必须充分利用好统编高中历史教材的资源。我们要树立“用教材”而不是“教教材”的观念。“用教材”是指教师在对教材进行二度消化后，结合历史学科核心素养的培育目标来设计新的学习任务，让学生在完成任务的过程中深化对教材的理解，同时提高自己的思想认识水平。本课的学案设计就是朝着这个方面努力的。一是尽可能使用教材的表述，二是把教材的表述转化为任务来呈现。这两个任务设计，都是为了让学生更好地掌握唯物史观的内容。我给两届学生讲授过本课。2023 年是广东省高考利用统编高中历史教材命题的第一年，我觉得其中一道题目的设计思路跟我设计的学案思路非常相似，如例 2－1。

例 2－1　（2023 年广东高考卷第 17 题）

（14 分）中国共产党始终把为中国人民谋幸福、为中华民族谋复兴作为自己的初心使命。阅读材料并结合所学知识，完成下列要求。

材料一　我们中华民族在世界上贡献，大都以为是老大而衰弱。今天我要问一问，究竟他果是长此老大衰弱而不能重振复兴吗？不是的！从“五四”运动以后，我们已经感觉到这民族复活的动机了。

——李大钊《人种问题》(1924)

(1) 解释材料一中民族复活的“动机”。(4分)

这道题目的答案基本可以利用教材对五四运动的意义的表述来回答。教材明确指出四个方面的意义：一是伟大的社会革命运动；二是伟大的思想启蒙运动；三是促进了马克思主义在中国的传播；四是为中国共产党成立做了思想上、干部上的准备。在教学中，让学生死记硬背五四运动的意义效果并不好。无论是学案设计还是高考试题设计，都是把该意义与李大钊的论述结合在一起。有了新的材料，才会有新的情境。在新情境的基础上提出思考问题，这既是学习任务设计的思路，也体现了充分利用教材资源的教学理念。

学案设计 2－1

第 21 课　五四运动与中国共产党的诞生

主题探究一：五四运动的伟大意义是什么？

任务一：阅读教材和材料，回答下面的问题。

材料一　1920 年李大钊在纪念五四时说：“我盼望，从今以后，每年在这一天举行纪念的时候，都加上些新意义。”

1. 阅读教材第 121 页①习近平《在纪念五四运动 100 周年大会上的讲话》，指出今天我们纪念五四运动有什么新的意义。

回答：______________________________

______________________________。

主题探究二：中国人民为什么选择了马克思主义？

任务二：阅读教材并回答下面的问题。

2. “运动”是指政治、文化、生产方面有目的、有组织的声势浩大的群众性活动。阅读教材第 116～117 页，指出为什么说“新文化运动”是一场运动。

① 因设计该学案时使用的高中历史教材版本与现教材不同，故页码也不同，后同。

回答：____

____。

3. 阅读教材第 120～121 页，指出五四运动与新文化运动的异同。

回答：

相同点：____

不同点：____

任务三：阅读教材和材料，回答下面的问题。

材料二　正像达尔文发现有机界的发展规律一样，马克思发现了人类历史的发展规律，即历来为繁芜丛杂的意识形态所掩盖着的一个简单事实：人们首先必须吃、喝、住、穿，然后才能从事政治、科学、艺术、宗教等等。

不仅如此，马克思还发现了现代资本主义生产方式和它所产生的资产阶级社会的特殊的运动规律。由于剩余价值的发现，这里就豁然开朗了……

因为马克思首先是一个革命家，他毕生的真正使命，就是以这种或那种方式参加推翻资本主义社会及其所建立的国家设施的事业，参加现代无产阶级的解放事业……

——恩格斯《在马克思墓前的讲话》

材料三　洋务运动后，鼓吹生存竞争、弱肉强食的社会达尔文主义进化论被引进到中国，成为中国民族资产阶级的思想基础。无论是康有为、梁启超、严复的改良版进化论，还是孙中山的革命版进化论，尽管起到了解放思想、鼓舞民气的作用，但由于是“建立在古代传统的变易思想和西方庸俗的进化观点的基础上的，没有形成自己独立的思想理论体系，因此，在遭到帝国主义和封建主义文化夹攻的时候，便无招架之力，很快败下阵来”。在历史实践层面，第一次世界大战宣告了社会达尔文主义进化论在西方的破产，而巴黎和会上中国受辱的事实则宣告了中华民族必须与西方传统的资本主义道路决裂。

——摘编自吴泽主编《史学概论》

4. “主义”是指系统完整的理论主张。阅读教材第 125 页“问题探究”，指出 20 世纪初的中国流行过哪些“主义”。结合材料三，指出蔡和森最终选择了马克思主义的原因是什么。

回答：____

____。

5. 对比蔡和森的论述和恩格斯的讲话，指出两者的共同点。

回答：____

____。

主题探究三：中国共产党诞生的历史逻辑是什么？

任务四：阅读教材并回答下面的问题。

6. 阅读教材第 120 ~ 121 页，指出中国共产党诞生的条件有哪些。

回答：①思想基础______

②阶级基础______

③干部基础______

④组织基础______

⑤国际影响______

主题探究四：什么是国民革命？

任务五：阅读教材和材料，回答下面的问题。

材料四　以国共合作为特征的革命统一战线的建立，加速了中国革命的进程，以“打倒列强，除军阀”为目标的国民革命席卷全国。

——《中外历史纲要（上）》第 124 页

材料五　五四运动激起的救亡图存浪潮显然在四分五裂的各省自治中找不到出路，社会的主要潮流转变为结束各省的割据和军阀混战，建立一个独立自主的大一统国家，自立于国际社会。这样一来，中国的统一就由在各省自治基础上建立联邦政府的方式，走向了反抗列强侵略，用革命武力统一中国的道路。20 世纪 20 年代中期，中国南方的革命党人终于聚集在北伐的旗帜之下，走向了用武力重建中央集权大一统的道路。

——寒竹《中国道路的历史基因》

材料六　在（民国初年）严酷的现实面前，一部分国人开始意识到上层统治集团已经腐朽糜烂而无法承担起救亡图存和现代建国的历史重任。而当时底层的老百姓 90% 左右都是文盲，几乎没有现代国家的概念。当时的救亡图存只有一条路，就是先进的中国人、知识分子深入基层用革命理论去动员民众、发动民众，领导民众进行革命来完成中国的现代建国。

——寒竹《中国道路的历史基因》

7. 根据材料四和教材相关内容，指出国民革命包含哪些内容。

回答：______

______。

8. 根据材料五、六，结合教材的内容，指出在第一次国共合作期间，国民党和共产党开展国民革命的侧重点有何不同。

回答：______

______。

二、英雄史观还是民众史观?

——《欧洲的思想解放运动》教学反思

关于宗教改革的内容，教材提到两个著名人物——马丁·路德和加尔文，重点介绍的是马丁·路德。在许多学生的心目中，马丁·路德已经成为宗教改革的代名词。马丁·路德就是宗教改革，宗教改革就是马丁·路德。

马丁·路德对宗教改革的重要性是不言而喻的。在教学上，我主要通过两个图片资源来讲述这位伟大的历史人物。第一个图片资源是荷兰在1983年为纪念马丁·路德诞辰500周年而发行的邮票（见图2－1）。荷兰虽是西欧小国，却是现代设计的大国。荷兰人在现代设计上所取得的成就是世界闻名的。邮票作为平面设计的重要载体，也成为荷兰设计师大显身手的对象。这枚纪念马丁·路德的邮票，图案非常简单，蕴藏的内涵却意味深远。邮票画面呈现的是一根黑色的柱子，柱子的下半部分断裂开了，断裂处有一个红色的签名——“路德”。我跟学生说，这根黑色的柱子比喻罗马教廷的黑暗势力。在16世纪初，这股势力被撕开了一处裂口，完成这个壮举的人有一个响亮的名字——马丁·路德。

图2－1

另外一个图片资源是教材的插图“马丁·路德与神圣罗马帝国皇帝辩论

的场景（绘画作品）”。这幅图片必须通过教师绘声绘色的叙述和解说，学生才能明白所发生的故事。讲述的时候，我参考了以下的文字资源：

开会之日，教廷派来全权代表艾若思（Johann Maier Eck）。年轻的神圣罗马帝国皇帝、德国人查理五世御驾亲临，德国各地更是来了一大票公侯伯子男，把会议厅挤得满满当当，弄得本来就光线黯淡的大厅乌烟瘴气。路德面前的大桌子上依次摊开他的各种著作，作为白纸黑字的罪证。

路德这个书生开始呆气十足地“说明”。没几分钟，艾若思就打断了他：他不是来听宣传的，他只需要路德一句话——“是否收回《95条论纲》?”

会议厅里人满为患，却静得如同寥无人迹的荒滩。路德这才明白教皇要的“说明”是“认罪”。在四周环列的德国公侯们众目睽睽之下，教廷那无所不在的巨大压力扑面而来，路德感到了一个思想先知无可逃避的高处不胜寒。

路德流了一脑袋的油汗，要求考虑一天。

……

第二天下午，1521年4月18日18点，继续开会，艾若思开门见山只一句：“是否收回《95条论纲》?”

一夜之间形销骨立的路德缓缓站起身来。面对锦衣玉食、宝相庄严的艾若思，他更像枝枯叶尽、独立寒秋的老树，然而，他嘴里蹦出来的每一个字，都像老树折于狂风后的木刺一样尖锐地扎进四周的每一个脑袋：他拒绝收回《95条论纲》。

嘿！谁是马丁·路德?

他就是。他就是那“蒸不烂、煮不熟、捶不扁、炒不爆、响当当的一粒铜豌豆”。在座的德国公侯们并未意识到基督教崭新时代的大门就在这个喑暗的会议厅里砉然开启，他们也没有意识到自己已经荣幸地成为世界宗教史伟大时刻的亲历见证人，他们更未意识到路德将来会成为与在十字架上流尽鲜血的耶稣并肩的不老传奇。他们当然也没有意识到，他们听到的话会永远流传在世界。路德随后说的话，在四百八十三年之后的今天读来，依然排山倒海、电闪雷鸣：

“我在《圣经》的条文和清醒的理智中都没找到能说服我的证据。因为我既不相信教皇也不相信宗教会议。……”①

① 虎头．瞧，大师的小样儿［M］．北京：人民文学出版社，2008：11－13.

在这个场景中，马丁·路德完全是孤军奋战。这种“虽千万人，吾往矣”的气概至今依然让人动容。这个场景，在一定程度上，成为路德一生的缩影。在其一生中，路德做了太多几乎是单枪匹马完成的事情。例如，教材称路德“力主用民族语言进行宗教活动”，是指路德把用希伯来语写成的《圣经》翻译成德国老百姓都能看懂的德文版《圣经》。这项工作，相当于由鲁迅、胡适、陈独秀、刘半农、郭沫若等一大群文化名人推动的近代中国白话文运动，路德一个人给做了。

授课至此，我问学生：“路德这么厉害，如果没有他，会有宗教改革运动吗?”学生议论纷纷。我要求学生从教材中找答案。很快有学生找到了：“他的宗教改革思想体现了市民阶层要求建立自己教会的主张。”我继续追问学生：“到底是英雄创造了历史还是人民群众创造了历史?”学生继续议论纷纷。

我给学生总结说，与英雄史观相对立的是民众史观。马克思的唯物史观认为，历史的发展取决于民众而不是取决于英雄。因为民众的基本状态，决定了历史的基本面貌。只有民众的状态真正发生了变化，历史的面貌才会出现实质性的改变。此外，我们不宜把英雄和民众对立起来，英雄都是来自民众的。当英雄还没有成为英雄的时候，他们也就是普通民众的一员。只有“当历史已经翻过，沧桑之变已成，人们煮酒论英雄、回眸观兴亡之时，英雄与民众才各有归属，泾渭分明”①。因此，我们不要把人民群众和英雄在历史上所起的作用作非此即彼的对立，要认识到他们同属历史的创造者，只是所起的作用有所不同。

在备这一课的时候，我参阅了不少书籍，许多观点和材料都是有助于深化学生理解的，只是由于教学时间不足，就只能够留到高二的时候再讲授了。例如，联邦德国的汉斯·李叶撰写的《路德传》就是一部典型的持唯心主义史观的传记。书中写道：“路德所走过的道路正是他对宗教改革的贡献。从这个意义上说，他是上帝的历史工具。……这一上帝创造历史的奥秘，路德自己曾以鲜明形象的比喻做过绝妙的解释。他说，上帝就像牵着一头瞎马似的将他带进了历史的事变之中。”② 这部名著力图从思想和心理变化的角度去剖析路德的一生，自有其学术价值，但最终把波澜壮阔的宗教改革运动归因于上帝的意图，就完全有悖于历史的真实了。

又例如，《路德的人生智慧——十架与自由》的作者卡尔·楚门叙述了

① 宋德华. 历史人物评说导论［M］. 广州：广东人民出版社，2017：37.

② 李叶. 路德传［M］. 华君，舒柱，译. 北京：商务印书馆，1989：4－5.

他的亲身经历："二十多年前，我接受一所大学的第一次终身教授教职面试。其中一位面试官问我：'如果你被困在一座荒岛上，你想和谁困在一起——路德还是加尔文？'面对这个奇怪的问题，我的回答比较微妙：'好吧，我认为加尔文会提供最好的神学和释经学讨论，但他总是让我觉得有点尖酸刺耳、苍白无趣。尽管路德作为神学家没有那么谨慎，但他显然极具人情味，并且热爱生活。因此，我选择路德。'当天晚些时候，我被告知得到了中世纪与宗教改革神学讲师的职位。"① 这段叙述给我的启发是，运用唯物史观评价历史人物不能贴标签。路德和加尔文都是重要的宗教改革家，他们既有共性，也存在个性差异。阶级性是历史人物共性的主要内容，思想、品德、才华、性情等属于历史人物的个性。我们不能用个性来否定共性，也不能用共性来掩盖个性。

三、历史人物的教学要讲清楚时代性

——《影响世界的工业革命》教学反思

今天是2023年10月18日。92年前的今天，爱迪生走了。看着窗外的万家灯火，心中有点感慨——爱迪生居然已经离开这个世界近百年了，但这个世界的夜晚依然因为他的发明而璀璨！

托马斯·阿尔瓦·爱迪生（Thomas Alva Edison，1847年2月11日—1931年10月18日），出生于美国俄亥俄州米兰镇，逝世于美国新泽西州西奥兰治，是世界著名的发明家、物理学家、企业家，被誉为"世界发明大王"。要纪念一个历史名人，最好的方式就是阅读他的传记，了解他的生平和贡献。我想起了去年购买的一本书《爱迪生的时代——电灯与现代美国的发明》②。该书评价较高，却一直没有时间阅读。趁着今天这个纪念日，我把全书通读了一次，引发了对科技史教学的一些思考。

科技史的教学通常被归入文化史教学的范畴。文化史教学是历史教学的难点，文化史教学很容易把历史课变成文化鉴赏课。讲述艺术史，容易变成艺术欣赏课；讲述文学史，容易变成名著阅读课。然而，我却从来没有看见过有哪个历史教师有能力把科技史课变成物理化学课，也没有哪个历史教师认为把科技史课变成物理化学课是可取的。按照这个逻辑推断，把文化史课

---

① 楚门．路德的人生智慧：十架与自由［M］．王一，译．上海：上海三联书店，2019：196.

② 弗里伯格．爱迪生的时代：电灯与现代美国的发明［M］．钱雨葭，译．杭州：浙江大学出版社，2022.

变成文化课也并非正途。

《爱迪生的时代——电灯与现代美国的发明》引发我的第一个思考是——讲授科技史课需要讲清楚该科技发明的时代性。包括：为什么这项科技发明会出现在这个时代？这是一个什么样的时代？其时代特征是什么？为什么该科技发明出现在这个时代而不是别的时代？该科技发明对该时代又产生了什么样的影响？这个道理同样也适用于文化史的其他内容，如讲述文学史、美术史、音乐史等，重点不在于文学、美术和音乐的具体内容，而在于其产生的历史背景。

《爱迪生的时代——电灯与现代美国的发明》一书打破了传统的平铺直叙——一个历史人物生老病死生平的写作程式，重点分析其发明成就的前因后果。例如，本书就聚焦在爱迪生最重要的一项发明——电灯；同时打破了过多地强调科技发明的个人因素的写作程式，而是从时代背景来探讨分析一个科学家和他的发明成果。例如，书中写道：

> 和公众一样，科技史学家承认爱迪生取得的伟大成就，但长期以来，他们认为这一认知也有其局限性，事实上，与其说它是对历史的描述，不如说它更像是一种英雄崇拜。他们让我们记住了，在1879年10月的一个夜晚，爱迪生用炭化灯丝所取得的成功是多么重要的一步，但将白炽灯从想法化为可行的技术，只需要那许许多多灯丝里的一根。①

这符合我所接受的教育认知。我从小接受的教育就记住了爱迪生的两件事情，一是他小时候坐在鸡蛋上孵小鸡的故事，二是他发明电灯后终于取得成功的高光时刻。该书建议我们要从一个时代背景来理解电灯发明这一事件。首先，这是大西洋两岸的众多科学家奋斗了数十年的课题，并非爱迪生一人在孤军奋战；其次，我们要了解爱迪生最终取得成功的社会土壤和时代潮流。书中写道：

> 当我们意识到爱迪生并非一名独行的天才，而是跨大西洋发明文化圈的重要一员时，我们就能更好地理解，自那时起我们所乘的那股既令人不安又令人兴奋的技术创新浪潮起源于何处。19世纪的男男女女是首批生活在一个被不断涌现的发明所改变的世界的人类。改变大众生活的那些新机器令他们着迷，他们满怀热忱地参观各种最时新的科技展览

① 弗里伯格. 爱迪生的时代：电灯与现代美国的发明［M］. 钱雨葭，译. 杭州：浙江大学出版社，2022：3.

会，关注流行媒体上关于发明的报道。许多美国人试着自己动手做发明，梦想能够获得一份或者更多属于自己的专利。①

一个时代造就了科技的进步，同时科技的进步也塑造了一个新时代。科技与时代的关系是我们讲述科技史的重要切入点。这条主线是本书的叙事逻辑。这种逻辑，从这本书的目录就可见一斑。这本书的目录与一般的人物传记不同，没有按照人物的生平经历叙事，而是从人物与时代的关系展开叙事。每一章都是一个切入点，每个切入点都分析了影响科技发明的一个重要因素。目录如下：

第一章　发明电灯
第二章　城市之光
第三章　创造性破坏：爱迪生和煤气公司
第四章　工作之灯
第五章　休闲之灯
第六章　有创造力的国家
第七章　观察发明，发明新的观察方式
第八章　发明一种职业
第九章　文明之灯
第十章　繁荣与秩序
第十一章　照明科学
第十二章　农村地带的灯光

这个目录，涉及社会环境、公司发展、专利制度、国家政策、科技群体等。中学历史教学，尤其是高中历史教学，宜帮助学生从多角度分析问题，不宜把科技人物史变成英雄崇拜史，把科技发明变成孤立的偶然事件。宋德华教授指出：“历史人物之所以能够建功立业，具备历史条件是必不可少的前提，起着支配性的作用。这种历史条件涉及的范围非常广泛，可以是比较宏观的时代和时势、民族与社会、历史与传统等方面的条件，也可以是比较具体的政治、经济、思想文化、家庭背景、个人成长经历等方面的条件。不同历史人物在不同领域作出各自不同的建树，所需的历史条件各不相同，但他们都只有在具备了一定历史条件的情况下，才能建立自己的功业，这是他

① 弗里伯格. 爱迪生的时代：电灯与现代美国的发明［M］. 钱雨葭，译. 杭州：浙江大学出版社，2022：4－5.

们的共同之点。没有一定的历史条件，历史人物就失去了建功立业的基础，就不可能作出这样或那样的历史性贡献。”① 这种历史人物的评价方法，是唯物史观的重要内容。

《爱迪生的时代——电灯与现代美国的发明》一书引发我的第二个思考是——一本好的传记，应该有大量的细节描写。这本书的优点在于放弃捕捉爱迪生的奇闻逸事，而是用大量生动的史料来叙述那个时代的特征。例如，书中是这样描述那个时代人们对白昼和黑夜的观念的：

> 纵观人类历史，白昼与黑夜的交替对人类生产活动的安排产生了巨大的影响。大自然的本意似乎就是日出而作、日落而息。这种天然法则在早期农业社会是有意义的，但在19世纪的照明革命时期似乎难以为继。19世纪40年代，新英格兰的纺织厂开始通过点燃蜡烛和油灯来延长每个工作日的工作时长，女工们声讨过这种“令人发指的惯例”，她们觉得这种做法“不仅具有压迫性，而且违背了圣经的原则”。一些女工向老板提出，上帝本人在创世的时候也从不赶夜工。②

在叙述那个时代普通民众对科技发明的热情时，书中写道：

> 19世纪后期，美国人几乎可以在每一期报纸上读到有关新发明的报道。一流的报纸和月刊都自视一所“教化百姓的大学”，为读者提供发明家的长篇个人介绍、科学新闻摘要和每日最新技术突破的报道。一些报刊会罗列每月发布专利的简要描述，尽管这几十年来，随着新发明的数量呈指数级增长，这种操作变得非常不灵便。1872年，《大众科学月刊》（*Popular Science Monthly*）创刊发行，标志着公众对科学技术新闻日益高涨的热情。该期刊面向非专业人士，登载来自欧洲的最新科学观点，并向读者提供从化石到消化不良的原因等各种信息。③

还例如，当谈到电灯的发明对自然界的影响时，书中写道：

---

① 宋德华. 历史人物评说导论［M］. 广州：广东人民出版社，2017：160.

② 弗里伯格. 爱迪生的时代：电灯与现代美国的发明［M］. 钱雨葭，译. 杭州：浙江大学出版社，2022：100.

③ 弗里伯格. 爱迪生的时代：电灯与现代美国的发明［M］. 钱雨葭，译. 杭州：浙江大学出版社，2022：176.

> 1882 年，马克·吐温乘坐着蒸汽船沿着密西西比河游览。每天晚上当船只的探照灯在河岸勾留时，鸟儿的反应让他惊叹不已。其中一些鸟儿“突然起了调子歌唱起来”，又从树上惊出数百只鸟儿，“在白色的光线中四处晃荡”。对许多生物来说，人造光的力量颠覆了日夜的永恒节奏，令它们晕头转向，比起人类，它们更受其影响。①

再例如，对于爱迪生，书中也指出他对电灯的发明是抱有矛盾心理的，他心里依然有强烈的科学伦理的意识，而这正是当今许多科学家所欠缺的。指出这一点，并无损爱迪生的伟大形象，反而让我们对 19 世纪末 20 世纪初的科学家增添了敬意。书中写道：

> 爱迪生对于自己所创造出的现代科技文化也有这种矛盾心理。从 1916 年开始，他每年都和他的朋友亨利·福特、轮胎制造商哈维·费尔斯通以及博物学家约翰·伯勒斯一起去野营。20 世纪早期，许多居住在城市里的美国人也有同样的冲动，他们想要挣脱现代生活的藩篱，躲在一顶帐篷里寻求暂时的庇护，远离“有轨电车刺耳的警报、高架列车的隆隆声和惊艳视觉的电灯”。②

通过阅读，我希望自己对许多重点历史知识的理解不要永远停留在原有的水平。例如，对爱迪生的理解，不要永远停留在孵小鸡和发明大王，而应该有更多的史料积累和见识提升。

《爱迪生的时代——电灯与现代美国的发明》一书引发我的第三个思考是——一项新技术的出现，引起部分民众的反感是再正常不过的事情。过去我们讲到中国近代史，屡屡提及民众拆铁路、拆电线杆，抨击中国人的愚昧。这本书告诉我们，当电灯到来的时候，许多西方人同样也激烈地反对。例如，俄国著名作家托尔斯泰对电灯就评价不高：

> 托尔斯泰把 19 世纪所有伟大的发明分为两类：第一类是直接对人类有害的东西，是对真正的基督教精神的侮辱，例如加特林机枪和鱼雷；其余的，包括电灯在内，对大多数人来说是无害的，但是“也没啥

---

① 弗里伯格. 爱迪生的时代：电灯与现代美国的发明［M］. 钱雨葭，译. 杭州：浙江大学出版社，2022：238.

② 弗里伯格. 爱迪生的时代：电灯与现代美国的发明［M］. 钱雨葭，译. 杭州：浙江大学出版社，2022：324 – 325.

大用，而且遥不可及”，纯属富人虚荣心作祟。①

更加有趣的是，书中提供了一些图片史料，说明西方也有过大量民众反对电灯的愚蠢行为。看着这些图片，总有点似曾相识的感觉。这告诉我们评价历史上的人和事，都需要放在具体时间和空间中进行，用今天的视角来评价古代社会，站在西方人的立场来评价东方社会，都会出现非常大的偏差。

通过阅读这本书，我拓宽了思路，发现科学家的历史还能够这样写，科技的历史还能够这样叙述。过去人们常说，科普读物，只要出现一个数学公式，就会吓跑一批读者。这本书既没有出现一个数学公式，也没有详细解说电灯的原理，论述的重点在于电灯为什么会出现在这个时代，以及电灯又如何造就了这个时代。或者，这才是讲述科技史的重要路径吧。爱迪生这个科技人物在初中历史教材中提及了，高中历史教材中并没有提及。在备高一《影响世界的工业革命》一课时，这本书给了我莫大的启迪，让我认识到本课最重要的是讲述清楚工业革命的时代是一个什么样的时代。

四、战争、战争文化和战争对文化的影响

——《战争与文化交锋》教学反思

2023 年 5 月 11 日，我终于讲完了高二选择性必修 3 第五单元《战争与文化交锋》。一些教师觉得这个单元的素材很多，是比较容易处理的内容，我却觉得这是高中历史教学中最难处理的单元之一。有些教师觉得本单元容易处理，通常是认为战争史的材料实在是太丰富了，几乎是取之不尽；我觉得难处理的原因是——本单元主要讲的并非是战争的特点和过程，而是战争对文化的影响。

“战争”“战争文化”“战争对文化的影响”是三个不同的概念。作为战争史，学习材料异常丰富，不少男生更是“军迷”，说起军事史便滔滔不绝。我认识的一名中学生热衷于画各种类型的坦克，其水平之高让我不敢置信，无论是对坦克的研究还是画工，都是“专家级”的。但无论是初中还是高中历史课程，并没有要求学生掌握太多的战争知识。

作为战争文化，研究成果就少得多，但毕竟还是有的。以色列学者范克

---

① 弗里伯格. 爱迪生的时代：电灯与现代美国的发明［M］. 钱雨葭，译. 杭州：浙江大学出版社，2022：257.

勒韦尔德所作的《战争的文化》① 是较有代表性的一本，该书着眼于论述战争自身所具有的文化特征。

又如美国学者卫周安所作的《清代战争文化》②，提出“尚武精神是清朝文化核心”的观点，但只是一家之言，受到的质疑很大。

这些研究战争文化的书籍，可以开阔我们的视野，深化对战争这一事物本身的理解，但与中学历史课程标准的要求差距较远。《普通高中历史课程标准（2017 年版 2020 年修订）》的专题表述是“战争与文化碰撞”，内容是“通过了解历史上的著名战争，理解战争对人类文化的破坏，以及造成的文化断裂；认识战争在客观上又为不同文化的碰撞提供了契机”③。换言之，课程标准要求学生掌握的内容是战争对文化的影响，而这方面的研究成果是相当欠缺的。

为什么战争会引发社会文化的变迁？社会文化转型的哪些内容是由战争所导致的？战争与社会文化之间的逻辑关系是什么？这些问题都不容易理解，对于长期生活在和平时期的我们而言更难解答。在备课过程中，我找到了有限的一些资料，命制了一些题目进行教学。

在备第 12 课《近代战争与西方文化的扩张》时，我参考的书籍是“社会变迁与百年转折丛书”（东方出版中心 2015 年版）。本套丛书共 7 本，从书名目、各册书的书名以及书内各章节的标题都没有提及战争，但整套丛书的基本逻辑线索就是近代战争对中国社会变迁的影响。这 7 本书包括《1840 年：被轰出中世纪》《1860 年：巨痛与自强》《1895 年：大梦初醒》《1901 年：慈禧太后的革新令》《1912 年：颠沛的共和》《1937 年：大灾难与大牵手》《1949 年：百年瞬间》。

杨国强在丛书总序中写道：

> 从 19 世纪中叶到 20 世纪中叶，中国人久苦外力的逼拶，并因之一次一次地遭逢民族战争，而百年之间中国社会的近代化，以及这种近代化常常与脱跳相伴随的深入，又是在中国人对外力的咄咄逼拶作节节回

---

① 范克勒韦尔德. 战争的文化［M］. 李阳，译. 2 版. 北京：生活 · 读书 · 新知三联书店，2016.

② 卫周安. 清代战争文化［M］. 董建中，等译. 北京：中国人民大学出版社，2020.

③ 中华人民共和国教育部. 普通高中历史课程标准（2017 年版 2020 年修订）［S］. 北京：人民教育出版社，2020：31.

应里实现的。①

7 本书书名中的 7 个年份，每一个都代表了一次战争：

这套丛书择定七个年份作书名，以此划分 100 年历史过程中的不同阶段，也以此演示阶段与阶段之间的前后蝉蜕和阶段之间的相互贯连。合蝉蜕与贯连为一体，于是而有“转折”之义。在这些曾经为历史各开一派局面的年份里，1840 年因中英鸦片战争而起，1860 年因英法联军之役而起，1895 年因中日甲午战争而起，1901 年因八国联军之合刃构兵而起，1937 年因抗日战争而起。就丛书之总体规模作比较，显然是其中的多数与民族战争相为因果，并都因民族战争而各成一局。然则以始末而论，近代中国的历史起点发端于民族战争；以变迁而论，近代中国的新旧嬗递沤浪相逐，而其间一个阶段越过另一个阶段的后来居上，大半也发端于民族战争。民族战争流血流泪，因此百年之间的世路演化和今昔代谢便常常与创巨痛深连在一起。②

我的想法是，究竟战争是如何影响社会文化变迁的，中国近代史是比较有说服力的，同时这段历史也是中学生非常熟悉的内容。以此作为教学的导入，有助于学生理解本课的内容。我曾经利用这个资源命制了一道题目：

例 2－2　2015 年，中国学者编写出版了“社会变迁与百年转折丛书”7 册：《1840 年：被轰出中世纪》《1860 年：巨痛与自强》《1895 年：大梦初醒》《1901 年：慈禧太后的革新令》《1912 年：颠沛的共和》《1937 年：大灾难与大牵手》《1949 年：百年瞬间》。从书名中可见编者认为中国近代的社会变迁

A. 突变和渐变交错地进行　　B. 与政治的改革密切相关

C. 从局部地区扩散到全国　　D. 与战争的影响紧密关联（√）

第 13 课《现代战争与不同文化的碰撞和交流》的主题很明确，就是战争唤醒了民族民主意识。一战导致民族民主意识的觉醒，二战导致了世界殖民体系的瓦解。我使用的书籍是美国学者马克斯·布特撰写的《战争改变历

① 张剑. 1840 年：被轰出中世纪［M］. 上海：东方出版中心，2015：总序 4.

② 张剑. 1840 年：被轰出中世纪［M］. 上海：东方出版中心，2015：总序 2.

史：1500年以来的军事技术、战争及历史进程》①。该书的章节逻辑很清晰，分别论述了“火药革命的影响”“工业革命的影响”“第二次工业革命的影响”和“信息技术革命的影响”。虽然主要内容还是论述军事方面的影响，但也涉及了部分对社会生活的影响，这正是我所需要的内容。书中论述的内容较散乱，我把它加以整合，也命制了一道题目：

例2－3 阅读下面的材料并回答问题：

材料　工业革命可以充分改善人类生活，也能被用于剥夺人命。一战中所有主要参战国都极大地低估了现代军队的弹药消耗量。为了进行动员，政府将铁路和航运企业国有化；为了支持部队作战，政府又控制了军火工业。战后的纳粹主义和法西斯主义极力寻求扩张，都希望将1914—1918年的社会动员变为永久现实。在自由民主国家中，罗斯福总统1933年成立国家复兴署就是效法威尔逊总统的战时工业委员会。与此同时，一战也孕育了平等主义的萌芽。数百万人被送往前线后，劳动力的缺乏使留下来的工人得到更大的权利。男人受命参战后，妇女们接替他们工作，从而享受到了更多的权利。战后不久，妇女在很多发达国家首次获得选举权，这绝非偶然。

——摘编自［美］马克斯·布特《战争改变历史：1500年以来的军事技术、战争及历史进程》

（1）根据材料并结合所学知识，概括指出工业革命对第一次世界大战所造成的影响。（8分）

（2）根据材料并结合所学知识，概括指出第一次世界大战对战后社会发展的影响。（7分）

［参考答案］

（1）影响：大量的物质生产用于制造武器；现代武器的巨大杀伤力造成了天文数字的人员伤亡；工业革命对组织能力的要求迫使政府进一步加强了对社会的控制。

（答对一点给3分，答对两点给6分，答对三点以上给8分。根据所学知识言之成理的，可酌情给分。）

（2）影响：政府继续沿用战时的社会动员手段来加强社会控制和改革；工人的权益得以增加（或工人的权利意识得以增强）；妇女有机会参与社会工作（或妇女获得更多的社会权利）；发达国家的妇女获得了选举权。

（答对一点给3分，答对两点给5分，答对三点以上给7分。根据所学

---

① 布特．战争改变历史：1500年以来的军事技术、战争及历史进程［M］．石祥，译．上海：上海科学技术文献出版社，2011．

知识言之成理的，可酌情给分。)

本课内容关于第二次世界大战对文化的影响主要分析了两个方面，一是导致世界殖民体系的瓦解，二是新兴民族国家的文化发展。其实，二战的重要结果就是形成了美国和苏联这两个社会制度完全不同的超级大国，也导致了两种文化的对抗。我认为这个内容是应该增补进去的，这也符合课程标准“认识战争在客观上又为不同文化的碰撞提供了契机”的内容要求。我使用的书籍是美国学者约翰·刘易斯·加迪斯撰写的《冷战：交易·谍影·谎言·真相》①。我一直认为这本书是最好的冷战著作之一，它的叙述生动，分析透彻。要把书中的内容与课程标准的要求相对应，也需要进行整合。我利用这本书的素材命制了下面的题目：

例 2－4　阅读下面的材料并回答问题：

材料　英美一直在秘密地研制原子弹，准备用于打击德国。斯大林认为，美国的原子弹有两个作用：第一是缩短战争的时间，不让苏联在打败和占领日本的过程中起重要作用；第二是作为战后美国从苏联那里索取让步的手段。

政治学家喜欢用“安全困境”这个概念，指的是一个国家为了自身安全而采取行动，但它在这样做时会损害另一个国家或另外几个国家的安全，而当那些国家也采取措施来维护它们被损害的安全利益时，它们采取的措施又反过来危及第一个采取行动的国家。结果就出现了一个不断加深的互不信任的漩涡。

——摘编自［美］约翰·刘易斯·加迪斯《冷战：交易·谍影·谎言·真相》

(1) 根据材料并结合所学知识，使用“安全困境”理论来分析为什么原子弹的出现会加剧苏联与英美之间的互不信任。(8 分)

(2) 根据材料并结合所学知识，阐述原子弹的出现与美苏冷战之间的关系。(7 分)

［参考答案］

(1) 英美研制原子弹本来是为了自身的安全，尽快结束对德战争；苏联认为英美拥有原子弹损害了他们的利益；苏联因此也尽快研制出了原子弹；英美认为苏联研制原子弹是针对他们；最终导致双方不信任的危机加剧。(8 分)

---

① 加迪斯. 冷战：交易·谍影·谎言·真相［M］. 翟强，张静，译. 北京：社会科学文献出版社，2016.

（评分要点：能够把基本意思表达清楚，给6分；能够指出苏联为维护自身利益也研制出原子弹，导致双方扩军备战，给8分。）

（2）原子弹的研制本来是用来对付德日法西斯的武器，二战后却成为美苏互不信任、相互攻击的重要的因素。由于原子弹具有毁灭人类的力量，双方都不敢首先使用原子弹，反而使美苏双方保持了长期的和平。但是原子弹并不能消除双方的矛盾，导致美苏一直在背地里暗斗，形成了长期冷战状态。（7分）

（评分要点：能够把基本意思表达清楚，给6分。能够指出原子弹具有毁灭人类的力量，给7分。）

总之，《战争与文化交锋》这个单元属于选择性必修3《文化交流与传播》的内容，教学的重点在于战争对文化的影响，而不是战争或者战争文化。这方面现成的教学资源不多，需要不断地搜集和开发。由于翻译过来的素材比较多，因此在使用的时候，一定要运用唯物史观的原理加以辨别，帮助学生树立起马克思主义的战争观。

第三章
培育家国情怀素养的教学反思

在高中历史核心素养的五大方面中，家国情怀素养的培育是较难理解和实施的一个。从内容上看，家国情怀素养包括“对生命价值的尊重”“对家乡、民族、国家、传统文化的感情”和“树立起‘人类命运共同体’的意识”等三个方面。① 而从实践上看，把这些价值观念和态度情感渗透到历史知识的传授中绝非易事，它不仅需要方法和技巧，而且需要教师自身的人格感染力。在《中外历史纲要》的教学中，我发现很多内容都与家国情怀素养的培育相关，这些内容需要我们认真发掘、用心设计。

一、家国情怀素养的培育要分水平层次
——《三国两晋南北朝的民族交融与隋唐统一多民族封建国家的发展》教学反思②

《普通高中历史课程标准（2017 年版 2020 年修订）》指出：“家国情怀是学习和探究历史应具有的人文追求，体现了对国家富强、人民幸福的情感，以及对国家的高度认同感、归属感、责任感和使命感。”③ 可见，家国情怀教育的重要内容就是认同教育。所谓认同，是指充满感情地去认可一个事物。认同教育与认知教育紧密相连，但又存在着差别。“认知是认同的基

① 黄牧航，张庆海．历史学科核心素养分类分层测评标准例析［J］．历史教学（上半月刊），2019（8）：3－12.

② 本文曾发表于《历史教学》2022 年第 7 期，有改动。

③ 中华人民共和国教育部．普通高中历史课程标准（2017 年版 2020 年修订）［S］．北京：人民教育出版社，2020：5.

础，认同是认知的升华。”① 没有知识支撑的感情是空洞的，没有感情倾注的知识是僵化的。然而，无论是认知还是认同，不同的人之间也存在着水平程度的高低之分，因此，对初中生和高中生的学习要求也就必然有所差异。

在备《三国两晋南北朝的民族交融与隋唐统一多民族封建国家的发展》这一单元时，查阅《普通高中历史课程标准（2017 年版 2020 年修订）》的要求是了解“隋唐时期封建社会的高度繁荣”，我即时萌发了一个念头——给学生提炼“盛唐气象”这个主题。当我基本完成教学设计后，才想起有必要去查阅一下初中教材，结果发现“盛唐气象”是《中国历史》七年级下册第 3 课的标题，这引发了我的思考——在高中和初中讲授“盛唐气象”有何不同？

“盛唐气象”中的“气象”是指气度、气概、气派、气势。这个概念的使用，意味着我们对隋唐社会的理解不仅仅停留在知识的层面，更需要有较强烈的情感投入。换言之，我们不仅仅要有与记忆相关的史实，更需要萌生出对民族历史和民族文化的敬畏感、崇高感和自豪感。那么，这种情感的投入有水平层次的差别吗？《普通高中历史课程标准（2017 年版 2020 年修订）》把家国情怀素养划分为两个水平层次。我理解两者有三个方面的不同：①高一级水平层次更强调认识的广度，如从中华民族的发展趋势和世界历史的发展历程去理解问题；②高一级水平层次更强调认识的深度，如“从历史中汲取经验教训”；③高一级水平层次更强调把认识转化为实践，如“能够将历史学习所得与家乡、民族和国家的发展繁荣结合起来”。这三个方面，就是我们区分初中和高中“盛唐气象”内容的切入点。

从教材内容来看，初中的《盛唐气象》一课从经济、民族、社会和文学艺术等四方面讲述了盛唐气象的诸多表现。这些内容在高中教材里均有涉及，但散见在第 6 ~ 8 课中。由此可见，在高中教学中进行教材整合和主题设计的必要性。根据《普通高中历史课程标准（2017 年版 2020 年修订）》的水平划分，我的设计也从三个方面展开。

首先是从中华民族的发展趋势和世界历史的发展历程去理解盛唐气象。我设计了两组问题：一是要求学生对比教材里的“西汉形势图”和“唐朝前期形势和边疆各族分布图”，提问学生：“你认为与汉朝相比，唐王朝的边疆环境发生了什么样的变化？”二是要求学生填写表格，从主流思想文化、文化创造的主体、文化创造的区域和中外文化交流等四个方面对比分析汉、唐文明的差异。教学目的是让学生用更加开阔的视野去认识唐文明的恢宏

① 姜萌．族群意识与历史书写：中国现代历史叙述模式的形成及其在清末的实践［M］．北京：商务印书馆，2015：289.

博大。

其次是从汲取经验教训的角度去理解盛唐气象。初中教材对盛唐气象的时间定位为“唐前期的100多年中”，但在高中教学中可以拓展时间的跨度和概念的内涵。我借用了北京大学袁行霈教授的观点，引导学生理解盛唐气象的两个阶段和两方面的表现——在前期，盛唐气象主要表现为：投身于社会和政治的热情，跃跃欲试的参与意识，强烈的自信自尊，昂扬奋发的精神面貌；到了后期，盛唐气象主要表现为：敏锐的洞察力，暴露社会矛盾的勇气，对国家的责任感，以及对社会危机即将到来的忧虑。① 根据这个视角，对盛唐气象的理解不再局限于贞观之治和开元盛世，而是对整个唐代的历史发展有整体的认识，对唐代的所有历史事物也有更加深入的反思。

最后是从实践的层面去理解盛唐气象。历史学习的实践活动主要包括阅读、写作、参观考察活动等。教材第8课《三国至隋唐的文化》的“学习拓展”类目提出了一个实践建议：“选读杜甫作品中与当时历史现实有关的诗篇，体会其史料价值。”根据这个要求，我给学生开列了书单。关于杜甫的传记，比较经典的是冯至的《杜甫传》，但该书被列入初中段《教育部基础教育课程教材发展中心　中学生阅读指导目录（2020年版）》，不少学生在初中阶段也确实阅读过了。对于高中生，我根据自己的阅读收获由重到轻推荐四本：黄珅编注《杜甫诗选评》（人民文学出版社2018年版），宋红著《杜甫游踪考察记》（人民文学出版社2020年版），左汉林著《朝圣：重走杜甫之路》（东方出版社2018年版），赖瑞和著《杜甫的五城：一位唐史学者的寻踪壮游》（清华大学出版社2017年版）。此外，在参观考察方面，2021年初，广东省博物馆举办了“唐蕃古道——七省区精品文物联展”。我建议学生们去观看展览，并且结合张安福著的《唐蕃古道——重走文成公主西行路》（广东人民出版社2020年版）撰写观后感。

一般说来，无论是对教师还是对学生，不断扩大知识面是相对容易达成的，而不断提升情怀涵养则是较为困难的。学生家国情怀素养的培育能够达到哪个程度？这跟教师的教学熏陶力度有莫大的关系。而教师的家国情怀素养能够达到哪个水平？这取决于教师毕生的阅历和修为。一方面，我们要避免不可知论，要承认家国情怀素养的培育有共性的规律［如《普通高中历史课程标准（2017年版2020年修订）》里的素养水平划分］；另一方面，我们也要鼓励教师不断地提高自身的专业素养，追求有个人风格的教学方法。关于隋唐文明的教学，我依据《普通高中历史课程标准（2017年版2020年修订）》的指引确定了价值主题、深化了概念理解、布置了实践任务。这仅仅

① 袁行霈．盛唐诗歌与盛唐气象［J］．高校理论战线，1998（12）：32－38．

是我个人的尝试，相信教师们通过深入研究一定能够设计出更加科学合理的教学方案。

二、正确价值观的形成有赖于正确的学习方法

——《中外历史纲要（上）》第九、第十单元教学反思①

《中外历史纲要（上）》第九、第十单元的内容分别是《中华人民共和国成立和社会主义革命与建设》和《改革开放和社会主义现代化建设新时期》。这两个单元的教材编撰特点是——几乎所有的图片都是摄影照片。为此，我专门花了一节课的时间为学生讲授了一个主题——“照片里的新中国”。主题立意是通过照片的研读来掌握新中国在各个领域中所取得的巨大成就。

在进行这个主题设计的时候，我想最常用的思路就是把教材的照片给学生串讲一次，但对于高中生来讲，这未免过于粗浅，不一定能够给他们留下深刻的印象。最后，我还是决定通过“如何观看历史照片”的思路来处理教材的图片，即通过方法论的引导来帮助学生树立起正确的价值观念。

本课的设计包括两大内容：一是“历史照片为什么重要?”；二是“如何观看历史照片?”。

历史照片为什么重要？我给学生的答案是——因为历史照片与民族记忆密切相关。今天，我们能够看到海量的历史照片。历史照片并不都是重要的，但教材所呈现的照片肯定是重要的。通过全国学生的学习，教材里的照片已经不再是个人的记忆，而是成为集体的记忆、民族的记忆。为了证明这个观点，我给学生做了一个体验活动。我给学生逐一展示了 12 张照片的题目，问他们能否想象出该照片的形象。这些照片包括“白求恩在为八路军伤员做手术”“毛泽东主席向全世界庄严宣告中华人民共和国成立”“雷锋”“刘少奇与掏粪工人时传祥握手”“十里长街送总理”“希望工程之大眼睛的女孩”“杨利伟走出载人航天飞船返回舱”等。② 对于大多数照片，学生都能够做出即时准确的判断。通过这个体验活动，我告诉学生，这些照片其实已经成为中国人的民族记忆。教材是形成集体记忆的关键渠道之一。教材里的照片不是起着点缀装饰的作用，而是十分重要的学习内容。若干年后，教材中的文字内容你们不一定记得很清楚，但教材中的图片一定会在你们头脑

---

① 本文曾发表于《历史教学》2022 年第 7 期，有改动。

② 详细的教学资源可参见：黄牧航. 中学历史教材研究［M］. 长春：长春出版社，2013：193－195.

中留下更深刻、更长久的记忆。

如何观看历史照片？这个问题足以开一门校本选修课程。从第 15 课《两次鸦片战争》开始，我每节课都会给学生传授一些观看历史照片的技巧。这些技巧包括了解照片拍摄的时间和地点、捕捉照片里的细节、思考照片里没有出现的内容、判断摄影师所持的立场、对比观看同一历史事件的照片、研究照片是否被修改过、研究照片是否被剪裁过等。在第 25 课《中华人民共和国成立和向社会主义的过渡》这节课中我教给学生另外一个重要方法——想象自己身临照片的场景之中。

照片给我们呈现的是一个真实历史情境的影像，如果我们能够想象自己身临照片的场景之中、想象体会情境中历史人物的思想感情，那么这个影像就不再是与我们毫不相关的历史表象，而是能够帮助我们深入理解历史事件本质内容的媒介。我重点讲解的照片是“中国人民志愿军跨过鸭绿江”。在众多抗美援朝的艺术作品中，这张照片和《中国人民志愿军军歌》的知名度是名列前茅的。这张照片所定格的历史场景也就成为中国人的民族记忆。

如果单纯从视觉冲击力来看，教材的这张照片并不能给当代的学生太大的震撼，所以必须教会学生如何去想象和感受。我跟学生说：“从照片中，我们能够发现的细节是长长的过江队伍中，没有一个士兵有回头的动作，都是义无反顾地走向战争的前线。跨过这条江，就是异国他乡，能不能再回来，那是未知数。事实上，很多的志愿军战士是没能回来了。”我随即给学生播放了一段抗美援朝纪念馆副馆长张校瑛女士的座谈视频。张副馆长详细地回顾了他们如何寻找这张照片拍摄的准确地点、如何采访当地的老人的过程：“我们在采访时还遇见一位叫苗秀英的老人，抗美援朝战争的时候她是八九岁吧，她清楚地跟我们讲当时她妈妈给志愿军战士烧水，她就帮着端水给志愿军战士喝，其中有一个小战士喝了一碗又一碗，苗秀英就问，叔叔你喝这么多水不觉得撑得慌吗？然后这个志愿军叔叔就说，鸭绿江水甜啊，叔叔过了江以后就不知道能不能再喝上家乡的水了。”我继续跟学生说：“这个小战士在不在这张照片里，我们不知道，这个小战士最后是否平安回国，我们也不知道。但我们知道，这张照片里的所有志愿军战士的心情都是和这位小战士一样的。看这张照片，我们不仅要关注望不到尽头的队伍所展现的浩大场面，更要想象队伍中每一个人的所思、所想、所感，这才算是真正读懂了这张照片。”讲授《中外历史纲要（上）》时，我哽咽过两次，这是其中的一次。

教材写道：“志愿军涌现出杨根思、黄继光、邱少云、罗盛教等 30 多万名英雄功臣和近 6 000 个功臣集体，他们可歌可泣的英雄事迹汇成强大的民族凝聚力，锻造了伟大抗美援朝精神，极大地鼓舞着全国人民为保卫和建设祖国而团结奋斗。”我们既要记住烈士的英名，也要缅怀无名烈士的丰功伟绩。在历史学习中，帮助学生形成正确的价值观，不是一味地依靠煽情和拼命喊口号，而是依靠对一则则真实史料的扎实积累和深入理解。在本课中，面对照片这种类型的史料，我教给学生的学习方法就是换位思考，把自己想象为置身于历史照片场景中的一员。

为了让学生更好地掌握这种学习方法，我继续给学生设计了一个体验活动。我给学生展示了 6 张照片，这是一组反映房屋拆迁的照片，记录了从 2019 年 3—9 月学校后门 3 幢楼房拆迁全过程。这是我在半年多的时间里在同一地点用相同的角度间断地拍摄下来的。我跟学生说：“大家每天都从这个校门进出，目睹了城市发展的巨大变化。几年后，这里将建成广州市一个大型地铁枢纽站。大家都是这一历史的见证者。这些发生在我们身边的历史，现在大家可能没有太多的感触，甚至会觉得这给我们的出行带来极大的不便，这组照片也没有太大的新鲜感。但几十年后，当我们重温这些照片时，大家都能够以亲历者的身份向我们的后代讲述这一段历史。我们的后人要看懂这组照片，就需要先理解我们这一代人的经历和感受。”

所谓情怀，是指一种高尚的心境、情趣和胸怀。情怀的萌生，离不开具体的人和事。家国情怀的培养，离不开与家国相关的重大历史事件，更离不开能够从历史事件中滋生情感、提炼价值观的敏锐心灵。为实现有效培育具有家国情怀素养的学生，教师在教学中就需要引导学生在心灵上对历史上的壮阔事件、美好情感产生共振共鸣。

三、家乡认同有层次性吗？

——《影响世界的工业革命》教学反思①

一般说来，越是基础的知识点，备课的难度就越大。对于学生耳熟能详，甚至烂熟于心的内容，教师往往处于讲也不是、不讲也不是的尴尬境地。《影响世界的工业革命》一课就属于这种类型。本课的备课让我纠结了很长的时间，不是苦于没有资源，而是苦于找不到让自己满意的切入点和思路。

我在想，对于工业革命，我比学生知道的更多的东西是什么呢？是我多读了几本历史书吗？是我多看过几部历史视频吗？恐怕都不是。我比学生优胜的地方是我亲身见证了中国最终完成了从农业大国向工业大国转型的进程。我经历过这一次波澜壮阔的历史事件，对这一历史巨变有深刻的体会。

① 本文曾发表于《黄金时代》2024 年第 7 期，有改动。

现在的高中学生大多成长在一个城市化、全球化和信息化高度发达的空间，他们很难想象一个农业生产效率低下、物资供给紧张、信息传播封闭的社会是怎样的一种局面。

我成长在一个曾经是“道路不平、电灯不明、电话不灵”的小城市。今天我的家乡已经变成一个高楼林立、车水马龙的中等城市。当年乘车到省城，过江要坐渡轮，前后得花六七个小时，今天的路网四通八达，无非也就一个多小时的车程。小时候因为自行车被盗，痛心疾首了一个月，做梦也没有想过这辈子还能开上小轿车。20 世纪 90 年代，我陪一位教授从广州到深圳，中途穿过东莞。看到广深高速两边密密麻麻的厂房，教授动情地说：“终于看到工业革命在我们国家大规模展开了。”是的，在我小时候的印象中，东莞最出名的是“东莞米粉”，典型的鱼米之乡，今天已变成世界闻名的工业重镇。这些都是我记忆深刻的人生经历。本课书的标题强调工业革命对世界的影响，这个“世界”既是地理意义上的全球空间，也是人文意义上的普通人的心理空间。工业革命改变的不仅仅是物质的世界，也是人的思想世界和情感世界。

要向学生表达我对工业革命的理解和感悟，还是需要依靠具体的素材。我最终选择了瑞士绘本大师约克·米勒的名作《推土机年年作响，乡村变了》[①]。这本书由 7 大张活页的图画组成。每张图画宽 31 厘米，长 85.5 厘米。我把这 7 幅图画张贴在黑板上，非常醒目壮观。这 7 幅彩色的图画，从同一个视角，记录了一个乡村从 1953 年至 1972 年的变迁。从空间上，我们能够直观地看到一个田园牧歌的小村落是怎样一步步变成一个现代化城市的；从时间上，画家居然有历史学家的严谨思维，每幅图画都标明了准确的时间——1953 年 5 月 6 日星期三、1956 年 8 月 16 日星期四、1959 年 11 月 20 日星期五、1963 年 1 月 19 日星期六、1966 年 4 月 17 日星期日、1969 年 7 月 14 日星期一、1972 年 10 月 3 日星期二；从情感上，我们可以看出画家的忧伤、惋惜、迷惘、愤怒和控诉——树木消失了，草地消失了，河湖消失了，山丘消失了，清新的空气也消失了，被改变的不只是自然的环境，还有人们的生活方式和脸上的表情。这 7 幅大型的图画，直观形象地展现了工业革命带来的时空变化，更难得的是，还呈现了物理时空变化中的人文世界的变化。

在给学生讲解时，我借用了该书导读作者王林的叙述：“二十年前，人们‘日出而作，日落而息’，悠然自得；二十年后，人们驱车在高速公路上奔波，为了生活早出晚归。二十年前，人们在低矮的房屋里，守望相助；二

① 米勒. 推土机年年作响，乡村变了［M］. 海口：南海出版公司，2010.

十年后，人们住在火柴盒一样的高楼里，形同路人。二十年前，孩子们在乡间小路上嬉戏，随时随地都可以找到快乐；二十年后，孩子们被‘关’进了教室里学习‘知识’，商场里的玩具成了他们快乐的源泉。二十年前，人们和动物相依相伴；二十年后，城市里已没有动物的立足空间。注意到那只几乎每页都出现的白猫了吗？最后，它也许会‘消失’在高速行驶的车轮下。”紧接着，我简要地给学生回顾了学校所在地的周边区域的历史——如何从一个废旧的机场建成一个大型的体育中心，如何从只有两条公交线路的偏僻郊区演变成为地铁线路纵横交错的商业中心区，如何从几个小村落发展成为广州城市新中轴线的辐射地。这一切的巨大变化，都源自工业化和城市化的发展。

进行这样的教学设计，是基于两方面的目标：一是通过形象直观的图片展示、教师个人亲身经历的讲述和学校周边环境的历史回顾，让学生深刻理解工业革命给人类社会带来的巨大影响；二是通过教师的分析，帮助学生掌握一种思维方法——为了更好地在一个地方生活和学习，一定要认真了解这个地方的历史文化。新课标提出了时空观念素养的培育要求，我认为在历史教学中不要仅仅把时空理解为物理意义上的时间和空间，而是更应该深入把握时空所承载的人文变化。加拿大学者爱德华·雷尔夫撰写的《地方与无地方》是一本人文主义地理学的名著，书中认为每个人都生活在一个地方，而对地方的认同“并非一成不变，相反，它会随着环境与态度的变化而发生变化；同时，它也并非不可分割，反而，它包含着不同的成分，表现出了不同的形式”①。爱德华·雷尔夫把地方认同分为七个层次，如最低的层次是把地方看作是旅途偶经之地，较低的认同是把地方看作是谋生之地，而较高的认同是把地方看作是情感维系之地，并且讴歌其美好祥和。例如，我对我的出生地和今天生活工作的城市都怀有深厚的感情，这种感情也是源于我对两个城市的历史的认识。而工业革命给两座城市所带来的巨大变化更加让我缅怀往日的宁静温馨，珍惜今日的舒适便利，憧憬未来的辉煌壮丽。学生生活学习的地方是学生最为熟悉的空间，要认识一个地方的今天，必须先了解这个地方的过去。近四十年来，中国任何一个地方的空间景观都发生了翻天覆地的变化，我们应该从这些变化中感受工业化的巨大力量，也增添把家乡建设得更加美好的情感。

我想，如果在三十年前，我们的历史教学是不可能这样讲述工业革命的。三十年前，不要说学生，就连教师都可能没有感受过工业革命带来的社会变化。今天，当我们都享受着工业化的成果时，就应该更加紧密地结合我

① 雷尔夫. 地方与无地方［M］. 刘苏，相欣奕，译. 北京：商务印书馆，2021：73.

们的亲身体验来学习反思，不宜把工业革命看作是一个事不关己的历史知识点来讲授。本来，这个教学设计用在高二选择性必修2《经济与社会生活》的第四单元《村落、城镇与居住环境》更合适，但考虑到相当多的一部分学生将来是会选修物理的，这群学生更加应该滋养对家乡认同的情怀，因此我还是在高一教学中尝试了。

黑格尔有一句名言："熟知非真知。"人们所熟知的事物，不一定是真知，因为太过"熟悉"了，所以懒得深究。中学历史教材中的很多内容都属于这种情况——对于大多数人来讲，是熟知而非真知。我们在备课讲课中，其中一个重要的目标就是要想方设法地帮助学生把熟知变成真知，这就需要下功夫挖掘历史知识的思维内容和情感内容。

四、主题教学是实现价值引领的重要渠道
——《马克思主义的诞生与传播》教学反思

2002年6月，在日内瓦召开的第90届国际劳工大会决定将每年的6月12日定为"世界无童工日"（the World Day Against Child Labor）。知道和关注这个纪念日的人并不多，但这个内容我在上高一《中外历史纲要（下）》的时候是特别提及的。

教材第11课《马克思主义的诞生与传播》专门提到童工问题："大机器的采用也把妇女和儿童卷进劳动力市场，他们的境况更为悲惨。"同时还提供了一幅"在英国煤矿中做工的童工（绘画作品）"图片。对本课的教学方法，《普通高中历史课程标准（2017年版2020年修订）》给出了详细的建议，其中包括："教师可选取有关的文字和图片材料，使学生感受当时工厂制度下工人所面临的恶劣境况，如劳动时间长，工作条件差，工资低，生活环境恶劣，劳动权益没有保障，以及资本家大量雇佣童工和女工，排挤成年男工等。"① 因此，讲述第一次工业革命的内容，无论是课程标准还是教材，它们都做出了明确的要求。我在讲课中主要运用了以下两种邮票资源。

一是英国1976年发行的、纪念工业革命后社会改革的邮票。邮票一套4枚，呈现了4种手的形象——挖煤工人的手、纺织工人的手、扫烟囱的手和监狱里的手。其中，纺织工人的手和扫烟囱的手明显比较小巧，这些就是童工的手。邮票黑沉灰暗的色调，反映出工业革命所带来的严重的社会问题。

二是美国1998年发行的纪念20世纪初期童工改革运动的邮票。该邮票

① 中华人民共和国教育部. 普通高中历史课程标准（2017年版2020年修订）[S]. 北京：人民教育出版社，2020：51.

属于美国"20世纪重大事件之20世纪20年代"纪念邮票中的一枚。邮票所呈现的纺织童工的照片是美国著名的社会学家和摄影师刘易斯·海因（Lewis W. Hine，1874—1940）拍摄的。

刘易斯·海因用镜头揭露美国童工的悲惨真相，改变了上百万童工的命运。他冒着生命危险奔走于美国各地的工厂和车间，拍下数百张童工照片，揭露了残酷的社会真相。在各方的推动下，美国国会在1916年通过了《童工法》，禁止了工厂雇佣童工。刘易斯·海因有句名言："摄影不应当仅仅为了美，而应有一个社会目的。要表现那些应予赞美的东西，也要表现那些应予纠正的东西。"

通过对"世界无童工日"的关注，我对童工这个历史内容的教学又有了新的思考。

第一，"世界无童工日"属于主题式的表述方式。主题跟专题不同，专题是中性的，不需要有价值判断，而主题是带有价值判断的专题，它必须拥有价值立场。对工业革命的抨击和反思可以从多个方面进行，而童工就是其中很重要的一个方面。对童工现象的谴责和抨击，完全可以成为一个教学主题或者命题主题。该主题的内容可以涵盖从童工大量出现到童工立法保护，再到童工现象屡禁不止，直至今天仍然需要设立"世界无童工日"来呼吁世界各国密切关注。

第二，"世界无童工"属于一个重大的价值追求，其中又包含了多种价值判断的内容。过去二十多年的时间里，"世界无童工日"提出了二十多个宣传主题，这些主题都有强烈的现实感，同时也关注了童工问题各个方面的内容。如2015年的主题是"对童工说'No'，对高质量教育说'Yes'"，联合国发行了两枚邮票，内容分别对应着这两个价值判断——第一枚是在狼口里劳作的童工，第二枚是儿童的受教育权受到了摧残。

又如2020年的主题是"危机对童工的影响"，指的是世界政治局势动荡，使童工现象重新大量涌现，这不得不引起我们的高度关注。这些主题可以看作是分析童工这个知识点的不同角度：

2020年　危机对童工的影响
2018年　安全与健康的一代
2016年　终结供应链中的童工劳动：事关每一个人
2015年　对童工说"No"，对高质量教育说"Yes"
2014年　扩大社会保障——与童工现象作斗争！
2013年　向从事家政工作童工说"不"
2012年　权和社会正义，让我们结束童工现象

2011 年　给女童一个机会，消除童工
2010 年　消除童工劳动，我们争做前锋
2009 年　给女童一个机会，解决童工问题——未来的关键
2008 年　教育：童工应享有的权利
2007 年　将重点关注农业童工问题，因为农业童工在童工中占有很大的比例
2006 年　消除童工，让我们一起来实现
2005 年　重点关注在矿区和采石场工作的儿童
2004 年　关注儿童从事家佣
2003 年　日益严重的贩卖儿童问题
……

这些分析角度都给我们设计教学主题或者命题主题以极大的启发。事实上，在往年高考命题中，也是沿着这样的分析思路来设计的。例如，2017 年北京的高考题就设计了“儿童：成长、保护与发展”的主题，内容涉及的就是童工问题（见例 3 －1）。

例 3 －1　［2017 年北京高考卷第 37 题（2）］

儿童：成长、保护与发展

材料二　大约在 17、18 世纪，新的儿童观念逐渐形成。卢梭认为：“在自然的秩序中，所有的人都是平等的。”“儿童时代有属于它自己的独特观察、思维、感知方式。”

18 世纪末，童工约占西方工人总数的 1/10，平均每天工作 13 ~ 14 小时。1821 年，法国爆发了反对雇佣童工的抗议。19 世纪，英法等国先后颁布一系列法律，限定童工的最低工作年龄及工作时间，并规定儿童要接受教育。1884 年，伦敦防止虐待儿童协会成立。在此前后，英法等国先后制定法律：保护儿童免受肉体及精神侵害；剥夺虐待儿童的家长的监护权。

1904 年，法国设立儿童福利部。1908 年，英国设立儿童法庭。1924 年，第一份《儿童权利宣言》提出儿童应受特殊保护。1946 年，联合国设立儿童基金组织。1989 年《国际儿童公约》确认每个儿童均有生存权、受保护权、发展权和参与权。现已有 196 个国家签署该公约。

（2）阅读材料，概括 18—19 世纪儿童保护方面取得的成就，并结合所学分析其背景；概括 20 世纪以来儿童保护的新特点。（14 分）

第三，国际日是我们进行历史主题教学和主题命题的重要思想资源。国际日的价值是“提高公众对现实和未来问题的认识、调动政治意愿和资源应对全球性问题、庆祝和加强人类成就的一个宣传契机”。“世界无童工日”属于当前200多个国际日中的一个。对“世界无童工日”的分析思路，同样可以运用到其他国际日中。国际日确定的特点是“回顾过往、展望未来”，这与历史教学的要求是一致的。我们对教材诸多知识点的分析，都需要了解其前因后果，也要思考其发展的趋势。这其实就是进行价值观教育和课程思政的基本思路。

国际日有重大的教学价值，但我们对国际日的关注远远不够。仪名海在《中国国际化的一个重要视角：中国参与国际日活动及其意义》① 一文中提出中国参与国际活动日在六个方面的意义：一是提高了国人的认识水平，为相关问题的解决创造了多方面的条件；二是增进了民众对外交工作的理解和支持，成为推进对外工作的重要举措；三是拓宽了同世界联系的渠道，为加强同世界的联系创造了多方面的条件；四是展示中国对相关问题的认识理解，改变自身国际形象；五是提高国际地位，增强国际政治号召力的一个重要途径；六是将中国人民大众的生活引向积极的方向。

关于国际日的书籍也不多。比较重要的一本是仪名海所著的《国际日》。这本书的序言声称当时有世界影响力的国际日有160多个，所占天数已达一年中的1/3以上，而今天有影响的国际日已经有200多个，所占天数达一年中的2/3以上了。但目前对国际日梳理得较详细的还只有这本书。

这200多个国际日，并非每一个都跟中学历史教学密切相关，但很多内容还是能够给予我们教学和命题极大的启发。例如，3月25日是“奴隶制和跨大西洋贩卖奴隶行为受害者纪念日”：

> 1807年3月25日，英国议会通过废除奴隶贸易法案，禁止英国船只从非洲往美洲运送奴隶。然而，在21世纪，人口贩卖、童工等奴役现象并没有终结。今天，国际社会应采取实际行动，在打击买卖人口、毒品等犯罪现象方面采取一系列具体措施，结束现代社会的奴役现象。为了让人们牢记奴隶贸易这段悲惨的历史，同时在现代社会消灭奴役现象，2006年11月28日，联合国大会通过第61/19号决议——《纪念废除跨大西洋贩卖奴隶一百周年》。决议决定将2007年3月25日定为纪

① 仪名海. 中国国际化的一个重要视角：中国参与国际日活动及其意义［J］. 阴山学刊（社会科学版），2013（2）：74－78.

念废除跨大西洋贩卖奴隶二百周年国际日。①

这个拓展资源，我在讲述罪恶的三角贸易和海地革命的时候都会提及，其中使用了英国2007年发行的“纪念废除奴隶贸易200周年”的邮票。

总之，价值观教育是中学历史教育的首要内容，主题设计又是落实价值观教育的重要方法，借用国际日的资源是进行主题教学和主题命题的有效渠道。对国际日的学习和研究，有助于我们树立更长远放眼世界的眼光，同时也有助于我们掌握更多的思想资源来认识人类历史上重大事件的过去、现在和未来。

五、对个体生命的尊重是历史教育的基本价值

——《第一次世界大战与战后国际秩序》教学反思②

今天是2021年4月22日星期四，我给学生讲授《第一次世界大战与战后国际秩序》一课。在上课的时候，我发现了一个巧合——我给学生讲述的珂勒惠支正好是在1945年4月22日去世的。我是在这位德国伟大的版画家去世76周年的忌日里讲述她的故事。在备课的时候，我还完全没有意识到这一点。为什么要讲珂勒惠支？因为她跟第一次世界大战有莫大的关系。

第一次世界大战的血腥、野蛮和残酷，今天的学生是很难想象和理解的。教材提供的材料有两处：一是彩色照片“一战墓地”，说明文字是“第一次世界大战以极其残酷的杀戮为主要特点。大约900万人战死，2 000多万人受伤，350万人终身残疾。德、俄、法、奥的伤亡人数占全部伤亡人数的66.6%”。二是小栏目“历史纵横”中的“一战中的华工”，展示了黑白照片“一战中的华工在英国军官带领下去前线挖战壕”，栏目中的文字写道，“有1万多名华工在这次战争中献出了生命。在法国，有一个华工墓地，墓碑上大都有‘勇往直前’‘鞠躬尽瘁’‘虽死犹生’‘流芳百世’等字样，默默记录着华工在一战中的牺牲”。在这里，“900万人”“2 000多万人”“350万人”“1万多名”等全都是抽象的数字，这些数字掩盖了一个个曾经鲜活的生命，但学生不会有太大的触动。

为了讲清楚一战对生命的巨大摧残，我引入了两个资源。

第一个资源是纪念一战的邮票。作为一名有四十多年邮龄的集邮爱好者，我收集了上千枚纪念一战的邮票。邮票发行的时间集中在两个年份，一

① 仪名海. 国际日［M］. 北京：清华大学出版社，2008：52.

② 本文曾发表于《历史教学》2022年第7期，有改动。

个是一战结束50年后的1968年，另一个是一战结束100年后的2018年。这两个年份的一战邮票有两个重要的不同点：一是1968年只有意大利等少数几个国家发行了纪念邮票，而2018年有几十个国家发行了纪念邮票；二是1968年的邮票多以抽象画的方式来呈现，而2018年的邮票近半数以上呈现的是真实的个体肖像。对于第一个不同点，我的解释是——一个历史事件过去了半个世纪，我们往往还不能看清楚其庐山真面目，而过去一个世纪后，我们对其思考的力度和认识的深度都大大增强了。对于第二个不同点，我花了更多的时间给学生讲授："在我的经验中，很少有邮票选材能够如此大量地把普通的，甚至不知名的真实人物搬到邮票上。大家看看，这些人都很年轻，甚至非常英俊漂亮，但他们的生命都消逝在那场恶战中了。他们之中有士兵、护士、工人、水手等，可见各行各业都被卷入战争中了。你们再看这组邮票，呈现的全是在工厂里工作的妇女。一战给妇女提供了前所未有的工作机会，同时也无情地让广大女性深陷战争的苦海之中。"

第二个资源是重点介绍珂勒惠支。我跟学生说："今天是德国伟大的版画家珂勒惠支去世76周年的日子。为什么要讲珂勒惠支呢？因为这是一位对中国现代版画事业产生巨大影响的女性。珂勒惠支的代表作是《战争·牺牲》。在这幅作品中，一名赤裸的、消瘦的母亲紧闭双目，痛苦地交出了她的孩子。鲁迅先生对珂勒惠支推崇备至，他把收藏的珂勒惠支的版画编辑出版，直接影响了抗日战争时期中国版画艺术的发展。"中国抗日战争时期的版画作品是中国艺术史上的一朵奇葩，黑白两色的画面尽显粗犷凌厉的艺术风格，是反映全民族抗战中最具有感染力和传播力的艺术形式之一。祖籍广东番禺的版画家李桦是其中的佼佼者。紧接着，我给学生展示了李桦的经典作品《起来》和《怒吼吧，中国》。一对照就可以看出，中国抗日战争时期的版画作品深受珂勒惠支的影响。

再回到珂勒惠支的作品《战争·牺牲》，我继续跟学生说："这幅作品在很大程度上就是珂勒惠支自身的写照。1914年，第一次世界大战爆发后，她年仅18岁的儿子被迫参战，仅仅数周后，就传来了在西线阵亡的噩耗。儿子的去世给珂勒惠支带来了终生都无法抚平的痛苦，也使她对战争充满了强烈的憎恨感。《战争·牺牲》所描绘的就是一个母亲悲痛地献出她的儿子、为战争做无谓牺牲的恐怖场面。希特勒上台后，珂勒惠支不断受到迫害，但她仍坚持反战创作。不幸的是，1945年4月22日，78岁的珂勒惠支在德国法西斯覆没前夕去世了。4月22日，距离纳粹德国投降的5月8日只有16天！她没能等到胜利的那一天。一战带来了天文数字的人口伤亡，每一个伤亡数字背后，都是一个破碎的家庭；每一个生命的逝去，留下的却是无数个痛不欲生的灵魂。帝国主义的战争，使欧洲生灵涂炭、满目疮痍，产生了几千万的孤魂野鬼，也留下了几千万像珂勒惠支一样痛苦不堪的母亲。”

两个资源的讲授，耗时约 8 分钟。两个资源都聚焦在普通的生命个体上，希望能唤起学生珍惜生命、反对战争的情感。战争史教学最重大的意义，不在于让学生识记一大堆将军的名字、战役的名称，更不在于死记硬背战争的后果和影响，而在于培育尊重生命、捍卫和平的价值观！课后，学生一如既往地围上讲台观看我带来的画册和邮票，这是我最乐于看到的一幕。

第四章
培育时空观念素养的教学反思

在中学历史核心素养的五个方面中，时空观念素养通常被认为是比较容易理解和运用的一种素养。但时空概念不同于时空观念，时空观念又不同于时空观念素养。时空概念通常指历史知识点中的时间和空间表述，时空观念是指历史知识点中的时间和空间的逻辑关系及所反映的历史事物的发展规律，时空观念素养是指通过时空联系的思维方法分析和解决问题的综合能力。在高中课堂教学中，我一直尝试从素养的角度而不是从知识的角度去设计时空观念的问题，以期在潜移默化中真正培育学生的时空观念素养。

一、时空观念如何跟历史人物评价相结合?

——《西汉与东汉——统一多民族封建国家的巩固》教学反思①

对“时空观念”的定义，《普通高中历史课程标准（2017 年版 2020 年修订)》明确指出：“时空观念是在特定的时间联系和空间联系中对事物进行观察、分析的意识和思维方式。”② 这里写的是“时间联系”和“空间联系”，说明我们在观察分析历史事物的时候，不仅仅需要理解该事物所处的时空，还需要理解该事物所处的时空与我们今天的时空或者与其他事物的时空存在怎样的“联系”。

本课的重点知识是汉武帝。如何评价汉武帝这个历史人物，千百年来一直争议不断。姜鹏在《汉武帝的三张面孔》③ 一书中梳理了中国历史上三位

---

① 本文曾发表于《历史教学》2022 年第 4 期，有改动。

② 中华人民共和国教育部. 普通高中历史课程标准（2017 年版 2020 年修订）[S]. 北京：人民教育出版社，2020：5.

③ 姜鹏. 汉武帝的三张面孔［M］. 上海：华东师范大学出版社，2012.

著名的历史学家对汉武帝截然不同的评价。第一位是司马迁，他在《史记》中对汉武帝的评价并不高："今天子初即位，尤敬鬼神之祀。"说他骨子里就是一个迷信鬼神的人。第二位是班固，他在《汉书》中对汉武帝评价极高："如武帝之雄才大略，不改文帝之恭俭，以济斯民，虽《诗》《书》所称，何有加焉。"意思是汉武帝除了不够勤俭节约外，其他方面近乎完美。第三位是司马光，他在《资治通鉴》中对汉武帝评价极低："孝武穷奢极欲，繁刑重敛，内侈宫室，外事四夷，信惑神怪，巡游无度，使百姓疲敝，起为盗贼，其所以异于秦始皇者，无几矣！"把他视为如秦始皇一般的暴君。我同时向学生展示了上述三则材料，要求他们思考："这三位都是中国历史上伟大的历史学家，而他们对汉武帝的评价差异很大，我们应该相信谁的评价呢？"

这是一个有挑战性的问题，学生并不容易回答。我提示学生，不能因为谁的名气更大就相信谁，否则就会陷入"诉诸权威"的思维谬误。那正确的思维路径是怎样的？我让学生完成下面的学案（见学案片段4－1）。

学案片段4－1

任务：查找资料，填写下面的表格。

人物	与汉武帝是否生活在同一时代？	是否认同儒家学说？	写作的目的是什么？
司马迁			
班　固			
司马光			

这个任务属于情境教学，相当于《普通高中历史课程标准（2017年版2020年修订）》所说的"学术情境"，即历史学家是在怎样的情境下提出学术观点的。如果没有对学者的研究情境有全面的了解，是很难准确把握其学术观点的。要了解这三位历史学家的生平是一件耗时耗力的事情，在中学课堂里只能选取最主要的内容。在表格三个方面的内容中，跟时空观念密切联系的就是第一个。

汉武帝的生卒年份是前156—前87年，司马迁的生卒年份是前145—？年，班固生卒年份是32—92年，司马光的生卒年份是1019—1086年。他们之间的时间联系是：汉武帝与司马迁是同时代的人，而且两人交往甚多，爱恨情仇极深。班固出生时，汉武帝已经去世120年。班固看待汉武帝的历史，相当于我们今天回顾辛亥革命的历史。司马光出生时，距离汉武帝去世约1 100年，距离我们今天约1 000年。就是说，在我们看来，司马光已经是很古老的历史人物了；而汉武帝对于司马光来说，更加古老。

姜鹏把这四人的关系用登山作比喻，十分生动，适合在中学课堂里讲授。司马迁与汉武帝的关系是登山的人“身在此山中”，由于靠得太近，反而看不清楚全貌；班固已经走出汉武帝这座大山，而且走出了几里路了，回首一看，只能仰视，于是眼中就出现了一座巍峨挺拔的高山；司马光是在群山之中眺望，能够看清楚山的全貌，但细节的地方就不一定清晰了。由此可见，三位伟大的历史学家对汉武帝的评价，既有其可取之处，也有其失之偏颇的地方。

借鉴三位历史学家的智慧，我们今天该如何评价汉武帝呢？我给学生两条思路：一是分领域，二是分时段。一个大人物的建树往往是多方面的，宜分别评价。同时，人的一生很漫长，在不同的时间段会有不一样的作为，也宜分开评价。姜鹏对汉武帝的评价是16个字：“内强皇权，外服四夷，迷信神仙，晚年改辙。”根据教材的内容，我扩充为32个字：“内强皇权，外服四夷；插手经济，与民争利；推崇儒学，迷信神仙；半生奢靡，晚年改辙。”这个评价，是我今天的认识。这个认识，借鉴了四位历史学家的研究成果。而这个结论，又是基于司马迁、班固、司马光和姜鹏四位历史学家与汉武帝不同的时空联系而得出来的。

总之，对时空关系的理解，不能停留在时间和空间定位的层面，而要深入到时空相互联系的层面去进行。

二、时空观念如何跟人类的社会实践相结合？

——《三国两晋南北朝的政权更迭与民族交融》教学反思①

时间与空间的关系问题是物理学和历史学都重点研究的问题。历史学作为人文学科，所有的研究内容都离不开对人的关注，时空观念的研究也不例外。就人的感知和表述而言，时间和空间本是可以分开进行的。“花有重开日，人无再少年。”这是对时间的感怀和倾诉。“海内存知己，天涯若比邻。”这是对空间的期许和抒怀。那么，在人文的世界里，是什么把时间和空间联结在一起的呢？答案就是人和人的实践。

“秦时明月汉时关”，这句诗把古今的时空都融合在一起了。如果没有诗人的博大胸怀和雄奇想象，是不可能做到这一点的。农业社会中人们对时空关系的感受是同步的，“春生夏长，秋收冬藏”，一定的时间节点必然伴随着相应的空间景观，而到了工业社会，时空的断裂感开始出现，人们在任何时

① 本文曾发表于《历史教学》2022年第4期，有改动。

候都可以吃到四季的果蔬，任何时候都可以到全球欣赏四季的景色。如果没有人类科技的进步，这是不可想象的。因此，时空观念作为历史学科的核心素养，其真正的内涵不在于对时间和空间的记忆，而在于理解时间和空间背后的人和人的实践。

本课的时间概念和空间概念都特别多，而且非常杂乱。我认为单纯让学生记住一大堆时间和地名意义不大，关键还是要让学生理解时空变化背后的人类实践。

我把本课与第 8 课《三国至隋唐的文化》结合起来讲，设计了一个学习主题——“三国两晋南北朝留下的历史遗产”，其中包括三点内容：经济重心开始南移、南北文化和中外文化的整合、民族融合的加强。其中，第一点和第二点都是跟时空观念密切相关的。

第一点的学案设计，如学案片段 4 - 2 所示。

学案片段 4 - 2

一、经济重心开始南移

任务一：阅读下面两则史料并回答问题。

史料一　楚越之地，地广人希，饭稻羹鱼，或火耕而水耨（nòu，锄草），果隋蠃（luǒ，通“螺”）蛤，不待贾而足，地埶（通“势”）饶食，无饥馑之患，以故呰（通“疵”）窳（yǔ，懒惰、瘦弱）偷生，无积聚而多贫。是故江淮以南，无冻饿之人，亦无千金之家。

——司马迁《史记·货殖列传》

史料二　地广野丰，民勤本业，一岁或稔，则数郡忘饥。会土（泛指钱塘江下游平原）带河傍湖，良畴亦数十万顷，膏腴上地，亩直一金，鄠、杜（泛指陕西关中地区）之间，不能比也。荆城（泛指长江中游地区）跨南楚之富，扬部（泛指长江下游地区）有全吴之沃，鱼盐杞梓之利，充仞八方，丝绵布帛之饶，覆衣天下。

——［南朝梁］沈约《宋书》

1.《史记》成书于公元前 1 世纪，南朝建立于公元 5 世纪。这中间大约经历了多少个世纪？

A. 4 个世纪　　B. 5 个世纪　　C. 6 个世纪　　D. 7 个世纪

2. 相比于西汉时期的江南，南朝时期的南方发生了什么变化？（多选）

A. 农业发达　　B. 商业发达　　C. 畜牧业发达　　D. 鱼盐业发达

在本课的设计中，段义孚的《神州：历史眼光下的中国地理》（北京大学出版社 2019 年版）对我启发颇大。我从中领悟到，其实不同历史时期的中国人看到的地理景观和人文景观差异甚大，一部中国史，其实就是景观大变动的历史，而中学生更多是从我们今天所看到的景观去想象古人所面对的景观。

要帮助学生形成正确的历史表象，一靠材料，二靠对比，三靠想象。上述学案中的史料二是教材提供的，通过设计一道选择题帮助学生理解史料的内容，同时指出这则史料有夸大的成分。史料一是出自《史记》的经典文字，史学研究中引用甚广。通过史料一和史料二的对比，可让学生感受到南方开发的巨大成就。而时空观念素养的培育，还有非常重要的一点就是想象力的训练。我告诉学生，不能用我们今天看到的景观去理解一千多年前的景观。两晋南北朝时期的南方，那是一个森林密布、河水泛滥、虎狼出没、瘴气熏天的世界，没有先人们筚路蓝缕、披荆斩棘的艰辛开拓，南方就不可能成为中国的鱼米之乡、富饶之地。

第二点的学案设计，如学案片段 4－3 所示。

学案片段 4－3

二、 南北文化和中外文化的整合

任务二：请判断下列文化成就哪些属于北方，哪些属于南方，并填写进相应的方框内。

建安文学　陶渊明的田园诗　《木兰辞》

王羲之的书法　顾恺之的《女史箴图》和《洛神赋图》

云冈石窟　龙门石窟　莫高窟

祖冲之算出圆周率　贾思勰著述《齐民要术》

法显海外取经　裴秀绘制《禹贡地域图》

北方的文化成就	
南方的文化成就	

这个设计虽然简单，但很有意义。对于许多学生来说，真是不比不知道，一比吓一跳。因为在他们的心目中，王羲之、顾恺之等文化名人都应该属于北方的文化成就，没想到南方的文化发展后来居上，甚至在书画领域登峰造极。表面上是让学生了解文化成就的空间分布，真正要让学生理解的是创造这些文化成就的杰出人物及其社会实践。例如，学生在完成任务的过程

中，争议很大的是法显。教材的表述是“东晋的法显从长安出发，经西域至天竺，收集了大批梵文经典”，那法显海外取经是属于北方的还是南方的文化成就呢？我简单地给学生讲述了法显的生平，强调他出发取经的时候已经是65岁的高龄。在此之前，3岁出家为僧的法显已经在南方的佛教界度过了六十多个春秋。因此，法显从长安启程去取经既属于南方的文化成就，也属于北方的文化成就。法显正是南北文化交融整合的典型个案。

总之，在历史学科中，所有的时空都是人和人的实践的时空。单纯让学生识记时间和空间并无多大意义，重点还是要让学生理解在一定时空中的人的实践活动。

三、时空观念的本质是“变化”的观念

——《中古时期的欧洲》教学反思①

《中外历史纲要（下）》第3课《中古时期的欧洲》内容庞杂，教学设计难度很大。但这一课又是培育时空观念素养的重要一课。课文的标题已经表述了非常清晰的时空观念——时间是中古时期，空间是欧洲。不仅时间跨度大，而且空间非常辽阔。

教学设计的第一步是先从教材中找出重要的时间和空间表述，编制成学案（如学案片段4－4所示）让学生完成。学案片段4－4的内容基本来自教材。特别要注意的是，“10—11世纪西欧城市兴起”这个点来自教材附录的大事年表，弥补了教材正文“中古中后期”这一笼统表述。

学案片段4－4

专题探究一：中古欧洲的时空概念

任务一：阅读教材，完成下面的填空题。

（一）时间概念

1. 在世界历史上，________世纪一般被称为“中古时期”。________后期，西罗马帝国灭亡，西欧进入封建社会。

2. 随着西欧封建社会走向稳定，封建经济获得一定发展。耕地面积增加，风力、水力和畜力得到比较有效的利用；工商业逐渐复兴和繁荣。________世纪起，西欧各地兴起了众多城市。

① 本文曾发表于《历史教学》2022年第4期，有改动。

3. ________世纪，西欧城市兴起。

4. 到________世纪晚期都铎王朝建立后，英格兰逐渐形成了较强大的王权。到________世纪晚期，法兰西基本完成了统一，王权得到强化。________世纪末，在伊比利亚半岛形成的国家有西班牙和葡萄牙。

5. 你认为欧洲的中古时期可以分为哪两个阶段？为什么？

（二）空间概念

6. 在罗马帝国的废墟和日耳曼人迁徙后建立的一系列王国的基础上，西欧封建社会产生了。西欧封建社会的基本特征是________、庄园与农奴制度。

7. 阅读教材第 18 ~ 19 页，找出拜占庭帝国与俄罗斯帝国的共同点。（不少于 3 点）

8. 阅读教材第 17 页“历史纵横”《英国议会的起源》和第 19 页“伊凡四世图片说明”，指出中古中后期的东欧与西欧呈现出怎样不同的发展趋势。

如果只是让学生填写时间和地域，那只是简单的识记能力培养。作为时空观念素养的培育，一定要抓住该素养的本质内容——“变化”的观念。《普通高中历史课程标准（2017 年版 2020 年修订）》强调“时空观念是在特定的时间联系和空间联系中对事物进行观察、分析的意识和思维方式”①。这里就带出了一个问题：我们为什么要“在特定的时间联系和空间联系中”对事物进行观察分析呢？答案就是——因为事物一直处在发展变化中。我们要正确地认识理解事物，就离不开发展的观点，离不开“把握住变化”的思维。

本学案的设计思路和教师的讲授方法都要抓住“变化”这一特征。从时间变化来看，5—15 世纪的“中古时期”可以分为前后两个阶段：第一个阶段是 5—10 世纪，西欧处于极其分裂动荡的历史时期；第二个阶段是 11—15 世纪，西欧呈现出许多新的现象，即教材所说的“社会环境逐渐稳定，经济增长，王权加强”。从空间变化来看，欧洲本可以分为东、南、西、北、中五大片，但教材只讲了西欧、东南欧和俄罗斯，而到了中古后期，西欧和东欧的发展差异已经呈现出来了。对于东西欧的差异，教师要充分利用教材的小栏目，指导学生阅读对比。例如，“历史纵横”栏目中的《英国议会的起源》指出国王的势力与贵族的势力达成一定程度的平衡，而图片“伊凡四

① 中华人民共和国教育部. 普通高中历史课程标准（2017 年版 2020 年修订）[S]. 北京：人民教育出版社，2020：5.

世”的说明中指出“大贵族的势力遭到沉重打击”，这就是两者的差异。

以上是学案设计的思路。教师进行课堂讲授时，除了充分结合学案的内容，还要注意两个问题：一是设计好情境问题，二是利用好历史地图。

我设计了这样的情境问题：“在不少人的心目中，中古时期的欧洲是跟分裂、野蛮、落后、萧条联系在一起的，有人甚至称之为黑暗的中世纪，本节课我们就来探究一下，中古欧洲这一千年到底黑不黑暗?”整节课的教学过程就围绕这个核心问题展开，而解答的思路就要跟“变化”中的时空结合起来：从时间上讲，中古西欧的前五百年确实呈现出许多分裂、野蛮、落后、萧条的现象，而后五百年，政治、经济、文化都全面复苏，出现了许多积极的因素；从空间上讲，西欧长期陷入分裂混乱，而东南欧的拜占庭帝国号称千年帝国，相对统一稳定。因此，不能够笼统地说中古欧洲的一千年是黑暗的。

而历史地图的运用是培育时空观念的重要资源。除了利用好教材中“6—7 世纪的拜占庭帝国”和“俄国在欧洲和亚洲的领土扩张（至 18 世纪初)”两幅地图外，人民教育出版社和中国地图出版社编著的《历史地图册・中外历史纲要（下)》也是必备的资源。在讲述西欧的分裂动荡时，该地图册里的“古代欧亚民族大迁徙”“西罗马帝国的灭亡和拜占庭帝国的建立”“5 世纪末的日耳曼诸国”三幅地图至关重要，同时必须结合教材第 4 课《中古时期的亚洲》中的“阿拉伯人商业活动示意图”来讲述，该地图呈现了 8 世纪中期阿拉伯帝国的疆界，从中可见阿拉伯帝国的扩张给欧洲带来的冲击。教师通过对这些地图的对比分析，核心还是为了帮助学生形成历史事物在时空中不断变化的观念。

本课我通过展示静态的地图给学生逐一分析，线索条理基本清楚，但由于地图数量太多，讲述的时候不免要后退倒放课件，有点手忙脚乱，接下来可做两方面的改进：一是把地图做成一个动态的小视频，也就是 5 分钟内的微课；二是设计学习任务，让学生从众多的地图中找出中古时期欧洲的时空变化态势。

四、时空观念素养是一种历史哲学素养

——中学历史教学中对诗歌运用的反思

维斯瓦娃・辛波丝卡（Wislawa Szymborska，1923 年 7 月 2 日—2012 年 2 月 1 日）是波兰女诗人，1996 年荣获诺贝尔文学奖。1996 年是诺贝尔去世一百周年纪念年，所以这一年的诺贝尔文学奖也备受关注。1995 年的诺贝尔文学奖得主是爱尔兰诗人谢默斯・希尼。一般认为不会连续两届把奖项颁发

给诗人，但辛波丝卡还是意外地获得了1996年的奖项，这成为当年媒体的焦点。

辛波丝卡的一生饱经忧患，她通过大量的阅读来维持内心的平静，追求一种平缓的生活节奏。她回避媒体，拒绝别人为她立传，所以外界对她的生活细节知之甚少。2023年是辛波丝卡诞辰一百周年，我买到了《辛波丝卡——诗、有纪念性的破铜烂铁，以及好友和梦》① 一书。这本书是为了纪念辛波丝卡诞辰百年而出版的，据说是关于辛波丝卡的唯一一本传记。传记太厚重，有574页，我一直没有勇气去阅读。2023年7月，我收到了波兰发行的辛波丝卡百年诞辰纪念邮票，这是目前我看到的唯一一种关于辛波丝卡的邮票。邮票采用了辛波丝卡晚年的图像，知性而优雅，平静且睿智。正是这枚邮票，重燃了我翻阅她的传记的兴趣，也回想起了当年阅读她的诗作的感受。

早在20世纪90年代，辛波丝卡的诗作就被陆续翻译成中文。2012年辛波丝卡去世后，《万物静默如谜：辛波斯卡诗选Ⅰ》② 和《我曾这样寂寞生活：辛波斯卡诗选Ⅱ》③ 两本诗集引发了阅读的热潮，在大家都认为诗歌已死的时代，其诗集创造了发行量的奇迹。也就是在那个时候，我也喜欢上辛波丝卡的诗歌。

当初颇受触动的是辛波丝卡的一首小诗《维米尔》：

> 只要阿姆斯特丹国家美术馆里
> 那位静默而专注的女子
> 日复一日把牛奶从瓶子
> 倒进碗里
> 这世界就不该有
> 世界末日
>
> （胡桑　译）

阅读这首诗有个背景——当时许多中学历史教师热衷于利用维梅尔的画

---

① 碧孔特，什切斯纳．辛波丝卡：诗、有纪念性的破铜烂铁，以及好友和梦［M］．林蔚昀，译．台北：台湾脸谱出版社，2023.

② 辛波斯卡．万物静默如谜：辛波斯卡诗选Ⅰ［M］．陈黎，张芬龄，译．长沙：湖南文艺出版社，2016.

③ 辛波斯卡．我曾这样寂寞生活：辛波斯卡诗选Ⅱ［M］．胡桑，译．长沙：湖南文艺出版社，2018.

作来讲述近代全球贸易的兴起，估计是受《维梅尔的帽子——从一幅画看全球化贸易的兴起》① 一书的影响。我看了不少与维梅尔相关的历史教学设计，多是过于啰嗦和重复地仔细分析画作中的每一个细节。看多了，就有种审美疲劳的感觉。然而，千言万语，对我的触动还不如这 6 行的小诗。这首诗到底想表达什么？专家们有不同的解读。我想到的是时间在过去、现在和将来的变化。维梅尔是 17 世纪荷兰的风俗画绘画大师，他留下的为数不多的作品都真实保留了大量的历史细节。观看维梅尔的作品，就是接受历史的信息，属于过去时；观看者的行为，属于现在时；诗人发出"这世界就不该有世界末日"的感叹，是对未来的期许，属于将来时。

诗无达诂。好的诗歌，只能意会，难以言传。诺贝尔文学奖官方对辛波丝卡诗作的评价是——"通过精确的反讽将生物法则和历史活动展示在人类现实的片段中"。辛波丝卡的诗，确实有大量跟历史相关的内容。读辛波丝卡的诗，总能体验到一种奇妙的历史厚重感。例如，《博物馆》一诗，我找到了多个翻译版本，认为最佳的是易丽君的译文：

有菜盘，但是没有珍馐
有戒指，但是无人用它结偶
如此至少有三百个年头。

有扇子——哪儿有摇它的绝色佳人？
有宝剑——哪儿有挥它的愤怒骑士？
有诗琴——有谁来拨响它伴送黄昏？

只因天地间缺少的是永恒
人们便聚积千百件古老的物品。
衰老的讲解员在甜甜地打盹
展览柜上飘着他美髯如云。

金器、泥具、羽饰
都在默默经受岁月的考验，
窃笑的是一只埃及女艺人的发簪。

---

① 卜正民. 维梅尔的帽子：从一幅画看全球化贸易的兴起［M］. 刘彬，译. 上海：文汇出版社，2010.

一顶王冠曾装饰过多少君王的头颅。
一双手套比戴过它的手更长寿。
一只皮鞋也扫尽了穿过它的右脚的威风。

至于我，还活着，请你们相信。
我跟衣裙的竞赛始终未停。
可它是多么执拗顽钝！
多么希望超越我的生命。

（易丽君　译）

这首诗到底在表达什么？我读出历史是永恒的，个体的生命是短暂的，面对岁月的无情，世事的变幻，我们应该珍惜有限的时光，去做有意义的事情，去创造人生的价值，最终实现对生命的超越。

多年前，我反复吟诵这首诗，每次都有不同的感受。阅读了《辛波丝卡——诗、有纪念性的破铜烂铁，以及好友和梦》，了解了这首诗的创作背景后，更加有一种强烈的共鸣：

辛波丝卡第一次出国是在一九五四年去保加利亚做文化交流。她记得萨莫科夫，说那是一座多雨的古城，有着许多有门廊的木造建筑。……她继续写道："在保加利亚的两周，我们安排的行程就是让访客参观一间又一间的博物馆。和其他温驯的外国人不同，维斯瓦娃直接对普罗夫迪夫考古博物馆那名狂热的向导说：'您就别白费力气了！'然后跑到院子里深吸了一口气，大叫：'我受够博物馆了！我看这些古物看得头都晕了！'"①

从中可见，参观博物馆让辛波丝卡身心俱疲。这种感受，相信大多数人都经历过。漫无目的地参观博物馆，不只让人一无所获，还让人感觉到疲惫不堪。同时，当我们被大量的文物弄得眼花缭乱，苦苦地运用已有的知识储备来进行解读的时候，又有多少人能够用心地去思考、体验和想象？

学历史的人很多，教历史的人很多，写历史的人也很多，掌握历史知识并不难，但拥有历史感就非常难。阅读不少历史书籍，只觉得作者是在卖弄，看不出有什么历史感。反而在一些文学阅读中，发现作者有深厚的历史

① 碧孔特，什切斯纳. 辛波丝卡：诗、有纪念性的破铜烂铁，以及好友和梦［M］. 林蔚昀，译. 台北：台湾脸谱出版社，2023：227－228.

感。辛波丝卡就是其中之一。

作为一名手不释卷的阅读者，辛波丝卡阅读了许多历史著作，也写下了大量的书评。如何表达自己的历史感？辛波丝卡选择了诗歌：

> 在《古远东历史》书评中，辛波丝卡出乎意料地揭露了自己关于诗歌的信念，说诗的本质是相信“万物中都沉睡着神秘的力量”，而“有技巧地选择这些字，可以唤醒这力量”。①

人类的历史蕴藏着制造神秘的内容，只有诗歌，能够勉为其难地表达这种神秘。例如，辛波丝卡的另一首有名的小诗《三个最奇怪的词》：

> 当我说“未来”这个词，
> 第一音方出即成过去。
>
> 当我说“寂静”这个词，
> 我打破了它。
>
> 当我说“无”这个词，
> 我在无中生有。
>
> （陈黎、张芬龄　译）

此诗写出了历史叙述的困境：写出来的历史已经不是原来的历史。但文字毕竟是记载历史最重要的工具，如何依靠文字又不为文字所束缚，这正是历史学家苦苦探索的问题。诗歌或许就成为了破解这一难题的法宝，所以孔子说：“不学《诗》，无以言。”

历史感包括丰富的内容，时空观念就是其中的重要组成部分。历史时空观念的本质是“变化”的观念，即充分认识到所有的人和事都是在变化中发展的。辛波丝卡的《三个最奇怪的词》就蕴含着这种变化的观念。

现在大家都热衷于研究时空观念素养。我认为时空观念本质上是一种哲学观念，需要通过哲学的思辨方能把握。在历史教学中，不是说给学生讲述几个时间和地点就是培养时空观念，如果没有哲学层面的思考和感悟，远远说不上拥有了时空观念素养。当前我们对时空观念的教学，还停留在知识的

① 碧孔特，什切斯纳．辛波丝卡：诗、有纪念性的破铜烂铁，以及好友和梦［M］．林蔚昀，译．台北：台湾脸谱出版社，2023：259．

层面，对时空观念的命题，还停留在技术层面。历史哲学如何传授？历史哲学如何测评？我们远远未能企及，甚至连理解都成问题，遑论操作和实践了。

时空观念素养如何教？这个问题的本质就是历史哲学如何教。在中学课堂里，长篇大论地给学生讲历史哲学是不现实的，学生也是难以接受的。我想，诗歌就是通向历史哲学理解的捷径。

拥有时空观念素养的人能够对过去的时间和空间有准确的记忆、深入的理解和丰富的情感，能够对身边的事物有敏锐的感知和思考，对事物的发展有长远的眼光和预测。这些内容我都可以从辛波丝卡的诗作中感受到。如我十分喜欢的辛波丝卡的《可以是无题》：

> 就这样发生了，在一个晴朗的早晨
> 我坐在河边，
> 在树下。
> 这是一件平凡无奇的事，
> 不会被写入历史，
> 这不是动机会被研究的
> 战争或协议，
> 也不是值得传诵的讨伐暴君的事迹。
> ……
> 这棵树是一棵在此生根多年的杨树。
> 这条拉布河也不是从今天才开始流。
> 穿过灌木丛到此地的小径
> 并不是前天才刚被人踩出来。
> 风如果要把云朵吹散，
> 在那之前必须把它们从别处吹来。
> 看到这样的一景，
> “重要的事物比不重要的事物重要，”
> 这样的自信总会离我而去。

（林蔚昀　译）

诗歌的优美无法言状，诗歌的内涵难以解释。读懂诗歌，就能够读懂文字背后的奥秘。准确把握文字，就能够正确认识历史的真实。所谓的深度阅读，无非是读出文字背后的信息。时空观念素养，或许不是我们所理解的那么肤浅；时空观念素养教学，或许不是我们所理解的那么简单。培育时空观念素养的渠道可能有千万条，阅读诗歌，或许是其中非常重要的一条。

除了阅读现代白话诗，我们也需要阅读古诗词。我常读的一本书是汪荣祖的《诗情史意》，这是一本常读常新的书，让我对历史有不同的理解，也让我尝试不同的教学表达方式：

> 西方史家亦重视诗，谓诗乃“人类精神要素最完备之象征”（the most adequate symbol for the quintessence of the human spirit）。诗贵咏唱，最初发为宗教之声，表达灵魂的呼声；既形之于文字，展现人类的精神面貌，故亚里士多德（Aristotle）认为诗较史更具思辨的深度。史家欲探人心深处，实有赖于诗；欲洞悉一时代及其众人，亦有赖于诗。诗既对人性之认识有贡献，诗心足称想象之母，故史蕴诗心，始能在认知上加重直感的敏锐。史家对史事所产生之震悚与共鸣，皆属直感，也是一种诗感，经由思考与内感以掌握现实。而现实中本有诗情，人类既往之业绩，有如宏伟的诗篇。英国大史家卡莱尔（Thomas Carlyle）深信，史虽有赖于科学方法，实与诗密不可分，诗心足可使史笔洞察生命之奥秘，掌握时代精神的去向，提升高明的想象力，而想象力与同情心乃理解历史之所必需，甚至以为史乃真人实事之诗，其佳者远胜于小说之引人入胜，因“诗心之伟大，端能揭露历史表象的面纱，而见事之真与美”（Poetry's great function is to reveal the truth and beauty of the reality behind the veil of appearance），谓之“诗般之史”（poetico-historical）。①

子曰：“小子何莫学夫《诗》？诗，可以兴，可以观，可以群，可以怨。”（《论语·阳货》）读诗，虽不是培育时空观念素养的唯一渠道，但却是非常重要的渠道。带领着学生一起念诗，是我日常教学中的习惯性行为，我觉得很多时候，只有诗歌能够表达出那种难以一五一十说清楚的时空神秘感。例如，“前不见古人，后不见来者。念天地之悠悠，独怆然而涕下”“秦时明月汉时关，万里长征人未还”“明月出天山，苍茫云海间。长风几万里，吹度玉门关”“登临送目，正故国晚秋，天气初肃。千里澄江似练，翠峰如簇”，虽然这些内容无关乎考试，但却是培育学生时空观念素养的有效素材。

① 汪荣祖．诗情史意［M］．南京：江苏教育出版社，2006：7－8．

第五章 培育史料实证素养的教学反思

自20世纪80年代末高考命题首次出现史料解释题后，史料教学就成为中学历史教学研究的重点热点问题，一些教师甚至认为这是最具历史学科特点的教学方法。《普通高中历史课程标准（2017年版2020年修订）》把史料实证列为历史学科核心素养的一个方面，对史料教学提出了更高的要求。在当前的教学实践中，普遍存在着史料来源不严谨、史料使用量过多、史料实证能力的培养缺乏层次和梯度等问题。在教学改革中，我本着充分使用好教材的原则，对史料实证素养的培育做了一些新尝试。

一、教材是进行史料实证素养培育的基本材料

——《隋唐制度的变化与创新》教学反思一①

在中学进行史料实证的教学，首先面临的问题就是史料从何而来？一些历史悠久的中学可能收藏有大量的历史典籍，一些地处大都市的中学也可以利用当地图书馆的资源，但对于广大普通中学的师生来说，他们应该去哪里找史料呢？我认为，无论是哪个层面的中学，教材都应该成为进行史料实证教学最基本的材料。

教材的性质包括两个方面：一是学生的学习资源，二是学生的学习工具。② 教材的资源性意味着教材不一定是学生学习的唯一资源，但肯定是学生学习最重要的资源。就历史教材而言，一方面，教材提供了最基本、最经

① 本文曾发表于《历史教学》2022年第10期，有改动。

② 黄牧航. 中学历史教材研究［M］. 长春：长春出版社，2013：265.

典的史料；另一方面，教材正文和各种栏目的内容都可以被视为史料教学的资源。

教材本身就提供了大量的史料，这点容易理解。但为什么说教材的正文和各种栏目的内容也可以用于史料实证教学呢？我们可以从三个方面来分析。首先，徐蓝教授指出，当前统编高中历史教材的主要编写措施之一是“从对历史的叙述中增强学生的史料实证意识和历史解释能力，涵养家国情怀。教科书对历史的叙述，从本质上说，就是在国家的要求下、在体现国家意志的前提下，编写者对历史的理解和解释。在正确的历史观指导下撰写的教科书不仅是学生学习的范本，也是学生理解历史、掌握历史解释的正确方法、路径和范式的样本”①。由此可见，虽然教材不能等同于史料，但教材能够起到帮助学生增强史料实证意识的作用。其次，从高考的层面来说，命题者对学生的要求也仅仅是掌握材料，直接运用史料的情况不算太多。高考试题的用词多为“材料”，极少使用“史料”。高考试题中的材料多为当代学者的论文论著，并非传统意义上的史料，对于中学生而言却能够发挥史料探究的功能。历史教材其实在很大程度上也属于学者的论文论著。最后，从中学生的实际情况来看，他们能够接触到的大多都不是一手的史料，而是各式各样的历史学术著作和通俗读物。中学教材同时具备了学术著作和通俗读物的特点，是适合学生学习的基础、心理和能力的。

《隋唐制度的变化与创新》是学习难度较大的一课。教师在大学讲授相关内容时，会要求学生阅读许多原始史料。由于包含了许多专业的名词术语，这些原始史料都让大学生畏之如虎。② 大学的专业教学尚且如此，中学的教学更加要考虑学生的接受能力。因此，我备课的时候尽量不另外提供史料给学生阅读，而是充分利用好教材的资源。在我设计的关于土地制度的学案中，我把初高中的内容梳理了出来（见学案片段 5－1）。

学案片段 5－1

任务：阅读教材的表述并回答问题。

教材一　商和西周实行奴隶主土地国有制，周天子名义上占有全国的土地和臣民，土地不能随意买卖。历史文献中所说的井田制是土地经营的

---

① 徐蓝．历史核心素养统领下统编高中历史教科书的编写［J］．课程·教材·教法，2019（9）：33－39.

② 笔者读研究生时，曾翻阅了李锦绣撰写的五册《唐代财政史稿》（北京大学出版社 1995 年版）。该书史料丰富、思维缜密，至今仍受用不尽。但如何把书中的史料运用到中学教学中，笔者是慎之又慎。

基本方式，因土地整治规则，有沟渠灌溉、道路疆界划分，形成“井”字而得名。[《中外历史纲要（上）》第7页]

教材二 商鞅变法开始于公元前356年。主要内容有：……“废井田，开阡陌”，授田于百姓。[《中外历史纲要（上）》第12页]

教材三 商鞅变法的内容：废除井田制，允许土地自由买卖；奖励军功，对有军功者授予爵位并赏赐土地。（《中国历史》七年级上册第35页）

教材四 东汉时期，豪强地主势力发展迅速，土地兼并严重，阶级矛盾日益尖锐。[《中外历史纲要（上）》第24页]

教材五 北魏孝文帝改革，颁布均田令，规定一夫一妇每年纳粟为租，纳帛或布为调，受田农民承担定额租调。……

天宝年间，土地买卖和兼并之风盛行，政府直接支配的土地日益减少，均田制无法推行，租庸调制也无法维持。[《中外历史纲要（上）》第42页]

教材六 宋朝无地农民通常与地主签订契约，租种土地，也较少受到契约关系以外的人身束缚。

为适应社会经济的变化，宋朝政府适当放松了对社会的控制。土地买卖、典当基本不受官方干预，仅办理法律手续，缴纳交易税即可。“贫富无定势，田宅无定主”成为普遍现象。[《中外历史纲要（上）》第66页]

问题：

1. 你认为北魏和唐初实行均田制是历史的进步还是倒退？为什么？

____

2. 唐代以前大多数人对土地买卖持反对态度，主要观点如下。你是否同意这些观点？为什么？

观点①：土地买卖会造成国有土地不稳固。

□同意 □不同意 □不完全同意

理由：____________________

观点②：土地买卖造成社会上的贫富不均。

□同意 □不同意 □不完全同意

理由：____________________

观点③：土地买卖加重对农民的剥削。

□同意 □不同意 □不完全同意

理由：____________________

观点④：土地买卖容易引起农民的反抗。

□同意 □不同意 □不完全同意

理由：____________________

进行这个学案片段的教学，源自我阅读教材时发现其中的疑点——商鞅变法推行土地私有制，教材似持肯定态度，而北魏和唐初的均田制属于土地国有制，教材也似持肯定态度，那么社会发展的方向应该是土地私有还是土地国有呢？上面的学案是我第一次授课的时候使用的，遭遇惨败，让我沮丧了很长时间。我没能把问题讲清楚，学生也一脸茫然。我反思失败的原因在于问题提得不好。第一个问题不应该问是进步还是倒退，而应该问发展的趋势；第二组问题链设计得太难，由于缺乏具体的史实，学生只能胡乱猜测，我也很难判断学生的回答是否正确。

我第二次上课的时候，保留了来自教材的六则材料，把问题推倒重来，进行了新的设计，如学案片段 5 -2 所示。

学案片段 5 -2

问题：

1. 根据教材的表述，指出从商周到宋朝，中国土地制度是如何发展演变的。

____

2. 教材二说商鞅变法“授田于百姓”，教材三说商鞅变法“允许土地自由买卖”，两者是否矛盾？

____

3. 根据教材的表述，土地私有的优点和弊端分别是什么？

____

这三个问题，除了第二个有一定难度外，其余问题学生都能很顺利地回答出来。有了这三个问题的思考基础，我就能够进一步给学生做归纳总结：在中国历史上，存在着三种土地所有制形式——土地国有制、地主土地所有制和自耕农小块土地所有制。后两种土地所有制都属于土地私有制。商鞅变法“授田于百姓”说明国家控制了大量的土地，而“允许土地自由买卖”说明出现了土地私有制，私有土地应该同时包括地主土地和自耕农土地。那么，这三种土地所有制中哪一种占据支配地位呢？从历史发展趋势来看，占据支配地位的是地主土地所有制，它有一个从小到大、从弱到强的发展历程，其中重要的分水岭就是唐中叶均田制的最后破坏。唐中叶以前，国有土地和自耕农土地占相当大的比重，尽管教材说“东汉时期，豪强地主势力发展迅速，土地兼并严重”，但总的来说地主土地所有制的发展水平还不高；唐中叶后，国有土地大为减少，自耕农也大批转化为佃农，也就是教材所说的“宋朝无地农民通常与地主签订契约，租种土地，也较少受到契约关系以外的人身束缚”，此后地主土地所有制就占据压倒性的优势了。地主土地所有制最主要的特点是土地买卖频繁和土地兼并严重。这就是教材所说的“土地买卖、典当基本不受官方干预”，这说明面对土地买卖和兼并的狂潮，政府已是无能为力，只好承认现实。这个特点是西方封建社会所没有的。这个特点又导致了三个后果：一是没有形成封建土地所有制的等级结构，即地主阶级在经济、政治、法律上的等级划分不严格，这就是教材所说的“‘贫富无定势，田宅无定主’成为普遍现象”；二是各行业的利润都向地租转化，即人们一旦有钱了，都愿意用来买地；三是没有形成类似西方中世纪庄园制的经济体系。由于土地交易频繁，土地所有权不断变化，同时大地主的土地和自耕农的土地是相互交织在一起的，大地主的土地不一定集中在某个地方，因此完全不可能像西方那样对一片地方实行稳定持久的经营管理制度。①

第二个教学设计比第一个好得多，学生基本都能听明白。两个设计的共同之处是都把教材正文的内容作为阅读材料，引导学生推断出相应的观点。利用好教材，是培育史料实证素养的基础。

我主张把教材作为史料教学的资料来使用，还有一个现实操作的考虑——统编高中历史教材的容量太大，教师必须改变教学方式，不宜再逐字逐句地给学生进行解读，而应该更多地把教材作为阅读材料供学生进行探究。

二、史料实证素养的培育需要循序渐进

——《隋唐制度的变化与创新》教学反思二②

史料实证素养在初中和高中的课程标准中都被明确地提出来了，因此其培育的层次和梯度应该有明确的区分，不宜在不同学段、不同学年的课堂教学中都使用同一水平要求的教学目标，而应该本着循序渐进的原则，帮助学生从低到高、由基础到进阶不断提升能力。我曾经从命题的角度对史料实证素养的层次做了区分，分为例证、互证、复证和辩证四层③，但在课堂教学中，我发现情况更为复杂，史料实证素养的培育有着更加基本和初级的层次要求。

---

① 参见：胡如雷. 中国封建社会形态研究［M］. 北京：生活·读书·新知三联书店，1979.

② 本文曾发表于《历史教学》2022 年第 10 期，有改动。

③ 黄牧航，张庆海. 历史学科核心素养分类分层测评标准例析［J］. 历史教学（上半月刊），2019（8）：3－12.

《隋唐制度的变化与创新》涉及古代的政治、经济制度，这都是距离学生现实生活非常远的内容。回想起来，我在读大学本科的时候对这些问题依然是一知半解、懵懵懂懂的，中学生的接受难度就可想而知了。中学生觉得理解困难，一方面是因为缺乏实践经验，无从建立起感性的认知，只能够从概念到概念去思考；另一方面是因为相关史料的内容既晦涩难懂，又缺乏有情节的历史故事，所以没有耐心去阅读。

本课的教学，我没有像大多数教师那样直接给学生解读史料，而是为了让学生更好地理解史料做了一些普及性和入门性的工作。例如，关于赋税制度，有很多基本的概念我们以为学生都知道，其实大多数学生是一无所知的。例如，赋和税有何区别？政府为什么要征收赋税？政府根据什么标准来征收赋税？老百姓缴纳赋税的方式是什么？为此，我全部依靠教材的内容，给学生设计了学案片段5－3。

学案片段5－3

任务一：在人类历史上，地租形态的发展经历了三个阶段：力役地租、实物地租和货币地租。力役地租是最原始的地租形态，货币地租是地租形态的最高形式。阅读教材第42～43页的内容并回答问题：

1. 租庸调制属于地租形态的哪一个阶段？

____

2. 两税法属于地租形态的哪一个阶段？

____

任务二：在我国历史上，始终存在着按土地、按财产、按户等（政府将民户按资产多寡分为不同等级）征税的办法和按丁、按口、按户征税的办法。阅读教材内容并回答问题：

3. 租庸调制主要是根据什么标准来征税？

____

4. 两税法主要是根据什么标准来征税？

____

关于第1个问题，许多学生都回答出是力役地租和实物地租并行阶段。我要求他们从教材中找出证据。学生说，教材写的“成年男子负担一定的徭役”就是力役地租，“纳粟为租，纳帛或布为调”就是实物地租。我肯定了他们的答案，问其他同学还有没有补充答案。这时候一个女生说：“这时期还有货币地租。依据是教材的图片‘唐朝怀集庸调银饼’。”我十分高兴，表扬同学们不仅能够从教材正文中找依据，而且能够从教材的图片中找依据，但同时跟学生们分析说："大家看教材的图片说明，这块银饼'是岭南道广州怀集百姓所纳庸调在上缴朝廷时由地方官府折纳'的，意思是地方官府把百姓缴纳的庸调折算价值后通过银饼的方式上缴到朝廷。[①] 银饼并非钱币，不具有流通的功能。百姓所缴纳的庸调是不是金银，材料中并没有反映出来。但由于广东是产银区，所以专家们估计当时广东地区的百姓有可能以金银缴纳庸调，所以该同学说这时期有货币地租是有道理的，我们可以认为已经出现了货币地租的迹象。"

关于第 2 个问题，学生认为两税法已经不实行力役地租和实物地租，因为教材说"取消租庸调和一切杂税"，那么应该实行的是货币地租。我说大家推理得有道理，但对文字的理解不正确，"取消租庸调和一切杂税"只说明赋税征收的方式发生了变化，并没有说两税法究竟是缴纳什么形式的地租。教材的正文没有说清楚，我们就需要从其他地方找证据。教材课后的"问题探究"提供了陆贽的一则奏议："每州各取大历中一年科率钱谷数最多者，便为两税定额。""科率"是指官府从民间定额征购的物资，意思就是说征收的额度以各州大历年间征收的钱财和谷物的最高值为标准。这里所说的"钱谷"就包括了货币地租和实物地租。

关于第 3 个问题，学生都很容易找到证据：教材所说租庸调制的"一夫一妇"就是按户来征税，所说的"21 至 59 岁的成年男子"就是按丁来征税。

关于第 4 个问题，教材仅说了一句两税法"以资产为宗"，那资产算是土地、财产还是户等？根据史料的记载，其实三者都包括。根据教材的表述和高中生的理解能力，我还是给了学生一个简明的答案："在古代中国，田地就是农户最主要的资产。"

这个学案设计的思路是先给学生普及中国古代赋税制度的常识，再引导学生依据常识和教材的表述去论证观点，这就在一定程度上加深了学生对教材的理解，同时降低了史料实证的难度。本设计所依托的主要内容是教材正文。关于唐代的赋税制度，教材还提供了几则原始史料，都有较大的阅读难度。如何便于学生理解？我采取了先给结论，要求学生根据结论来从史料中寻找证据的教学方法。如学案片段 5－4 所示。

① 统编高中历史教科书对该图的命名和说明比旧版教材更加精确，参见：陈德运."关中怀集县的庸调银饼"称法质疑［J］. 中学历史教学，2008（11）：41.

学案片段 5-4

任务三：阅读教材第 43 页《资治通鉴》卷 226 的史料，从中找出相应的证据并填写下面表格。

租庸调制与两税法比较表

比较项	租庸调制	两税法	《资治通鉴》中“两税法”的证据
征收总额	根据收入数量来决定开支的额度	根据开支的额度来决定收入的数量	
征收对象	按照户口和男丁	所有人户（包括商人）都是纳税户	
征收标准	以人丁为主	以资产为主	
征收时间	不明确	每年两次	
征收项目	租、庸、调、杂徭	单一税种	
租税内容	劳役、实物和货币	实物和货币	/

这个设计思路是让学生带着结论去阅读史料，这就比让学生通过阅读史料来提炼观点容易得多了。从教学效果来看，任务驱动得比较顺利，大部分学生都能够迅速找到史料中的关键句子。

上述两个设计的共同点是都让学生以结论来倒推证据。第一个设计是先给出中国古代赋税的常识，让学生对照教材的正文内容来证明这些常识；第二个设计是先给出史料的观点，让学生对照《资治通鉴》的表述来证明这些观点。我想，对于一些较费解的内容和较晦涩的史料，这不失为降低阅读理解难度的好办法。同时，对于史料实证素养的培育来说，应该本着循序渐进的原则，从简单浅易的方法起步，逐步提高学生对史料信息的敏感度和运用史料进行逻辑推理的能力。

三、史料实证离不开常识的判断

——《辽宋夏金元的经济与社会》教学反思[①]

《三国至隋唐的文化》一课提到“西晋杰出地图学家裴秀绘制出《禹贡地域图》，并提出绘制地图的方法”。过去的教材极少提及这个知识点。为了讲好这个点，我还下了一番功夫。我给学生展示了一本大型画册——杰瑞·布罗顿编著的《伟大的世界地图》（中国大百科全书出版社 2017 年版），并问学生：“裴秀是伟大的地图学家，为什么这本画册却没有提到他？”学生议论纷纷，认为这是西方人的偏见，是西方人的无知。我说你们的想法都有道理，但还有一个原因，就是这本书写的是伟大的地图，而不是伟大的地图学家。裴秀尽管很伟大，但遗憾的是《禹贡地域图》并没能流传下来，我们今天看不到了。看到学生失望的神情，我根据我的知识储备，给学生展示了甘肃天水放马滩西汉墓出土的纸质地图，指出我们能够看到比西晋更早的地图，而且是纸质的地图。

不久后，我阅读了陈淳撰写的《沙发考古随笔》，这引发了我新的思考。书中写道：“曾被大肆炒作的放马滩‘纸地图’的发现者也无法解释，为何该墓葬的棺木和人骨都朽烂无存，而唯独比木头和骨骼更难保存的‘纸地图’可以经历几千年而不朽？……另外一个常识性的问题是，如果敦煌地区在西汉已广泛使用纸的话，为什么在中原地区直到三国时期还在普遍采用简帛？作为一项文化和书写材料的革命，纸张的推广应当率先在统治阶层和朝廷开始，而不是在偏远地区的穷乡僻壤普及。如果西汉时期中国的一处边疆驿站已经大量使用纸张作为书写材料，但是中央政府本身却一直要到魏晋时期才开始用纸张取代简帛，这样一种演绎的逻辑是否有点荒唐？”[②] 对于陈淳的第一个质疑，我认为是成立的，第二个质疑倒不一定成立，例如交子的发明地是在偏远的四川，而且是民间先使用后来才被政府接管和接受，新的事物不一定首先出现在中原地区的上层阶级。

这个案例引起我进一步的反思——史料实证并非读懂了材料、提取了信息就能实证，还必须依靠常识。培育学生的史料实证素养，离不开对常识的普及。现在许多中学生最缺乏的不是书本的知识，而是生活实践的常识。

---

① 本文曾发表于《历史教学》2022 年第 10 期，有改动。2022 年《中外历史纲要（上）》将《辽宋夏金元的经济与社会》和《辽宋夏金元的文化》合并，故课文标题或与现教材不同，后同。

② 陈淳. 沙发考古随笔［M］. 北京：商务印书馆，2020：196－197.

《辽宋夏金元的经济与社会》一课有很多内容都必须建立在学生掌握常识的基础上，如教材是这样表述宋朝的农业成就的：“一年两熟的稻麦复种制在南方已经相当普及，有些地方还可以一年三熟，这提高了粮食产量。”一年两熟和一年三熟意味着什么？缺乏日常生活常识的学生不一定能准确体会。我问学生：“一亩地正常的产量是多少斤？一个成年男性一年要消耗多少斤粮食？”这两个问题没有学生能够回答出来，他们头脑里完全没有这个概念。于是，我给学生普及了基本的常识：“一个成年男性一年大概要消耗500斤粮食。宋代江浙地区的亩产量最高，每亩可达460斤，相当于战国时期的四倍，唐代的两倍多。这意味着宋代江浙地区的一亩多地即可养活一个成年男性。今天一亩地的正常产量是700～800斤，这是在施用了化肥的前提下实现的。”① 这样的常识建立后，学生才能够不相信亩产万斤的史料，因为那些史料违背了常识，所以不能被证实。

又如“历史纵横”栏目《北宋的人口》就是一个依靠常识来实证的绝佳例子。我问学生：“教材指出，‘北宋末年的实际人口数应当超过1亿。这在中国古代人口史上是一个划时代的标志。’同学们思考一下，教材为什么使用了‘应当’两个字？……对了，‘应当’就是不确定，有推测的含义。为什么要进行推测呢？大家看看学案的材料。请根据材料指出宋朝哪一年的户数和口数达到最高峰。”我在学案中提供了下面的材料（见表5－1）。

表5－1　两宋各朝户口数及每户平均口数简表②

年代	户数	口数	每户平均口数
太祖开宝九年（976年）	3 090 504	/	/
太宗至道三年（997年）	4 132 576	/	/
真宗天禧五年（1021年）	8 677 677	19 930 320	2.30
仁宗庆历八年（1048年）	10 723 695	21 830 004	2.04
英宗治平三年（1066年）	12 917 221	29 092 185	2.25
神宗元丰六年（1083年）	17 211 713	24 969 300	1.45
哲宗元符二年（1099年）	19 715 555	44 363 949	2.25
徽宗大观三年（1109年）	20 882 438	46 364 949	2.24

① 参阅：王棣．宋代经济史稿［M］．长春：长春出版社，2001：82－83.

② 王棣．宋代经济史稿［M］．长春：长春出版社，2001：56.

（续上表）

年代	户数	口数	每户平均口数
高宗绍兴二十九年（1159 年）	11 091 885	16 842 401	1. 52
孝宗淳熙元年（1174 年）	12 094 874	27 375 586	2. 26
光宗绍熙四年（1193 年）	12 302 873	24 341 447	1. 97
宁宗嘉定十六年（1223 年）	12 670 801	28 320 085	2. 24
理宗景定五年（1264 年）	5 696 989	13 026 532	2. 29
平均值	13 089 611	26 984 327	2. 06

学生很快就找出宋徽宗大观三年（1109 年）的户数和口数达到最高峰。我继续追问："这一年的户数是两千万，口数是四千六百万，为什么我们不采用这些数据？这涉及一个困扰了历史学家上千年的历史之谜，按照教材所说的，当我们用口数除以户数时，得出的数据是平均每户只有 2. 24 个人。这个数据是违背常识的，中国古代每户的平均口数不可能这么低。正常的话每户应该有 5 口人。用 5 乘以两千万的户数，就得出'应当超过 1 亿'的结论。"

当我们深挖教材时，会发现教材中还有不少史料是有助于学生建立常识思维的。例如，《中外历史纲要（下）》第 2 课《古代世界的帝国与文明的交流》提供了《后汉书·西域传》的史料："至桓帝延熹九年，大秦王安敦遣使自日南徼外献象牙、犀角、玳瑁，始乃一通焉。其所表贡，并无珍异，疑传者过焉。"《后汉书》作者对这群自称是罗马帝国使者的人的身份就表示了怀疑，理由是"并无珍异"，而我们今天从常识来判断更是疑点重重，因为"象牙、犀角、玳瑁"等本非欧洲的物产。

常识大概可分为三类：日常生活常识、社会实践常识和历史专业常识。在历史教学中要不断地向学生普及常识。有了常识思维，许多历史问题才能够真正被理解，许多史料才能够正确地被用于实证。例如，盐对人类生命的不可替代性就是一个生活常识。离开了这个常识，就无法理解教材所说的西汉"实行盐铁官营，由政府垄断盐、铁的生产和销售"以及甘地进行"食盐进军"，亲自到海滨取海水制盐，也无法理解为什么在革命斗争时期，共产党员可以用盐来交纳党费。航运的成本要远低于陆运的成本就是一个社会实践常识。离开了这个常识，就无法理解隋唐运河和元朝运河、海运开通的重大意义。科举制度对中国古代读书人的重要性非同寻常就是一个历史专业常识。离开了这个常识，就无法理解教材所说的《辛丑条约》"禁止华北科举考试5年”意味着什么。这些常识的普及，都需要在教学中慢慢渗透。

四、史料实证中的“内证法”和“外证法”
——《全球航路的开辟》教学反思

“史料实证素养包含两大要素：一是史料，二是实证。因此史料实证素养可以分为两类：一类侧重史料；一类侧重实证。在信息化时代，我们寻找史料并不难，难点在于史料与结论之间的逻辑论证过程，这才是中学历史教学的弱项。”① 如何有效地培养学生的实证素养？这不仅是教学实践中要达成的大目标，也是考试命题中要解决的大问题。实证的方式方法有很多，从史学理论研究的内容看，区分“内证法”和“外证法”就是其中非常重要的两个方面。

历史考证的方法有外部求证和内部求证两种。外部求证主要是运用比较法，通过对照不同史料的记述，考其异同，辨其真伪。内部求证是考察每一则史料的内容有无前后矛盾、逻辑不通、东缺西漏的地方。无论是外证法还是内证法，对历史研究者的专业能力都有非常高的要求。外证法需要广泛搜集各种史料，细加辨析；内证法需要丰富的经验、敏锐的眼光、强大的逻辑思维，才能发现材料中的不能自洽的谬误。如果根据这两方面的要求，在中学历史教学中培育学生的史料实证素养，其实是非常困难的事情。尤其是内证法，在命题考试中很难要求学生达到这种水平。

然而，作为中学历史教师，要提升自身的专业素养，必须了解内证法和外证法的思路和方法，并且认真阅读相关的史学名著，提高自己的思维能力。时任华南师范大学副校长的陈文海教授最新出版的译著《〈君士坦丁赠礼〉伪作考》② 就是一本值得认真细读的名作。

《君士坦丁赠礼》这份材料，是中世纪前期某个时候，由某个人或某些人假托4世纪早期罗马帝国皇帝君士坦丁一世之名伪造的一份敕令，其核心内容是，赋予罗马教皇及其拉丁教会以各种教俗特权以及整个西部帝国的全面统治权。虽然近代以来人们已经明确认定这是伪造的，甚至称之为“世界历史上最无耻的伪造品”，但由于罗马教廷的极力维护，以及人们在学理上拿不出过硬的证据，《君士坦丁赠礼》一直发挥着其影响力，直到洛伦佐·

---

① 黄牧航，张庆海．中学历史学科核心素养的教学与评价［M］．北京：人民教育出版社，2020：302．

② 瓦拉．《君士坦丁赠礼》伪作考［M］．陈文海，译注．北京：商务印书馆，2022．

瓦拉《〈君士坦丁赠礼〉伪作考》这篇雄文出现后，争论才逐渐趋于平息。

洛伦佐·瓦拉是文艺复兴时期的意大利修辞学家、教育家和天主教诗人，其最大的成就是在文献学方面。瓦拉在对《君士坦丁赠礼》进行辨伪方面，最为人们津津乐道的就是他在文献鉴别领域初步开创了“内证法”之先河。而在“外证法”方面，瓦拉也做到了极致。陈文海指出：“和前人相比，瓦拉的取材范围更为广泛、更为综合，不仅有人们通常使用的那些‘权威’著作，而且有在证伪方面不为常人所关注的文学、地理学、民俗学等方面的材料。除了文字材料之外，瓦拉还利用了古钱币等实物材料。在对《君士坦丁赠礼》的文本进行证伪时，瓦拉则运用自己在古代语言学方面的专长，同时又将语言学和历史学、逻辑学等学科知识充分融合在一起。”① 历史学的迷人之处在于其内容无所不包，历史学家的迷人之处在于其博学多才。阅读此书，不但能够磨砺内证和外证的思维能力，也对当前中学历史课程所强调的跨学科主题教学有所启发。

然而，如果缺乏世界史的专业知识，《〈君士坦丁赠礼〉伪作考》并不好读，我要求我的研究生起码要认真阅读陈文海教授在书中提供的长达几万字的《中译本导论》，了解该事件的前因后果以及“内证”和“外证”的基本方法。与之相结合，我同时还推荐我的研究生阅读《五代武人之文》一书。该书是“五代在碑志”丛书中的一种。五代被视为乱世，其研究的史料也非常散乱。该丛书立足于碑志的研究。碑志是对一个人的盖棺定论。一块碑志的可信度有多高？一方面需要与其他史料结合起来分析，是为外证法；另一方面也可以对碑志本身的内容进行仔细的剖析，看看是否有前后矛盾之处，是为内证法。对此，该书在理论阐释上非常明确，如指出：“一般来说，考证有外部求证和内部求证两种。外证主要用比较法，对照不同史料的记述，考其异同，分其真伪。此法最大的陷阱，是各种史料看似不同，包括作者不同（如一人或多人）、性质不同（如墓志、正史和笔记）、权威性不同（如官修和私修）等，但它们的史源大同小异，虽经过作者的增减以至误植，说到底就是孤证。遇到这种情况，只有诉诸内证，考察每一史料的内容有无前后矛盾、逻辑不通、东缺西漏，或反之能够自在圆满，言之成理。”② 该书对五代的碑志逐一进行考证分析，提供了大量鲜活的案例。总之，《〈君士坦丁赠礼〉伪作考》和《五代武人之文》两书的内容虽然较难直接用于中学历史教学，但所运用的思维方法却是妙不可言，非常有助于中学历史教师

---

① 瓦拉.《君士坦丁赠礼》伪作考［M］. 陈文海，译注. 北京：商务印书馆，2022：51.

② 柳立言，等. 五代武人之文［M］. 桂林：广西师范大学出版社，2021：14.

提高自身的史料实证素养。

在备课的过程中，我一直想把这两种方法融入到教学设计中。在处理《全球航路的开辟》一课时，我做了一些尝试，如学案片段5－5所示。①

学案片段5－5

专题探究：奥斯曼帝国阻碍了东西方贸易吗?

任务一：阅读教材第34～35页“新航路开辟的动因和条件”的内容，指出教材认为奥斯曼帝国与新航路开辟之间是什么关系。

回答：____

任务二：阅读下列材料，请指出材料中所包含的信息与教材的观点有何矛盾。（提示：比对事件发生的时间，并结合教材第24页《15—16世纪的奥斯曼帝国》地图进行思考）

材料一　奥斯曼土耳其人扩张过程关键事件年表。

年份	关键事件
1362年	夺取亚德里亚堡，进而侵占马其顿平原
1384年	攻占索非亚，不久控制整个保加利亚
1389年	科索沃战役中，土耳其人大败南斯拉夫人的军队，塞尔维亚帝国灭亡
1453年	攻占君士坦丁堡
1516年	占领叙利亚
1517年	征服埃及

材料二　新航路开辟的重要事件年表。

年份	重要事件
1415年	葡萄牙人占领北非的休达城
1441年	葡萄牙人发现布朗角，探险队从非洲带回黑人奴隶
1488年	迪亚士绕过非洲南端的好望角

① 本学案片段参考了广州大学附属中学陈昭鹏老师的教学成果。参见：黄牧航，张庆海. 中学历史学科核心素养的教学与评价［M］. 北京：人民教育出版社，2020：200－207.

（续上表）

年份	重要事件
1492 年	哥伦布第一次航行到达美洲
1497—1498 年	达·伽马的船队到达印度
1519—1522 年	麦哲伦船队完成环球航行

任务三：阅读下列材料并回答问题。

材料三　金帐汗国（注：13 世纪上半叶蒙古人建立的封建国家）崩溃后，经过中亚的东西方交通中断了，只留下经过埃及红海或经过波斯湾的商路，但这两条路“也为阿拉伯人所垄断”，所以“经济日益发展的西欧各国，为了获得比较充实的东方商品，迫切希望开辟一条通往印度的新航线”。

——周一良、吴于廑主编《世界通史·中古部分》（1962）

材料四　随着蒙古帝国的崩溃，中亚的局面变得非常混乱，1340 年以后，北部的商路实际上已堵塞。此后，大部分产品汇集到那时以前受控于穆斯林商人的南部的海路，顺海路运往各地。……尽管有蒙古帝国衰落和奥斯曼帝国兴起的诸多干扰，但十分重要的香料贸易并没有受到什么影响。

——［美］斯塔夫里阿诺斯《全球通史》（1992）

材料五　随着威尼斯的优势地位转化为垄断，意大利的部分工商界在热那亚和佛罗伦萨的推动下，逐渐转身西方的巴塞罗那，尤其转身巴伦西亚、摩洛哥沿海、塞维利亚和里斯本……里斯本乃至整个葡萄牙在一定程度上受外国人的控制。

——［法］布罗代尔《15 至 18 世纪的物质文明、经济和资本主义（第三卷）》（1993）

请回答：

1. 材料三和材料四的观点有何不同？

2. 材料五认为到底是谁阻碍了东西方的贸易？

3. 根据上述材料，请推测：为什么在全球航路开辟的过程中，缺乏意大利的身影？

这个学案设计既是一个教学设计，也是一个命题设计。在学案中，外证法的运用是十分明确的，也是历史教师们常用的，即同时提供多则材料，让学生通过对比分析得出结论。学案也包含了内证法的内容，我在授课过程中特别注意引导学生思考："本课开篇的第一句写道：'从 13 世纪开始，伊比利亚半岛的居民就尝试从大西洋中的马德拉群岛、加那利群岛等岛屿获取木材、粮食和糖等资源。他们不断取得成功，迈向海洋的步伐随之加快。'教材随后分析道：'奥斯曼帝国在建立和不断扩张的过程中，威胁到东西方之间陆路贸易通道的安全，也使来自亚洲的商品因加价而奇贵，西欧人急于从海上开辟通往东方的新航路。'而从教材第 24 页"15—16 世纪的奥斯曼帝国"地图可见，奥斯曼帝国控制博斯普鲁斯海峡是在 1451 年之后，整个帝国的全盛时期是在 1566 年之后。意思是说，早在奥斯曼帝国控制中东地区之前，西欧人已经开始了殖民扩张。那么，西欧人的扩张与奥斯曼帝国控制中东有多大关系呢？真相又是如何的呢？"

这个设计，相当于是利用教材的表述来创设情境问题，这属于内证法的思路。但因为单凭教材的资源是不足以论述这个问题的，所以要另外补充材料，这属于外证法的思路。因此总体说来，这个设计同时包含了内证法和外证法的内容。在我的多次教学实践中，这个设计内容还是显得材料偏多且思路复杂，教学时间急迫，学生也理解得一般。因此，建议教师们宜根据学生的实际情况，降低学习的难度。① 但在高二和高三的学习备考中，内证法和外证法还是必须给学生讲授的。

五、史料虚证的重要性不亚于史料实证
——指导学生做选择题的教学反思

在日常教学中，经常遇到的事情就是课间学生拿着各种练习册来问我一些难题如何做。这些难题中，学生对选择题的困惑远大于非选择题，而学生问得最多的两个问题是"为什么我选这一项不行"和"题干的内容能推断出这个选项吗"。对于第一个问题，我通常的回答是"不是这一项不行，而是另外一个选项更有道理"，而第二个问题往往让我语塞，因为在很多情况下，题干的内容还真的不能直接推断出相应的选项。

这个问题引发了我的反思，我们强调史料实证素养，但学生在做题中经常遇到的困扰就是许多史料并不能实证，对这种现象我们该如何解释？是题

---

① 具体的案例可以参见：黄牧航，张庆海. 中学历史学科核心素养的教学与评价［M］. 北京：人民教育出版社，2020：191－207.

目违背了史料实证的目标还是另有深义？

我翻看了一些教学论文和试题分析，发现我们在认识上可能存在误区。例如，许多教师可能认为只要呈现了史料，就是史料实证教学，只要出现了史料，就是史料实证命题。如果单就中考高考试题而言，我的想法是近半数的试题其实并非考查史料实证，而是考查史料虚证。

什么是史料虚证？请看大家很熟悉的一道题目：

例 5－1 （2018 年全国高考 Ⅰ 卷第 25 题）据学者研究，唐朝“安史之乱”后百余年间的藩镇基本情况如下表所示。

“安史之乱”后百余年间唐朝藩镇基本情况表

藩镇类型	数量/个	官员任免	赋税供纳	兵额与功能
河朔型	7	藩镇自擅	不上供	拥重兵以自立
中原型	8	朝廷任命	少上供	驻重兵防骄藩
边疆型	17	朝廷任命	少上供	驻重兵守边疆
东南型	9	朝廷任命	上供	驻兵少防盗贼

由此可知，这一时期的藩镇

A. 控制了朝廷财政收入　　B. 彼此之间攻伐不已

C. 注重维护中央的权威　　D. 延续了唐朝的统治

这道题目的答案是 D 项。单凭题干的材料，能够实证得出 D 项的结论吗？恐怕很难。如果这道题目不是选择题而是问答题，我估计全国没有一个学生能够根据题干的材料实证得出 D 项的观点。之所以选择 D 项，完全是依靠推测。这种推测的思维，就是属于虚证，而非实证。

史料虚证就是当史料并不足以论证一个问题的时候，通过个人的想象、推理和推测得出相应结论的思维过程。这样的思维方法，在当前的中考、高考题目中，不是个别现象，而是大量呈现出的考查方式。之所以出现这种现象，是由中考、高考的题型特点和题量要求决定的。

中考高考试题受篇幅的限制，往往不能提供充足的史料，而中考高考又通常要求学生得出准确而且宏大的结论。如果真的根据史料实证的要求，一些碎片化的史料是很难做到这一点的。在这种情况下，学生只能够依靠想象、推理和推测来建立起思维链条。因此，中考和高考的题目，尤其是选择题，大多数并非考查史料实证，而是考查史料虚证。

我并没有丝毫贬低史料虚证的意思。相反，我觉得史料虚证是值得高度重视甚至大力提倡的。我只是认为大家要区分清楚史料实证和史料虚证，不宜把所有包含史料内容的教学和命题都视之为史料实证。

那么，史料虚证包括什么内容？又应该如何培养呢？我初步的想法是，史料虚证包括四个方面的内容：一是理论，二是想象，三是常识，四是逻辑。

首先是理论。理论是指依靠唯物史观的原理来分析问题，如 2023 年广东高考卷的一道题目：

例 5－2　（2023 年广东高考卷第 20 题）阅读材料并结合所学知识，完成下列题目。

材料一　工厂制度在英国形成后，工厂主大多数不是贵族。他们凭自己的创造才能取得发明专利，更凭精明的算计开办工厂，有的成为万人瞩目的首屈大富。理查德·阿克莱特是工匠出身，前半生穷困潦倒。他发明了水力纺纱机，并很快取得专利权，1771 年建立水力纺纱厂。马修·波尔敦是手工业主，他创办了铁厂，并帮助瓦特改进了蒸汽机。

——摘编自钱乘旦、陈晓律《在传统与变革之间——英国文化模式溯源》等

材料二　工厂制度进入中国始于 19 世纪中后期。经过几十年的曲折发展，到 1913 年工厂数量已经颇具规模。据对 1913 年以前开办或投资工厂的 202 个人的统计，地主占 55.9%、买办占 24.8%、商人占 18.3%、华侨占 1%。

——摘编自许涤新、吴承明主编《中国资本主义发展史》等

某学者认为，政治环境的不同是中英两国早期工厂创办者身份不同的主要原因。概括中英两国早期工厂创办者的不同身份，并评述该学者的观点。（要求：赞成该观点或提出另一个主要原因均可，并阐述理由）

这道题目的观点是“某学者认为，政治环境的不同是中英两国早期工厂创办者身份不同的主要原因”，但题目并没有材料证实这一点。“某学者”是如何进行史料实证的，我们不得而知，但如果有学生根据唯物史观的原理，认为“经济环境的不同才是中英两国早期工厂创办者身份不同的主要原因”，我觉得也是完全成立的。这就属于史料虚证。

其次是想象。想象是指对现在的材料进行加工改造，如 2023 年北京高考卷的一道题目：

例 5-3 （2023 年北京高考卷第 17 题）致敬！致远舰！

致远舰是北洋海军主力巡洋舰，1894 年 9 月在甲午海战中沉没。战争结束后清廷颁布上谕，大力褒扬致远舰管带邓世昌，赐谥“壮节”，从优议恤。有挽联云“此日漫挥天下泪，有公足壮海军威”。

材料：（略）

辨析和考证上述材料，并描述致远舰官兵英勇殉国的过程。

本题要求学生“描述致远舰官兵英勇殉国的过程”。“描述”就不属于实证，它需要运用想象力来完成，属于虚证。

再次是常识。常识是指根据历史和生活的经验做出判断，如下面的一道高考题：

例 5-4 （2016 年新课标全国Ⅰ卷第 27 题）明初废行省，地方分设三司，分别掌管一地民政与财政、司法、军事，直属六部。明中叶以后，皇帝临时派遣的巡抚逐渐演变为三司之上的地方最高行政长官。这一变化有助于

A. 扩大地方行政权力　　B. 提高地方行政效率

C. 削弱六部的权限　　D. 缓解中央与地方的对立

本题的答案是 B 项。其实根据题干的材料并不足以推断出 B 项，因为我们没有材料证明地方行政效率到底提高了没有。但根据历史和生活的经验，集权的效率肯定比分权要高。这道题的解题思路，就属于虚证。

最后是逻辑。逻辑是指根据形式逻辑的思维来推断结论。比较典型的题目是下面的高考题：

例 5-5 （2008 年广东高考卷第 4 题）齐国管仲说：“凡为国之急者，必先禁末作文之巧。未作文巧禁，则民无所游食，民无所游食则必事农。民事农则田垦，田垦则粟多，粟多则国富，国富者兵强，兵强者战胜，战胜者地广。”某研究者据此得出“中国精耕农业的产生与专制国家农业政策密切相关”的结论。该判断：

A. 材料充分、理解准确，结论合理

B. 材料充分、理解不准确，结论不合理

C. 材料不充分、理解准确，结论合理

D. 材料不充分、理解不准确，结论不合理

在本题中，无论是“某研究者”的思维还是学生的解题思路，皆非实

证，而是逻辑推理，属于虚证。

总之，在现实的中学历史教学实践中，我感觉到史料虚证的使用频率非常高，丝毫不亚于史料实证。到底是因为史料虚证非常重要，还是因为我们对史料实证理解和运用的力度还不够？目前我还没有思考清楚。

六、小人书是史料吗？

——《明至清中叶的经济与文化》教学反思

小人书是史料吗？思考这个问题，源于我最近阅读的一本新书《本草：李时珍与近代早期中国博物学的转向》。该书描述了一个有趣的情境：

> 在英国剑桥李约瑟研究所的房间里，密密麻麻地摆放着大量的手稿、从杂志上剪下的照片，以及李约瑟本人收藏保存的各种油印和打印的信件。李约瑟是研究中国科学史和医学史的先驱，他构思并撰写了《中国科学技术史》（*Science and Civilisation in China*）的大部分内容。这个房间里还堆放着许多盒子，其中一个盒子里保存着一本很小的漫画书，是用简单的中文写的，即使是小孩子也很容易看懂。这本小书中用各种图画展示了现在已成为药理学王子、堪称“医学的莎士比亚”的李时珍的生活，而作为图注的文字也可视为对李时珍本人的标准化叙述。①

这是一个令人神往的学术情境——一个著名的中国科技史学者，房间里面堆满了林林总总的中国古代科技史的史料。学者采用竭泽而渔的搜罗方式，把能够找到的所有跟中国古代科技史相关的材料一网打尽，连小人书都不放过。这本小人书就是天津众生书店 1955 年出版的《李时珍：伟大的药物学家》。

“小人书”是民间的说法，指的是连环画，实质是以少年儿童为对象的通俗图画读物。中华人民共和国成立后，这种艺术形式风靡一时，既是中国现代美术的一个重要画种，也是普及教育的一种重要载体。一般的观点认为，小人书是难登大雅之堂的。一个英国的著名历史学家居然收藏中国的小人书，确实令我非常惊奇。这里有两个问题我是感兴趣的：第一，李约瑟是怎样利用这本小人书的？第二，加拿大的学者卡拉·纳皮又是怎样利用这则故事的？这两个问题都可以归纳为一个问题——小人书可以成为研究历史的

---

① 纳皮．本草：李时珍与近代早期中国博物学的转向［M］．刘黎琼，译．北京：生活·读书·新知三联书店，2022：186.

史料吗？

先看第一个问题。根据卡拉·纳皮的叙述，李约瑟不仅收藏了《李时珍：伟大的药物学家》这本小人书，而且还阅读和使用了它。李约瑟对小人书中李时珍解剖穿山甲的一图写了批注，“注释填满了这一幅页面的空白处（这是这本小书中唯一一张被注释填满的页面），为我们打开了一扇窗，让我们一窥李时珍及其作品在现代遭逢的命运。在着重指出漫画中的动物即为穿山甲之后，李约瑟写下了它的异名：鲮鲤、龙鲤、穿山甲、*Manisdalmanni*（拉丁文）。这一行为本身非常具有典型性和代表性，几乎所有的现代评论家都是如是研究李时珍的作品的：首先，为《本草纲目》中提到的动植物找到一个现代的对应词，最好是一个拉丁文的复合词。然后，检查李时珍的描述是否符合（或多或少）有关该物的现代科学知识。最后，如果一些零碎的东西恰好吻合，就对这位16世纪的博物学家表示些许赞赏和肯定，将这片鳞半爪的知识标记成‘中国科学’”①。从中可见，画家把李时珍解剖穿山甲的故事画进了小人书，说明这是一个非常有代表性的故事，而李约瑟是最早试图用现代的学名来解释穿山甲这种动物，同时也用现代的科学观念来解释李时珍的这种行为的。

再看第二个问题，卡拉·纳皮讲述这个故事是放在书中的最后一章“终论 死亡与重生：李时珍在后世的接受史”进行的。该故事的小标题是“李约瑟的穿山甲”。作者的结论是“到了20世纪，李时珍被塑造成中国现代科学思想的奠基者之一，同时也是中国医学的守护神。他和他的《本草纲目》经历了跌宕起伏的再解读和重塑过程，遭遇了几番命运的蜕变，而这正是最令博物学家着迷的地方”。这里的意思就非常清楚了——小人书可以广泛地传播李时珍的事迹，也说明李时珍和他的《本草纲目》已经被人们所理解和接受。

回到本文开头的问题，答案就很清楚了。小人书可以成为研究历史的史料吗？这取决于你用它来干什么。如果你用它来论证李时珍的生平、著作和学说，这当然不能成为史料，但如果你用它来证明李时珍在后世的影响力和被广大人民群众所接受的历程，这就是非常好的史料。这个道理跟邮票一样。邮票内容本身不能成为研究某个历史人物或事件的史料，但可以成为证明该历史人物或事件被国家认可和重视的史料。

既然小人书是史料，它就可以进入教学、进入命题。李时珍进入高考历史试题的大题，主要有两次：一次是2008年广东卷，选取的是《本草纲目》

① 纳皮．本草：李时珍与近代早期中国博物学的转向［M］．刘黎琼，译．北京：生活·读书·新知三联书店，2022：188.

第五十一卷“兽部”的材料；另一次是2022年全国甲卷，选取的是唐明邦《李时珍评传》。尽管材料的来源和素材不同，但都属于学习情境的设计。我们也可以尝试社会实践情境和学术研究情境的设计。请看下面三个例子：

例5-6　为筹备“伟大的科学家李时珍”的展览，你搜索到一张连环画《李时珍》（天津众生书店1955年出版）的图片（见下图）。作为佐证史料，你认为这张图片最适宜放在展览的哪个栏目中？

A. “重视社会实践经验的李时珍”
B. “李时珍事迹的传播和普及”
C. “与各行各业人士交朋友的李时珍”
D. “同时研究植物和动物的李时珍”

例5-7　为研究中国明代的科学家李时珍，英国科学史家李约瑟专门收藏了一本中国的连环画《李时珍：伟大的药物学家》。在李时珍解剖穿山甲一图的旁边，李约瑟写下了穿山甲的各种异名：鲮鲤、龙鲤、穿山甲、*Manisdalmanni*（拉丁文）。这则故事最能体现李约瑟的哪种史学研究方法？

A. 重视和发挥连环画的史料功能
B. 搜集跟研究主题相关的所有史料
C. 用现代的科学术语解释古代史料
D. 采用了以图证史的研究思路

例 5－8 英国学者李约瑟认为李时珍的研究对象和方法与近代科学在许多方面是相同的。加拿大学者卡拉·纳皮在《本草：李时珍与近代早期中国博物学的转向》一书中认为李时珍的《本草纲目》不仅是一部药物学的鸿篇巨制，也是一部博物学和自然史的经典著作。清华大学教授吴国盛认为中国古代的科学传统就是博物学，按照今天占主导地位的数理实验科学的标准去重新整理中国古代的自然知识成就是不合适的。你认为三位学者的观点存在什么关系？

A. 三位学者的观点基本一致

B. 李约瑟和吴国盛的观点不一致

C. 卡拉·纳皮和吴国盛的观点不一致

D. 李约瑟和卡拉·纳皮的观点相矛盾

［参考答案］

例 5－6 B；例 5－7 C；例 5－8 B

最后说一下，三联书店的“新知文库”是一套非常好的翻译丛书，其内容选择确实能够给读者带来新知。《本草：李时珍与近代早期中国博物学的转向》是这套丛书的第 155 本，也是目前最新出版的一种。

第六章 中学历史以图证史的教学反思

历史图像对中学师生来说并不陌生，历史图像教学的重要性也是不言而喻的。自 20 世纪 90 年代以来，中学历史教材中的图像资源呈现得异常丰富，甚至占教材版面的半壁江山。图像并非对文字史料的装饰点缀，而是重要的史料资源。对图像史料的理解和运用，有赖于掌握系统的思维方法。《普通高中历史课程标准（2017 年版 2020 年修订）》不仅提出了“史料实证”核心素养，还在选修课程中开设了“史料研读”模块。该模块明确提出了“图像史料研读”的要求——“知道绘画、雕刻、照片等图像是重要的史料，选择有代表性的图像史料进行研读；认识图像史料的价值，知道对图像史料的运用不仅需要历史学的方法，也需要借助艺术史等不同学科的方法。”尽管这是选修课程的要求，但在《中外历史纲要》的教学中，有必要把它作为核心素养的培育目标在教学中体现出来。

一、如何讲述教材中的文物图片

——《三国两晋南北朝的政权更迭与民族交融》教学反思

高中历史教材《中外历史纲要（上）》起码两次提到荷花。第一次是在第 4 课《西汉与东汉——统一多民族封建国家的巩固》的“学思之窗”中提到乐府《江南》——“江南可采莲，莲叶何田田”；第二次是在第 5 课《三国两晋南北朝的政权更迭与民族交融》中提供了“北齐仰覆莲六系青瓷尊”的文物图片及说明。在教学中如何使用这两则材料呢？

乐府《江南》的诗句说明中国人种植莲花和对莲花的欣赏由来已久。事实上，“中国是荷花的原产地。在浙江余姚发掘的河姆渡文化遗址中，就发现了荷花的花粉化石，距今已有 7 000 多年的历史。良渚文化出土的莲子化石，更对莲荷的早期形态有了直观的呈现”①。《诗经·国风·郑风》中也有“山有扶苏，隰有荷华”的优美诗句。

“北齐仰覆莲六系青瓷尊”图（见图6－1）选自张政烺主编的《中国古代历史图谱·魏晋南北朝卷》②。讲述本图，最关键的切入点是抓住莲花与佛教的关系。因为该青瓷尊的主体由上腹三层覆莲瓣和下腹双层仰莲瓣组成，所以称为“仰覆莲”。“六系”是指肩颈部的6个耳环。上腹第一层莲瓣和第二、第三层莲瓣之间还有一连串的叶子（见图6－2），我认为是忍冬纹（忍冬为一种蔓生植物，俗呼“金银花”“金银藤”，通称卷草，其花长瓣垂须，凌冬不凋，故有忍冬之称。该纹饰在南北朝时最为流行）。因此，该青瓷尊基本上是由荷叶或者荷叶和忍冬构成，是一件佛教气息非常浓厚的文物。尽管中国人很早就种植莲花和描写莲花，先秦的文物也有以莲花为装饰的，但莲花作为一种吉祥的标志大量进入器皿中却是在魏晋南北朝时期。《荷物志：博物馆里的千年荷韵》写道：“东汉时期，佛教自印度传入中国，到魏晋南北朝时已遍及大江南北。佛教的盛行，促进了佛教艺术的兴起，莲花因其身处淤泥却不染，且花、果、子并存，颇具佛性，又是佛教创法所在地印度的国花，成为佛教的标志，佛教的许多法物都与莲荷有关。莲花装饰大量出现在六朝器物上，既顺应当时的时尚，也具有相当的美学价值。”③浙江省博物馆收藏的大量与莲花相关的文物，最早的一批就是烧制于南朝的。

图6－1　北齐仰覆莲六系青瓷尊

图6－2　北齐仰覆莲六系青瓷尊的第二、第三层的图案截图

① 浙江省博物馆. 荷物志：博物馆里的千年荷韵［M］. 上海：上海书画出版社，2022：序言.

② 张政烺. 中国古代历史图谱·魏晋南北朝卷［M］. 长沙：湖南人民出版社，2016：57.

③ 浙江省博物馆. 荷物志：博物馆里的千年荷韵［M］. 上海：上海书画出版社，2022：1.

"北齐仰覆莲六系青瓷尊"出土于河北省景县封子绘墓，是中原地区青瓷的代表作，是第三批禁止出境的文物。教材把此图放在了《三国两晋南北朝的政权更迭与民族交融》一课中，我们宜从生产技术的进步这个角度去处理。南朝的青瓷烧铸技术已经相当成熟，北朝的青瓷烧铸属于迅速崛起、后来居上。"北齐仰覆莲六系青瓷尊"高60多厘米，做工精细，庄严雄伟，属于文物中的大器。我把它与南朝的荷花器皿相比，更显得气魄宏大。但我在讲课中还是把这幅图放在了第8课《三国至隋唐的文化》中来呈现。不了解佛教的传入和发展，很难把握魏晋南北朝的历史，这件文物是佛教艺术对中原艺术产生巨大影响的例证。

讲述教材中的文物图片，肯定带有欣赏的成分，但不宜把它等同于文物鉴赏课，而是应该更多地与文物产生的历史背景结合起来分析，或者通过观赏文物来理解该文物所包含的历史信息。

二、"孤例"何以能够实证？
——《从隋唐盛世到五代十国》教学反思①

《从隋唐盛世到五代十国》一课使用了较多的篇幅来讲述"唐朝曲辕犁"，对它有三个定位：一是"成为当时最先进的耕具"，二是"在江南水田地方推广"，三是"耕犁基本定型"，并且提供了两则重要证据，一是晚唐陆龟蒙的《耒耜经》，二是"敦煌莫高窟壁画唐朝牛耕图中的曲辕犁"（见图6－3）。

图6－3　敦煌莫高窟壁画唐朝牛耕图中的曲辕犁

---

① 本文曾发表于《历史教学》2022年第8期，有改动。

教材较详细地讲述了曲辕犁结构的改进情况，但对缺乏农业生产经验的老师和学生来说，这些内容并不容易理解。于是，我从另外的角度向学生提问："地处西北的敦煌壁画能够证明曲辕犁在江南水田地方推广吗？敦煌壁画中出现了十多处犁的形象，教材中的这幅出自敦煌莫高窟第445窟，是唯一一幅确认是曲辕犁的画作，属于'孤例'。这个孤例能够证明曲辕犁的推广普及吗？"

为了让学生更好地理解这两个问题，我给学生展示了初中《中国历史》七年级下册的敦煌莫高窟壁画《雨中耕作图》（见图6－4），告诉学生该图出自敦煌莫高窟第23窟，是他们初中就学过的内容。图中犁的形象是模糊不清的，但基本可以判断并非曲辕犁。敦煌壁画中各种犁的形象，要么是非常明显的直辕犁，要么如同《雨中耕作图》那样较难辨认，能够确认是曲辕犁的就只有高中统编教材所呈现的这一幅。

图6－4　雨中耕作图

学生对这两个问题兴趣很大，讨论得很热烈。第一个问题的讨论结果是：敦煌壁画并不能够证明曲辕犁在江南地区的推广，充其量能证明其在黄河流域使用。曲辕犁在江南地区推广的证据来自陆龟蒙《耒耜经》的表述"江东之田器尽于是"。第二个问题的讨论结果是：根据"孤证不立"的实证原理，敦煌莫高窟第445窟的曲辕犁图并不能证明曲辕犁在唐代推广普及。

我肯定了学生对第一个问题的讨论结果，但第二个问题则远比他们思考的要复杂。为了论证这个问题，我还是尽量使用教材中的资源。初中《中国历史》七年级下册第 19 课《清朝前期社会经济的发展》中的《耕织图》（局部）和高中《中外历史纲要（上）》第 14 课《明至清中叶的经济与文化》中的《耕织图·耙耨》均为清代画家的作品，《中外历史纲要（上）》教师教学用书是这样介绍的：“《耕织图》系南宋前期画家楼璹所绘，共 45 幅，每幅上面题诗一首，系统地描绘了南方农村农业和家庭手工业生产的具体环节，后代多有临摹或重绘。此处是清朝康熙帝命宫廷画家焦秉贞在楼璹原作基础上的重绘之作。”① 其实焦秉贞的《耕织图》也有多个版本，我使用的是康熙三十五年版，分别见图 6－5 和图 6－6：

图 6－5　曲辕犁

图 6－6　耙耨

南宋画家楼璹所绘的《耕织图》早已失传，我们现在能够看到的较早的版本是元代程棨的临摹作品，分别见图 6－7 和图 6－8：

图 6－7

图 6－8

① 人民教育出版社，课程教材研究所，历史课程教材研究开发中心．普通高中教科书　教师教学用书　历史［M］．北京：人民教育出版社，2019：199.

对比这两组图画可得出如下结论：清代的《耕织图》基本上临摹元代的《耕织图》。画中的构图、人物动作和所配诗句都是一样的。清代的《耕织图》甚至没有把人物绘制成清代的发型和服装，而依然是明代以前的汉族发型和服装。差异最大的地方是——“令人难以置信的是，宋元时期早已是曲辕犁一统天下，但程棨本所画的牛耕场面中，出现的居然还是老掉牙的直辕犁形象。”① 反而清代的《耕织图》能够根据实际情况画出了曲辕犁。学者们对这一现象的解释是图像具有“保守性”，即古代的许多图像并不一定是正确反映当时社会生活的真实情况的，而仅仅是抄袭或沿用一直流传下来的画像而已。无论是元代程棨本的《耕织图》还是清代康熙本的《耕织图》，基本上就是依据宋代楼璹本的《耕织图》改绘而成。

对这个问题有学者做了更加明确的解释，认为汉晋时期的墓室砖石或墓道墙壁的耕织图是写实的，基本能够反映当时的实际情况，到了唐朝五代时期就开始失真了，不再能够反映当时已经普及的先进的生产技术，而到了明清时期就进一步变成了宣传画，成为官方推行“重农”政策的御用工具。甚至认为“敦煌壁画耕织图系印度佛教东传过程中所绘，绘制者主要想反映的是印度的耕作技术，并非对唐五代时期农业生产技术的反映”②。明白这个道理，我们就可以理解为什么说敦煌壁画中大量出现的直辕犁不一定是对当时生产技术的反映，而唯一的一幅曲辕犁图像由于其绘制清晰、形状前所未见并且与文字史料的记载相吻合，因此成为了为数不多的能够反映唐代社会生产真实面貌的图片。敦煌莫高窟第445窟的曲辕犁图像虽然是孤例，却比其他的图像更真实。当然，这个孤例依然不能证明曲辕犁已经完全取代直辕犁了，但足以证明曲辕犁已经在黄河流域推广起来了。

初中与高中教学的异同是我一直思考的问题。关于曲辕犁这个知识点，初中和高中教材都提及了，而且都有图片为证。我们在高中阶段把知识点重复讲授一次意义不大，还是需要寻求新的切入角度和思维方法，让学生认识到以图证史的趣味性和复杂性。

---

① 李军. 跨文化的艺术史：图像及其重影［M］. 北京：北京大学出版社，2020：202.

② 张铭，李娟娟. 历代《耕织图》中农业生产技术时空错位研究［J］. 农业考古，2015（4）：69－82.

三、如何讲述教材中的壁画图片
——《中国赋税制度的演变》教学反思

高中选择性必修1《国家制度与社会治理》第16课《中国赋税制度的演变》是教学中的难点。一来学生对交税纳税缺乏生活经历，二来古代赋税制度的史料非常枯燥，尤其是缺乏图像史料。教材的导入部分提供了“元朝纳粮彩绘壁画”（见图6－9），这是一幅非常难得的反映中国古代纳粮交税的图画。在教学中如何讲授这幅图画呢?

图6－9　元朝纳粮彩绘壁画

第一，要讲述该图的时空定位。教材写道，该壁画2000年在河南省尉氏县后大庄村元墓出土。我告诉学生，尉氏县属河南省开封市。教材还写道：“元朝基本上沿袭唐朝的租庸调与两税法，分别施行于北方和南方，在北方征丁税、地税，在南方征夏税、秋粮。”于是，我问学生一个问题：“这幅壁画反映的是元朝北方的赋税场景还是南方的赋税场景?”许多学生反应不过来，我引导他们复习《中外历史纲要（上）》的“金、南宋、西夏形势图（1142年）”（见图6－10），指出当时开封属于金朝管辖。其实元朝的所谓“南方”主要是指原来南宋的地域，所以这幅壁画应该反映的是元朝北方的赋税征收场景。

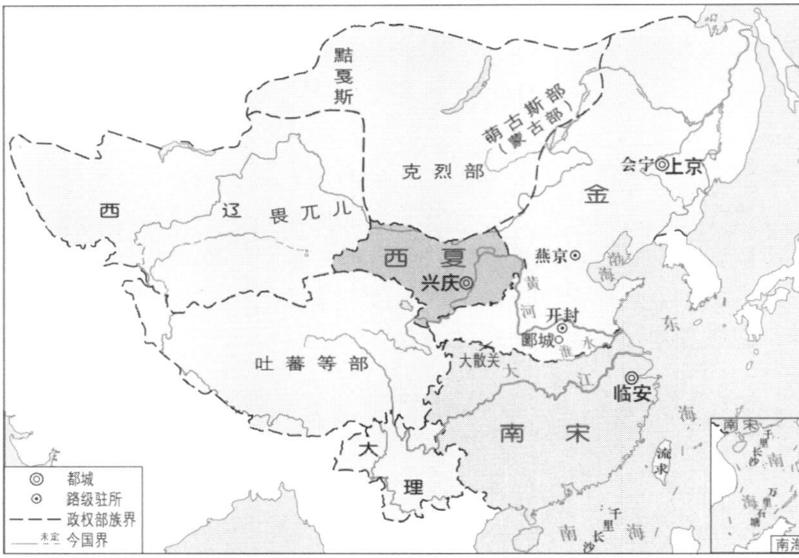

图 6－10　金、南宋、西夏形势图（1142 年）

第二，要引导学生想象壁画所描绘的场景。教材对壁画的说明是“仓房前一群农民肩负粮袋，准备将粮食入仓”。我们还可以利用相关的文献史料加以佐证。元人胡祗遹的《紫山大全集》卷 23 有一篇《论仓粮》，全文如下：

> 每岁税石，无问年岁丰欠，务要应期而足。鼠耗分例之外，计石二三可纳一石谷，精细干圆，然后入仓。加之远仓人功车牛往返月余，所费不浅。下之供上，不为不劳，所谓剥口体之脂膏而应国家之急用。窃见河仓暨京师仓并无敖房，皆作露囤，不一二夏，举皆陈腐臭败，以致马牛不食。复借之于民，石得八斗，又以农忙无力搬取，贱取其本而弃之如粪土，秋成征还，加倍不能偿。是国家常税本该一石，新旧并征，计以加耗，而并纳三石矣。其余为官仓船户失陷者不可胜数，事发到官，枷纽连岁，无追征者。省部明见此弊，略不置议。愚谓仓官各选品官廉慎干局者充，增余失陷，明立赏罚，以每岁所著钱或减租税之半折纳交钞，以二项钱偏置敖房，实为便当。

根据这段文字的论述，再与教材的壁画相对照，我做了这样的解说：“从图中可见，农民是需要自己把粮食运到官府指定的地方的，而并非官府派人上门收纳。在古代的交通条件下，这其实是一项艰巨的任务。如果农民居住的地方远离纳粮地点，他就需要自己解决交通工具的问题，据史书记载，有时往返需要一个月的时间。图中这群农民都是自己用肩背负粮食的，被粮食压弯了腰。图中还可以看到这个纳粮点是有粮仓的，这是属于条件比较好的纳粮点。据史书记载，有些纳粮点没有粮仓，收来的粮食就露天放置，很快就会腐烂发臭，连牛马都不愿意去吃，而这些损失最后还是要农民来补偿。我们再来看另外一幅图，一名官员坐在桌案后进行登记，旁边有一个书童，前面有一名差役，估计是负责验收粮食的。据史书记载，元朝纳粮的验收非常严格，质量差的不要，另外粮仓里的粮食会被老鼠吃掉不少，这部分损失也需要农民来补偿，农民要运两到三倍的粮食到纳粮点，才有可能完成纳粮的任务。”

第三，增补该元墓的另外一幅壁画（见图 6 – 11）。教材的图片来自张政烺主编的《中国古代历史图谱·元代卷》（湖南人民出版社 2016 年版），该书提供了后大庄村元墓的两幅壁画，除了教材的“纳粮图”外，还有一幅“纳税图”。纳粮图位于墓室的东壁南面，而纳税图位于墓室的西壁南面。图谱是这样说明的：“画面绘有屋宇，屋前站立四人，一人捧托盘，盘内有银锭，旁边一人捧方盒。对面二人，一人持秤称量，一人侧立。此图与纳粮壁画同出一墓，东西对称。壁画表现内容应有对应关系，此图所表现的情形可能与百姓缴纳包银有关。”①

图 6 – 11　元朝纳税壁画

① 张政烺. 中国古代历史图谱·元代卷［M］. 长沙：湖南人民出版社，2016：98.

元朝北方沿袭唐朝的租庸调制，以征收实物为主。那么壁画中的缴纳银两，很可能就是教材所说的“科差”。因为这两幅图，正好与教材中“税粮”和“科差”两个知识点相对应。

四、如何讲述文物图片中的纹饰

——《辽宋夏金元的经济与社会》教学反思

缠枝纹是十分常见的中国古代传统纹饰，大量出现在瓷器上，元代以后尤其盛行。该纹饰以植物的枝干或蔓藤作骨架，通过波线式的形状向上下左右循环往复延伸，形成既写实又类似几何形状的美丽花纹。初中《中国历史》七年级下册第 14 课《明朝的统治》中提供了一幅图片“明代青花扁壶”（见图 6－12），图中呈现的就是典型的缠枝纹。

图 6－12　明代青花扁壶

高中《中外历史纲要（上）》第 11 课《辽宋夏金元的经济与社会》中有两件文物都有缠枝纹。一件是“元朝青花瓷”。教材的图片来自《中国历代瓷器图鉴》①。该书对该瓷瓶的命名为“青花花卉缠枝牡丹纹大梅瓶（连盖）”，年代是元代，高 47.3 厘米。瓷瓶瓶身所呈现的纹样也是典型的缠枝纹。见图 6－13。

① 李宗扬，邱东联. 中国历代瓷器图鉴［M］. 长沙：湖南美术出版社，2003：22.

图 6－13　元朝青花瓷

另外一件文物相信大部分教师都不会注意到，它就是“元朝纸币”。该图片非常不清晰，我是阅读相关论著才注意到这个细节的。《中国古代缠枝纹装饰艺术史》写道：“中国国家博物馆藏的至正年造壹贯文中统元宝交钞，为长方形，最上方是钞名‘中统元宝交钞’，其下是金额‘壹贯文省’，钞票的四周印有缠枝林花栏，花栏内上部为‘至正印造元宝交钞’八个字，下部为五串钱图，交叉分布。”① 这张图片在各种教材和书刊中出现率很高，但大多都印刷得不清晰。我能够找到最清晰的一张出现在蒙古国 2014 年发行的邮票上。从图中大致可以辨认出来，中统元宝交钞的四周确实布满了缠枝纹。见图 6－14。

图 6－14　蒙古国 2014 年发行的元朝纸币邮票

① 万剑．中国古代缠枝纹装饰艺术史［M］．武汉：武汉大学出版社，2018：171.

我关注这个细节主要是为了思考一个问题——缠枝纹是中国本土的发明还是受外来文化的影响而出现的？关于这个问题，学术界有三种观点——本土说、西来说和中西融合说。本土说认为缠枝纹是在中国传统纹样的基础上发展演变而来的。西来说认为缠枝纹起源于古代埃及，后来传到西亚，在东汉末年随着佛教的传入开始被中国艺术家所接受。中西融合说承认魏晋南北朝时期佛教艺术对中国的影响，缠枝纹是外来艺术与本土艺术共同融合发展起来的。奥地利著名艺术史家阿洛伊斯·李格尔所撰写的《风格问题——装饰历史的基础》所持的就是典型的古代埃及起源论。①

无论持哪种观点，就宋元时期这个时代节点而言，我们注意到一个明显的事实——缠枝纹的大量涌现是在元代。这个现象通过教材图片的对比就能够看得出来。教材是把“宋朝五大名窑的瓷器”（见图6－15）和“元朝青花瓷”（见图6－13）的图片并列摆放在一起的。我们看到宋朝的瓷器温润如玉，没有任何花纹，而元朝的瓷器则布满了繁杂的纹饰。

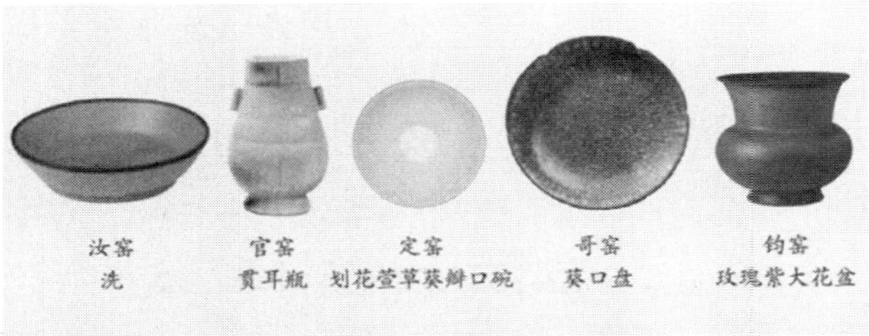

图6－15　宋朝五大名窑的瓷器

对这个明显的反差，《中国古代缠枝纹装饰艺术史》指出：“元青花瓷缠枝纹装饰构图繁复满密，但繁而不褥、多而不乱、满而不溢、密而不匝，有一种特殊的饱满感。”这说明“清水出芙蓉，天然去雕饰”的传统陶瓷装饰审美追求被改变，绘画成为了瓷器装饰的主要手法之一。“元青花瓷造型大气磅礴，纹饰满密精致，是中国传统文化、蒙古族文化、伊斯兰文化等相互融合的特殊艺术产物。”“在元青花瓷诸多装饰纹样中，带有伊斯兰异域风情的缠枝纹装饰，繁复满密的构图，崇蓝尚白的色彩，丰富多样的植物题材，无始无终的‘S’形骨骼，优游不迫的线条……这都与元朝多民族共存的历史休戚相关。”② 因此，我们讲课处理“元朝青花瓷”这张图片时，可以从两个切入点入手来讲述中外文化和民族文化的交融：一是青花瓷的重要

① 李格尔．风格问题：装饰历史的基础［M］．邵宏，译．杭州：中国美术学院出版社，2016.

② 万剑．中国古代缠枝纹装饰艺术史［M］．武汉：武汉大学出版社，2019：176.

原料钴来自今天的伊朗和伊拉克，二是大量缠枝纹饰的出现。

五、以图证史与时空观念素养的培育

——《明至清中叶的经济与文化》教学反思[①]

在教学中运用以图证史的方法很多，但最基本的方法就是确定图片的时空定位。图片的时空定位包括两个方面的含义：一是确定图片绘制者所生活的时间和空间，二是确定图片内容所反映的时间和空间。从这个角度来看，史料实证素养与时空观念素养的培育是可以紧密结合的。

教材《明至清中叶的经济与文化》一课提供了较丰富的图片。这些图片能否反映明清经济文化的繁荣？这可以作为一个教学设计的切入点。我以教材中的《盛世滋生图》（局部）为学习的重点，组织学生展开了一场体验探究活动。

首先，我购买了一幅北宋张择端《清明上河图》的复制品，让 4 名学生上讲台徐徐拉开展示给全班同学观看。该复制品的尺寸大小与原图是一样的，长 528. 7 厘米、宽 24. 8 厘米，比学生想象中的要小。学生因此就可以理解，为什么许多细节放大之后仍看不清楚，因为该图的篇幅并不算非常大。我展示该图的目的有三个：一是让学生感受该国宝的全貌（初中和高中教材呈现的都是局部图）；二是教会学生观看中国古代全景绘画的方法——与近代西方的焦点透视法不同，中国古代的绘画是散点透视，通常的观看顺序是从右往左，《清明上河图》就先后呈现了乡村、城郊、城门和城市内部的社会风貌；三是为理解下来所展示的图片打下基础。

随后，我给学生展示了清院本的《清明上河图》。该图是从清雍正六年（1728 年）至乾隆二年（1737 年）的 9 年间，清宫画院的 5 名画师参照宋朝张择端的名作重新绘制的。由于张择端的画作太出名，明清时期有不少画家争相模仿重绘，而清院本的《清明上河图》是规模最为宏大的一幅。该画长 1 152. 8厘米、宽 35. 6 厘米，我请了 8 名同学上讲台才勉强把图画全部展开。我跟学生说：“本图是清廷的御用画师奉命而作，乾隆皇帝为这幅画写了一首诗，大意是：我聚集了南方最好的画家，绘制出市井繁华富庶的景象，如果宋朝的皇帝看到，也会惊叹不已吧。你认为本图能够反映康乾盛世的真实面貌吗？”学生议论纷纷，多数认为这是粉饰太平之作，不可信。我启发学生：“判断一幅作品可不可信，不能够单凭猜测，而需要依靠证据。首要的思路是能否找到证据确定该画作的时空定位。从时间上看，画中人物全是明

① 本文曾发表于《历史教学》2022 年第 8 期，有改动。

朝以前的汉族装束，似乎并非描绘清朝的事情；从空间上看，画的构图基本是仿照张择端的画作，无从确认描绘的是中国的哪一个城市。由于时间和空间都无法定位，这幅画是想象多于写实。”如果时间充裕，还可以进一步跟学生分析细节。如画中的桥梁，跨度极大，远胜于赵州桥，当时中国并不可能存在这样的桥梁。当然，画家绘画不可能完全脱离生活经验，画中不少内容仍能反映出清代的社会风貌，如乡村地区的戏剧表演场面就富有清代的特点。

有了前面两幅图画的铺垫，就可以进入教学的正题——教材里的《盛世滋生图》到底能否反映清代的社会面貌？我先请 12 名学生上讲台把该图拉开。该图“长 12 米有余，据统计共绘有人物 12 000 有余，船近 400 只，桥 50 余座，店铺 200 余家，房屋 2 000 余栋”①，规模更胜于清院版的《清明上河图》。讲台的空间有限，学生在课室内绕了大半周才把图画全部展示出来。在学生的惊叹声中，我给学生布置了一个活动任务——在投影幕上展示了两幅截图，让全班同学上前找出截图在《盛世滋生图》中所在的位置。一幅截图是教材的局部图，另一幅截图如图 6－16 所示。

图 6－16 《盛世滋生图》（局部）

学生非常踊跃，很快就找到了两幅截图所在的位置。学生回座后，我要求学生根据刚才所学到的图片分析原理，思考此图是否能够进行实证。学生根据教材的表述“此图为清朝人徐扬所绘，反映了清朝中期苏州商业的繁荣

① 人民教育出版社，课程教材研究所，历史课程教材研究开发中心．普通高中教科书 教师教学用书 历史［M］．北京：人民教育出版社，2019：200.

景象”，认为该图的时间和空间定位是准确的，因此是可信的。我通过投影对比分析了今天苏州的一些景点和图中的景象，如行春桥、报恩寺塔等，告诉学生：“由于确定了苏州这个空间，而清朝中期距今也就200年的时间，许多古迹还是保留下来了，通过对比，我们认为该图有较高的写实基础。”

紧接着，我给学生分析图6－17的内容。在《盛世滋生图》浩大的场景中，为什么要截取图6－17的内容？这是因为该内容可以与教材“历史纵横”栏目中的《17世纪初苏州丝织业中的自由雇佣劳动》相印证。与《盛世滋生图》一样，该栏目的两则史料都是讲述苏州的历史。两则史料的阅读难度颇大，通过与图片材料相结合，学生的阅读兴趣就增强了。虽然《盛世滋生图》并非重点描绘雇佣劳动的场面，但却形象地呈现了乡村家庭丝织业的劳动场面。我引导学生观看图中的细节，如院子里三名妇女在整理织物，左下角的房间里两名妇女在整理纱线，左边的房间里隐约可见堆满了整理好的纱锭。

我在不同的学校尝试过多次本教学设计。一些老师认为展示张择端的《清明上河图》是多此一举的，那是宋代的历史，与本课的内容没有太大的关系。但我还是坚持我的做法。我的目的是帮助学生通过全景图来形成空间观念。从张择端的画作到清院版的画作再到《盛世滋生图》，它们在构图上是有明显的传承关系的——都展现了城市与乡村的社会面貌。不认识到这一点，就无法理解为什么在不同的空间中会出现不同的人物和事物。

在一次教学中，有一个学生问了我一个有趣的问题：“我觉得《盛世滋生图》的场景比张择端的《清明上河图》宏大得多，但为什么名气不如《清明上河图》呢？”这真是一个非常棒的生成性问题。我大力表扬了这名同学，并尝试给出了两个答案：第一，《清明上河图》具有原创性，后来的大量全景图都是以它为蓝本的；第二，《清明上河图》的写实性更强，画中人物的动作姿态各异，而且极其生动传神，《盛世滋生图》虽然人物众多，但人物的形象动作却比较呆板，感觉是千人一面复制出来的，所以尽管场面浩大，艺术性却远不如《清明上河图》。

本课最后一个探究问题是：“《盛世滋生图》描绘了清朝中期苏州的繁荣景象，是否能够反映整个清朝社会的景象呢？”为此，我给学生提供了另外一组图片——19世纪英国画家托马斯·阿洛姆画笔下的清代社会。① 以图证史首先要解决的问题是确定图片来源是否真实可靠。我告诉学生，阿洛姆

---

① 阿洛姆的作品集国内有多个版本，比较好的一种是托马斯·阿洛姆图、乔治·N. 赖特文，秦传安翻译的《帝国旧影——雕版画里的晚清中国》，上海人民出版社2021年版。

毕生没有来过中国，他笔下的清代社会是否就完全不可信呢？根据我们本节课所学的方法，我们需要确定每幅图的时空定位。阿洛姆的这些铜版画都配有较详细的文字说明，清楚地指出该图描绘的是中国的哪个地方。我给学生展示了《广州附近的水乡和琵琶洲塔》一图。学生都知道琵琶洲塔距离学校大约5公里，至今仍屹立在珠江岸边，是老广州的地标之一。尽管画中的中国塔如同西方的教堂，但这一文物却是真实存在的。我再给学生展示了《道光皇帝午门大阅兵》一图。学生都知道故宫的午门是几字形的，该图准确地表现出来了，但城墙上的建筑却较为夸张，明显有较多的想象成分。据此我们可以判断，尽管阿洛姆没有来过中国，但一定有人给他提供了丰富的中国资料，他的画就是在这些素材的基础上添加自己的想象绘制出来的。因此，阿洛姆的画作在一定程度上也能够反映清代社会的真实面貌。

明白这个道理后，我给学生布置了最后一个学习任务——根据我所提供的4幅阿洛姆的画作来佐证教材中的观点。学案中的任务设计如学案片段6－1所示。

学案片段6－1

任务： 根据教材的表述和任务四的材料，完成下表的填写。

比较项	教材的表述	图片的佐证
经济危机		
社会危机		
军事危机		
政治危机		

这个活动是根据教材第14课《清朝前中期的鼎盛与危机》的内容要求进行的，设计的思路是使用图片来佐证教材的观点。《盛世滋生图》只呈现了清朝前中期鼎盛的一面，并不能反映其危机的一面，所以我选用了阿洛姆的画作来补充印证。在选择的时候，我们要紧密结合教材的表述，从经济危机、社会危机、军事危机和政治危机等四个方面选取。学案的表格采用左史右图的方式，促使学生同时运用抽象思维和形象思维来理解历史现象。

总之，以图证史的方法很多，但首要的一步就是确定图片的时空定位。如果时空定位是模糊不清的，那么执着于探究图片的细节就没有太大的意义了。

六、以图证史有赖于观察细节的能力

——《资本主义世界殖民体系的形成》教学反思①

教材图片呈现的主要是形象、直观的信息，大多数学生都能够看懂。但要通过图像来证明某个史实，则不能停留在明白图片的大概意思，必须仔细观察和理解图中的每一个细节。

《资本主义世界殖民体系的形成》一课提供了一幅英国的漫画图片“英国殖民者在非洲的野心”（见图 6－17）。图片说明为“这幅漫画反映了 19 世纪末 20 世纪初英国在南非的殖民头目罗得斯的侵略野心，即要建立从埃及开罗到南非开普敦的殖民帝国”。从图中我们可以看到一个殖民头目极其傲慢的身姿，他高举双手，左脚踩着埃及，右脚踩着南非，庞大的身影投射在整个非洲大陆上，其妄想独霸非洲的意图可谓一目了然。再结合教材正文“英国妄图建立一个北起开罗，南至开普敦，纵贯非洲大陆的庞大殖民地”的表述，这幅漫画的含义十分清楚，并不难理解。

图 6－17　英国殖民者在非洲的野心

当把漫画放大后认真观看时，我们会看到一个细节——殖民头目罗得斯的双手是挽着一根绳子的，绳子的一端落在埃及，另一端落在南非。于是，

① 本文曾发表于《历史教学》2022 年第 8 期，有改动。

我向学生提出一个问题："这条绳子是用来干什么的？"学生的反应首先是愕然（如果不是教师提示，几乎没有学生注意到绳子这个细节），接着是纷纷指出"这是傀儡""这是牵线木偶"。我问学生："殖民头子怎么会成了傀儡和牵线木偶呢？"学生也觉得这个解释不成立，转而提出是罗得斯用绳子来控制埃及和南非，但也觉得这样的解释过于牵强。

我没有马上给学生答案，而是给他们展示了一幅英国在世界各大洲建立起大量殖民地的地图，并提出问题："同学们观看这幅地图，思考一下，英国所建立起的这个殖民帝国与古代历史上的帝国有何不同？"学生很快得出结论，如英帝国的地域很大、殖民地的分布很散乱等。我接着问学生："古代帝国的交通和通信基本上是可以利用马匹来解决的，那么，英帝国的交通和通信可以通过马匹来解决吗？"学生们恍然大悟，明白了罗得斯手中的绳子应该是电报线或者电话线。

我要求学生翻开教材，重温第六单元的前言概述："随着新航路的开辟，西欧国家率先踏上了对外殖民扩张的道路。……19 世纪中后期，伴随第二次工业革命浪潮，资本主义开始向帝国主义过渡，……到 20 世纪初，资本主义列强已经奴役和控制了世界上绝大部分土地和人口，建立了资本主义世界殖民体系……"我给学生做了总结："从 15 世纪末开始，西欧国家就进行殖民扩张，经过了四五百年的时间，它们建立起世界殖民体系。而殖民体系的最终形成是与第二次工业革命密切相关的，因为两次工业革命的成果为西方列强殖民侵略提供了技术支持。非洲是世界第二大陆，英国殖民者为什么能够妄想奴役整个非洲呢？其中很重要的一个原因就是他们拥有技术上的优势。罗得斯不仅计划铺设纵贯埃及和南非的电报线，而且计划修建一条从开罗到开普敦的铁路。从这幅漫画中我们可以看到，殖民者的侵略野心和开发技术意图都昭然若揭。"

如果不琢磨细节，这幅漫画对于大多数学生而言无非就是证明了英国殖民者的贪婪和傲慢，但如果我们深入研究细节，就能够进一步证明英国殖民者是如何利用工业革命的技术成果来入侵非洲的。世界殖民体系的最终形成，离不开对工业革命技术成果的依赖。这幅漫画也就成为帮助学生深化对这个问题认识的重要素材。

那么，对这幅漫画的信息提炼就完成了吗？还没有。漫画作品蕴藏着画家许多主观的想法，因此通常比一般的图片包含更多的信息。我跟学生说，罗得斯这个傲慢的姿势是有典故的。我们知道古代世界有七大奇迹，分别为埃及胡夫金字塔、巴比伦空中花园、阿尔忒弥斯神庙、奥林匹亚宙斯巨像、亚历山大灯塔、摩索拉斯陵墓和罗得岛太阳神铜像。罗得岛太阳神铜像曾经矗立在希腊罗得岛上的罗得港港口，据传高度超过 30 米，是当时世界上最高的青铜像，但该铜像是七大奇迹中寿命最短的一个，建成半个世纪后就毁于地震，后人只能通过画笔来想象铜像的雄伟。我给学生展示了几幅罗得岛太阳神铜像的想象图，其共同的特点是右手高举火炬，双腿跨过海港两岸。罗得斯的全名是塞西尔·约翰·罗得斯（Cecil John Rhodes，1853—1902年），与罗得岛（Rhodes）是同名的，因此漫画家就把罗得斯描绘成罗得岛太阳神铜像的模样。这幅漫画出自1892年英国的一本漫画杂志《笨拙画报》①，漫画家无疑是把这名英国殖民非洲的急先锋视为英雄，把他包装为类似古希腊太阳神的形象。通过对这种常用的漫画手法的挖掘分析，学生进一步理解了教材中这幅图片的含义。

高中历史统编教材增加了大量亚非拉国家被殖民和奋勇抗争的内容。这些内容的相关史料较难收集，也有不少的知识冷点。除了教材的图片外，教材的地图也有不少值得深入研究的地方。例如，在“列强瓜分非洲”地图（图6－18）中就有一个知识冷点——瓜分面积最多的国家是法国，占领最优越地理位置的是英国，而瓜分面积排第三位的居然是一个弹丸小国比利时。

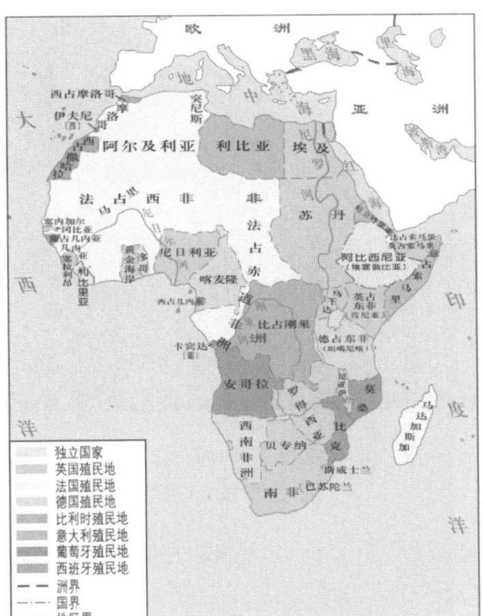

图6－18　列强瓜分非洲

---

① 希林顿. 非洲通史［M］. 赵俊，译. 北京：九州出版社，2021：367.

参与瓜分非洲的比利时元凶是国王利奥波德二世（1835 年 4 月 9 日—1909 年 12 月 17 日，1865 年 12 月 17 日—1909 年 12 月 17 日在位）。利奥波德二世野心勃勃，尽管知道比利时势单力薄，但仍然要在瓜分非洲的行动中分一杯羹。他对刚果的殖民掠夺造成了上千万刚果人死亡，让刚果人民如同生活在炼狱中。相关书籍可以参考美国历史学家亚当·霍赫希尔德撰写的《利奥波德国王的鬼魂——贪婪、恐惧、英雄主义与比利时的非洲殖民地》（社会科学文献出版社 2018 年版）。这本书很厚，我只作为推荐阅读书籍供学生参考。在教学中，我主要是展示了相关的邮票资源。

比利时在殖民刚果期间，也发行了不少邮票，图 6－19 为比属刚果 1886 年发行的利奥波德国王头像的邮票。

图 6－19　比属刚果 1886 年发行的利奥波德国王头像的邮票

1986 年，比利时发行了“纪念比属刚果邮票发行 100 周年”的邮票（图 6－20）。其实这对于比利时来说是一段无耻的历史，对刚果人民来说是一段灾难深重的历史。

图 6－20　比利时 1986 年发行纪念比属刚果邮票发行 100 周年

直到 1960 年，刚果才赢得了独立。这个题材的邮票资源很多，如下面的图 6－21。这个内容也可以放在第 21 课《世界殖民体系的瓦解与新兴国家的发展》中来讲授，并结合教材中的“非洲独立进程示意图（截至 1990 年）”来讲授。该地图中也有不少的知识冷点，如标明了各个国家独立的时间，刚果的时间就注明了“1960 年”。

图 6－21　刚果 1960 年发行的纪念独立的邮票

第七章 形象史学运用的教学反思[①]

形象史学是当前史学研究的热点内容之一，而形象思维的培养是中学历史教学的重要内容。2011 年，中国社会科学院历史研究所文化史研究室创办《形象史学研究》刊物，把形象史学定义为“把传世的包括出土（水）的具有研究价值的石刻、陶塑、壁画、雕砖、铜玉、织绣、漆器、木器、绘画等历史实物、文本图像以及文化史迹作为主要研究对象，并结合传统文献来综合考察历史的一种新的史学研究模式”。史学研究的进步，给中学历史教学提供了更加丰富的课程资源和思维方法。我认为形象思维与抽象思维并没有高低之分，但初中和高中对形象思维能力培养的要求肯定有所不同。在高中的课堂教学中，我习惯于运用大量的图片材料来提高学生学习的兴趣，发展学生的形象思维能力。

一、如何利用教材图片帮助学生形成历史表象?

——《两次鸦片战争》教学反思

历史表象是指历史事物的形象在人们头脑中再现的过程。历史事物已经逝去，学生都没有经历过，那凭什么来再现历史事物的形象呢？我想有三个关键点：一靠丰富的史料，尤其是图片音像史料；二靠正确的思维方法；三靠合理的想象力。

接受过史学训练的人，当提起某个历史时期的时候，头脑里都会涌现出某个概念术语或具体形象。如说到秦汉，有人第一反应是历史人物——秦皇汉武，有人第一反应是出土文物——秦始皇兵马俑，有人第一反应是一个词

① 本文曾发表于《历史教学》2022 年第 5 期，有改动。

组——秦汉雄风……这些都属于正确的历史表象，没有好坏高低之分，但有些是形象思维，有些是抽象思维。由于汉字是象形文字，所以中国人记形的能力会更强一些，也就是形象思维会更强一些。无论如何，在历史教学中，帮助学生形成某个历史时期中典型的历史表象非常重要。

本课学习结束后，学生头脑里会形成怎样的历史表象呢？有可能是林则徐的画像，有可能是虎门销烟的图片，有可能是签订《南京条约》的绘画，也有可能是破败的圆明园的照片。而教材提供的图片，最突出的一幅是"中国水师与英国海军在穿鼻洋面上激战的画面"，因为它是以彩图呈现的，而且出现了两次。先把教材的图片利用好，是我备课的一个原则。那么，如何使用这幅图片帮助学生形成历史表象呢？我设计了学案片段 7－1。

学案片段 7－1

一、从图片看两次鸦片战争

任务一：阅读教材，并回答下面的问题。

1. 阅读教材第 92 页"中国水师与英国海军在穿鼻洋面上激战的画面"图，你能够给它重新起一个名字吗？

示例：大门口的陌生人

回答：________________

2. 阅读教材第 92 页"中国水师与英国海军在穿鼻洋面上激战的画面""英军占领广州期间到乡下劫掠的情形"图，思考两者之间有何联系。

回答：________________。

我首先告诉学生，"中国水师与英国海军在穿鼻洋面上激战的画面"图在教材中出现过两次，要求他们找出来。紧接着问学生从图中看到了什么，根据看到的内容重新给图片起一个名字。学生回答非常踊跃，因为这个任务很简单，大家都觉得有话可说。但大多数学生关注的都是清军的帆船被炮弹击中火光冲天的景象，能够注意到图片右下角那艘不起眼的英国炮舰的学生并不多。

我告诉学生，这艘英国炮舰叫"复仇神号"，是英国发动鸦片战争的主力炮舰。我通过课件给学生展示了另外几幅"复仇神号"的图片，学生可以清楚地看到该炮舰是由蒸汽机的明轮驱动的。我简单地给学生回顾了工业革命的历程，强调蒸汽动力应用于航运可以追溯到 1807 年美国工程师富尔顿在美国纽约哈得逊河的试航，而"复仇神号"采用的是风帆和蒸汽混合动力，并且是铁壳而非木壳的战舰。这艘战舰是当时世界上最先进的战舰，尽管个头小，但吃水浅，尤其利于在沿海作战。"复仇神号"在 1839 年下水，随后绕过好望角，穿过马六甲海峡，一直驶到中国的珠江口，参与了侵略中国的鸦片战争。该图画描绘的是1841年1月7日，“复仇神号”发出炮弹，把清军一艘平底帆船炸翻的场景。

通过这番描述，我告诉学生我从图片中看到的两点：一是殖民侵略，英国的战舰不远万里跑到中国的家门口，展开暴力屠杀；二是工业文明，这艘不起眼的战舰确实代表了工业文明的成果。因此，我给这幅图片起名为“殖民侵略与工业文明的挑战”。

知道英国的战舰名为“复仇神号”，任务一的第二个问题就容易回答了。教材对“英军占领广州期间到乡下劫掠的情形”图所做的说明是“此图出自1845年伦敦出版的《复仇神号亲历记》”，这说明这群在广州乡下抢掠的英军士兵是来自“复仇神号”战舰的。由此可见，教材中的两幅图片都与“复仇神号”相关。

通过这个教学设计，我希望学生在日后说到鸦片战争时，头脑里涌现出来的就是“复仇神号”与清军水师在穿鼻洋面上激战的场面。这个历史表象蕴含着近代中国所面临的两个重要主题：一是反抗殖民侵略，二是走向工业文明。

在教学中我们要意识到，历史图片固然重要，但并不是形成历史表象的唯一资源，文字的重要性有时更为突出。传统的历史学家对文字的敏感度要高于图片，学生要表达自己对历史表象的认识也需要通过文字，而且当前历史教学的主要测量技术也是通过文字来实现的。因此，要求学生给图片重起一个名字不是可有可无的环节，而是形成正确历史表象的重要手段。

二、从历史人物的面相表情看时代的精神风貌

——《全球联系的初步建立与世界格局的演变》教学反思

司马迁评价孔子时写道：“余读孔氏书，想见其为人。”秦王（嬴政）读了韩非子的书，评价说：“嗟呼！寡人得见此人与之游，死不恨矣！”尽管司马迁和秦王都被某人的思想力所打动，但如果真的能够见其人，首先映入眼帘的还是其人的面相、表情和衣着打扮。

学史多年，我已经形成了一个执念——接触一个历史人物，首先想到的是此人是否留下肖像画？哪怕是后人胡乱绘制的，也总比没有强。我们所学的历史是指人类的历史，根据全息学的原理，我相信，任何一个人的面相和表情都在一定程度上反映了一个时代的精神风貌。

过去的历史教材偏重政治史，人物肖像自然是政治人物尤其是帝王的画像居多。就中国古代史而言，其实唐以前的帝王图像多不可信，宋以后的相

对靠谱。明朝诸帝的图像有两个遗憾：一是明太祖朱元璋的图像多且混乱，搞不清楚哪个是真的；二是惠文帝朱允炆和弘光皇帝朱由崧的画像没有传世，前者估计是被其叔父朱棣清除得干干净净，后者估计是被清军焚毁得灰飞烟灭。清朝诸帝的图像既有遗憾也有意外，遗憾的是尽管照相术已经发明，但道光、咸丰、同治甚至光绪都没有留下清晰的照片；意外的是末代皇帝溥仪倒是留下了大量的照片，这是中国历史上唯一留下大量清晰照片的皇帝。

当教材内容逐渐转向社会生活史，我们也得以更多地关注普通人的相貌形象。相对而言，普通人的画像由于没有被刻意地加工伪造，有时比帝王将相的图像更能反映出时代的风貌。

本节课中有两个概念都十分抽象。一是商业革命，二是价格革命。教材写道："商业贸易的大扩张使商品种类与流通量成倍增长，股份公司与证券交易所纷纷出现，欧洲的商业格局发生了重大变化。贸易中心逐渐从地中海转移到大西洋沿岸，英国、法国、荷兰等新的商业强国崛起。大量贵金属源源不断流入欧洲，导致货币贬值、物价上涨、投机活跃。"教材的表述非常精练准确，但我更希望有图像的支撑，帮助学生在脑海中形成相应的历史画面。我在想，搅动商业革命和价格革命的，或者被商业革命和价格革命搅动的是群什么样的人？他们有着怎样的相貌和神态？

讲述商业革命，我选择了安东尼·凡·戴克（1599—1641）绘制的《安特卫普商人》。凡·戴克出身于安特卫普的富裕家庭，后来前往英国成为查理一世的宫廷画师，今天我们所熟知的许多查理一世的画像都出自他的画笔。《安特卫普商人》并非凡·戴克的代表作，但在我眼里却是一幅神作。画中的人物名叫科内利斯·范·德·吉斯特，是安特卫普香料商人。17世纪，荷兰几乎垄断了欧洲的香料贸易市场，安特卫普成为世界香料之都。从这位富甲一方的香料商人的面相神态，我们可以看出商业革命时代西欧人的精神风貌。我跟学生说："大家注意观察他的眼神和表情，可以看出商人的精明理性的态度、精于算计的神情。他的鼻子，就是整天嗅着丁香、胡椒等香料的鼻子。你甚至可以想象到他的身体就透着一股丁香和胡椒的味道。"学生的反应是各种略带起哄的惊呼："哇，这也能看出来？……怎样看出来的？"还有学生说："安特卫普不是荷兰的，是比利时的。"学生反应之大超出我的预料。我说，安特卫普今天是属于比利时的，当时是属于荷兰的。至于我怎样看出来？一靠人生经验，二靠对比。你只需看看欧洲中古时期的各种人物画像，那种呆滞的目光、僵硬的表情、拘束的体态，这在《安特卫普商人》一图中是完全被颠覆过来了（见图7-1）。

图 7－1　安特卫普商人

讲述价格革命，我选择了《银钱兑换商夫妇》。该图有多个版本，最早的版本是尼德兰安特卫普杰出的画家昆丁·马西斯创作于 1514 年的作品（见图 7－2），而一些教材提供的是该图的变体画（见图 7－3），其作者估计是另一位尼德兰画家马林努斯·凡·罗梅斯瓦莱。

图 7－2　昆丁·马西斯所作的《银钱兑换商夫妇》

图 7－3　马林努斯·凡·罗梅斯瓦莱所作的《银钱兑换商夫妇》

所谓变体画，是指画家对同一画题，用不同的构图、表现方式加以处理的作品，除最先或最主要的一幅外，其余的都可称作变体画。在印刷术不发达的时代，变体画的大量涌现是十分自然的事情。一幅画越成功，就越多人想拥有，为满足市场需求，许多画家争相模仿创作。例如，中国明清两代出现了不计其数的《清明上河图》，其实都是宋代张择端《清明上河图》的变体画。

在教学中，我同时展示这两幅图片，问学生哪幅是原创画，哪幅是变体画。学生兴致很高，议论纷纷，大多数学生认为图 7－3 是原创的，因为人物更多，细节更丰富。我跟学生说，从图 7－3 中我们可以看到三个人，其实在图 7－2 中我们也能看到三个人。图 7－2 的桌面上有一面镜子，镜子折射出站在窗边的、请求兑换钱币的客人的焦虑神情。因此说到细节，图 7－2 的细节更加精细。

从原画的内容来看，画中的银钱兑换商正在专注地用戥子称金银，旁边的妻子在翻阅着一本画着圣母子图像的经书。她的双手正忙于给经书做标记，生怕忘记了读过的书页，眼睛却在斜视着丈夫的活动，完全被当前的买卖所吸引。她的眼神充满着迷茫，因为这桩世俗的买卖与她传统的宗教信仰似乎格格不入。这正是当时资产者内心活动的一个写照：资本主义的商业精神与传统的宗教情感之间的矛盾。这种矛盾是新航路开辟后，美洲的金银大量流入欧洲引起“价格革命”的结果。在这场“价格革命”中，货币兑换商活跃的投机行为给他们带来了丰厚的利润，这与他们传统的宗教情感并不相符，最终宗教虔诚也抵不过世俗金钱的诱惑。这幅画就是当时人们内心矛盾的真实反映。

我们可以从文学作品、音乐作品、建筑作品中了解一个时代的风貌，但人物肖像似乎包含了更丰富的时代信息。一个人的面相最能反映一个时代的精神面貌，一个人的眼神最能反映一个时代的精神内核。鲁迅先生说过：“要极省俭的画出一个人的特点，最好是画他的眼睛。我以为这话是极对的，倘若画了全副的头发，即使细得逼真，也毫无意思。”① 学会察言观色，从历史人物的面相表情中发现时代的密码，这也是一项历史学习技能。本节课我从人物图像分析来试述商业革命和价格革命，学生的反应先是错愕惊呼，后是沉默不语。我估计学生先是觉得离奇，接下来是觉得难以反驳。但无论如何，能够激发起学生思考的热情，我觉得教学的目的就已经达到了。

三、给马基雅维利看相

——“从历史人物的面相表情看时代的精神风貌”再反思

尼科洛·马基雅维利（1469 年 5 月 3 日—1527 年 6 月 21 日）是意大利

① 鲁迅．我怎么做起小说来［M］//鲁迅全集：第四卷．北京：人民文学出版社，2005：527.

政治思想家和历史学家。他的代表作《君主论》论述了君主所应具备的条件和能力，提出了为达成目标可以不择手段的政治权术理论，成为近代政治思想的主要奠基人之一。他因《君主论》而被评论家指责为“与魔鬼勾结”，他的思想被概括为马基雅维利主义。

我们其实并不清楚马基雅维利的真实相貌是怎样的，现在流传下来的多幅画像都是在其死后多年画家们才画出来的。今天，大多数教材和百科全书都会选用意大利画家塞迪·第·提托（1536—1603）所绘制的马基雅维利肖像。1969 年，意大利发行纪念马基雅维利诞辰 500 周年的邮票也是采用了这幅图像。其实，提托是在马基雅维利死后 9 年才出生的，马基雅维利到底长什么模样，他并没有见过。当他画这幅画时，马基雅维利起码已经去世二三十年了。但为什么在多幅马基雅维利的画像中，人们偏爱这一幅呢？很重要的一个原因是——尽管这幅肖像不一定符合马基雅维利的真实面容，但却非常符合“马基雅维利主义”的真实面相。

图 7－4　马基雅维利像

英国 DK 出版社编著的《DK 传记：伟大的哲学家》称“人们认为，画家夸大了马基雅维利的面部特征，让他显得更加狡诈”①。意思是画家以马基雅维利学说的内容来描绘马基雅维利的肖像。法国哲学家米歇尔·翁弗雷在《亚里士多德的鳄鱼：画中有部哲学史》一书中更是做了详细的描述：“人物的目光狡黠而凶猛，像蛇一样露出微笑，嘴唇被隐去，干瘪的脸上只

① DK 出版社. DK 传记：伟大的哲学家［M］. 魏雨晴，刘凤怡，译. 上海：上海文化出版社，2022：104.

见骨头与软骨，没有肉与脂肪。他像一种爬行动物，同时又结合了狐狸的狡黠与狮子的力量，前者善于钻营，后者善于杀戮；他剃完胡须，头发茂盛，身着如血般红的、如夜般黑的衣服，长着蜥蜴般的小耳朵，将右手放在书上，左手握拳，像是为实现书中的戒律而时刻准备着。画中的一切看起来都趋向同一个目标：马基雅维利主义才是画家作画的对象……”① 这是一个非常有意思的事情，说明画家是依据作者的学说来想象该作者应该长成什么样子的。换句话说，是为作者的思想画像，而不是单纯地为作者画像。塞迪·第·提托画的是马基雅维利的思想——马基雅维利主义，而不是马基雅维利本人。

画作不能真实反映人物相貌的现象十分常见。宋代以前，中国的历代帝王图多不靠谱，与其说是帝王的真实面相，倒不如说是画家心目中帝王应有的面相。古典世界的政治人物多以威严庄重的形象出现，近代以来画家似乎又走向了另外一个极端——努力突出政治家的阴暗面。马基雅维利宣称君主“有时卑鄙比慷慨更好，残酷比仁慈更有效，背信弃义比诚实更有益”②，而画家笔下的马基雅维利也显得獐头鼠目、阴险狡诈。从教学实践看，我们运用塞迪·第·提托的作品时，可以多从马基雅维利主义的内容去分析，而不是从马基雅维利真实面相的角度去分析。塞迪·第·提托的作品，与其说是马基雅维利的真实面相，还不如说是那个时代政治人物的真实面相。

四、抽象概念和抽象命题的形象化理解

——《资本主义世界殖民体系的形成》教学反思

一般认为，抽象思维和形象思维是对立的思维方式，或者认为抽象思维是比形象思维更高层次的思维方式。就我的经验和认识而言，这两者本非对立，亦无高低之分。每当看到历史书中的抽象概念和抽象命题，头脑里涌现出来的都是十分具体的历史事物形象。如看到“自给自足的自然经济”，想到的是牛郎织女的形象；看到“完成了经济重心的南移”，想到的是“三秋桂子，十里荷花”的西湖美景；看到“明清君主专制的加强”，想到的是在阴森恐怖的宫殿里，脸色阴沉、神情紧张的皇帝独自发号施令；看到“中国近代民族工业的兴起”，想到的是 1894 年 7 月 3 日顶戴花翎装束张之洞在山

① 翁弗雷．亚里士多德的鳄鱼：画中有部哲学史［M］．邬亚男，译．北京：北京联合出版公司，2022：96.

② DK 出版社．DK 传记：伟大的哲学家［M］．魏雨晴，刘凤怡，译．上海：上海文化出版社，2022：105.

坡上眺望他所创办的汉阳铁厂的情景。

2005 年台湾大学学科能力测验有这样一道题目：

> 中国古代帝王的典型形象是："一手捧着儒家经典，宣示教化；一手高举法家利剑，厉行专制。"这种帝王的典型是从哪一个朝代开始的？
> A. 秦代　　B. 汉代
> C. 唐代　　D. 宋代

题目考查的就是中国古代"外儒内法"的政治统治方针，即表面上推崇儒家思想，但实际操作上却奉行法家的思想。"外儒内法"本是一个抽象的概念，而题目通过形象化的描述把它表达出来了。

本课的教学，无论是"资本主义"还是"殖民体系"，都是抽象概念。而"资本主义世界殖民体系的形成"更是一个抽象命题。如何帮助学生运用形象思维来把握这些抽象的事物，是我首先考虑的问题。

本课所在单元的导言已经明确指出，资本主义世界殖民体系的形成是一个漫长的过程——始于新航路的开辟，形成于 20 世纪初。在这 500 年的时间里，殖民侵略的方式方法并非一成不变。在经历了工业革命、第二次工业革命后，殖民扩张的手段已经与工业革命前大不相同。如何认识这个变化？设计的主要思路是依靠教材的资源做形象化的引导。

首先要求学生完成下面学案的任务，建立起准确的时空概念（见学案片段 7－2）。

学案片段 7－2

任务一：阅读教材第 68 页并完成下面的填空。

1. 世界殖民体系最终完成的时间：________________。
2. 世界殖民体系覆盖的范围包括：________________。
3. 世界殖民体系的主要建立者是：________________。
4. 世界殖民体系的本质是：________________。

接下来展示《火枪与账簿》① 的书影进行引导性的讲述：

师：新航路开辟后，世界进入了经济全球化的时代，同时西欧列强也开

① 李伯重. 火枪与账簿：早期经济全球化时代的中国与东亚世界［M］. 北京：生活·读书·新知三联书店，2017.

始走上了殖民扩张的道路。早期经济全球化和殖民扩张的特点是什么呢？李伯重教授做了一个形象化的比喻——“火枪与账簿”。火枪意味着新型暴力，账簿意味着商业利益，两者结合在一起，意味着早期殖民者追求商业利益是依靠暴力来进行的。那么到了19世纪，在工业革命完成后，西方殖民者的侵略扩张又呈现出什么特点呢？请同学们快速阅读本单元的两课内容，按照“火枪与账簿”的思维方式，找出两个表现19世纪西方殖民扩张特征的关键词。

生：……（学生阅读教材约3分钟，没有学生有反应。）

师：同学们翻开教材第79页，看一下漫画《“大棒政策”》和教材正文，你认为美国殖民扩张的特点是什么？

生：“金元外交”和“大棒政策”。

师：按照“火枪与账簿”的模式，能否精练一些？

生：金元与大棒。

师：对了。火枪与大棒都意味着武力。账簿与金元是同一回事吗？

生：……（学生没有反应。）

师：金元意味着资本输出，已经有别于资源掠夺和商品输出了。这说明抢夺经济利益的方式已经发生了变化。同学们再看看我们上学期在教材里看的一幅图，从中你还可以提炼出19世纪殖民侵略的什么特征？（通过课件展示《中外历史纲要（上）》第92页“中国水师与英国海军在穿鼻洋面上的激战的画面”图。）

生：火炮与帆船……坚船与利炮……帆船与汽船……

师：英国人的舰船为什么跑到中国的海面上来？

生：为了贸易……贩卖鸦片……

师：……我们可以提炼出两点：利炮与毒品。（经过引导讨论，总结出两个关键词。）从“火枪与账簿”，到“利炮与毒品”，再到“大棒与金元”，西方列强通过武力、暴力实行殖民扩张的方式并没有改变，只是经过工业革命后，武器是越来越先进了。而经济侵略的手段则是五花八门，从资源掠夺，到走私毒品，到商品倾销，到资本输出，真是无所不用其极。

“殖民扩张”是一个抽象概念，“殖民扩张方式的变化”是一个抽象命题。我想通过教材本身的资源，帮助学生对上述概念和命题做出形象化的理解。从手持火枪、夹带账簿的荷兰殖民者的形象，到开着蒸汽帆船、强行贩卖鸦片的英国殖民者形象，再到开着战列舰、把垄断资本洒向全球的美国殖民者形象，帮助学生理解殖民侵略从兴起到资本主义殖民体系最终形成的粗略过程。总之，抽象思维和形象思维并无高下之分，帮助学生理解抽象的论述，不妨借助形象的事物。

第八章 中学历史概念教学的实践反思

概念是思维的基本形式之一，学科概念是学科研究的基石。要学习好历史，离不开对大量历史概念的准确理解和运用。四十多年来，中学历史概念教学经历过从重视到淡化、从淡化到再重视的过程。当前的课程改革，明确提出了“大概念”“核心概念”等术语，引发了一线教师的教研热情。我在教学实践中也不断地思考概念教学的要旨和方法，并希望找到一些教师们容易操作的技巧，在遵循课程标准要求的基础上，扎实有效地提高概念教学的效果。

一、历史大概念的确定方法与教学方法

——《三国两晋南北朝的政权更迭与民族交融》教学反思①

自《普通高中历史课程标准（2017 年版 2020 年修订）》提出“大概念”这个术语后，中学掀起了一阵研究“大概念”的热潮，相关的课题和论文如同井喷，大量涌现。许多教师都有一种迫切的心理，希望通过把握这一新的教学概念或原理，找到一条有效实施新课程理念的渠道。

就“大概念”这个问题，我阅读了一些论文，也跟不少的教师进行过交流。在这个过程中，有两个感觉尤为强烈：一是这个术语给一线教师带来的困扰远大于帮助；二是对这个术语的论述，理论层面的思辨远多于实践层面的例证。这两个感觉其实可以归结为同一个问题——“大概念”到底想解决教学实践中的什么问题？我们提出一个术语、一种方法、一套理论，必定是为了解决问题，而不是把问题复杂化。

---

① 本文曾发表于《历史教学》2023 年第 5 期，有改动。

由于《普通高中历史课程标准（2017 年版 2020 年修订）》并没有给“大概念”下定义，所以教研界争论得非常热烈。有学者认为，“大概念”的提出是为了解决学生知识学习中的三个问题——“散”“低”“浅”。[①] 这个观点我非常赞同。就历史教学而言，“散”意味着学生难以整合杂乱的知识点；“低”意味着学生难以从更开阔的视野和更高的层次去理解知识点；“浅”意味着学生对知识的掌握停留在符号化、表面化、形式化的层面，难以结合真实的情境去理解知识是如何发生的以及知识所蕴含的真正价值。

我研究中学历史教学的思路一直是以归纳法为主，演绎法为辅。即首先收集典型课例，归纳总结其主要特征，再结合相关理论阐述加以印证。我习惯通过课例去验证理论，而不是根据理论到实践中去寻找课例。我反思我所设计过的课例，发现有不少都是跟“大概念”理论相近或相符的。

例如，结合高一《三国两晋南北朝的政权更迭与民族交融》一课，我做了以下的实践和思考。这课书很典型地体现了学习中常见的三个问题——给学生的感觉首先是知识杂乱繁多，那就是“散”；其次是线索多样，政治动荡、民族冲突、人口迁徙、文化繁荣等，不清楚哪些线索才是主要的，那就是“低”；最后是这四百年的历史负面的史实似乎远多于正面的史实，那就是“浅”。

那有没有好的教学思路把这三个问题都解决了呢？我在教学中找到了两个整合教材知识的主题——“中央集权制度的瓦解和重建”和“三国两晋南北朝留下的历史遗产”。

第一个主题“中央集权制度的瓦解和重建”是对政治史的总结提炼。历史上把“秦皇”和“汉武”并称始见于刘勰的《文心雕龙》，主要原因是他们建立和巩固了中央集权制度。“中央集权制度”是一个抽象概念，在现实中并不存在这样的一种制度。在实际运作中，中央集权制度是由三个具体的制度支撑起来的——皇帝制度、官僚制度和郡县制度。从整个中国古代历史发展进程来看，秦汉属于中央集权制度的初创期，制度不完备的地方非常多，各种漏洞在两汉期间纷纷爆发，在三国两晋南北朝期间中央集权制度更是遭遇重创。然而，589 年，隋文帝再次统一了中国，重建了中央集权制度。这一事件的发生不是偶然的，这说明在三国两晋南北朝时期支持国家统一、致力于重建中央集权制度的力量是一直存在的。为完成这个主题的教学，我设计了四个专题来引导学生思考：一是“西汉以来，皇权制度受到哪些挑战?”；二是“西汉以来，官僚制度受到哪些挑战?”；三是“西汉以来，郡

① 李松林. 以大概念为核心的整合性教学［J］. 课程·教材·教法，2020（10）：56－61.

县制度受到哪些挑战?”；四是“东汉末年后，中央集权制度又受到哪些力量的支持?”。相关材料和答案全部来自教材。

第二个主题“三国两晋南北朝留下的历史遗产”是对经济史、文化史和民族史的总结提炼，目标是让学生理解该历史时期积极进步的方面，对这段历史有正面的认识。为完成这个主题的教学，我设计了三个专题来引导学生思考：一是“经济重心开始南移”，二是“南北文化和中外文化的整合”，三是“民族融合的加强”。

这两个主题的确立是否在一定程度上解决了本课知识点“散”“低”“浅”的问题呢?答案是见仁见智的，但我确实很努力地沿着这个方向去做了。现在要讨论的问题是——这两个主题是否属于“大概念”?

《普通高中历史课程标准（2017 年版 2020 年修订)》并没有给“大概念”下定义,《义务教育历史课程标准（2022 年版)》对“大概念”的定义是把“概念”和“观念”并称：“大概念是指那些能够将分散的知识、技能、观念等联结成为整体，并且赋予它们意义的概念、观念。”在逻辑学中，对“概念”的定义是明确的，如“概念是某种精神性的、抽象的东西，是看到、听到一定的词项后人们在思维中所理解的东西，本身看不见、摸不着，但却能够被看到、听到该词项的所有人所共同理解”①。根据这个定义，概念起码有两个特征：第一，概念是词项。词项是逻辑学中的术语，指最小的能够独立运用的意义单位。“中央集权制度的瓦解和重建”这句表述从语言学的角度分析，起码包括五个词项——“中央”“集权”“制度”“瓦解”“重建”。从历史学的角度分析，“中央集权制度”可以看作是一个概念，那么这句表述就包括了三个词项。第二，概念是约定俗成的共同理解。对于“中央集权制度的瓦解和重建”这句表述，我和我的学生能够取得共识，但其他教师和学生会理解吗?高考命题的人会认同吗?那就不一定了。如果一个概念只有某个教师和他的学生能够取得共识，其他班的教师和学生却理解不了或者很难理解到位的，那么，这个概念就没有太大的意义。因此，我在本课中所设立的两个主题都不能称之为概念。它或许能够满足概念的第一个条件——若干概念的组合是为大概念，但却无法满足概念的第二个条件——所有人都达成共识。

“大概念”本是一个舶来词，既可翻译为“大概念”（big concepts)，也可以翻译为“大观念”（big ideas)。引进这个术语，有其实际意义。《普通高中课程方案（2017 年版 2020 年修订)》的表述是“进一步精选学科内容，以大概念为核心，使课程内容结构化”，这与《义务教育历史课程标准

① 陈波. 逻辑学十五讲［M］. 北京：北京大学出版社，2016：61.

（2022 年版）》“运用大概念对教学内容进行整合”的表述基本一致。因此，我觉得不宜把这个术语神秘化、复杂化，其功能无非就是整合教学内容，使之能够结构化。任何教师在不违背课程标准要求的基础上从新的角度和观念去解读教材都是值得鼓励的，我们可以称之为用新的“观念”去整合教材内容，却不宜理解为逻辑学中的“概念”。不同的人，对观念的理解可以有创见、有偏差、有争论，而对概念的理解却需要明确和统一。另外，“大”与“小”是相对而言的，无法准确描述其边界，在某些人眼里是大，在另外一些人眼里可能就是小。对于写《中国政治史》的学者来说，“辛亥革命”是个小概念，对于写《辛亥革命史》的学者来说，“辛亥革命”就是个大概念。因此，我在本课中的两个主题可以称为“观念”或者“思路”，不宜称为“大概念”。

2022 年，商务印书馆出版了全国科学技术名词审订委员会公布的《中国古代史名词》。这是我要求研究生阅读的必备书籍。白春礼在序言中写道：“科技名词规范工作是一项基础性工作。我们知道，一个学科的概念体系是由若干个科技名词搭建起来的，所有学科概念体系整合起来，就构成了人类完整的科学知识架构。如果说概念体系构成了一个学科的‘大厦’，那么科技名词就是其中的‘砖瓦’。科技名词审定和公布，就是为了生产出标准、优质的‘砖瓦’。”由此可见，学科概念是学科研究的基础，概念出了问题，该学科的研究也必定会出现诸多问题。概念是通过文字来表述的，要准确地理解概念，首先就要准确地理解和运用文字。白春礼还论述道：“科技名词的审定就是依照一定的程序、原则、方法对科技名词进行规范化、标准化，在厘清概念的基础上恰当定名。其中，对概念的把握和厘清至关重要，因为如果概念不清晰、名称不规范，势必会影响科学研究工作的顺利开展，甚至会影响对事物的认知和决策。”①

历史之所以能够成为一门学科，大量精确严谨的概念术语是其基础。这些概念术语的重要程度足以需要国家成立专门的审定委员会来确定。中学教师整合教材，可以提出新的观念和思路，但不可能创造出新的概念。那么课程标准中所说的“大概念”又该如何理解呢？我认为“大概念”如果存在的话，那它只能出现在课程标准和教材里面，而不是由每个教师去发明创造。如《普通高中历史课程标准（2017 年版 2020 年修订）》中所提到的“中华文明”“早期国家”“中华民族”“大一统”“基层治理”“社会变迁”“文化认同”“信息革命”等，由于都囊括了较多的历史概念和史实，可以

---

① 中国古代史名词审定委员会．中国古代史名词（2022）［M］．北京：商务印书馆，2022：白春礼序 i．

称之为“大概念”。这种情况，相当于逻辑学中所说的“普遍概念”。概念分为“普遍概念”“单独概念”和“空概念”三种。概念外延包含的分子多于一个，称为普遍概念，如“国家”。概念外延只包含一个分子，称为单独概念，如“中国”“鲁迅”。概念外延不包含分子，称为空概念，如“永动机”。① 因此，在处理《普通高中历史课程标准（2017 年版 2020 年修订）》和教材中的概念时，务必区分清楚是属于哪种概念类型。

总之，我对历史教学中“大概念”的确定方法和教学方法有以下三个观点。

第一，历史概念是科学严谨的，不可能由普通教师去独创出来。历史教学中的“大概念”只会出现在《普通高中历史课程标准（2017 年版 2020 年修订）》和教材中。“大概念”这个术语在《普通高中历史课程标准（2017 年版 2020 年修订）》中出现的地方是在“关于学科课程标准”：“进一步精选了学科内容，重视以学科大概念为核心，使课程内容结构化”。这说明“大概念”主要是运用在《普通高中历史课程标准（2017 年版 2020 年修订）》的编写中，并非要求教师创造出新的概念。

第二，为了解决历史教学中的“散”“低”“浅”问题，过去一直使用的“专题教学”“主题教学”依然有效，但不宜把专题和主题的名称称之为“大概念”。专题和主题的表述通常是一个判断式的句子，称之为“大观念”更合适。

第三，“大概念”的教学方法和“专题”“主题”的教学方法有一致性。根据《义务教育历史课程标准（2022 年版）》的表述，其教学目标无非就是“将分散的知识、技能、观念等联结成为整体”。如果整合知识的是一个词项，我们就称之为“大概念”，如“中华文明”；如果是一个没有价值判断的句子，我们就称之为“专题”，如“早期国家的特征”；如果是一个有价值判断的句子，我们就称之为“主题”，如“中华文明的多元性与统一性”。②

二、如何提炼历史时代特征？

——《三国两晋南北朝的政权更迭与民族交融》教学再反思

课间，一名学生拿着一本试题集来问我一道题目（见例 8－1）。

① 中国人民大学哲学院逻辑学教研室．逻辑学［M］．北京：中国人民大学出版社，2008：11－12.

② 关于专题教学与主题教学的异同，可参见：黄牧航，张庆海．中学历史学科核心素养的教学与评价［M］．北京：人民教育出版社，2020：152－161.

例8－1　中华文化悠远浩博，从孕育产生到恢宏壮大，经历了漫长而曲折的发展历程。不同时期的文化存在不同的特征，下列项对明清文化概括最为妥帖的是

A. 集成与转型　　　　B. 奠基与经典

C. 曲折与革新　　　　D. 经世与玄思

题目给出的答案是A，而这名学生选择的是D，因为她头脑里的第一反应是明末清初思想家提出的“经世致用”思想。

这件事情引起我的反思。我记得这道题目的源头应该是我在2017年原创的一道题目（见例8－2）。

例8－2　对秦汉魏晋南北朝这一历史阶段的政治文明、物质文明和精神文明的特征，提炼概括得较为准确的是

A. 倾覆与再建、辉煌与成熟、经世与玄思

B. 波峰与波谷、恢宏与古朴、鼎盛与革新

C. 创新与再造、传承与新变、集成与转型

D. 波峰与波谷、恢宏与古朴、经世与玄思

这道题目的答案是D项。题目来源于北京大学出版社2009年出版的“中华文明史普及读本”丛书。这套丛书总共12本，把中华文明划分为先秦、秦汉魏晋南北朝、隋唐至明中叶、明中叶至辛亥革命等四个阶段，每个阶段又从政治文明、物质文明和精神文明等三个方面加以总结提炼（见表8－1）。

表8－1　中华文明时代特征表

阶段	政治文明	物质文明	精神文明
先秦	从“协和万邦”到“海内一统”	黄土与青铜	奠基与经典
秦汉魏晋南北朝	波峰与波谷	恢宏与古朴	经世与玄思
隋唐至明中叶	创新与再造	辉煌与成熟	鼎盛与革新
明中叶至辛亥革命	倾覆与再建	传承与新变	集成与转型

我当年命制这道题目的时候，预设学生的解题思路还是需要运用排除法。因为教材并没有使用这些词组来总结各个阶段的时代特征，学生先得琢

磨这些词组跟已学的知识点是否吻合，把明显不吻合的排除掉，剩下的最后一个选项再确认一下是否成立。这次学生的提问让我意识到，学生对“经世”的理解与这套书的表述明显是不一致的。

从学生的认知来看，“经世致用”是一个专有术语，是指学问必须有益于国事。“经世”可以理解为“治理世事”。我特地翻阅了章启群编著的《经世与玄思——秦汉魏晋南北朝的精神文明》一书，发现书中并没有解释何为“经世”，但从书中的论述可以理解编著者的意思是“儒家经学从此成为汉朝的官方学术”①。如果更加详细地表述就是：“《春秋》三传之争和今文古文之争，贯穿两汉儒学发展和政治演进始终。东汉初年，以《公羊》学重新获得独尊地位为标志，儒家内部关于拨乱反正之道的探索与争论宣告结束。从此，董仲舒‘以德化民’的学说和主张，在先秦儒学的基础上积淀下来，为其后儒学和政治的进一步发展提供了新的理论基础，继续影响着以儒家思想为中心的文化整合进程。”② 书中所说的“经世”完全不同于中学生所认知的明清“经世致用”思想。

“中华文明史普及读本”丛书已经是一套由知名学者编著的、比较权威的历史丛书，但它对历史阶段特征的总结提炼也只是一家之言，并没有成为共识和定论，如果不加以分析就直接搬到中学教学中，也有可能造成思想上的混乱。例如，在例 8 - 1 中，我就必须告诉学生此“经世”非彼“经世”，含义完全不同。

在我的教学经历中，这种使用教材以外的术语来描述时代特征而导致学生一头雾水的情况还真不少。例如，我曾经利用中华书局出版的“中华历史通览”丛书（2001 年版）来进行教学设计，结果遭遇不少尴尬。这套书把中国古代史分为 12 个阶段，分别编写了 12 本书：《上古秦代卷 · 文明曙光》《汉代卷 · 华夏方兴》《魏晋卷 · 治乱嬗替》《南北朝卷 · 南北分治》《隋代卷 · 大河滚滚》《唐代卷 · 流金岁月》《五代十国卷 · 乱世风云》《宋代卷 · 两京梦华》《辽夏金卷 · 塞北三朝》《元代卷 · 大漠烟尘》《明代卷 · 枯荣之间》《清代卷 · 冷月清风》。我曾信心满满地跟香港的中学生讲“文明曙光”，但他们从来没有接触过这个提法，一脸茫然地问我：“曙光不是很短暂的吗？怎么会持续这么长时间？”我也曾认为内地的中学生很容易理解“大河滚滚”就是指隋朝大运河的开凿，但他们的第一反应是“黄河在翻滚”，

① 章启群. 经世与玄思：秦汉魏晋南北朝的精神文明［M］. 北京：北京大学出版社，2009：13.

② 章启群. 经世与玄思：秦汉魏晋南北朝的精神文明［M］. 北京：北京大学出版社，2009：20.

要么是指中华文明的起源，要么是指抗日战争。

我在教学中使用这些术语向来是比较慎重的，力求做到有学术文本的依据，避免由我自己去发明创造一些新提法，而实际的教学效果并不尽如人意，引起了不少的误解和质疑。由此我想到，中学教师在帮助学生理解历史阶段特征时，对所运用的术语概念应该慎之又慎，尽量不要把自己的理解强加给学生，更加不能自己生造一些术语概念出来。与其他学科不同，历史学并没有自己完整的学科术语体系，其语言文字都是来源于文学、政治学、经济学、社会学等诸多领域。使用概念或者术语来描述一个历史阶段的特征时，要么有明确的时空定位，如"秦汉雄风""盛唐气象"，要么是约定俗成的历史典故，如我们用"荆棘铜驼"来形容西晋，用"两京梦华"来形容两宋。一些太新的提法，我们可以用于学术著作，却不一定适用于基础教育。

那么，我们究竟应该如何总结提炼历史的阶段特征呢？我认为要注意以下六个方面。

第一，尽量使用教材的提法。例如，高一《中外历史纲要（上）》第4课的题目为《西汉与东汉——统一多民族封建国家的巩固》，这说明西汉与东汉的时代特征就是"统一多民族封建国家的巩固"。课文中讲到"两汉的文化"，我们就应该使用"学习聚焦"的表述来概括两汉的文化特征："两汉人民创造了灿烂的文化，成就斐然。"

第二，归纳总结历史现象的共性。例如，教材介绍两汉史学成就时，指出《史记》"首创了纪传体通史体裁"，《汉书》"是我国第一部纪传体断代史"。这里的"首创"和"第一"都说明了两汉的史学具有"创新性"或者"开拓性"。

第三，对比分析历史现象的差异性。例如，教材介绍两汉文学成就时，既指出汉赋具有"讲究铺陈排比，辞藻华丽"的特点；又指出乐府诗源自"国家专管音乐的机构"乐府，能够反映"社会的真实情况"；还指出民间的五言诗的风格与汉赋不同，"语言朴实、生动，传播广泛"。这都说明了两汉文学的特点是"形式多样，与音乐结合紧密，文人文学和民间文学兴盛"。

第四，探索梳理历史现象的内在规律。例如，教材在介绍两汉的科技成就时，提到东汉蔡伦改进造纸术，而《九章算术》的理论性并不强，里面都是一个个以社会生活实践为情境的案例，这似乎说明了汉代科技具有很强的实践性。但教材又指出《黄帝内经》"奠定了中医理论的基础"，这说明中医是中国历史上少有的理论与实践紧密结合的学科。综合起来看，可见"汉代的科技成就突出，理论性与实践性并重"。

第五，不求强调使用一两个概念或者词组来表达。教师在设计板书和表格的时候，为求精简，经常使用一两个概念或词组来概括历史阶段特征。这种情况是情有可原的，但要注意这往往又是以偏概全的。例如，教材关于两汉文化成就的表述，我们可以精简为“文化灿烂，成就斐然”。但我们要认识到，这8个字也并非汉代文化所专有，一个时代的特征很难使用有限的几个字眼来描述，使用句子来表述会更加全面精确。例如，教材从史学、文学和科技等三个方面介绍两汉文化的成就，但要总结其特征，就很难使用几个词组来概括，我对学生的要求是使用不超过20个字的精练句子（见学案片段8－1）。

学案片段8－1

任务：阅读教材第24页“两汉的文化”，分别总结两汉史学、文学和科技的特点。（要求：每个特点不超过20个字。）

史学：____________________

文学：____________________

科技：____________________

第六，完整的历史时代特征描述应该跟具体的史实结合起来。如上面第五点所述，在特殊的情况下，使用关键词来表达时代特征是允许的，但最好能够结合具体的史实加以解释。我在备高二历史选择性必修3《文化交流与传播》第12课《近代战争与西方文化的扩张》时就遇到这个问题。这课书有三个子目，分别为“独立战争后的美国文化与拉丁美洲文化”“拿破仑战争后欧洲文化的重构”“欧洲殖民者的文化侵略”。从第二、第三子目来看，近代战争对文化的影响有两点，一是“文化重构”，二是“文化侵略”。但第一子目应该如何提炼呢？这就是个大问题。

从教材的表述看，独立战争后的美国文化有诸多特点，如北美大陆出现了第一个以启蒙思想家的理论为指导建立的联邦制共和国，权力制衡成为政治文化的组成部分，自由女神像成为美国文化的重要符号之一，但与自由相违背的奴隶制却依然存在。从总体分析，这些内容最主要的部分应该是“文化创新”，但“文化创新”这4个字又不足以涵盖上述的所有内容。因此，讲述近代战争对文化的影响，可以从“文化创新”“文化重构”和“文化侵略”三方面展开，但在表述的时候必须跟相关的史实结合在一起。

总之，我认为中学生能够掌握好教材中的概念术语已经非常不容易，在教学中尽量不要另外增添其他的概念术语进行讲解，尤其不能由教师自己生造一些词语来进行讲解。历史时代特征的表述具有抽象性和概括性，使用一些关键词来叙述无可厚非，但一定要跟具体的史实讲述结合起来，因为历史太丰富，文字太贫乏，很难有一些词语是某个历史时代专属的。

三、为什么“丝绸之路”要加双引号？
——《古代的商路、贸易与文化交流》教学反思

高二历史选择性必修3《文化交流与传播》第9课《古代的商路、贸易与文化交流》主要讲述丝绸之路的内容。备课的时候，我查阅初中的教材，看看讲到了什么程度，发现了一个小问题——初中《中国历史》七年级上册第14课的标题是《沟通中外文明的“丝绸之路”》，为什么“丝绸之路”四个字要加双引号呢？题目的概念使用双引号的情况并不多见。再查阅课文，有些地方使用了双引号，有些地方则没有。高一《中外历史纲要（上）》是使用了双引号的。高二选择性必修3第9课也是有的地方使用了，有的地方没有。

一般说来，重要的概念加双引号有两种情况，一是表示特定称谓，二是表示特殊含义。特定称谓是指某一概念的名称是特定的、专有的，特殊含义是某一概念在具体的语言环境中产生了新的意思。我认为教材中“丝绸之路”加双引号属于第一种情况，即特定称谓。其实，“丝绸之路”加不加双引号并不重要，教材中很多地方也没有加双引号。加了双引号是为了提醒我们要注意理解和讲授“丝绸之路”的特定含义是什么。

那么，“丝绸之路”有什么特定的含义呢？起码有以下三方面。

第一，“丝绸之路”中的“丝绸”是商品货物，但“丝绸之路”并不意味着仅仅运送丝绸。正如初中教材所说的那样：“通过这条道路，汉朝的丝绸、漆器等物品，以及开渠、凿井、铸铁等技术传到西域；西域的良种马、香料、玻璃、宝石等，核桃、葡萄、石榴、苜蓿，以及多种乐器和歌舞等传入中原。”在所有的这些物品中，丝绸的影响力是最大的，甚至可以当作货币使用，因此使用它来统称或者指代当时“丝绸之路”上的所有流通物品。

第二，“丝绸之路”容易让人认为仅仅是贸易路线，在学术史上也曾经被称为“贩丝之道”和“运丝大路”，但我们今天对其定位已经超越了贸易的层面。正如《文化交流与传播》第9课的“学习聚焦”所指出的那样：“丝绸之路等商路不仅是商贸路线，而且是中西文化交流的桥梁。”就此，我们就容易理解为什么初中教材的题目为《沟通中外文明的“丝绸之路”》，因为对“丝绸之路”的定位就是“沟通中外文明”。

第三，“丝绸之路”是历史上真实存在过的一条商贸路线，但“丝绸之路”这个概念不仅仅指代具体的历史事物，同时具有象征意义。《文化交流与传播》第9课指出：“丝绸之路是东西方经济和文化交流的重要象征。”有

学者明确指出："'丝绸之路'现在已不是某一条道路或某一种交换物品的专称，而是古代中外政治、经济、文化交流的统称，甚至突破了原来的'中外关系史'和'中西交通史'。"①

综上所述，我们就能够理解"丝绸之路"为什么要加双引号。这是提醒我们不要仅仅从字面去理解这个概念，它并非只是一条单纯的丝绸贸易通道，而且还具有非常丰富的内涵。

在讲授高中历史课程的时候，我们还要注意这个概念在初中和高中的差别。这可以从外延和内涵两方面去分析。

从概念的外延来讲，高中教材中"丝绸之路"的概念大大扩展了。首先，从时间上分析，初中教材中该概念只限于汉代，唐代已经没有再提及"丝绸之路"，而高中教材则延伸到了明代，指出"明初郑和下西洋达到了古代'海上丝绸之路'交通的巅峰"。其次，从空间上分析，初中教材仅提到"丝绸之路"和"海上丝绸之路"，而高中教材则指出"除丝绸之路外，古代欧亚大陆还存在其他重要的商路，它们往往也被纳入'丝绸之路'的广义范畴"。"欧亚大陆的其他重要商路还有'草原丝绸之路''西南丝绸之路'和'海上丝绸之路'。"这里尤其要注意"西南丝绸之路"，这是吸收了学术界关于"丝绸之路支线说"的研究成果。"支线说"的本质是不再把"丝绸之路"看作是一成不变的一条商路，而看作是一片在不断发展变化的"路网"。学者指出："不论是支线说，还是各条道路的单独存在，都是'丝绸之路'概念的扩大或充实，实际上也就是今天所说的网络。我们知道，李希霍芬、赫尔曼所说的'丝绸之路'，是指从中国长安到罗马之间的东西方交通路线。后来，随着交往的不断扩大，尤其是由于气候、政治、战争、宗教等各种因素的变化，中西交通路线可能会随时发生变化，从而偏离原来的路线或规划，甚至废弃某一段道路，也会不断开辟新的支线或道路，这些支线分而复合，合而复分，并不是一成不变的。"②

从概念的内涵来讲，初中教材主要强调"丝绸之路"的实际作用，而高中教材在强调其实际贡献的同时，也强调其象征意义："丝绸之路，为中国与西方之间的物质、技术和文化交流提供了便利，成为东西方物质和文化交流的重要象征。"

总之，"丝绸之路"四个字虽然简单，但作为一个历史概念，内涵十分丰富。正如学者所指出的那样："今天，在用词上最微妙的改变，是最终去掉了'贸易'二字，固定为'丝绸之路'，从而抹掉了商业的铜臭，只留下

---

①② 刘进宝．"丝绸之路"概念的形成及其在中国的传播［J］．中国社会科学，2018（11）：181－202.

丝绸的美好。李希霍芬也曾偶尔省掉‘贸易’，简称‘丝绸之路’，但他是无意识的。有‘贸易’二字，还是没有‘贸易’二字，这是李希霍芬未曾注意过的差别。‘贸易’一词的省略，不仅是减掉了两个字，还使‘丝绸之路’具有了超越贸易活动的更加宽泛含义的可能，这便于后人对其灌注政治的、文化的内涵。我们今天说：丝绸之路象征着友谊和平。这是李希霍芬绝想不到的。”①

高中教材对丝绸之路的讲述比初中教材详尽得多，但在教学上还是需要寻求一些新的思路，不宜只对初中的知识点做简单的重复。可以结合教材最后“学习拓展”栏目的要求思考新的教学设计思路：“第一个提出‘丝绸之路’概念的是19世纪德国地理学家李希霍芬。在近代以来的丝绸之路研究中，外国探险家或考古学家、地理学家等扮演了重要角色。查阅资料，了解他们的相关活动。”

第一种思路是根据《普通高中历史课程标准（2017年版2020年修订）》提出的“学术情境”的要求，讲述李希霍芬是在怎样的历史背景下提出“丝绸之路”的概念的。具体的资料可以参阅王丁《李鸿章与李希霍芬》一文。② 2023年是李鸿章诞辰200周年纪念年，也是李希霍芬诞辰190周年纪念年。两人都早已知道对方的重要性，而且曾经正式会过面。关于他们会面的场景，《李希霍芬中国旅行日记》（商务印书馆2016年版）有记录。虽然记录的内容文字不多，但还是比较生动传神的。

我比较了《李希霍芬中国旅行日记》和《李鸿章与李希霍芬》对双李会面的翻译，其中一些地方差异较大。如《李希霍芬中国旅行日记》的翻译是“看来李大人并不准备接受外国人的任何建议”③，而《李鸿章与李希霍芬》的翻译是“尽管如此说，李鸿章似乎并没有不接纳外人建白的意思”④。为什么双李有诸多的交集？因为他们的兴奋点都是为了寻找中国矿产。“找矿”就是“丝绸之路”这个概念产生的重要学术情境。《李鸿章与李希霍芬》一文还提到一个有趣的细节：外国人持中国“护照”都需要有中文翻译的名字，李希霍芬本来取过一个中国姓氏“栗”（Li-Kastanienbaum），后来在朋友的建议下改姓“李”（Li-Pflaumbaum），因为希望“归宗到一个显赫的家族，成为李鸿章的本家。如此这般，在中国，所到之处每当我出示护照，都引起人们刮目相看”，一字之别，身价陡增。

---

① 唐晓峰．李希霍芬的“丝绸之路”［J］．读书，2018（3）：64－72．

②④ 王丁．李鸿章与李希霍芬［J］．读书，2023（3）：88－95．

③ 李希霍芬．李希霍芬中国旅行日记［M］．李岩，王彦会，译．北京：商务印书馆，2016：61．

第二种思路是讲述“丝绸之路”概念的形成史。“丝绸之路”概念从提出到被接受，从内涵简单到极其丰富，经历了一个漫长的发展过程。例如李希霍芬提出“丝绸之路”有一定的偶然性，他对“路”的兴趣远大于对“丝绸”的兴趣，同时他对“路”的理解也是错的，认为是一条笔直的道路。对“丝绸之路”概念形成和传播做出更大贡献的是瑞典的探险家斯文·赫定（1865—1952）。在瑞典，斯文·赫定的名气不亚于诺贝尔，中文翻译和研究斯文·赫定的著作也比李希霍芬多得多。瑞典曾在1973年发行了一套5枚的著名探险家邮票，其中一枚的内容就是斯文·赫定。

相关资料可以参考两篇文章：《李希霍芬的“丝绸之路”：通往一个概念的考古学》① 主要论述了“丝绸之路”概念在西方的形成史，《“丝绸之路”概念的形成及其在中国的传播》② 主要论述了“丝绸之路”概念在中国的接受、传播和发展史。结合这些学术成果的内容讲授丝绸之路，不是为了研究学术发展史，而是为了更好地帮助学生完整把握“丝绸之路”这个概念。由此我想到，中学教材中许多概念，学生能够准确理解已经非常不容易，确实没有必要引入更多的概念加重学生的学习负担。

四、历史核心概念的确定方法与教学方法

——《辛亥革命》教学反思③

任何概念，都是人们通过实践思考，从对象的诸多属性中抽取其特有属性并概括而成的。一个概念的形成，意味着人们对该事物的理解已从感性认识上升到理性认识的层面。无论是历史研究还是历史教学，概念的形成和运用都发挥着举足轻重的作用。

概念教学一度在中学历史教学中占有重要的地位。1977年恢复高考后的十年间，“简要解释名词”是高考主要题型之一。这种题型其实就是考查学生对历史概念的掌握。20世纪80年代末我读大学的时候，无论是世界古代史还是世界中古史，都要背诵500个以上的概念名词。20世纪90年代后，随着“名词解释”这种题型的消失，无论是大学还是中学，都大大降低了对概念学习的要求。进入21世纪后，实验稿《高中历史课程标准》甚至没有

---

① 沃．李希霍芬的“丝绸之路”：通往一个概念的考古学［M］蒋小莉，译．//朱玉麒．西域文史：第七辑．北京：科学出版社，2012.

② 刘进宝．“丝绸之路”概念的形成及其在中国的传播［J］．中国社会科学，2018（11）：181－202.

③ 本文曾发表于《历史教学》2023年第5期，有改动。

任何关于概念教学的表述。而最新版的高中和初中历史课程标准，都加大了概念教学的要求，最明显的标志就是提出了“大概念”和“核心概念”这两个术语。

由于过去三十年里，中学历史教学都不太重视概念教学，《普通高中历史课程标准（2017 年版 2020 年修订）》提出“使学生通过对重点内容、核心概念、关键问题的理解，带动对整个学习专题的探讨和认识”的要求，的确是个不小的挑战。关于核心概念的研究，近年来已经有很多富有创见的文章发表了，我在实践中还是努力探寻一些教师们容易上手的方法。

历史学是一门概念术语非常多的学科，要求学生全面准确地掌握大量的历史概念是不现实的，《普通高中历史课程标准（2017 年版 2020 年修订）》只要求“教师在进行本模块的教学设计时，要仔细分析每个学习专题的重点内容、核心概念和关键问题，选择和确定教学重点和难点”。根据《普通高中历史课程标准（2017 年版 2020 年修订）》的表述，我觉得没有必要神化“核心概念”这个术语，它的意义无非是突出本课的重难点，即在诸多概念中，哪些概念是更加重要的。那么，核心概念究竟该如何确定呢？我给教师们的建议是——《普通高中历史课程标准（2017 年版 2020 年修订）》在“课程内容”中提及的、统编教材各课题目和子目标题提及的概念都是核心概念，这是教学中首先要重点讲述的内容。

例如，《普通高中历史课程标准（2017 年版 2020 年修订）》对《辛亥革命》这一课的内容要求是：“了解孙中山三民主义的基本内容，理解辛亥革命与中华民国建立对中国结束帝制、建立民国的意义及局限性。”本课有三个子目，标题分别是“资产阶级民主革命的兴起”“武昌起义与中华民国的建立”“辛亥革命的历史意义”。以上表述总共包括了 7 个历史概念：孙中山、三民主义、辛亥革命、资产阶级民主革命、武昌起义、中华民国、帝制。从理论上讲，这 7 个都是核心概念，都是教学中需要重点讲授的，但教师如何讲、讲到什么程度，则可以由教师进行个性化的处理。

这 7 个概念，我在教学中都讲述了，但处理的时间和方法各不相同。此外，我还增加了一个核心概念——“共和”。为什么要增加这个点？因为它是教材“思考点”栏目涉及的内容。统编教材小栏目众多，通过“学习聚焦”和“思考点”这两个小栏目来确定教学的重难点是条捷径。本课的“思考点”只有一个：“如何理解辛亥革命的意义？”根据教材的表述，辛亥革命“结束了中国两千多年的君主专制制度，建立起中国历史上从来不曾有过的共和政体”。根据我的经验，“共和”这个概念一直以来都是学生理解的难点。① 总之，核心概念的确定，既有规定性，也有灵活性，但都必须建立在对《普通高中历史课程标准（2017 年版 2020 年修订）》和教材进行钻研的基础上。

核心概念的教学应遵循概念教学的一般规律，但作为教学的重难点，得花费更多的时间和功夫。对高一的历史核心概念教学，我给教师们三点建议：一是区分清楚概念的内涵和外延；二是处理好感性与理性的关系；三是充分利用好教材的资源。在教学设计中，这三点需要综合起来考虑。

首先，任何概念都包括内涵和外延两方面的内容。概念的内涵是指概念所反映的事物的本质属性或特有属性，概念的外延是指具有概念所反映的对象类，即概念的适用范围。例如，“辛亥革命”这个概念的内涵就是教材“学习聚焦”栏目所说的“近代中国比较完全意义上的反帝反封建的民族民主革命”，其外延有狭义和广义之分，狭义是指从 1911 年 10 月 10 日武昌起义爆发到 1912 年 1 月 1 日孙中山在南京就任中华民国临时大总统之间中国所发生的革命运动；广义是指 19 世纪末兴起一直到 1911 年成功推翻清王朝统治的系列革命运动。离开这两个时间段的反清革命运动，我们都不能把它纳入辛亥革命的外延范畴。

其次，概念的形成有多种方法，但从感性到理性，是中学生形成历史概念的基本规律。《义务教育历史课程标准（2011 年版）》指出要“通过多种途径感知历史，学会从当时的历史条件理解历史上的人和事，并经过分析、综合、概括、比较等思维过程，形成历史概念”。在概念形成的过程中，尽管存在着从抽象到抽象的情况，如不理解“民族革命”和“民主革命”这两个抽象概念，就无法理解“辛亥革命”这个抽象概念，但就中学生而言，所有抽象概念的掌握归根到底还是基于对历史事物的感性认识的。因此，加强史实教学和历史情境创设，是帮助学生准确把握历史概念的前提。

最后，无论是历史概念的出处还是理解历史概念的素材，优先考虑的必须是教材的资源。在没有利用好教材资源之前，不宜给学生额外增添其他概念术语和史料。

根据上述三条思路，我设计了下面的学案帮助学生形成“辛亥革命”这个核心概念（见学案片段 8 -2）。

---

① 参见：黄牧航．追寻历史知识的真正意义：《2007 年高考（广东卷）历史科考试大纲的说明》分析［J］．中学历史教学，2007（3）：1009 -3435．

学案片段8－2

专题探究：如何理解辛亥革命的性质？

任务一：阅读教材的“学习聚焦”，指出辛亥革命的性质是什么。

回答：____。

任务二：民主革命是指反对封建专制制度并建立民主制度的革命。通常由资产阶级领导，所以又称资产阶级革命或资产阶级民主革命。阅读教材，列举在武昌起义前革命党人进行资产阶级民主革命的6个史实：

史实①：____

史实②：____

史实③：____

史实④：____

史实⑤：____

史实⑥：____

任务三：民族革命是指反抗外来侵略、争取民族独立的斗争。阅读对比教材中国同盟会纲领和《中华民国临时约法》规定，指出孙中山的民族革命思想发生了什么变化。

回答：____

____。

任务四：阅读教材“史料阅读”《与妻书》，指出哪些句子体现了林觉民反封建专制制度的意志，哪些句子体现了拯救民族国家的精神。

回答：

①反封建专制制度：____

②拯救民族国家：____

本学案设计的重点在于帮助学生深化理解“辛亥革命”的内涵，因为“辛亥革命”的外延在初中阶段就应该掌握，高中教学中教师用讲述法重温即可。对其内涵的理解，又涉及民主革命和民族革命两个抽象概念。对这些抽象概念的讲授，一方面要紧扣教材，另一方面要依托具体的史实和史料，让学生在感性认知的基础上发展理性思维。

《普通高中历史课程标准（2017年版2020年修订）》在“中外历史纲要”的“教学提示”中指出，教师要“使学生通过对重点内容、核心概念、关键问题的理解，带动对整个学习专题的探讨和认识”。因此，历史概念教学既是目标也是手段。在高一教学中，我建议没必要让学生背诵概念的定义，也没必要正儿八经地向学生宣称“我们一起来学习某概念”，而应该把概念形成的思维方式融入到问题设计中去，通过掌握概念的特征来探讨问题，也通过探讨问题来深化对概念的理解。

五、中学历史概念教学如何跟分层教学相结合?

——《辛亥革命》教学再反思①

概念是思维的细胞，是有效对话的基础。如果对概念的理解发生分歧，思维就会陷入混乱，交流就无法顺利进行。对概念的理解当然有对错之分，但就历史学科而言，在理解基本正确且不影响阅读和对话的前提下，历史概念教学有层次的区分吗?

我认为对历史概念的理解肯定有层次的区分。例如，小学生已经听了很多孙中山的故事，初中生和高中生也学习辛亥革命，章开沅、金冲及、张海鹏、杨天石等先生都撰写过《辛亥革命史》，总不能说他们对辛亥革命的概念理解没有高低之分。那么，对一个历史概念理解的层次区分主要体现在哪些方面呢?我认为起码有以下六个方面。

一是对概念内涵的理解有深浅。对历史概念的内涵表述通常会使用抽象名词，对这些抽象名词的理解既是教学的难点，也能够体现出学生思维能力的高低。例如，“秦朝”这个历史概念的内涵是“统一多民族封建国家”，其中“统一”“多民族”“封建”“国家”这四个概念全是抽象概念，每个概念都有学者撰写过专著来论述，我们对不同学段的学生对理解这些概念的要求自然就不一样。

二是对概念外延的理解有宽窄。专家学者对历史概念外延掌握的宽广度肯定要大于初学者。例如，“小农经济”这个历史概念的外延是“以家庭为单位、以男耕女织为分工形式的农业生产模式”。而2015年广东省高考历史科试卷第14题的史料告诉我们，小农经济不一定是“男耕+女织”，历史上存在过“男女同耕+男织”的情况。说不定有学者掌握更多的其他类型情况。

三是对概念在不同历史时期的含义的认识有差别。历史事物是不断发展变化的，同一历史概念，在不同的时期含义会发生变化。例如，“王权”这个概念，根据《中外历史纲要(下)》的表述，在15世纪末，它“为西欧民族国家的发展奠定了基础”，是一股进步力量，而到了16—17世纪，英国资产阶级和新贵族“向专制王权发起挑战”，它成为了被革命的对象。

四是对概念在不同地理区域的含义的认识有差别。同一历史事物，在不

① 本文曾发表于《历史教学》2023年第5期，有改动。

同的空间里会有不同的表现方式，但有时在概念上没有做严格的区分。例如《中外历史纲要（下）》讲到“古代文明的扩展”时，指出古希腊的殖民扩张方式与古埃及、古巴比伦和亚述就大不一样，因此对于“殖民扩张”这个概念用在不同的国家地区是有不同的含义的。

五是对概念形成的学术史的了解有差别。许多历史概念是在学者们反复讨论辩诘中形成的，如《普通高中历史课程标准（2017 年版 2020 年修订）》和教材中提到的“封建”“资本主义萌芽”等概念，都有一个繁杂的学术研究历程，[①] 对该历程了解得越多，对该概念的认识也就越深刻。

六是对表述概念的文字的把握程度有差别。所有概念都是通过文字来表述的，但文字表述的却不一定是概念（如语气词、关系词等）。对文字敏感度高的人，对概念的把握也会更加精准。如根据《普通高中历史课程标准（实验）》的表述，“人文精神”和“人文主义”是两个概念，尽管有共性的地方，但不能够混为一谈。[②]

凡此种种，都说明不同的人对同一历史概念的理解会有较大的偏差，也就意味着有层次高低之分。在教学中，我们要承认这种层次差别，同时通过分层教学的方式方法，帮助学生有步骤、分阶段地把握完整的历史概念。以“辛亥革命”这个历史概念为例，我们可以分五个层次进行教学。

第一层是了解历史概念所反映的基本历史现象。基本历史现象包括记叙文的六要素——时间、地点、人物、事情的起因、经过、结果。如“随着清政府统治危机的加深，以孙中山为代表的革命派在全国范围内掀起了反清运动。1911 年 10 月武昌起义爆发后，各省纷纷响应，最终推翻了清王朝”。

第二层是了解历史概念所包含的丰富史料素材。教师在讲好教材内容的基础上，有针对性地选择经典材料，指导学生进行课外阅读，丰富学生对具体史实的感性认知。纵观近二十多年来的高考历史试题，命制辛亥革命内容时都呈现了大量中学师生较少接触到的史料。

第三层是总结提炼历史概念的内涵。帮助学生准确理解“近代中国比较完全意义上的反帝反封建的民族民主革命”是什么意思。

第四层是把同类型的历史概念进行对比分析。例如，浙江省 2012 年高考历史试卷第 39 题就比对了辛亥革命与英国“光荣革命”的异同，与 20 世

---

① 可参见：冯天瑜. “封建”考论［M］. 北京：中国社会科学出版社，2010；何晓明. 世界眼光与本土特色：中国资本主义萌芽研究［M］. 郑州：河南大学出版社，2010.

② 请参阅：黄牧航. 抓住教学的核心概念：二听“西方人文主义思想的起源”［J］. 历史教学（上半月刊），2008（9）：54 – 57.

纪初世界上主要共和国的异同，以及与亚洲主要国家的近代革命运动的异同。

第五层是深化对历史概念所反映的历史规律的认识。历史学的研究是没有止境的，今天我们对某个历史概念的理解只反映了当前的认识水平，随着学术研究的进步，对概念的理解也会不断深化。本层次相当于了解更多的学术研究动态，如近年高考试题的切入思路——辛亥革命与现代化的关系、与政治民主化潮流的关系等。

在教学实践中，这五个层次的划分可根据学生的实际情况灵活调整，如把第四层放在第三层的前面，或者把第三层与第五层结合起来，等等。总之，历史概念的形成不能依靠死记硬背，也不能指望一步到位，教师要根据循序渐进的原则，从具体到抽象，从感性到理性，引导学生准确完整地理解历史概念。

六、概念教学如何跟单元教学整合？

——《近代以来的城市化进程》教学反思

因为当前初中和高中的历史教材都是单元体例，所以我们的教学也可以称为单元教学。在新授课中，单元整合并非规定动作；在复习课中，单元整合倒是必不可少的。在大多数情况下，新授课没有必要进行单元整合，只需要按照教材的进度一个个单元依次讲授就可以了。但是，单元知识点的整合却是有必要的。单元整合与单元知识点整合是两个概念。单元整合意味着把两个以上单元的所有内容打乱重整，单元知识点整合是把本单元或两个以上单元的知识点结合起来讲授。

单元知识整合的意义有多方面：一是温故知新，不断地把已经学过的知识重新提出来进行复习；二是培养发散思维，建立起知识点的联系；三是培育创新思维，尝试从不同的角度理解教材知识。

高二选择性必修 2《经济与社会生活》第 11 课《近代以来的城市化进程》写道："鸦片战争后，西方列强与清政府签订一系列不平等条约，中国沿海城市上海、天津、广州等成为通商口岸，逐渐发展起资本主义工商业。近代化性质的工商业城市陆续出现、发展、壮大，吸引了大量乡村人口进城，开启了近代中国城市化的进程。"这段话是高度概括性的，虽然提到上海等城市，但并没有具体地叙述这些城市是如何发展起来。在这种情况下，最好补充实际的案例，而这些案例，又最好从教材中寻找。如果本单元没有提及，就需要从别的单元中去找了。

我给学生补充的知识点是近代中国城市发展的"汉口模式"和"汉阳

模式”。

“所谓汉口模式，是指汉口在其传统商业高度发达的基础上，借助外部因素，成功完成了近代转型。汉口模式的核心不是通常所说的工业革命，而是中国版本的商业革命。形象地说，汉口模式呈现了如下的历史进程：传统水运码头—近代通商口岸—现代商业大都市。”① 汉口模式是近代中国城市发展的一个典型案例。为什么在教学中要提这个案例？因为本册教材第10课《古代的村落、集镇和城市》曾较详细地叙述过这个案例。

教材的叙述与任放的论述是基本一致的：“汉口是由一个传统市镇蜕变为具有近代色彩的工商业大都市的。之所以能够完成此种蜕变，主要取决于四个因素，即汉口得天独厚的水陆交通网络及商品流通渠道，汉口成熟的市场体系及其在全国的商业地位，汉口辟为通商口岸尤其是俄国商人对汉口市场的强力渗透，汉口发达的金融业（钱庄票号）为其近代化提供了必不可少的资金援助。”②

“汉阳模式”有别于“汉口模式”，它是近代城市发展的另外一条路径。任放写道：“汉口模式不同于张之洞的‘湖北新政’，它代表了中国早期现代化的商业化道路。史家瞩目的张之洞在武汉地区兴办的早期现代化事业（所谓‘湖北新政’），基本上集中于汉阳、武昌：汉阳成为重工业基地，武昌成为轻工业基地、新式教育荟萃之所及湖北新军驻扎地。汉口的近代转型是内生型的，具有深厚的传统商业基础，先于张之洞督鄂而启动；张之洞‘湖北新政’是移植型的，通过引进国外技术及机器得以完成，可以视为英国模式的翻版。客观而论，汉口的近代转型与张之洞‘湖北新政’分别代表中国早期现代化的两条道路，相互推引，又风格各异，共同构成武汉早期现代化的整体进程。”③ 由此可见，“汉阳模式”有多方面特点——政府主导、发展轻重工业、引进外来技术等。为什么要提汉阳这个案例，也是因为教材提到了。本册教材第5课《工业革命与工厂制度》专门叙述过这个知识点：“19世纪中后期，清朝洋务派创办了江南制造总局、福州船政局等一系列近代企业，引进了西方的工厂制度，进行机器大生产。”

为了更好地理解这个问题，我给学生推荐的杂志是《人物周刊》2020年第6期。这一期以《张之洞：武汉十八年》为题，对张之洞深耕武汉的历史做了生动的描述，算是学术快餐，适合中学生阅读。

最后，我给学生演练了一道高考题，出自2018年高考全国Ⅱ卷：

---

① 任放．中国市镇的历史研究与方法［M］．北京：商务印书馆，2010：156.

②③ 任放．中国市镇的历史研究与方法［M］．北京：商务印书馆，2010：159.

例 8－3 阅读材料，完成下列要求。（12 分）

材料 1889 年，两广总督张之洞从英国预购炼铁机炉，有人提醒先要确定煤、铁质地才能配置合适的机炉，张之洞认为不必“先觅煤、铁而后购机炉”。张之洞调任湖广总督，购得大冶铁矿，开始筹建汉阳铁厂，由于找不到合适的煤，耗费六年时间和巨资，仍未能炼出合格的钢铁。盛宣怀接手后，招商股银 200 万两，并开办萍乡煤矿，但由于原来定购的机炉不适用，依然未能炼出好钢，只得贷款改装设备，才获得成功。通过克服种种困难，汉阳铁厂成为中国第一家大型的近代化钢铁企业。1949 年后收归国有。

——据编自陈真等编《中国近代工业史资料》等

材料提供了一个中国近代企业发展的案例，蕴含了现代化的诸多启示。从材料中提炼一个启示，并结合所学的中国近现代史知识予以说明。（要求：观点明确，史论结合，言之成理。）

这道题目没有公布答案，我就引导学生尽情发挥，尽可能穷尽各种启示。课中学生七嘴八舌提出了近十种启示，我最后认可了六种。我给学生总结说，学完《近代以来的城市化进程》一课后，大家从这道题目中获得的一个启示就是汉阳是通过创办重工业发展起来的，这是中国近代城市化发展的典型案例。

汉阳是怎样发展起来的？教材第四单元并没有说，但第二单元说了。汉口是怎样发展起来的？教材第四单元第 11 课并没有说，但第四单元第 10 课说了。本案例既是单元内的知识点整合，也是跨单元的知识点整合。在新授课中，实施跨单元的整合难度太大，在学生缺乏知识基础的前提下也没有太大必要，但是对教材知识点的整合却是需要高度重视的。“用教材”而不是“教教材”，这是我们在备课和进行教学设计时必须遵循的原则。

第九章
中学历史情境创设的教学反思

“情境”是把握新课程教学与评价规律的一个关键概念。这个概念在《普通高中历史课程标准（2017年版2020年修订）》中出现了26次，而在2003年版的《普通高中历史课程标准（实验）》中却一次都没有出现过。《普通高中历史课程标准（2017年版2020年修订）》在“修订的主要内容和变化”中明确提出了“课程内容情境化，促进学科核心素养的落实”的要求。由此可见，正确地理解、运用情境教学的原理和方法，成为开启新课程改革大门的一把钥匙。

一、情境设计有别于历史情境活动设计
——《马克思主义的诞生与传播》教学反思[①]

《普通高中历史课程标准（2017年版2020年修订）》在《中外历史纲要》的“教学提示”中指出，“在教学过程中，教师要注意通过历史情境的设计，让学生体验当时人们所处的历史背景，感受当时所面临的社会问题”，同时又要“促进学生带着问题意识和证据意识在新情境下对历史进行探索，拓展其历史认识广度和深度”。[②] 这两句话都提到了“情境”，但这两种情境是有所不同的。前一个情境是指所有的历史事件都是在具体真实的背景下发生的，不理解这些背景，就不可能准确深入地认识该历史事件；后一个情境是指教学中的情境活动，即学生需要通过怎样的方式方法才能体验和感受历

---

① 本文曾发表于《历史教学》2022年第9期，有改动。

② 中华人民共和国教育部. 普通高中历史课程标准（2017年版2020年修订）[S]. 北京：人民教育出版社，2020：17－18.

史背景，从而更好地认识历史事件。前一个我们称之为“历史情境设计”，后一个我们称之为“历史情境活动设计”。

对于情境与情境活动的区分，《中国高考评价体系说明》也做了论述：“‘情境’即‘问题情境’，指的是真实的问题背景，是以问题或任务为中心构成的活动场域。‘情境活动’是指人们在情境中所进行的解决问题或完成任务的活动。”① 因此，无论是教学还是评价，情境设计都包括两个内容和环节：一是思考应该使用什么样的材料来展现某历史事件产生的背景，二是思考应该使用什么样的方式方法才能够让学生理解该历史事件的背景。

关于《马克思主义的诞生与传播》一课，《普通高中历史课程标准（2017 年版 2020 年修订）》做了专门的教学指引。在“实施建议”中的“创设历史情境”一目中论述了应该使用哪些材料（包括文字和图片材料）帮助学生理解马克思主义诞生的背景，并在“充分运用现代信息技术，提高教学手段的多样化和信息化水平”一目中则论述了应该使用哪些方法（包括项目学习、探究学习、小组合作学习、网络学习等）帮助学生理解马克思主义诞生这一重大历史事件。《普通高中历史课程标准（2017 年版 2020 年修订）》针对该课的教学建议较典型地说明了历史情境设计与历史情境活动设计的差异。

《普通高中历史课程标准（2017 年版 2020 年修订）》的建议毕竟是宏观的，在实施中还是需要根据教师的课程资源积累和学生的学情进行操作。对于《马克思主义的诞生与传播》一课的历史情境设计，我给学生提供了三种资源：一是图片资源，利用了教材的图片“在英国煤矿中工作的童工”；二是小说资源，介绍了英国批判现实主义小说家狄更斯及其主要作品；三是影视资源，介绍了英国一个电视节目“24 Hours in the Past”，该节目重建了工业革命时期普通人的工作和生活场所（工厂、乡村客栈、济贫院等），让观众体验当年贫苦民众一天的生活。这三种资源都属于历史情境的设计，即通过具象的素材帮助学生理解马克思主义是在怎样的历史背景下诞生的。材料的选择必须是形象的，而且是能够激发学生情感体验的。

对于《马克思主义的诞生与传播》一课的历史情境活动设计，我向学生提出了一个探究问题：“根据教材第四单元《资本主义制度的确立》的前言表述，在西欧封建社会后期，资本主义已经开始萌芽，但为什么直至 19 世纪，马克思主义才诞生呢？”首先，引导学生重温教材“史料阅读”中《共产党宣言》的段落，并向他们提问：“根据该段落的内容，工业革命的发展

---

① 教育部考试中心. 中国高考评价体系说明［M］. 北京：人民教育出版社，2019：36.

历经了哪两个阶段?”（答案是工场手工业和机器大工业）然后继续追问学生:“结合教材的内容，你们认为刚才我们观看的那三则情境材料属于哪个阶段?”（答案是机器大工业阶段）最后进一步追问学生:“你们认为引发社会生产关系发生根本性变化的是哪一个阶段？为什么?”

最后一个问题有一定难度。我在学案中给学生提供了一则材料:

> 在机器大工业的生产条件下，工厂往往会实行车间流水作业，而在封建作坊时期，一个普通的市民家庭就能操作一台木质纺纱车。当市民自己操作纺纱车的时候，他可以比较自由地支配自己的时间，而且生产的产品一般情况下都会归自己所有；而在机器大工厂生产的条件下，挤在车间里的工人就像士兵一样被组织起来，每日每时都要受到各级监工和管理者的层层监视，一不小心就会被处罚。显然，生产力发展之后，生产方式也相应地发生了转变。①

为了让学生理解这段材料的含义，也为了让学生领会生产力与生产关系的原理，我重新展示了工业革命和马克思主义诞生两节课的情境材料，要求学生想象简单的分工协作和大规模的集体生产的不同，总结出随着生产力的发展，生产关系也必然随之变化的规律。在工场手工业阶段，人与人之间的关系并没有发生剧烈的变动，而进入机器大工业阶段后，人与人之间的关系就发生了巨大的改变。马克思主义就是在工业资产阶级和工业无产阶级逐渐成为社会两大阶级的背景下诞生的。

本节课的设计思路是根据《普通高中历史课程标准（2017 年版 2020 年修订)》的指引进行的，相关资源首先依托教材的史料，再适当补充相关素材。设计的重点在于区分“历史情境”与“历史情境活动”。“历史情境”设计侧重于我们要使用哪些素材来理解历史事物发生的背景，“历史情境活动”设计侧重于我们需要通过什么方法和途径来帮助学生理解历史事物的本质；“历史情境”设计不一定会引发问题，“历史情境活动”设计则必须围绕探究性的问题展开；“历史情境”设计所依托的主要是形象化的材料，“历史情境活动”设计在依托形象化材料的同时，要着眼于学生抽象思维能力的提升。而作为一个完整的情境教学设计，“历史情境”和“历史情境活动”是相辅相成、缺一不可的。

---

① 艾四林，曲伟杰.《共产党宣言》研读［M］. 北京：研究出版社，2021：67 – 68.

二、情境教学离不开想象力的培养

——《国家出路的探索与列强侵略的加剧》教学反思①

在讲授《国家出路的探索与列强侵略的加剧》一课时，我对教材的图片“洋务派办的军事企业之一——金陵机器制造局内部”（见图9－1）进行了解读：“中国人的动手能力还是非常强的，你们看，金陵制造局生产的武器已经像模像样，但管理者和工人的衣着打扮却还是中古时代的。”这时候，有名学生向我提出一个让我摸不着头脑的问题：“古代的普通老百姓是住什么房子的？砖墙还是泥墙？有石灰吗？有水泥吗？”我实在搞不清楚这个问题跟金陵制造局有什么关系。交流了半天我才明白过来，这名同学关注的重点不是图中的人和武器，而是那面白色的墙壁。他觉得墙壁真的很大很白，一般的老百姓都能够住这样的房子吗？

通常情况下，这种问题都会让教师哭笑不得的，但我还是肯定了这名同学的问题，因为他认真看图了，也认真地想象了——通过一幢房子的照片想象当时大多数人的生活条件。

图9－1　洋务派办的军事企业之一——金陵机器制造局内部

在情境教学中，我们有很多资源可以利用，如文物、图片、音乐、视频等，也有很多方法可以使用，如教师讲述、学生表演、媒体展示、现场观摩

① 本文曾发表于《历史教学》2022年第9期，有改动。

等，但假如学生是缺乏或者不愿意运用想象力去体验感受的话，教学的结果就会流于形式——表面热闹，其实学生没有太大的收获。情境教学是手段，是方法，但并不是教学的目标。情境教学的目标正如《普通高中历史课程标准（2017 年版 2020 年修订）》所要求的那样，是“让学生体验当时人们所处的历史背景，感受当时所面临的社会问题”。历史不可能重演，对历史的体验和感受都是建立在丰富想象力的基础上的。

如何培养学生的想象力呢？我想有两点是重要的。第一是需要充足的时间和安静的空间。许多教师的情境教学，素材很鲜活、方法很多样、环节很紧凑、气氛很热闹，唯独没有给学生留下想象的时间。历史学习中的体验和感受属于非常细腻的心智和情感活动，在一种嘈杂的环境、紧张的氛围中是难以进行的。在教学中务必给学生预留发挥想象力的时间，哪怕是半分钟的时间也好，同时也要营造一种安静的学习气氛让学生驰骋想象。

第二是需要方法。历史学习中的想象是建立在史料基础上的合理想象，而不是漫无边际的胡思乱想。因此，培养学生的想象力需要有一套系统的方法。这套方法一方面表现在能够指导学生利用不同类型的史料进行想象，另一方面表现在能够指导学生循序渐进地提高想象能力。

根据《普通高中历史课程标准（2017 年版 2020 年修订）》“史料研读”模块的表述，史料的类型分为文献史料、实物史料、口述史料、图像史料、现代音像史料和数字资源等。这些史料对培养学生的想象力有不同的效果。例如，图像史料是培养学生想象力的常用史料，在本课的讲授中，我重点给学生呈现的是“1894 年 7 月 3 日张之洞视察汉阳铁厂”的照片（见图 9－2）。①

图 9－2　1894 年 7 月 3 日张之洞视察汉阳铁厂

① 唐晓峰. 工业遗产［M］//新订人文地理随笔. 北京：生活 · 读书 · 新知三联书店，2018：260.

我引导学生从四个方面进行想象：一是时间想象。我说："洋务运动从19世纪60年代开始，到90年代的时候已经有一定的工业规模。三十多年是个什么概念？是同学们现在的年龄（16岁）的两倍。另外，这张照片拍摄于1894年7月3日，而1894年7月25日丰岛海战爆发被视为甲午中日战争开始。这两个时间如此接近不禁让人想到——初具规模的工业成果并没能挽回清王朝的败局。"二是空间想象。我说："古代中华文明是典型的农业文明，中华民族是人类历史上最为成功的农业民族，中国大地上的景观是麦浪千重、渔舟唱晚的。我们从照片上看到的烟囱林立、浓烟滚滚的场面是前所未有的景观，象征着古老的农业民族正在向工业民族转变。"三是人物形象的想象。我说："从张之洞头上的顶戴花翎和身上的宽大官袍，可见当时人们的生活习俗还没有走出中世纪。这种碍手碍脚的穿着是跟工业文明格格不入的，与滚动着钢铁洪流的工厂形成巨大的反差。"四是人物心理的想象。我说："担任湖广总督的张之洞深耕湖北长达18年，把武汉打造成为中国第一个兼及工业、军事、交通、教育等全方位近代化改革的区域。汉阳钢铁厂是他倾注心血最多的地方。整个筹建过程困难重重、历尽艰辛。大家可以想象一下站在山坡上眺望占地近千亩的钢铁厂的张之洞心里在想些什么，是自豪？悲凉？委屈？还是兼而有之？"

历史想象力的培养不是一朝一夕就能达成的，需要分层次、有计划地进行。例如，我们可以先训练学生想象历史事件发生的时间背景和空间背景，再想象与历史事件相关的社会生活习俗，最后想象历史人物的思想和心理活动。又例如，通过影视材料培养想象力相对简单，通过图片材料则稍难，而通过文字材料是最难的。我经常跟学生说，学文科的同学对文字一定要有敏锐的感觉，尤其是古文史料，一字一句都富含无穷的意蕴。为什么中国古典文学名著、金庸的小说、莎士比亚的戏剧一次又一次地被搬上屏幕？因为文字总能给人无限的想象空间。关于洋务运动，教材提供的史料是曾国藩在咸丰十一年（1861年）七月十八日写下的《复陈购买外洋船炮折》，其中"可以剿发逆，可以勤远略"两句还被引用到教材正文里。这其实就是非常好的情境史料。曾国藩是在什么背景、什么心情下写下这份奏折的？当中都大有想象的空间。充分地利用好教材中的史料，让学生细细品味、用心想象，比匆匆忙忙地讲解一大堆史料有效得多。

三、情境教学是情感教育的重要方法

——《晚清时期的内忧外患与救亡图存》教学反思①

《普通高中历史课程标准（2017 年版 2020 年修订）》提出了“学科核心素养”的课程目标，指出这一目标是“对知识与技能、过程与方法、情感态度价值观三维目标”的整合，其中“家国情怀是学习和探究历史应具有的人文追求，体现了对国家富强、人民幸福的情感”。由此可见，情感教育是历史教育的重要目标和内容。如何在历史教学中实施正确的情感教育是个难题，而历史情境教学是破解这个难题的重要方法。

从心理学的角度来看，情感发生的心理机制有两种：一是以境生情，二是以情生情。② 前者是指以情境打动人，后者是指以人的感情去打动另外一个人。情境是通过三方面的关系对人的感情产生影响的：第一是情境与人的需求之间的关系；第二是情境与人的预期之间的关系；第三是情境与人的评价之间的关系。《国家出路的探索与列强侵略的加剧》和《挽救民族危亡的斗争》两课都属于第五单元《晚清时期的内忧外患与救亡图存》的内容，包含有丰富的情感教育素材，我在备课讲课时，力图通过这三种途径创设情境，培养学生的健康情感。

首先，情境与人的需求之间的关系是指身处不同时空中的人的需求往往是不一样的，要让今天的学生对历史上的事物在心理上产生共鸣，就需要寻找他们在需求上的共同点。例如，从需求的角度看，甲午战争的情境对学生来讲是完全陌生的，因为学生都没有从军的体验，更没有登上军舰面对敌人炮火的经历。然而，有一点需求却是共同的——他们都曾经面对过和即将面对职业的选择。教材重点提及的为国捐躯的邓世昌和林永升都是福州船政学堂的毕业生。学堂第一次招生是在 1867 年，那是一个所有读书人都以参加科举考试为正途的时代。我要求学生想象当年的这群少年是怀着怎样的心情进入船政学堂读书的？他们的父母又是顶着怎样的压力同意自己的儿子进入学堂读书的？这些情境问题的创设，更容易引发高中学生的情感共鸣。因为在面对升学择业这种人生大问题上，今天的高中生与 1867 年的那群少年并无不同。那群少年选择了当时几乎没有人愿意走的路，但不少人日后成为海军的栋梁之材。我鼓励学生在进行职业规划的时候，要把专业、职业的选择与国家、民族的需求结合起来。

---

① 本文曾发表于《历史教学》2022 年第 9 期，有改动。

② 卢家楣. 情感教学心理学［M］. 上海：上海教育出版社，2000：174－185.

其次，情境与人的预期之间的关系是指人们对历史事物发展的心理预期与事物发展的真实结果之间的吻合程度会对人的情感产生巨大的影响，吻合程度过高或过低都会使人的情感产生剧烈的波动。例如，甲午战争的结局不但让西方列强深感意外，更是极大地震动和刺激了中国人。这个内容可以创设多种情境进行情感教育，如对比战前中国人的乐观、轻视、傲慢情绪与战后悲观失望、痛心疾首的态度①，又如呈现战后涌现的大量泣血捶膺、悲愤欲绝的诗文等。我采用了第二种情境，给学生朗读和分析了丘逢甲的《春愁》（“春愁难遣强看山，往事惊心泪欲潸。四百万人同一哭，去年今日割台湾。”）和谭嗣同的《有感》（“世间无物抵春愁，合向苍冥一哭休。四万万人齐下泪，天涯何处是神州。”）。我跟学生说：“鸦片战争后的历次战争对中国人的触动都是局部性的，而在丘逢甲和谭嗣同的诗歌中，四百万台湾同胞和四万万中国人已经被看作是一个密不可分的整体。在此之前，没有哪一次战争像甲午战争那样在战后诞生了那么多忧国忧民的诗文。通过这些字字带血带泪的诗文，我们可以感受到读书人得知战争的结果后血脉偾张、愤懑莫名的情感。”这种强烈情感的产生，在很大程度上就源于预期与结果的巨大落差。

最后，情境与人的评价之间的关系是指一种情境能够在多大程度上激发人的感情，跟这个人已有的价值观是密切相关的。如果一个人对一个事物已有的价值观是正面的，那么，该事物的情境就会引发正面的情感，反之则会引发负面的情感。例如，近年来对太平天国运动有不少妖魔化的评价，导致一些学生对该学习内容有一种蔑视、不屑甚至嘲讽的心理。在这种情况下，历史教师首先要端正自己的价值立场，亲自示范如何结合历史情境对历史事物进行评价。教材提到了太平军著名将领石达开，他曾写过 5 首诗回应曾国藩的劝降，我引用了其中最著名的一首——“扬鞭慷慨莅中原，不为仇雠不为恩。只觉苍天方聩聩，莫凭赤手拯元元。三军揽辔悲羸马，万众梯山似病猿。我志未酬人已苦，东南到处有啼痕！”② 我向学生解释说：“这首诗的意思是，我石达开起义造反，不是跟你曾国藩有什么私人恩怨，只是因为清政府把这个国家弄得太不像话了。三年来我们人疲马乏、吃尽苦头，但为什么仍然坚持不懈？是因为老百姓仍处在水深火热之中啊！”这个情境的创设以及我对情境的评价，是根据教材对太平天国运动的表述——“代表了近代中

---

① 易耕. 甲午战争中《申报》对清军的态度转变［J］. 新闻春秋，2014（4）：9－14.

② 此诗有多个版本，略有不同。另外有学者认为，石达开留传下来的诗作多为辛亥革命前资产阶级革命家所编造，并不可信，但此诗流传甚广，影响很大，在教学中笔者还是使用了。

国人民寻求国家出路的早期探索”进行的。教师对情境的分析和评价，对于学生来说也是一种学习情境。学生对一种情境会产生什么反应或者滋生怎样的情感，教师的言传身教起着巨大的作用。因此，无论是创设历史的问题情境还是学生的学习情境，都需要有正确的价值观引导，这样才能够激发学生真挚丰厚的情感。

历史课要能打动学生，一靠逻辑，二靠情感。情感是不可能无缘无故产生的。我们常说触景生情、借景抒情、以景结情、情景交融，可见情景与情感的关系是相辅相成的，情境是诱发情感的重要源头，情境教学是进行情感教育的重要方法。

四、历史情境如何衔接生活情境？

——《新航路开辟后的食物物种交流》教学反思

高中历史选择性必修2《经济与社会生活》第2课《新航路开辟后的食物物种交流》中多次提到了马铃薯。在备课过程中，我主要思考了两个问题：一是教材提供了梵高的名作《吃马铃薯的人》（见图9－3），这幅画应该如何讲述呢？二是教材“思考点”栏目中提出了一个问题：“食物物种交流怎样影响了人们的日常生活？”应该如何利用马铃薯讲述这个问题？

图9－3　《吃马铃薯的人》

关于第一个问题，我认为教材选用这幅图是适宜的，它既是世界名画，是梵高的代表作，也包含丰富的历史信息。在教学中，不宜过多地从美术的角度来教学生鉴赏这幅名画，而应该更多地从挖掘历史信息的角度来讲授。

《吃马铃薯的人》在历史教学中的价值首先表现在其写实性上，它真实地描绘了19世纪欧洲农民的生活状态。梵高希望像法国画家米勒一样，绘制出像《拾穗者》那样伟大的反映农民生活的作品。《拾穗者》是米勒创作于1857年的作品，被誉为现实主义艺术风格的典型代表作。

关于梵高如何超越《拾穗者》而创作出《吃马铃薯的人》这幅伟大的作品，多种梵高的传记中都有详细的叙述。如美国作家史蒂芬·奈菲和格雷高里·怀特·史密斯撰写的《梵高传》第二十四章《些许疯狂》几乎全章都在记述该画的创作过程：

> （梵高）已经从面相学和颅相学中，学到了农民的特征应该和动物的特征相一致：如公牛一般的低前额和宽肩膀，如公鸡一般的尖嘴和小眼，如奶牛一般的厚嘴唇和铜铃眼。“你知道农民是什么样的吗？”他随后写道，“当你找到一位真正的农民时，他强烈地让你联想起了野兽。”①

另外一本值得推荐的书是美国作家H.安娜·苏编的《梵高手稿》。这本书图文并茂，通过梵高撰写的书信来反映其艺术创作的心路历程。关于《吃马铃薯的人》的创作，梵高写道：

> 同样，我觉得如果把农民按肖像画惯例画得光滑无瑕就不对了。如果描绘农民的画，能让人闻到培根味、烟味、蒸土豆的味儿，那才绝妙，绝非诟病。闻得到粪味的马厩才算真正的马厩嘛。如果田地里弥漫着成熟的麦子或土豆的味道，或是鸟粪和肥料的味儿，只能说明这是真实的，尤其是对城里人来说，他们会从这样的画里受益良多。描绘农民的画就不应该有优雅的香气。②

这些阅读都让我对该画作有了更深入的理解——画中人物的形象显得丑陋甚至是狰狞，而这就是当时农民的真实相貌；画中环境显得残破不堪，而这就是当时农民的真实生存状态。结合教材提供的时间信息——创作于1885年，我们可以想象在19世纪末的欧洲，马铃薯已经普及到社会底层的民众，

---

① 奈菲，史密斯．梵高传［M］．沈语冰，宋倩，何卫华，等译．南京：译林出版社，2015：420.

② 苏．梵高手稿［M］．57°N艺术小组，译．北京：北京联合出版公司，2015：179.

甚至成为他们的基本口粮。一种食物是否普及，关键不在于上层人士能否享用，而在于低层民众能否食用。

关于第二个问题，我认为教材中的“思考点”非常值得师生们认真思考。“食物物种交流怎样影响了人们的日常生活?”马铃薯是非常好的一个例证。马铃薯从印第安人的食物变成风靡世界的食品，这个过程值得跟学生梳理一下。手头有多种马铃薯历史的书籍，比较好的一本是《马铃薯传奇——它是如何成为世界粮食的》①。读完全书，我认为马铃薯从地方食物成为世界性的食品要历经三个阶段，也就是三次全球化的历史。每一次全球化的历程都使马铃薯更加深入地渗透到人们的日常生活中。

马铃薯原产于热带美洲的山地，16 世纪开始向全球传播种植。马铃薯喜冷凉干燥气候，适应性较强，以疏松肥沃沙质土为宜，生长周期短而产量高。马铃薯的起源有单源论和多源论。单源论认为起源于秘鲁南部，多源论认为起源于秘鲁、玻利维亚、阿根廷等多处。

马铃薯的第一次全球化归功于哥伦布“发现”新大陆，而真正把马铃薯带到欧洲的并非哥伦布。有的邮票把哥伦布与马铃薯放在了一起，从大的历史背景来看没有错，但哥伦布并非“发现”马铃薯的第一人。

马铃薯之所以能够传遍世界，确实与西班牙、葡萄牙这两个殖民大国相关。马铃薯在欧洲的传播历程可谓曲折离奇，从猎奇到拒绝，从恐惧到普及，马铃薯跟许多重大历史事件和历史人物都联系在了一起。

马铃薯对欧洲贡献良多，也引发了巨大的灾难，其中最突出的就是爱尔兰大饥荒，俗称马铃薯饥荒。19 世纪，马铃薯是爱尔兰人赖以维持生计的最重要的农作物，而在 1845—1850 年间，由于晚疫病菌的传播造成马铃薯大面积腐烂继而失收，许多爱尔兰人因此而死亡或者逃亡海外，英国统治下的爱尔兰人口锐减了将近 1/4。

相比马铃薯在欧洲的多舛命运，马铃薯在中国的传播倒是一帆风顺。马铃薯传入中国的准确时间已经不可考，比较明确的记载是在徐光启的《农政全书》中：

> 徐光启写的《农政全书》一书成书于明朝万历年间。在《农政全书》卷二十八中对马铃薯进行了详细的记载：“土芋，一名马铃薯，一名黄独。蔓生叶如豆，根圆如鸡卵，内白皮黄……煮食，亦可蒸食。又煮芋汁，洗腻衣，洁白如玉。”由此可见，在《农政全书》成书之前，

① 陈桂朝. 马铃薯传奇：它是如何成为世界粮食的［M］. 武汉：华中科技大学出版社，2014.

马铃薯就已进入到中国，并且有一段时间了，人们对它的吃法和用法都已经了如指掌。若真如此，马铃薯传入中国至今，便有400多年的历史了。①

马铃薯的第二次全球化是薯条的普及。把马铃薯切成条状炸来吃应该是多个国家的发明，有学者煞有介事地把时间定位在17世纪，地点是法国和比利时：

> 根据历史学家的记载，确切的时间大约是1680年。当时是冬天，因为穷人们钓不到鱼，吃不到肉，就把马铃薯削成了鱼的形状以求画饼充饥。被油炸过后的马铃薯，金黄酥脆，外焦里嫩，一下就成为了当地的美食，并在比利时推广开来。随着烹饪的进步，油炸的鱼形马铃薯逐渐变成了方便拿取、食用，外观简洁美观的细长身形，后来发展为现今的炸薯条的模样。②

其实，薯条的发明应该是多个国家的事情，而把薯条的食用方法推广到全世界的，还是得归功于美国哈兰·山德士上校创办的肯德基公司。1955年，肯德基公司成立，炸鸡和薯条成为标配，也成为全球流行的餐饮方式。

马铃薯的第三次全球化是薯片的普及。与薯条的发明属于有意为之不同，薯片的发明纯属意外，故事发生在19世纪美国纽约州的“半月饭店”：

> 这家饭店里有位主厨名叫克罗姆，他制作的“帆布背潜鸭”是这家店的招牌菜。1853年的一天，当主厨再次制作这道菜肴时，却遭到了一位顾客的指责。客人嫌弃主厨马铃薯切得太厚，便要求退回厨房。主厨在收到退回来的菜后，不知是出于展示厨艺的心理还是向客人示威的心理，主厨把马铃薯切成了像纸一样薄的薄片。不知主厨切马铃薯时是不是有过这样的想法：不是嫌马铃薯切厚了吗，那就切成最薄的给你看看好了。主厨将薄马铃薯片放下锅油炸，出锅后将一些调味料撒在上面，便端出去给客人了。万万没想到，这位客人竟然一口气把这些薄马铃薯

---

① 陈桂朝．马铃薯传奇：它是如何成为世界粮食的［M］．武汉：华中科技大学出版社，2014：110.

② 陈桂朝．马铃薯传奇：它是如何成为世界粮食的［M］．武汉：华中科技大学出版社，2014：89.

片全部吃完了，并且对其赞不绝口。薯片就这样诞生了。①

薯片在全球流行，始于 1960 年，比薯条稍晚一点，但基本是同步的。无论如何，薯条和薯片的发明和流行，极大地推动了马铃薯全球化的进程，也深刻地影响了人们的日常生活。

关于马铃薯历史的另一本书是《诸神的礼物：马铃薯的文化史与美味料理》②。这本书是关于马铃薯烹饪的历史，对教学启发不大。但通过阅读，还是可以了解到一些历史名人对马铃薯的赞美：

> 早晨是圆的，中午捣成泥，晚上切成片，尽管如此仍应保持——这是健康的。
>
> ——［德］歌德

> 马铃薯美丽红润又白如雪花石膏，好消化，对男人、女人及小孩来说，真是护胃圣品。
>
> ——［德］克劳狄乌斯

1992 年，为了寻找西班牙发行的纪念“发现”美洲的马铃薯邮票，我专门到北京的邮票市场，逐个摊位去询问。一个摊主知道我在找“马铃薯”时，不禁放声大笑，问周边的摊主：“你们有‘马铃薯’吗？就是‘土豆’”周边的摊主面面相觑，我也无功而返。今天，我已经收集了五十多种马铃薯的邮票了。这些邮票的信息非常丰富，如瑞士 2008 年发行了国际马铃薯年邮票，其意义在于让我们知道——“对未来可能面临的粮食困局来说，马铃薯简直就是上帝恩赐我们的圣物。”

《普通高中历史课程标准（2017 年版 2020 年修订）》提出了“生活情境”的概念：“生活情境，指在个人生活、家庭生活、社区生活中遇到的与历史有关的问题，如在倾听长辈的回忆、观看影视剧、游览名胜古迹时遇到的问题。”③ 其实，情境不一定会带来问题，但问题的产生一定跟情境相关。

---

① 陈桂朝．马铃薯传奇：它是如何成为世界粮食的［M］．武汉：华中科技大学出版社，2014：91－92．

② 哈斯林格．诸神的礼物：马铃薯的文化史与美味料理［M］．薛文瑜，译．杭州：浙江大学出版社，2018．

③ 中华人民共和国教育部．普通高中历史课程标准（2017 年版 2020 年修订）［S］．北京：人民教育出版社，2020：59．

我一直在思考历史情境如何跟生活情境结合在一起。我想，马铃薯的教学就是一个比较典型的例子。我虽然很少吃薯条和薯片，但身边的很多中学生却嗜吃成瘾，甚至一箱箱地邮购。马铃薯的种植是如何传遍全球的，我们都没有亲身经历过，但薯条和薯片是如何传遍全球的，我们都是见证人。要回答教材中提出的“食物物种交流怎样影响了人们的日常生活?”这个问题，不能单凭教材中的文字叙述，要更加紧密地与学生的生活实践联系起来。

五、“客邮”的情境化理解

——《水陆交通的变迁》教学反思一

高二选择性必修 2《经济与社会生活》第 12 课《水陆交通的变迁》最后一段叙述了中国邮政的发展变迁历程。正文的表述和“历史纵横”栏目关于“客邮”的表述虽都比较简略，但信息量很大。关于这段历史，教师要给学生讲述到怎样的程度，可根据学生的学情来决定，但教师自身宜加强对这段历史情境化的理解。所谓情境化的理解，是相对于现象化理解和概念化理解而言的，即不仅仅简单地了解某个历史现象，也不仅仅知道几个总结历史现象的概念术语，而必须通过史料阅读来掌握一些有情节的人物经历和典型事件。

关于这段历史的情境化阅读，我推荐大家参考《集邮博览》杂志 2018 年 8 月份的特刊——《大龙邮票与清代海关邮政——大龙邮票诞生 140 周年特刊》。这本特刊的文章总体质量很高。我读得比较认真的是其中的两篇：一篇是冷东、邢思琳的《从一封信管窥 19 世纪广州邮政》，另一篇是陈玥的《从多元到整合的晚清汉口邮政——以江汉关博物馆馆藏为视角》。这两篇文章或是从一件具体的文物出发，或是从一个具体的地点出发，来研究中国近代邮政史，有非常强烈的场景感。

冷东和邢思琳的文章研究了 1801 年 9 月 27 日一封从澳门发往广州的信件。一件简单的文物引发了万字的考据长文，从“复杂的背景”“隐蔽的‘邮局’”“昂贵的邮费”“秘密的邮差”“特殊的邮品”等五个方面讲述了一个极其精彩的故事。小标题本身就是情境化的表述，故事的讲述更是充满了破案的思维，饶有趣味，引人入胜。

陈玥的文章与教材的联系更加紧密，非常有助于我们理解教材的表述。文章以汉口为研究对象，给我们展示了驿递、民信局、工部书信馆、“客邮”等机构同时并存是怎样的一种混乱局面。文章以大量的文物作为证据，给我们展示了一个鲜活的历史场景，证明了中国近代邮政走向整合和现代化的必然性。汉口这个点，还可以与教材第 10 课《古代的村落、集镇和城市》中的“汉口镇的兴起”结合起来理解。

关于“客邮”这个知识点，最好有图片给学生观看，这样才能理解“客邮”为何物。推荐大家参阅《中国第二历史档案馆馆藏邮票邮品精选》（中国档案出版社 1999 年版）一书。该书专门有一节《帝国主义列强在华发行的“客邮”及加盖“中国”字样的邮票》，提供了 7 枚邮品。

例如，书中提供了一枚邮票，这是 1919 年美国在本土发行的邮票上加盖“中国”“上海”字样，然后在中国使用的邮票。这种做法，相当于在中国领土上行使邮政权，就是教材所说的“是对中国主权的侵犯”。

有些国家，直接就在中国本土上发行专用邮票。例如，图 9－4 为德国在中国胶州湾租借地开办邮政局所发行的邮票，图案为德国皇家游艇“霍亨佐伦号”，上端印有德文 KIAUTSCHOU（胶州湾），使用德国马克和芬尼币值。1897 年，德国军队在胶州湾登陆，武装占领青岛。刚开始的时候也是使用加盖“中国”字样的德国邮票，1901 年后，就专门发行了这种殖民邮票。当年我就买下了一枚这样的邮票，价值不菲。有了这些图片，学生或许更能理解什么是“客邮”。

图 9－4　德国发行的殖民中国胶州湾邮票

今天的学生都是信息社会的原住民，他们很难理解在现代通信技术高度发达之前一封家书所拥有的价值。在通信不发达的社会中，“家书抵万金”这五个字是丝毫不夸张的。我小时候为等一封信，会长时间地守在家门口盼着邮差的到来，会呆坐在父母单位的收发室里等着邮车的到来。这种场景和心情今天的学生很难体验了，他们都以为这个世界本来就应该是现在这个样子的，其实在人类的绝大部分时间里，世界并不是这个样子的。情境化的阅读理解，并不意味着我们需要把读到的内容都逐一讲给学生听，但当我们知道更多的历史事件及事件的背景化信息时，在我们讲述历史的时候，一定会有不同的心境、体会和想法，从而会运用不同的语气、语速、音调、节奏去表述，进而影响到学生对这个问题的认知和理解。这就是情境化阅读理解的意义所在。

六、再谈“客邮”的教学与命题

——《水陆交通的变迁》教学反思二

在《“客邮”的情境化理解》一文中，我论述过“客邮”的情境化教学方法。在准备给新一届学生讲授这一课的过程中，我又深化了对这个问题的研究。近代西方列强在中国开设的客邮非常多，如教材所述，“最多时有五六百处，其中日本开办的数量最多”。客邮发行的邮票流传至今的为数不少，其中比较典型的除了《“客邮”的情境化理解》中提到的德国在中国胶州湾租借地发行的邮票外，还有就是1894年英国人在湖北宜昌私自设立的“宜昌书信馆”发行的邮票。

宜昌是湖北省的重要城市，素有“三峡门户”“川鄂咽喉”之称。1876年，清政府与英国签订了不平等的《中英烟台条约》，内容包括增开宜昌、芜湖、温州、北海四处为通商口岸。此后，大批的洋行公司纷纷进入宜昌。这些洋行公司为了发展工商业务，自然就有了邮政寄递的需求。“宜昌书信馆”就是在这样的背景下产生的。

教材提到“1897年创办的大清邮政官局，是近代中国国家邮政的开端”。详细的史实是，1896年3月20日光绪皇帝正式批准开办国家邮政，下令所有商埠的“书信馆”必须在1897年2月2日之前关闭。“宜昌书信馆”就是在1897年被撤销的。西方列强在中国开办的客邮中，“宜昌书信馆”并不是最早的，存在的时间也不长，从1894年到1897年只有三年的时间，但由于发行邮票的图案比较特别且精美，所以一直受到较大的关注。

据学者考证，“宜昌书信馆”三年间总共发行邮票19种，邮票的图案都很有中华民族风格，如宜昌地图、中国古钱币、飞禽走兽、八卦图等。① 今天，要收集齐这19种邮票已经很难，个别的邮票在拍卖会上也拍出了天价。

我不指望能够找到“宜昌书信馆”这19种邮票，但出于教学的考虑，我还是很希望能够找到“宜昌地图”这一种。与中国古钱币、飞禽走兽、八卦图等图案相比，宜昌地图包含了更多的近代历史信息，无论是教学还是命题都是优质的资源。机缘巧合，在朋友的帮助下，我还是找到了这枚邮票。邮票为未使用过的新票，邮齿完整，品相良好，纸面略发黄，属于自然旧。

如图9-5所示，邮票采用棕红色印刷，图案由两个矩形框构成，分内外框。外框单线，内框双线。内框的图案为宜昌地图，可见“海关”“英

---

① 周厚贵．宜昌书信馆及其邮票论略［J］．三峡大学学报，2007（5）：9-12.

署”“长江”“Settlement”等字样。按照周厚贵的说法，这地图与今天的宜昌城区地图十分相似，这点我没有考证过。“海关”“英署”在城区地图中的位置非常清晰，这是典型的殖民建筑。“Settlement”可以翻译成“定居点”和“殖民地”，这是这枚邮票最为特别的地方，据说其他的客邮邮票上都从未出现过这个单词。地图的右上角有南北指向的标志符号，这是近代西方地图的特点。地图的外围呈现了“宜昌书信馆”“ICHANG”“纹银叁钱正”“3 MACE”等字样。“ICHANG”就是“宜昌”的英文翻译。

图 9－5　宜昌书信馆发行的邮票

这枚邮票毫无疑问就是西方列强侵犯中国邮政主权的铁证。我们应该采用教材的价值判断：“客邮的设立，是对中国主权的侵犯，阻碍了中国邮政事业的发展。”这枚邮票是佐证教材观点难得的文物。但从另外一个方面来看，客邮的存在也为大清创办邮政局和发行邮票提供了借鉴经验，邮票呈现中国事物的设计思路也被后来的邮票设计所延续，尤其是部分图案保留了当时珍贵的历史信息（如 19 世纪末的宜昌城市地图），这属于其间接的作用和影响。

在上课的时候，我把邮票展现给学生观看，增强学生对教材这一知识点的印象，同时，我还利用这枚邮票命制了几道题目。下面 5 道题目的难度由低到高逐步递进：

例 9－1　1894 年，居住在湖北宜昌的西方人私自设立了“宜昌书信馆”，开通邮政业务并发行邮票。这种机构被称为

A. 邮驿　　B. 客邮　　C. 电报馆　　D. 民信局

例 9－2 下图为 1894 年西方人在宜昌私自发行的邮票，地图中的文字有“海关”“英署”“长江”“Settlement”等。据此，你认为当时宜昌已经被哪个西方国家的势力所渗透？

A. 英国　　B. 法国　　C. 德国　　D. 日本

例 9－3 下图为 1894 年西方人在宜昌私自发行的邮票。邮票中的地图是长江沿岸的宜昌城区图，图中有中文和英文标识。你认为这件文物可以实证以下的哪项内容？

A. 近代中国邮政业的兴起　　B. 近代宜昌城的快速发展
C. 西方列强侵犯中国主权　　D. 西方列强尊重中国文化

例9－4　1894 年，居住在湖北宜昌的西方人私自设立了“宜昌书信馆”，开通邮政业务并发行邮票。下面这枚邮票中可见“宜昌书信馆”、“ICHANG”（“宜昌”）、“纹银叁钱正”、“3 MACE”、“海关”、“英署”、“长江”、“Settlement”等字样。你认为邮票中最能反映西方人侵犯了中国邮政主权的信息是

A.“海关”　　　　B.“英署”

C.“Settlement”　　　　D.“宜昌书信馆”

例9－5　1894 年，居住在湖北宜昌的外国人私自设立了“宜昌书信馆”，发行邮票并开通邮政业务。1897 年大清邮政官局创办后，“宜昌书信馆”被撤销和关闭。下面是宜昌书信馆发行的一枚邮票。邮票中间为宜昌城区地图，可见“海关”“英署”“长江”“Settlement”等字样和南北指向的标志符号。地图四周围绕着“ICHANG”（“宜昌”）、“宜昌书信馆”、“3 MACE”、“纹银叁钱正”等字样。

观察图片，提取关联信息，从《殖民侵略的印记》《19世纪末的宜昌城》《中国近代史上的客邮》中任选一个题目，并结合所学知识，写一篇历史小论文。（要求：运用史料实证的思路，论述时起码提出三个史实证据，逻辑严谨，表达清晰。）

［参考答案］

例9－1　B；例9－2　A；例9－3　C；例9－4　D；例9－5（略）

第十章
中学历史问题教学法的实践反思[①]

问题教学法的目标是让学生通过解决实际问题来掌握相关的知识。现代问题教学法的实施，涉及提出有效问题、创设问题情境、激发学习动机、营造课堂氛围、注重人格培育等诸多要素。问题教学法的起源很早，在中国古代孔子和西方苏格拉底的实践中都可以找到源头。近代的卢梭，现代的杜威、布鲁纳、马赫穆托夫、马丘什金等教育家在理论上又有新的建树。问题教学法强调让学生通过自主思考来解决实际问题，与学科核心素养的培育目标是高度吻合的。在高中历史教学中运用问题教学法，既符合新课程的教学理念，也有助于实现初高中课程的有效衔接。

一、问题教学法的难点在于问题情境的创设
——《辽宋夏金元的文化》教学反思

《普通高中历史课程标准（2017 年版 2020 年修订）》明确提出了“问题教学模式”这一概念。出处是在“教学与评价建议”中：“可以根据学生的学习情况，运用主题教学、问题教学、深度教学、结构—联系教学等教学模式，对教科书的顺序、结构进行适当的调整，将教学内容进行有跨度、有深度的重新整合。”对于什么是“问题教学模式”，《普通高中历史课程标准（2017 年版 2020 年修订）》并没有给出定义，但在其他部分的论述中，我们大体可以理解其基本要求：“学生历史学科核心素养的发展，绝不是取决于对现成的历史结论的记忆，而是要在解决学习问题的过程中理解历史，在说明自己对学习问题的看法中解释历史。教师要认识到，任何一种教学方法的

① 本文曾发表于《历史教学》2023 年第 1 期，有改动。

实施，都在一定程度上与问题的提出和解决有十分密切的关系。因此，教师在分析教学内容的基础上，要以问题引领作为展开教学的切入点，结合教学内容的逻辑层次，设置需要在教学过程中解决的问题。”从中我们可以判断，这里所说的“问题教学”有别于“提问法”，其重心不在于师生的互动对答，而在于师生共同围绕一个问题进行讨论、探究和解决。

所谓教学模式，是指在一定教学思想或教学理论指导下建立起来的较为稳定的教学方法和教学流程。关于问题教学模式，有学者提出的定义是："师生合作共同解决一个实际问题，以达到启发学生思维和培养学生解决问题能力的一种教学方法。早在2 000多年前，我国伟大的教育家孔子和希腊大哲学家、教育家苏格拉底都成功地运用提问技巧来引导学生学习。"① 问题教学模式虽然可以追溯到孔子和苏格拉底，但我们今天所说的问题教学与古代教育家的提问法还是有非常大的差异的。在理论层面，现代问题教学法建立在思维心理学的研究基础上；在实践层面，现代问题教学法总结出多种实践模式，它不是指教师就某个小问题跟学生对话，而是花较多的时间甚至是一节课的时间围绕一个核心问题组织学生进行探究学习。

学者们列举了现代问题教学模式的三种类型：一是美国教育家杜威的模式，分为“疑难的情境—确定问题—提出假设—推理—验证”等五个步骤；二是当代美国的问题教学模式，分为“选择问题—明确问题—寻找线索—解决问题”等四个步骤；三是苏联教育家巴班斯基的问题教学模式，分为“创设问题情境—组织集体讨论—证实结论—提出问题作业”等四个步骤。② 这三种教学模式的内容与《普通高中历史课程标准（2017年版2020年修订）》的表述基本是一致的，都指向一个核心环节——创设问题情境。“问题教学法的核心内容是对问题情境的研究。马秋斯金认为，学生掌握新知识的过程实质上就是在问题情境中实现思维的过程，因而问题的要旨就在于为学生创设适当的问题情境。”③

在备《辽宋夏金元的文化》一课时，我就尝试使用问题教学法。第一步是把两宋文化的内容单独拎出来处理，因为宋文化实在是太过绚烂多彩、博大精深。教材叙述了许多宋代的文化现象，但要梳理出相关的规律和线索却并不容易。第二步我想能否设计一个情境问题，让学生围绕这个问题再利用教材的素材展开讨论？思考再三，我决定把问题定位在对宋文化的评价上来。

---

① 商继宗. 教学方法：现代化的研究［M］. 上海：华东师范大学出版社，2001：81.

② 商继宗. 教学方法：现代化的研究［M］. 上海：华东师范大学出版社，2001：90－92.

③ 商继宗. 教学方法：现代化的研究［M］. 上海：华东师范大学出版社，2001：84.

近十多年来，学术界和新闻媒体对宋文化的研究和追捧突然间变得热闹非凡。回想20世纪80年代读中学时，我对宋代历史的印象并不算太深刻。90年代读研究生时学的是宋史，也并没觉得宋文化已经登峰造极了。进入21世纪后，学术界出版的研究宋代历史的书籍极其丰富，新闻媒体对宋文化的宣传也大张旗鼓。对于这一社会现象和文化现象，学生由于没有经历前后的对比，不一定能够感受到。于是，我通过电子屏幕展示了一系列的书影，既是为了给学生推荐阅读书目，又是为营造问题情境提供素材。展示的期刊有《三联生活周刊》2017年第2期（“我们为什么爱宋朝”专刊）、2018年第5期（“宋朝那些人”专刊）和2020年第44期（“苏东坡地理”专刊），展示的普及读物有吴钩的《宋：现代的拂晓时辰》《知宋：写给女儿的大宋历史》《风雅宋：看得见的大宋文明》，展示的学术书籍有陈振的《宋史》和赵冬梅的《大宋之变：1063—1086》《人间烟火：掩埋在历史里的日常与人生》。

接下来，我继续一边展示课件，一边讲述我的一个亲身经历：“2017年底，我带队去美国访学培训，在纽约州的哈克里中学（Hackley School）听了两节初中的历史课。这两节课是连堂上的，上的是中国的宋代历史。美国的初中能够用两节课的时间来学习宋史，我还是很惊讶的。可见宋史在国外的历史教育中非常受重视。在这两节课上老师并没有讲述多少内容，而是让学生上网搜集资料，然后分小组确定研究主题并制作展板。你们看看他们最后汇报的成果，有‘茶叶与大米’‘火枪与火箭’等。”我给学生展示了大量的图片资源，为的是让学生对宋史的重要性和宋史研究的火爆有一个基本的印象，营造一个研究情境并提出一个问题：“许多宋史的爱好者通常对著名史学家陈寅恪的一个论断津津乐道：‘华夏民族之文化，历数千载之演进，而造极于赵宋之世。后渐衰微，终必复振。’意思是说宋代文化是中华文化的最高峰。同学们思考一下，你们是否同意这个观点？”

学生的反应非常活跃。一名同学举手发言：“我不同意这个观点。宋朝的军事实力不行，在世界上的影响力不够大。现在国外还有人称中国人为唐人的，但却没有称宋人的。”另外一名同学即时反驳：“我同意这个观点。陈寅恪说的是宋代文化兴盛，并没有说宋代全方位强盛。宋代的文化当然比唐代发达，宋代出现的著名文学家就比唐代多。”学生能够提出不同的意见让我很高兴，心想这个情境创设是成功的，相应的情境问题激发了学生思考和回答问题的欲望。于是我进一步把本节课要探究的问题明确下来：“刚才两位同学有截然相反的观点。本节课我们就根据教材的内容来共同探究一下，宋代文化是不是中华文化的高峰？”

接下来的课堂教学，一方面是充分利用教材的内容，另一方面是紧紧围绕“宋代文化是不是中华文化的高峰?”这个问题展开。整个教学设计，比较接近于巴班斯基的问题教学模式。

根据教材的内容，本节课的教学中我跟学生总结了宋代文化的五个特点——平民化、世俗化、人文化、内敛性和创新性，最后得出的结论是——教材的内容仅能提炼出宋代文化的特点，还不足以论证宋代文化是中华文化的最高峰。我们还需要寻找更多的资料并进行中国历史的前后对比和中外历史的横向对比才能够论证陈寅恪的观点。言下之意就是我们暂时还没能找到本节课所探究的问题的答案。

对于本节课的教学我还是比较满意的。一来整节课的中心很明确，紧密围绕一个探究问题展开；二来情境问题的设计确实调动了学生学习的积极性；三来告诉了学生一个道理——并非任何材料都能够证明一个观点，当材料不充分的时候就无从证实一个观点。

课后我继续对两个问题进行了反思。第一，问题教学法强调营造一个问题情境，这种情境的营造跟传统教学法所提倡的课前导入有何异同?我想，其最大的共同点是两者都强调通过具体的问题导入新课的学习，而最大的差异点在于问题教学法强调整节课或者一节课的大部分时间都围绕一个问题展开教学，而传统的导入教学法仅仅是通过一个问题引出新授课的内容。要区分两者的差异并不难，问题教学法在授课结束后，能够把课前的情境问题再次提出来并做出结论，而导入教学法则较难做到这一点。例如，在本课开始的时候，我提出的情境问题是:“宋代文化是不是中华文化的最高峰?”在本课结束的时候，我能够再次提出这个问题并做出结论:“本课的资料不足以论证这个问题。”这就属于问题教学法。又例如，2004 年广东、山东、海南、宁夏四个省区率先实施高中新课程，那一年恰逢刘翔在雅典奥运会男子 110 米栏决赛中夺冠，许多教师都热衷于使用刘翔的视频来导入《雅典民主政治》这一课。通过时事新闻热点来导入新课，虽然内容有点牵强，但也无可厚非。关键是授课结束后，教师是不可能再次呼应刘翔夺冠的事情的，因为这跟雅典民主没有关系。这充其量就是一个导入教学法。

第二，当我明明知道单凭教材的内容不能满足学生探究的需求时，仍然把问题提出来让学生去思考讨论，这种做法有意义和价值吗?我的这种教学设计的思路估计是来自我带研究生写毕业论文的经验。有好多回，我的研究生提出要撰写某个题目的毕业论文的愿望，我最后都劝他们放弃，因为他们所积累的资料不足以满足他们的雄心。我也希望高中生能够明白这个道理——并非所有史料都能够实证。当材料不充分，研究方法尚未掌握时，就不要硬着头皮、强词夺理地去论述一个问题。当然，我更希望给学生留下一个挑战的空间和奋斗的目标，期待他们在课后继续思考这个问题。

二、学术情境在问题教学法中的运用
——《文明的产生与早期发展》教学反思

《普通高中历史课程标准（2017 年版 2020 年修订）》不但大量论述了情境教学与情境命题的要求，而且将新情境的类型分为学习情境、生活情境、社会情境和学术情境四种。《普通高中历史课程标准（2017 年版 2020 年修订）》对学术情境的定义是“指历史学术研究中的问题，如历史学家对某一历史问题有多种看法等”。我觉得学术情境这个概念是提得非常好的，但对这个概念的定义却不是太到位。如果学术情境仅仅是历史学家对问题的看法，那么不就是学术观点吗？学术情境与学术观点不就是同一回事了吗？我认为情境就是跟某个事件相关联的背景化信息，以此类推，学术情境就是跟学术研究相关联的背景化信息。具体说来，学术情境指的是学者研究某个问题、提出某个观点的背景化信息。这些背景可以是社会的大背景，也可以是家庭的小背景，甚至包括个人的身体健康情况等更小的背景。对这些背景化信息我们了解得越清楚、越全面、越具体，我们对该研究的思路及成果的认识也就越深刻。

例如，2019 年高考全国Ⅰ卷有一道题目，要求学生评析钱穆在《国史大纲》中的一段论述，这段论述最核心的一句话就是我们耳熟能详的“对其本国以往历史有一种温情与敬意”。题目在《国史大纲》的后面加了一个括号，注明是 1940，意思是说钱穆的这本书是在 1940 年写成的。就钱穆的这本书而言，表达的就是他的观点和看法，只有“1940 年”才是学术情境。1940 年抗日战争正处于异常艰难的防御阶段，钱穆就是在这样的历史大背景下写这本书，说这段话的。离开了这个情境，我们就难以准确地理解钱穆的观点。

教材在《文明的产生与早期发展》一课的“问题探究”栏目中提供了一段材料并设计了一个问题：

> 20 世纪，德国哲学家雅斯贝尔斯把公元前 8—前 3 世纪称作“轴心时代”。他认为，在这一时期，中国、印度和希腊都产生了著名的哲人和思想家，他们对如何治理国家、人与人的关系、人类与自然界的关系等重大问题提出了许多重要见解。这个时期文化和思想上的创造，深刻影响了此后各个文明的发展。
>
> 孔子和苏格拉底都是这一时期的思想家，了解他们的思想，并探讨其中一位对其所处时代的影响。

对这个“问题探究”的处理我有过两个尝试。第一个处理是借用了2015年高考全国Ⅱ卷的题目。该题目分别提供了孟子和苏格拉底的思想材料，要求学生“根据材料并结合所学知识，概括孟子和苏格拉底的法制观念”。当时的想法是通过具体的历史人物的言行给予学生感性的认识。但这个设计有诸多缺陷——孟子虽然属于儒家学派的人物，但毕竟不是原创型的人物；教材强调的是“轴心时代”的思想家对后世的影响，高考的素材侧重于对比中西方的异同。

第二个处理就是采用了创设学术情境的思路。教材的材料说雅斯贝尔斯在20世纪提出了“轴心时代”的理论，那么他究竟是在20世纪的什么时候提出这个理论的？又是在什么具体的背景下提出这个理论的？我首先参考的书是雅斯贝尔斯的名作《四大圣哲》①。雅斯贝尔斯在书中论述了他对苏格拉底、佛陀、孔子和耶稣的认识。翻译者是著名的哲学家傅佩荣，他说这是对他影响最深的一本书。书写得很好，但对设计几分钟内就得完成的教学任务帮助不大，我只作为推荐书目介绍给学生。对我进行教学设计帮助巨大的是《雅斯贝斯哲学自传》。结合我对雅斯贝尔斯的了解，并利用该书的素材，我对学生说：“雅斯贝尔斯是一个言行一致的杰出哲学家。纳粹上台后，雅斯贝尔斯因妻子是犹太人而受到迫害。他的妻子不想连累丈夫请求雅斯贝尔斯放弃自己，雅斯贝尔斯回答说：‘我如果这样做的话，我的全部哲学没有任何意义。’德国纳粹肆虐时期，堪称是人类历史上的至暗时刻。身处德国的雅斯贝尔斯是如何面对纳粹的白色恐怖的呢？我们看看他在书中是怎样写的：‘由于国社党的恐怖统治与被排除于自己的国家之外的经历，我的历史兴趣有了转变。哲学逻辑并不是我那时唯一的工作。1937年，我通过阅读获得了关于世界的新资料。我很高兴徜徉在中国的精神世界中，感到在那儿存在着一种与我自己周围的野蛮状态相反的人性存在的共同本原。我对中国的人道精神产生了热爱和赞美之情。在那些年里，我的妻子常常在晚上依据我们当时的心境为我读一些书：或读莎士比亚和埃斯库罗斯，或读关于英国历史方面的书和中国小说。’②”

读完书中的这一段，我继续跟学生说：“雅斯贝尔斯就是在这样的背景下思考人类文明的轴心时代的。教材提到古代哲人对如何治理国家、人与人的关系、人类与自然界的关系等重大问题进行了思考。这些问题其实一直在困扰着人类。当一个人衣食无忧、诸事顺遂的时候，不一定会思考这些问

---

① 雅斯贝尔斯．四大圣哲［M］．傅佩荣，译．北京：商务印书馆，2022.

② 雅斯贝斯．雅斯贝斯哲学自传［M］．王立权，译．上海：上海译文出版社，1989：101－102.

题。而当一个人穷困潦倒、孤独无助的时候，就有可能思考这些终极性的问题。轴心时代的思想家都对这些问题提出了自己的答案，并深远地影响了文明的发展。因此直到 20 世纪，面对纳粹暴政，雅斯贝尔斯依然可以从中国古人的智慧中寻求心灵的慰藉，并且度过了那段恐怖的时光。”

所有的史学观点，其实都是由具体的历史学家提出来的。理解一种学说，不一定需要了解学者的生平，但如果了解了学者的生平，却有助于我们更好地理解该学说。“钱穆在逃亡中著《国史大纲》；余光中于台湾满怀热忱抒乡愁；黄仁宇在美国写回忆录《黄河青山》；或许进路不同，但那代人共享了同一种情感底色，对国家的深厚感情自然得‘不容怀疑’。”① 《普通高中历史课程标准（2017 年版 2020 年修订）》推出了“学术情境”这一概念，其意义恐怕就在于此。对于高中学生，我建议他们起码要读一本史学家的传记，而对于历史教师，我希望大家多读古今中外史学家的传记。唯有这样，我们才能够更好地领会各种学术观点的内涵。

三、问题教学法的重点在于教学内容问题化
——《资产阶级革命与资本主义制度的确立》教学反思

丁念金在《问题教学》一书中对问题教学下了一个明确的定义：“所谓问题教学，是指以问题为中心的教学，它是把教学内容化作问题，引导学生通过解决问题从而掌握知识、形成能力、养成心理品质的过程。”② 这个定义尽管是在 2005 年的专著中提出来的，但与今天的《普通高中历史课程标准（2017 年版 2020 年修订）》相对照，依然有高度的契合性。例如，该定义强调问题教学的过程就是学生解决问题的过程，这与《普通高中历史课程标准（2017 年版 2020 年修订）》的理念要求是相一致的。《普通高中历史课程标准（2017 年版 2020 年修订）》关于“解决问题”的表述多达 32 处，如“更加强调提高学生综合运用知识解决实际问题的能力”“在对问题的研究及解决过程中提高历史学科核心素养”“要以问题解决的水平程度作为教学目标的核心内容”等。学生拥有学科核心素养的水平，取决于其解决问题的综合能力；而培育学生学科核心素养的教学，其重点在于把教学内容问题化，让学生通过解决问题来掌握学习的内容。

由于初中和高一的历史课程都采用了通史的体例，因此有许多内容是重复叙述的。在高中教学中，教师不宜简单地重复讲述初中的内容，一个比较

---

① 董可馨，王小豪. 许倬云：鲐背老者的超越与忧愁［J］. 南风窗，2022（9）：31.

② 丁念金. 问题教学［M］. 福州：福建教育出版社，2005：41.

好的处理方法就是把高中教材的内容问题化。例如，《中外历史纲要（下）》第9课《资产阶级革命与资本主义制度的确立》叙述了三个内容——“英、美、法资产阶级革命”“资本主义制度的确立”“资本主义的扩展”。在教学设计中，可以把这三个内容转变为可供学生探究的学习问题。问题的提出，不是简单地把教材的陈述句变为问句，而是在深研教材的基础上，设计出有一定难度和较新角度的探究问题。我通过三个问题的探究来组织本课的教学。

第一个探究问题是：“王权在近代欧洲的历史作用和历史地位是怎样的?”探究这个问题的资料全部来自教材。教材在《中古时期的欧洲》一课对欧洲近代王权的兴起是给予了肯定性的评价的，如“封建制初期，权力分散，王权软弱。……到15世纪晚期，基本完成了法兰西的统一，王权得到强化。15世纪末，在伊比利亚半岛形成的国家有西班牙和葡萄牙。这些王国为西欧民族国家的发展奠定了基础。……城市还以金钱和人力支持王权，一定程度上促进了国王的统一事业。”但在本课中，王权却成为了被革命的对象。教材写道：“英国资产阶级和新贵族在经济上日益强大，他们以议会为基地，向专制王权发起挑战。”那么，我们应该如何认识王权在近代欧洲历史上的作用和地位呢？这需要运用唯物史观的发展观点来进行分析。任何事物都是在发展中不断变化的。曾经进步的事物，随着历史的发展变迁，有可能变成退步和落后的。

第二个探究问题是：“资本主义制度建立可以分为哪些阶段?”探究这个问题的资料也全部来自教材。我把教材后面大事年表中与英、美、法、俄、德、日资本主义制度建立相关的内容全部梳理出来，根据时空观念素养的培育要求，请学生从时间和空间两方面分别探究两个问题：一是“结合教材的表述，指出从时间上看，资本主义制度的确立和扩展有什么特点”；二是“结合教材的表述，指出从地域上看，资本主义制度的确立和扩展有什么特点”。这两个问题并不难，但有效地避免了高中教学的内容对初中的简单重复。

第三个探究问题是：“资本主义制度建立有哪些不同模式?”这个问题是对教材内容的进一步提炼，如学案片段10－1所示。

学案片段 10－1

任务三：阅读教材，完成下面的填空。

模式	特点	相似国家	理由
英国模式	渐进改革，政局相对平稳		
法国模式	暴力革命，政体演变循环反复		
德国模式	专制独裁，专制主义借尸还魂		

这个设计思路来源于上一轮课程改革中，我对“欧美资产阶级代议制的确立与发展”教学专题的设计。① 我预设的答案是，与英国模式相似的国家是美国，与法国模式相似的国家是俄国，与德国模式相似的国家是日本。没想到的是，这个问题让大部分学生觉得费解，他们不理解为什么可以做这样的分类。我不得不花较长的时间来进行讲解。

总的说来，我觉得这三组问题设计既基于教材三个内容的要求，也避免了对教材的照本宣科。三组问题的呈现次序也体现了循序渐进的思维特点，第一组和第二组问题学生很容易就解决了，第三组问题则花费了较大的工夫。在整个教学过程中，学生探究的积极性很高，最终也深化了对教材内容的理解。丁念金指出：“学习结果不是掌握现成的知识，而是学生自己发现的知识，是学生通过自己的探索而发现知识，这种知识对于人类来说一般并不是新的知识，但对于学生来说却是新的知识。”② 高中历史教学，一定要让学生在初中学习的基础上有新的收获，而且这些收获要源自学生自身的探究，这有赖于教师把教材的内容转化为值得探究的问题。这就是问题教学法的重点所在。

① 黄牧航．谈高中课程改革背景下历史教材处理的三个层次：以岳麓版《历史必修Ⅰ》第三单元为例［J］．中学历史教材，2005（3）：7－12．

② 丁念金．问题教学［M］．福州：福建教育出版社，2005：43．

第十一章
中学历史任务驱动式教学的实践反思

任务驱动式教学，是指学生在教师的指导下，紧紧围绕一个或多个任务进行自主探究或互动协作，通过最终解决问题来达成教学目标的学习实践活动。简单说来，任务驱动的教学设计意味着我们的课堂教学应该是活动课，让学生在实践活动中进行学习。在以核心素养为目标的课程改革中，提倡任务驱动式教学是课堂教学改革的重要内容之一。《普通高中历史课程标准（2017 年版 2020 年修订）》并没有提出“任务驱动”这个概念，但明确指出“教学模式与教学方法的选择与应用、教科书的整合与教学资源的利用等都要围绕着学生自主活动来组织，真正实现以学生学习活动作为整个教学活动中心的‘学习中心课堂’”。此外，《普通高中历史课程标准（2017 年版 2020 年修订）》提供了大量以任务学习为核心内容的教学设计案例。设计适宜的学生学习任务并不容易，尤其在高一教学中，由于课时量相对不足，任务驱动教学更是难上加难。但在教学实践中，我还是做了些力所能及的尝试。

一、任务驱动教学激发学生学习历史概念的兴趣
——“丝绸之路”的教学反思

可能是受写论文和做课题的专业思维的影响，在给高中生上课时，我习惯于首先给学生界定关键的历史概念。这种做法遇到的最大问题就是——学生提不起兴趣，教学效果也不太好。

学术思维和学习思维是有差别的。学术思维首先强调的是严谨，要把关键概念界定清楚，才能够继续进行推理和论证；学习思维首先强调的是兴

趣，如果学生提不起兴趣，无论教师强调该内容多么重要，学生还是不愿意去掌握。高中阶段的历史教学，概念学习显得更加重要。如果不把一些概念术语的内涵和外延明确下来，课堂教学中尚不至于出现很大的争议，但在命题评价中往往就会出现巨大的分歧。这在实践中还会出现激烈的矛盾冲突——学生上课的时候没有耐心听教师剖析历史概念，在做题的时候却会抓住许多概念的思维漏洞与教师展开争辩。

中学历史教材中的许多概念都属于这种情况——大家都不较真的时候也就得过且过了，但大家都较真的时候却发现漏洞百出，甚至发现大家说的可能不是同一回事。例如，“丝绸之路”就属于这样的概念。

什么是“丝绸之路”？初中教材的定义是比较明确的：“商人们载着汉朝的丝绸等货物，从长安穿过河西走廊，经西域运往中亚、西亚，再至于到更远的欧洲；又把西域的物产和奇珍异宝运到中原。这条沟通欧亚的陆上交通道路，就是著名的‘丝绸之路’。”（《中国历史》七年级上册第14课《沟通中外文明的“丝绸之路”》）

初中教材给“丝绸之路”下的定义是比较清晰的，对其时间、空间和内涵都做了界定，尤其是时间上明确了是在“汉朝”期间发生的事情。高中选择性必修3《文化交流与传播》第9课《古代的商路、贸易与文化交流》对“丝绸之路”的概念就极大地拓展了。从时间上看，唐朝也有丝绸之路；从空间上看，唐朝的丝绸之路除了汉朝开通的中线和南线外，还新开通了北线；从概念的外延看，除了“陆上丝绸之路”，还有“海上丝绸之路”“草原丝绸之路”“西南丝绸之路”。

高中教材的表述极大丰富了“丝绸之路”这个概念的外延，要据此下一个简明的定义并不容易。我查阅了《中国古代史名词》，其定义如下：

> 丝绸之路：古代中国与中西亚、南亚、东南亚及欧洲、非洲地区联系和贸易的交通要道。因汉以来经此运输的代表性物品为丝绸，近代西方学者始以此称。其各段路途构成及开通之况历代不一，汉唐间常由河西走廊经天山南侧、北侧至葱岭向西，又有北方草原和青藏高原东南等路，另有海上各路。宋元以来不同区段有兴有衰，在东西交流和中外关系史上具有重要地位。①

这个概念是比较明确的，但在教学实践中遇到的问题是——绝大多数高

① 中国古代史名词审定委员会. 中国古代史名词（2022）［M］. 北京：商务印书馆，2022：66.

中生是不会有耐心去听教师分析这个概念的。无论教师表述得多么精准，学生还是没有兴趣去听。

我在教学中不经意地做了一个设计，居然收到了意想不到的效果——下午第一节的沉闷课堂炸开了锅，大多数学生都积极参与到概念的讨论中。

我先给学生介绍了一本畅销书——英国学者彼得·弗兰科潘撰写的《丝绸之路：一部全新的世界史》，指出这本书的特点是提出了 24 个让人惊奇的切入角度："信仰之路、基督之路、变革之路、和睦之路、皮毛之路、奴隶之路、天堂之路、铁蹄之路、重生之路、黄金之路、白银之路、西欧之路、帝国之路、危机之路、战争之路、黑金之路、妥协之路、小麦之路、纳粹之路、冷战之路、美国之路、霸权之路、中东之路、伊战之路。"①

学生听到这些内容并没有什么反应，可能觉得既然是史学名著，总有其道理，了解一下就可以了。我接下来继续引导学生归纳提炼这些切入角度的内容："请从宗教、贸易、政治、军事、地缘等五个方面把材料中的切入点进行分类，每类列出三个切入点。由此进一步总结丝绸之路的特点是什么。"我希望学生得出如下结论：

宗教类（信仰之路、基督之路、天堂之路）

贸易类（皮毛之路、奴隶之路、重生之路、黄金之路、白银之路、黑金之路、小麦之路）

政治类（变革之路、和睦之路、帝国之路、危机之路、妥协之路、纳粹之路、霸权之路）

军事类（铁蹄之路、战争之路、冷战之路、伊战之路）

地缘类（西欧之路、美国之路、中东之路）

在这些归纳的基础上，我引导学生进一步提炼出各个切入角度的特征：

宗教类：信仰多元　宗教交汇
贸易类：物产丰富　贸易兴旺
政治类：政治复杂　变动不安
军事类：列强纷争　战争频繁
地缘类：地缘重要　大国角逐

① 弗兰科潘．丝绸之路：一部全新的世界史［M］．邵旭东，孙芳，译．杭州：浙江大学出版社，2016.

我设计这些内容，费了不少心思，但学生依旧是没啥反应，估计是觉得这些内容实在太枯燥了吧。我最后给学生抛出了一个探究问题。没想到正是这个问题，让大多数学生惊醒过来，七嘴八舌地讨论起来：

提问：弗兰科潘和李伯重在争论什么？

我跟学生说，弗兰科潘的观点，并非所有历史学家都认同，比如我国著名的经济史家李伯重就表示反对，他认为弗兰科潘把“丝绸之路”这个概念泛化了，“丝绸之路”成为一个筐，什么都可以往里面装，最后把我们都弄糊涂了，搞不清楚这到底是条什么路。

到了这个时候，学生才开始认真地阅读我提供的材料，并纷纷提出质疑：“天堂之路是什么意思？美国之路是什么意思？丝绸之路怎么跟美国扯上关系了？……”

这个讨论完全打乱了我的教学计划，我也给予了学生更多的时间去讨论这个问题，最后展示了李伯重的观点并帮助学生更好地理解这个概念：

李伯重的观点

贸易：丝绸之路的本质是一条商路。

丝绸：丝绸是最为重要的贸易商品。

空间：中国和西欧是最重要的两个区域。

时间：从公元前2世纪张骞通西域到13—14世纪的“蒙古和平”。

我觉得，授课至此，学生才真正对“丝绸之路”这个概念产生兴趣，也真正开始认真地思考这个概念。

《普通高中历史课程标准（2017年版2020年修订）》指出，考试命题要遵循“以新情境下的问题解决为重心”的原则，这既是新课程的改革理念，也是教学设计的原则。中学历史教材的大多数内容其实都是学生有所了解的，照本宣科、故作高深都很难吸引他们的学习兴趣。比较有效的方法是把教材的知识都转变成为情境问题，让学生在解释和解决问题的过程中深化认知、提高能力。

沿着这个思路，我又设计了相应的探究任务。例如，单纯给学生讲陆上丝绸之路的走向并不能吸引学生的兴趣，可以把问题转变为：“文成公主进藏走的是丝绸之路吗？”

再如，单纯给学生讲西南丝绸之路的走向也不能吸引学生的兴趣，可以把问题转变为：“茶马古道属于西南丝绸之路吗？”

上述问题，看似简单，但要合理地解释还得立足于对“丝绸之路”这个概念的定义。在这一系列问题的驱动下，学生会更加主动地思考如何掌握“丝绸之路”这个概念。

思维起于惊奇。要激发学生学习历史概念的兴趣，把内容转化为探究问题来呈现是有效的途径。如果学生缺乏主动探究的欲望，所有的教学都只是灌输。任务驱动式的教学方法不仅适用于历史概念的教学，也适用于所有历史内容的教学。

二、培育唯物史观素养的任务驱动式教学设计

——《五四运动与中国共产党的诞生》教学反思

在《普通高中历史课程标准（2017 年版 2020 年修订）》中，唯物史观被放在了五大核心素养的首位，那是因为“唯物史观是诸素养得以达成的理论保证”。在教学中，我们要帮助学生“了解唯物史观的基本观点和方法”，但更重要的是“将唯物史观运用于历史的学习与探究中，并将唯物史观作为认识和解决现实问题的指导思想”。根据《普通高中历史课程标准（2017 年版 2020 年修订）》的要求，我们在教学中应该更多地设计学习任务，让学生在任务执行的过程中不断地提高自身的唯物史观素养。培育唯物史观素养的任务驱动式教学设计需要注意的是尽量把任务的内容与具体的历史事物结合在一起，不宜单纯地为讲唯物史观而讲唯物史观，而要在讲述具体的历史事件的过程中体现唯物史观的内容。

首先，历史的学习离不开具体的人和事，唯物史观的基本原理和方法也源自人类的劳动实践。因此，在历史学习中掌握唯物史观的基本原理和方法不宜从概念到概念，从理论到理论，而必须跟具体的历史史实相结合。例如，《五四运动与中国共产党的诞生》一课讲述了马克思主义传入中国的史实，是让学生理解唯物史观基本内容的重要一课。在进行教学设计时，可充分利用好课后的“探究与拓展”栏目。这个栏目通常能够给任务驱动设计提供非常好的素材和思路，它提供了蔡和森在《新青年》发表的一篇文章的部分内容，要求学生阅读后“谈谈蔡和森为什么信仰马克思主义”。在进行设计时我们要认识到——传播和接受马克思主义的都是具体的人。在历史教学中，不宜脱离开人和事来空谈思想的传播。蔡和森作为早期马克思主义者的典型个案，材料中明确地表达了他对马克思主义的理解以及接受马克思主义的原因。在教学中，完全可以照搬教材这个栏目的内容作为学习任务设计的内容。

此外，根据学生的基础，本设计还有两种加强版的思路：第一种思路是

增加恩格斯《在马克思墓前的讲话》的材料，让学生对比这两组材料的观点是否完全一致；第二种思路是增加吴泽主编的《史学概论》的内容，让学生明白马克思主义传播的思想背景是中国古代传统的变易思想和西方庸俗的进化观点无法给中国指明出路。这三种设计的目标都是为了让学生更好地理解唯物史观的内容，而学习的方法是对具体的人和事进行探究，认识到马克思主义在中国的传播并非是一帆风顺的。学案设计如学案片段 11－1 所示。

学案片段 11－1

任务：阅读教材和材料，回答下面的问题。

材料一　正像达尔文发现有机界的发展规律一样，马克思发现了人类历史的发展规律，即历来为繁芜丛杂的意识形态所掩盖着的一个简单事实：人们首先必须吃、喝、住、穿，然后才能从事政治、科学、艺术、宗教等等；……

不仅如此。马克思还发现了现代资本主义生产方式和它所产生的资产阶级社会的特殊的运动规律。由于剩余价值的发现，这里就豁然开朗了……

马克思首先是一个革命家。他毕生的真正使命，就是以这种或那种方式参加推翻资本主义社会及其所建立的国家设施的事业，参加现代无产阶级的解放事业。

——恩格斯《在马克思墓前的讲话》

材料二　洋务运动后，鼓吹生存竞争、弱肉强食的社会达尔文主义进化论被引进到中国，成为中国民族资产阶级的思想基础。无论是康有为、梁启超、严复的改良版进化论，还是孙中山的革命版进化论，尽管起到了解放思想、鼓舞民气的作用，但由于是“建立在古代传统的变易思想和西方庸俗的进化观点的基础上的，没有形成自己独立的思想理论体系。因此，在遭到帝国主义和封建主义文化夹攻的时候，便无招架之力，很快败下阵来”。在历史实践层面，第一次世界大战宣告了社会达尔文主义进化论在西方的破产，而巴黎和会上中国受辱则宣告了中华民族必须与西方传统的资本主义道路决裂。

——摘编自吴泽主编《史学概论》

1. “主义”是指系统完整的理论主张。阅读教材第 125 页“问题探究”，指出 20 世纪初的中国流行过哪些“主义”。结合材料三，指出蔡和森最终选择了马克思主义的原因是什么。

回答：____。

2. 对比蔡和森的论述和恩格斯的讲话，指出两者的共同点。

回答：____。

在本案例中，给学生讲授唯物史观的内容是跟马克思主义在中国传播这一重要史实结合在一起的。而在讲授过程中，教师又把学习目标转化为学习任务来呈现，让学生在自主探究中达成学习目标。

三、培育史料实证素养的任务驱动式教学设计

——《诸侯纷争与变法运动》教学反思

近二三十年来，史料教学已经被中学师生广为接受，甚至被视为最具历史学科特点的教学方法。史料教学通常包括三方面的内容——史料收集、史料理解和史料实证。过去实践的重点通常放在了史料理解上，而史料教学的难点在于史料实证，即如何有理有据地运用真实的史料来论证一个观点。

史料实证素养的培育，不能单纯依赖教师的讲授。教师讲授难免会陷入“以论带史”的困境——论点是教师确定的，史料是教师找的，论证的过程也是教师把控的，学生只能被动地跟着教师的思路去听讲，主观能动性得不到充分发挥，核心素养自然也很难有效地提升。任务驱动式教学的意义在于让学生的学习由被动变为主动。就史料教学而言，重点不在于学生是否能够得出正确的结论，而在于结论必须是由学生自己推导出来的。

针对高中历史统编教材中的史料数量多、阅读难度高等特点，教师在进行任务驱动设计的时候要注意两点：一是尽可能充分利用教材中的史料，二是尽可能让学生在活动中完成史料的学习。

由于教材的容量较大，我们可以持“泛史料”的观点，把教材正文的内容都视为可供学生完成学习任务的材料。例如，《诸侯纷争与变法运动》一课中的许多内容都是学生从小就有所了解的，在有限的课堂时间里，教师重讲一次的意义并不是太大。我把教材正文的内容当作学习材料，设计以下的教学任务要求学生完成：“（1）快速阅读教材第9～13页，总结出春秋战国时期社会转型所出现的重大历史现象。（不少于3点）（2）给你所总结出来的历史现象编上序号，然后画出简明的图示来呈现它们之间的逻辑关系。”教材总共叙述了六个历史现象——①王室衰微、②列国纷争、③华夷冲突、④经济发展、⑤变法运动、⑥百家争鸣。教师给学生一个结论，解释这六个

现象之间的逻辑关系并不难，但从核心素养培育的角度来看，必须让学生自行去寻找它们之间的逻辑关系才更有意义。我在布置任务前给学生展示了一个示例，在学生完成任务后进行点评，最后展示一个代表我个人观点的示例，如图 11－1 所示：

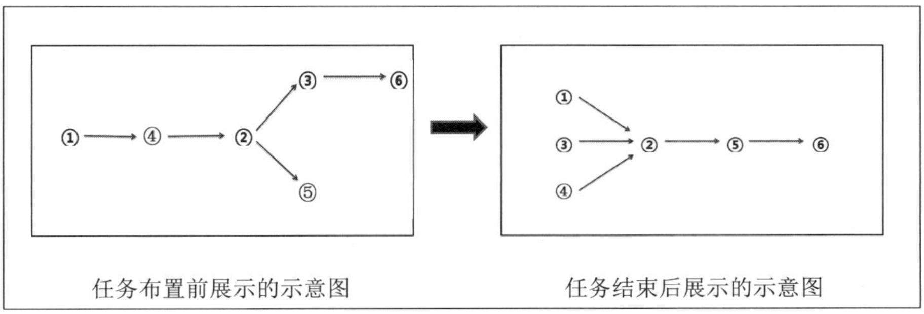

图 11－1　春秋战国时期各重大历史现象的逻辑关系示意图

在这个活动中，学生呈现的成果是五花八门的。活动的目标不是要求全体学生取得共识，而是让学生学会处理各类历史素材间的逻辑关系。教师不要把结论强加给学生，只要学生能够开动脑筋去自主处理材料，其史料实证素养就能够得到提升。课后有学生质疑我的观点，认为①③④不可能是并列关系，因为根据唯物史观的原理，经济发展是一切事物变化的根本原因，所以④才是主要的。我肯定了这名学生的质疑精神，同时解释说，我们不要僵化地理解唯物史观的原理，经济基础虽然重要，但不宜把所有的历史现象变化都归结到经济原因。例如，在中国古代大多数历史时期，无论中原地区的经济是否发展，农耕文明和游牧文明的冲突都是大量存在的。

总之，培育史料实证素养的重点在于提高学生的实证能力，而这种基于严密的逻辑思维的推理能力需要在反复的实践、试错、反馈和交流中锻炼。设计好学习任务，增强和提高完成任务的效果和效率，是培育史料实证素养的有效方式。

四、培育历史解释素养的任务驱动式教学设计

——《全球联系的初步建立与世界格局的演变》教学反思

从高考命题的角度来看，历史解释能力是考查力度最大的能力种类，80% 以上的题目都跟历史解释能力相关。历史解释能力的涉及面很广，如描述现象、挖掘内涵、确定本质、建立联系、探寻规律等都属于历史解释能力

的范畴。因此，师生们对历史解释能力并不陌生。但从素养培育的角度来看，有些目标是可以通过传统的讲授法来实现的，如确定本质、探寻规律，而有些目标通过任务驱动来实现效果更佳，如挖掘内涵、建立联系。下面分别论述挖掘内涵和建立联系的任务驱动式教学设计。

挖掘历史事物的内涵是指历史解释要多样化。任何历史事物的内涵都是十分丰富的，尽管有的历史学家拥有了海量的史料，但都不敢说自己已经穷尽了某历史事物的内涵。从各个角度切入分析历史事物所蕴含的各种要素是一项永无止境的工作。

历史事物的要素很多，如历史事物出现的背景、原因、条件、内容和结果（影响）等都属于历史事物的要素。对要素掌握得越全面，对历史事物的认识就越深入。我们进行分析历史事物要素的教学设计的时候，首先要紧密依托教材，把教材的资源使用好；其次就是想方设法让学生通过任务活动来实现教学目标。例如，《全球联系的初步建立与世界格局的演变》一课涉及一个重要概念——世界格局。世界格局包含什么内容？教材并没有明确指出。如何解释世界格局演变这种历史现象？我们可以通过指导学生阅读教材进行挖掘。为此，我布置了以下的学习任务（见学案片段 11－2）。

学案片段 11－2

任务一：阅读教材，指出 15—16 世纪，世界格局发生了什么变化。

①人口地理格局的变化：__________

②疾病格局的变化：__________

③物种格局的变化：__________

④政治格局的变化：__________

⑤商业格局的变化：__________

⑥文明格局的变化：__________

这个任务设计一方面培养了学生的教材阅读能力，让他们能够从教材分散的表述中找出相关的内容；另一方面培养了学生的历史解释能力，让他们认识到世界格局这一事物包含着丰富的内容。每个内容都反映了世界格局的一个侧面，通过对各个内容的综合分析，就能总体把握世界格局演变的内涵。

建立历史事物的联系是指多方面寻求某历史事物与其他历史事物之间的逻辑关系。这是历史解释素养的又一重要内容。历史事物之间的联系既有直接的也有间接的，有事实层面发生的因果关系也有理论研究层面的比较分析。但无论是哪种联系，这种思维方法都有助于深化对历史事物的认识和理解。如本课提到了世界格局的演变，就可以与中国近代史的内容结合起来分析。见学案片段 11 －3。

学案片段 11 －3

任务二：阅读《中外历史纲要（上）》第 102 页："遭逢'数千年未有之大变局'，晚清一批读书人逐渐认识到，唯有实行变法才能救亡图存。维新思想很快发展成爱国救亡的政治运动。"结合本课的内容回答：

1. 近代中国人到什么时候才比较清醒地认识到世界格局的变化？距离变化的发生有多长时间？

2. 你认为 15—16 世纪哪种格局的变化对中国影响最大？为什么？

世界格局的变化对中国的影响是巨大的，这个设计就是从思想领域的层面探索两者之间的联系。对这种变化的解释既可以通过教师的讲授，也可以通过教师的引导让学生自主地探索思考。

在高校的史学理论研究中，历史解释是最为复杂深奥的问题之一。严格说来，以大多数中学生的知识储备和生活阅历，很难对历史问题做出较好的解释。但从核心素养培育的角度看，我们的重点目标是帮助学生掌握正确的解释方法，而并非背诵现成的解释结论。因此，教师在教学中宜更多地根据思维方法设计学习任务，让学生在自主学习中提升对历史问题的解释素养。

五、培育家国情怀素养的任务驱动式教学设计

——《从局部抗战到全面抗战》教学反思

价值观教育是历史教育的首要任务，而家国情怀素养的提出是把历史价值观教育的内容具体化了。家国情怀素养的内涵主要包括四个方面：一是对家乡、民族、国家的认同感，对祖国和人民具有深情大爱；二是理解并认同社会主义核心价值观和中华优秀传统文化；三是能够理解和尊重世界各国优秀的文化传统；四是对生命的尊重和对建立人类命运共同体的追求。① 作为核心素养层面上的价值观教育，其本质不仅仅是认知教育，更重要的是行为教育。学生在学习中必须通过有效的学习方式，把正确的世界观、人生观、价值观和历史观真正内化到个人品格中、运用到社会实践中。在进行任务驱动式教学设计时，要注意把设计内容跟具体的历史人物和历史事件结合

① 黄牧航，张庆海．中学历史学科核心素养的教学与评价［M］．北京：人民教育出版社，2020：96．

起来。

家国情怀不是空洞的概念术语，它表现为历史上的人和今天的人对国家民族的炽热之情。这种情感是必须靠具体的人来传承和发扬的。在教学设计中，我要求学生通过学习活动来了解历史上有哪些杰出的人物，同时深入认识这些人物拥有怎样的爱家爱国的思想、感情和行为。例如，《从局部抗战到全面抗战》简单介绍了赵一曼这个英雄人物。我们如何指导学生更好地认识赵一曼“生为人民干部，死为革命英雄；敌大节不辱，永记人民心中”的伟大形象呢？从任务驱动式教学的角度，我设计了如学案片段 11 -4 所示的活动：

学案片段 11 -4

任务一：阅读教材第 134 页和下面的材料后回答问题。

材料一　誓志为人不为家，涉江渡海走天涯。男儿岂是全都好，女子缘何分外差。未惜头颅新故国，甘将热血沃中华。白山黑水除敌寇，笑看旌旗红似花。

——1936 年 5 月赵一曼遗留诗篇《滨江述怀》

材料二　抗日战争作为现代中国人的共同的经验将会成为一个永恒的事件，因为它超越了种族、阶级、阶层、性别，以及立场、权力和财富。所以，许多历史可以用各种方法描述，许多历史人物甚至可以用黑色幽默或“无厘头”的方法来表现，对政治也可以玩世不恭，但唯独对“抗日战争”必须以统一的中华民族所内在规定的甚至是超越法律的方式加以尊敬。

——徐迅《民族主义》

请回答：赵一曼出生在四川省宜宾县一个封建地主家庭。请问教材和材料一中的哪些信息是可以证明材料二中的观点的？

在这个活动中，学生要找出材料二中的两个核心观点：一是抗日战争作为全民族的奋战，把不同种族、阶级、阶层、性别、立场、权力和财富的人都团结起来了；二是必须加强对英雄烈士的保护，传承和弘扬英雄烈士精神、爱国主义精神。这两个观点都是家国情怀的重要内涵。那么这些内涵是如何在赵一曼的身上体现出来的呢？学生就可以通过教材的简介和材料中的诗篇找出一一对应的内容。通过这个活动，学生就能认识到家国情怀不是口号式的说教，而是在一个个鲜活具体的英雄人物身上体现出来的，这正是我们应该传承和发扬的价值观念。

《普通高中历史课程标准（2017 年版 2020 年修订）》指出，家国情怀是一种认同感。认知是认同的基础，认同是对认知的升华。没有认知支撑的感情是空洞的，没有感情倾注的认知是僵化的。单纯的认知教育，可以通过强化识记、理解、解释等能力来实现，而真正有实效的认同教育则必须通过学生大量的亲身实践体验来实现。因此，要培育学生的家国情怀素养，任务驱动式教学设计才能够发挥更大的作用。

高中历史统编教材的教学，存在着内容多、课时少、要求高等特点。要迎接这些挑战，不能再依靠赶进度、加课时、满堂灌的方式方法，而必须寻找新的路径。任务驱动式教学有时会被误解为耗时耗力、花哨作秀、形式大于内容，不适合运用到高中课堂教学中。我们需要认清其价值，了解其原理，特别是要梳理清楚它与历史核心素养培育目标之间的关系。只要我们勇于尝试创新，一定能够探索出更多有效便捷的活动方式来化解当前高中历史课堂教学中的难题。学习任务的设计不一定适用于所有的历史教学内容，也不一定需要每节课都大量使用，但它肯定不失为有效提高学生核心素养的教学方法之一。

第十二章
中学历史课堂体验活动设计的教学反思

《普通高中历史课程标准（2017年版2020年修订）》强调价值认同、情感升华、情境创设、任务驱动。这些理念和方法都跟体验教学密切相关。体验教学包括实践体验和心理体验。实践体验要求学生提高动手的能力，心理体验要求学生提高感受的能力。在中学历史课堂教学中，如何设计出耗时不多、易于操作、效果显著的体验活动是教学设计的难点。高一教学尽管存在着内容多、课时少的矛盾，但我在实践中还是努力尝试实施体验教学。

一、阅读是历史学习最基本的体验活动
——《中华文明的起源与早期国家》教学反思①

所谓体验，是指通过亲身实践所获得的经验。《普通高中历史课程标准（2017年版2020年修订）》仅有两处提及“体验”：“在教学过程中，教师要注意通过历史情境的设计，让学生体验当时人们所处的历史背景，感受当时所面临的社会问题。”“运用现代信息技术模拟历史情境，使学生进行体验学习。”但是学生的“参与”提及2次，“实践”13次，“考察”15次，“合作”15次，“阅读”17次，“调查”21次，“探究”59次，“活动”146次。这些“参与”“实践”“考察”“合作”“阅读”“调查”“探究”“活动”的表述其实都可以视为对学生体验学习的要求。而在这些体验活动中，我认为“阅读”属于最常用、最廉价、最基本的历史学习活动。

说阅读是一种体验活动，可能有人会提出反驳意见。南宋诗人陆游的名句“纸上得来终觉浅，绝知此事要躬行”包含了这样的意思——纸质阅读与

① 本文曾发表于《历史教学》2022年第11期，有改动。

社会实践是不同的，社会实践的重要性要高于纸质阅读。对此反驳意见，我的观点是：第一，陆游只是强调社会实践比钻故纸堆重要，并没有说纸质阅读不重要；第二，对于文科学生来说，海量阅读本身就是实践的一部分，如高中新课程选修模块2“史料研读”明确提出“本模块的教学以开展学生历史阅读活动为主”；第三，对于历史学习者和研究者来说，人类几千年的实践经验是不可能通过今天每个人的实践来获得的，文化传承的主要途径还是只能通过阅读。

当然，这个反驳意见也有其合理之处。今天中学生大量的时间都用于各种各样资料的阅读，强调阅读的重要性，好像等于什么都没有说。因此，我对中学生学习历史的阅读建议主要有三方面的要求：一是经典阅读，二是整本书阅读，三是实物史料阅读。通过这三方面把有特殊所指的阅读与日常学习中的教材阅读、练习题阅读区分开来。

《中华文明的起源与早期国家》是高一第一节新授课。上课的时候我给学生带去一套全本的《史记》。我选择的是“点校本二十四史修订本”，中华书局2013年版，全书精装十大册。我首先让学生完成学案的问题，如学案片段12－1所示。

学案片段12－1

任务：阅读教材和下面的材料，并回答问题。

材料　黄帝者，少典之子。姓公孙，名曰轩辕。生而神灵，弱而能言，幼而徇齐，长而敦敏，成而聪明。

——《史记》第一册卷一《五帝本纪第一》

1. 《史记》的作者是________。《史记》记载了从黄帝到汉武帝约________年的历史。

2. 中国已发现的人类化石遗址有距今约170万年的________人和距今约70万至20万年的________人。

3. 与《史记》的作者相比，我们今天对历史知道得更多更远的原因是________________。

这些问题并不复杂，学生很快就回答出来了。紧接着我把手头的全套《史记》展示给学生们看：“同学们都知道大名鼎鼎的司马迁和他的《史记》，也听过《史记》里的许多故事，阅读过不少的片段。今天大家要做的是亲手摸一下全本的《史记》。下课后大家都来摸一下。摸过跟没摸过是不同的。你们或许摸过《史记》的选本，但相信许多同学都没有摸过全本的《史记》。不单你们没有摸过，一些历史专业的本科生都不一定摸过。所谓摸一下，是指你们要翻阅一下，看看繁体竖排的古籍是怎样的。同时掂量一下，看看全套的《史记》有多重，有多大的篇幅。再看一下《史记》里的第一句话是什么，思考一下司马迁开篇第一句话为什么写的是黄帝。”下课后，学生非常踊跃，纷纷上讲台来翻阅这套全本的《史记》。

这个体验活动属于我的阅读建议的第一点和第三点——经典阅读和实物史料阅读。《史记》作为中国历史上最伟大的史学著作，在有限的课堂教学时间里当然不可能全面阅读，但结合教材“三皇五帝”的知识点，学生应该知道《史记》第一句话写的就是黄帝。同时，我希望学生都亲手抚摸一下全套的《史记》。中华书局2013年版的《史记》排版舒适、装帧考究，阅读体验非常好。我希望学生通过这种触摸，产生一种对中华经典史籍的敬畏之心和爱护书籍的敬惜之情。在备课的时候，我曾经想过把我收藏的清代雕刻版的《史记》带给学生看，因为雕版印刷更能呈现中国文字之美和古籍之美。但这套书薄如蝉翼的纸张已经十分脆弱，估计是经不起众人之手去翻阅的，所以最终还是决定把新版的《史记》带给学生触摸。正如学者指出的那样：“所有文本都有物质性。南宋刻本《史记》无法替代缺席的汉代手写本的《太史公书》。《兰亭集序》的摹本不能代替缺席的王羲之的手稿真迹（尽管叙述《兰亭集序》随葬于唐太宗墓室的文本也是后期文本）。这就是物质的文本的具体性和历史质感。”① 对于历史学习和研究而言，实物史料的阅读是必须经历的体验活动。

在讲第2课《诸侯纷争与变法运动》的时候，我给学生带去全套的“四书五经”。在展示之前，同样是先让学生完成学案的任务（见学案片段12－2）。

学案片段12－2

任务：阅读教材和下面的材料，并回答问题。

材料　夏，五月，郑伯克段于鄢。

——《春秋·隐公元年》

1. “四书五经”中的“四书”是指____________________。“五经”是指__________________。

2. 《春秋》的编纂者是________。这是我国第一部________体（体裁）的史书。

3. 阅读材料和教材第9页的导言，指出郑庄公做了哪些事情，孔子是如何评价他的，从中你得出哪些关于东周社会的信息。

---

① 尹吉男. 知识生成的图像史［M］. 北京：生活·读书·新知三联书店，2022：5.

学生回答出第1和第2个问题后，我给他们展示“四书五经”，尤其是《春秋》，因为《春秋》的第一段话写的是郑庄公的故事。为什么给学生展示这套书和这段话？因为教材的导言讲的就是郑庄公挑战周桓王的故事。趁这个机会，我让学生都来触摸一下这套中国古代读书人的科举备用书。

此后，每当学生看到我挟着一包书走上讲台时，通常都会善意地起哄：“摸一下，摸一下。”学生能够对纸质的古籍产生兴趣，这就是我希望达到的目的。纸质的古籍既是文献史料，也是实物史料。同样一则史料，你在电子产品中看到的与在纸质古籍中看到的感觉和收获是完全不一样的。纸质的古籍是中国古代历史文献最重要的载体，从雕刻、排版、选纸、印刷到装帧都体现了古人的思维方式和审美趣味，因此也比电子的文献包含了更多的信息。这种阅读的体验不是电子阅读所能比拟和取代的。

二、历史教师都需要有点收藏癖

——《辽宋夏金元的文化》教学反思

今天上课做了一件很普通但对我来说意义重大的事情——讲到活字印刷术的发明时，给学生展示了几枚活铅字和一个简易模具。学生兴趣之大还是超出了我的预期。下课后，不少学生围上讲台来把玩那几枚活铅字，并提出各种问题，如：铅字中部为什么有一道凹槽？如何在模具中固定铅字？

其实，这种展示活动在初中历史教学中就应该实行。到了高中阶段，依然有那么多的学生对此兴奋不已，可见他们确实没有见过活铅字。而我能够在课堂教学中展示活铅字，也花了近30年的时间。

大约在1995年的时候，广州育才中学的江东老师①有一天给我打电话，说某间印刷厂把大量的铅字当作烂铜废铁运到废品收购站去卖，叫我赶快去捡一些回来，以后在教学中肯定能够派上用场。我当时不以为然，因为我对铅字太熟悉了，觉得完全没有这个必要。我当年正兼任《中学历史教学》杂志的编辑，每周都会跑两到三趟印刷厂，整天就是跟铅字印刷打交道。我想，如果上课的时候需要给学生展示铅字，我去印刷厂借几枚还不容易吗？

后来的事实证明我错了。1995年印刷厂把铅字当作废品卖掉不是个别现象，而是全国性的现象。原因是随着电脑排版的成熟，在短短几年间，全国大多数的印刷厂都淘汰了铅字印刷。当我意识到这个问题的时候为时已晚。

---

① 我大学毕业后，由于没有中学教学的实践经验，历史系就派我到育才中学跟着江东老师学习。江东老师当时是广东历史教学的一面旗帜，后来曾担任广州市教育局副局长。

我错过了那个机会，想要在废品收购站捡到大量铅字已经不可能了。

此后，如何才能拥有几枚铅字成为我的一个小心病。2014 年，我第一次到无锡，专门去参观了王选故居。故居已经改造为“王选事迹陈列馆”。陈列馆的主要装饰物是各式各样的铅字，有的堆积如山，有的高悬在墙，既诉说着曾经的辉煌，也哀叹着今天的没落。陈列馆的氛围是大多数学生都无缘感受到的，陈列馆的大量铅字也是大多数学生都没有看到过的。我能做的是拍下照片，用到我的课件上。

2015 年，我参观了台湾美术馆。在众多的展品中，一组不起眼的小展品深深地打动了我。那是 10 个一组的木框，每个木框内都有一张黑白照片，一张铅字印刷出来的小诗，以及印刷这首小诗的所有铅字。活字印刷会出现字迹油墨不匀、纸面凹凸不平的现象，这反而能够呈现出印刷的力度和纸张的质感，这种古典印刷之美正是现代印刷物所没有的。千百年来，我们正是依靠雕版印刷和活字印刷，传承着汉字之美和海量的文化信息。作为学历史的人，如果没有亲手触摸过雕版和活字，不能不说是一个遗憾。

上面的故事，我跟一届又一届的大学生讲过。直到 2021 年，我的研究生覃宝莹终于给我找到了几枚铅字和一个小模具，让我得以在课堂上展示给学生看。其实，在网络购物高度发达的今天，要弄到几枚铅字并非难事。但我认为观念和想法比能力和条件重要。就如 1995 年的我，拥有收藏大量铅字的能力和条件，但却丝毫没有收藏的观念和想法，因此与这一重要的教学资源也就失之交臂了。而听过我的课的大学生不下千百，能够课后行动起来去找几枚铅字的，恐怕也为数不多。

历史教师要有一点收藏癖，不是指教师花大价钱去收藏文物，这既无可能，更无必要。历史教师的收藏癖表现在留意身边的一切事物，并养成把有可能运用到历史课堂教学中的物品收集起来的习惯。俄裔美国作家纳博科夫在小说《柏林向导》中有这样一段话：“每样东西，每样微不足道的东西，都会有价值，有意义：售票员的钱包、车窗上方的广告，还有那种独特的震荡晃动——我们的玄孙们也许只能想象了——每一样东西都会因岁月久远而变得高贵，变得合理。”① 这段话所表达的，是一个具有历史感的人对身边普通事物的感受。所谓历史感，是指一个人认识到过去所发生的一切都是值得回忆、记录、收藏和解释的。一个人拥有一点历史知识并不难，但要拥有强烈的历史感却是不容易的事情。有没有收藏癖，在一定程度上，就是一名历史教师是否拥有历史感的重要表现。

---

① 纳博科夫. 纳博科夫短篇小说全集［M］. 逢珍，译. 上海：上海译文出版社，2018：181.

收藏癖只是一个通俗的说法，用学术语言来讲就是历史课程资源意识。每位历史教师都应该拥有自己的历史课程资源库。资源库的建设可以借助外力，但最好的资源库必然是主要通过自身的力量打造起来的。一个读历史教育的师范生，从大学一年级开始，就应该规划资源库的建设，若能坚持十年，必定蔚为大观，拥有终身受用的教学百宝箱。

历史课程资源有多种分类方法，如分为历史文本资源（纸质书和电子书）、历史图片资源、历史影视资源、历史教具资源、历史思想资源等。对于高中历史教学来说，历史思想资源的积累尤其重要。历史思想资源是指对历史知识的学术理解，其积累主要是通过做读书笔记来达成。在本课的教学中，给学生展示几枚铅字，尽管收藏的过程煞费苦心，但无非也就是一个小环节、小噱头。这种在初中教学中都能够轻易实现的教学方法，高中阶段一笔带过则可。我思考得更多的是——同样是讲活字印刷，高中阶段我能够给学生带来哪些新的视角？在我积累的学术资源中，有两个问题是学者们讨论得比较充分的：一是为什么直到清代，中国大量的印刷品都是雕版印刷而不是活字印刷？二是我们是根据什么来判断一本印刷物是用活字来印刷的？

第一个问题争议颇大，三言两语讲不清楚，需要提供相应的阅读材料才容易说明白。相关书籍可参考郑也夫的《文明是副产品》① 和美国学者包筠雅撰写的《文化贸易——清代至民国时期四堡的书籍交易》②。我最后选择了第二个问题跟学生讨论。我翻拍了5张疑似活字印刷的古籍书页，从看说明、看倒字、看排版、看栏线、看边框等五个方面来分析雕版印刷和活字印刷的效果区别。从教学效果来看，学生对这个问题的兴趣丝毫不亚于见到铅字的实物。

在教《中外历史纲要》的过程中，本课的备课是我最得心应手的一次。由于读研究生学的是宋史，所以宋代的各种资料积累得较丰富，进行教学设计时也有诸多的奇思妙想，如把我在美国听的两节初中的宋代历史课的心得体会也放进去了。一方面懊恼无法把所有的想法都付诸实施，另一方面却十分享受面对丰富的资源库尽情选择的感觉。本课的课堂教学实录我也多次与中学教师和大学生分享交流，他们都提出了同一个问题——“怎样才能够积累这么多的资源？”我回答说这源自三十多年来的不断积累。

明末清初散文家张岱在《陶庵梦忆》中说过：“人无癖不可与交，以其无深情也。人无疵不可与交，以其无真气也。”在我认识的中学教师中，许

---

① 郑也夫．文明是副产品［M］．北京：中信出版社，2015.

② 包筠雅．文化贸易：清代至民国时期四堡的书籍交易［M］．刘承华，饶佳荣，等译．北京：北京大学出版社，2015.

多人都有丰富多彩的业余爱好，充满着积极向上、热爱生活的朝气。我觉得如果能够把业余爱好跟自己的专业结合起来，那就是相得益彰、两全其美的事情。而对于历史教师来说，有一点收藏癖非常有助于自己的专业发展。历史教师收藏的意义不仅仅在于结果，也在于过程。在日常生活中，你看中了什么、收藏了什么，这取决于你的见识和趣味。而在不断收藏、总结和反思的过程中，你的见识和趣味也会随之增长。

三、通过朗读来促进历史学习中的情感体验

——《从局部抗战到全面抗战》教学反思[①]

我小时候听过很多马克思的故事，也看过一些马克思的故事书，留下比较深刻的一个印象是马克思经常高声朗读各种文学作品。这一点对我影响很大，我喜欢听别人朗读，也喜欢自己朗读，觉得朗读比阅读包含了更多的情感成分。

长大后有机会阅读正规的回忆录，证实了我的记忆。如威廉·李卜克内西回忆道："他（马克思）能成段地背诵他所熟记的《神曲》，还能背诵莎士比亚的剧本整场的台词。他那位对莎士比亚素有研究的夫人，也常常替他背诵。如果马克思兴致很高，他就给我们模仿赛德尔曼所扮演的靡菲斯特斐勒司。他很佩服赛德尔曼，当他还是个大学生的时候，就在柏林看过赛德尔曼的演出了。《浮士德》也是他最喜欢的德国诗剧。我认为他朗诵得并不很好，他有些夸张，然而总能抓住重点，始终正确地把它表达出来。"[②] 保尔·拉法格回忆道："他能背诵海涅和歌德的许多诗句，并且常在谈话中引用他们的句子；他经常研读诗人们的著作，从整个欧洲文学中挑选诗人；他每年总要重读一遍埃斯库罗斯的希腊原文作品，把这位作家和莎士比亚当作人类两个最伟大的戏剧天才。……马克思的三个女儿都能背诵莎士比亚的许多作品。……但丁与白恩士也是他所喜爱的诗人。听自己的女儿们背诵苏格兰诗人白恩士的讽刺诗或咏唱诗人的情歌，对于他是一件莫大的乐事。"[③] 弗兰契斯卡·库格曼回忆道："马克思对语言具有特殊的才能。除了英文，他还擅长法文，并亲自把《资本论》译成法文；此外他还通晓希腊文、拉丁

---

① 本文曾发表于《历史教学》2022 年第 11 期，有改动。

② 李卜克内西．纪念卡尔·马克思：生平与回忆［M］//中共中央马克思恩格斯列宁斯大林著作编译局．回忆马克思．北京：人民出版社，2005：86.

③ 拉法格．忆马克思［M］//中共中央马克思恩格斯列宁斯大林著作编译局．回忆马克思．北京：人民出版社，2005：189.

文、西班牙文和俄文，他能在朗诵这些文字的时候马上把它们译成德文。”① 这些回忆都说明了马克思喜欢和擅长朗读。

朗读是指通过语音来进行阅读的学习和表演方式，是把文字转化为有声语言的一种创造性活动。有学者认为：“对普通人来说，语言远比文字更重要。研究证实，人类在10万年前就进化出了语言，而文字只是在距今5 000年左右的时候才刚刚出现。”② 窦桂梅指出：“语言是语汇、语法、语音三者的结合体，严格地说，书面语言不是完全的语言，因为欠缺了一个重要的语言因素——语音。语音所包含的语气、语调、语势、语感、抑扬顿挫、轻重缓急等，不能通过书面语言来表达。”③ 简言之，语言的历史比文字更悠久，语言所包含的情感要素比文字更丰富。在历史教学中，对一些重要的文献资料，单凭用眼睛看是不够的，还必须让学生开口说，这样才能更好地让学生感受文献中的情感色彩。

《从局部抗战到全面抗战》一课的知识点容量很大。如何在40分钟内完成基础知识的教学，同时又让学生有情感的升华？这是我备课时思考的重点。最后还是选择了朗读。朗读作为一种体验活动，耗时不多，却能够让学生充分地表达情感。

本课分为三个子目——“局部抗战”“全面抗战的开始”和“日军的侵华暴行”。讲完第三个子目的时候，师生的内心都是怒火满腔、悲愤填膺的，需要合适的形式来表达思想和感情。2020年12月13日，中共中央、国务院在南京隆重举行南京大屠杀死难者国家公祭仪式。仪式上，83名南京市青少年代表宣读《和平宣言》。该宣言用诗经体写成，沉郁顿挫，悲壮激昂，讲究韵律，适合朗读。我把《和平宣言》印在学案上，给容易读错的字注上拼音，要求全班同学先默念一次，再集体进行朗读（见学案片段12－3）。

---

① 库格曼. 伟大的马克思的二三事［M］//中共中央马克思恩格斯列宁斯大林著作编译局. 回忆马克思. 北京：人民出版社，2005：343.

② 袁越. 语言的力量［M］//生命八卦：行走在人体迷宫. 北京：生活·读书·新知三联书店，2021：55.

③ 窦桂梅. 跟窦桂梅学朗读［M］. 长春：长春出版社，2010：14.

学案片段 12－3

任务：阅读下面的材料并集体朗读。朗读时注意感情的运用，用悲愤、慷慨、激昂、振奋的语调来朗读相应的内容。

材料　2020 年南京大屠杀死难者国家公祭仪式上宣读的《和平宣言》

巍巍金陵，滔滔大江，钟山花雨，千秋芬芳。一九三七，祸从天降，一二一三，古城沦丧。侵华倭寇，掳掠烧杀，尸横遍野，血染长江。三十余万，生灵涂炭，炼狱六周，哀哉国殇。举世震惊，九州同悼，雪松纪年，寒梅怒放。亘（gèn）古浩劫，文明罹（lí）难，百年悲叹，警钟鸣响。积贫积弱，山河蒙羞，内忧外患，国破家亡。民族觉醒，独立解放，改革振兴，国运日昌。前事不忘，后事之师，殷忧启圣，多难兴邦。八十三载，青史昭彰，生生不息，山高水长。二零二零，国家公祭，中外人士，齐聚广场。白花致哀，庄严肃穆，丹忱（chén）抒写，和平诗章。大道之行，天下为公，大德曰生，和气致祥。和平发展，时代主题，民族复兴，世代梦想。龙盘虎踞，彝训鼎铭，继往开来，永志不忘。继往开来，永志不忘！继往开来，永志不忘！

这个体验活动的教学效果是良好的，所有的学生都十分严肃认真地对待。朗读的时候情绪激昂，声音洪亮，充分表达了“铭记历史、珍爱和平”的思想信念。这一分多钟的朗读，无疑给学生带来了一次心灵的洗礼。

朗读和戏剧都是能够充分发挥语言的艺术性的表演形式，也是我所钟爱的教学方式。朗读和戏剧并非小学生才需要训练的内容，在高中甚至大学，都应该成为学生的重要学习内容。高一的授课时间有限，但我还是见缝插针地指导学生进行朗读，希望通过这种体验活动让学生更好地理解历史文献的思想情感。例如，马克思对但丁的《神曲》喜爱有加，“能成段地背诵”。我也觉得，对于《神曲》这样伟大的作品，必须高声朗读才能体会其中的意蕴。在讲授《欧洲的思想解放运动》一课时，我就组织学生朗读了《神曲》的片段。

但丁写作《神曲》，发明了一种叫“三韵格”的特别韵律——每段诗分三行，第一段三行中的第一行跟第三行押韵，第二段三行中的头一行、第三行跟第一段三行中的第二行押韵。其韵律的规律就是 ABA，BCB，CDC……一直延伸下去。这种韵律的奇妙之处，必须通过朗读才能体会到。我国翻译《神曲》的版本有多种，但能够严格使用“三韵格”来翻译的，就只有黄国彬的版本，最适合让学生朗读的，也是这个版本。黄国彬教授把“三韵格”带到中文的世界是一项惊人的成就。由于时间有限，我选择了《神曲·地狱篇》第一章的头三段让学生朗读：

我在人生旅程的半途醒转，
　发觉置身于一个黑林里面，
　林中正确的道路消失中断。
啊，那黑林，真是描述维艰！
　那黑林，荒凉、芜秽，而又浓密，
　　回想起来也会震栗色变。
和黑林相比，死亡也不会更悲凄；
　为了复述黑林赐我的洪福，
　其余的景物我也会一一叙记。①

朗读前，我让学生先理解和默念神奇的“三韵格”，然后再集体大声朗读。这个简短的体验活动，不但让学生领会到但丁的文学成就和思想成就，也让学生体会到语言文字的神奇力量。

讲授文化史的内容不宜讲成艺术欣赏课，这是基本的常识。但历史与文艺之间并没有泾渭分明的边界。如果讲《马赛曲》学生却从没听过其曲调，讲《神曲》学生却从未读过其中的诗句，那么这种历史教学就只是苍白空洞的概念教学，学生的感情得不到熏陶，认知也得不到升华。因此，适当的体验活动在文化史的教学中是必不可少的。

四、历史教学中的体验活动是一种意义学习

——《欧洲的思想解放运动》教学反思②

启蒙运动是《欧洲的思想解放运动》一课的重要内容。根据我的经验，不少学生对启蒙运动所追求的事物都是一知半解、似懂非懂的。教材提到，启蒙运动“驱散蒙昧、迷信、宗教狂热和专制统治带来的黑暗”，提出“天赋人权、平等、自由、法治和权力制衡”等政治思想，“认为人应该独立思考，理性判断，主张民主、自由、平等”等。高中生对这一系列的概念术语并不陌生，甚至能够冲口而出，问题是——他们真的能够理解这些概念术语吗？

---

① 阿利格耶里．神曲·地狱篇［M］．黄国彬，译注．海口：海南出版社，2021：105－107．

② 本文曾发表于《历史教学》2022年第11期，有改动。

为了研究人类的理性系统是如何运作的，据说经济学家谢恩·弗雷德里克（Shane Frederick）曾经用三道题目对数千名美国大学生做测试，结果5/6的受试者至少答错一道题，全错的比率高达1/3。即使是麻省理工学院的学生，全对率也只有2/3。这三道题目是：

1. 手机加上手机壳共110美元，手机本体比壳贵100美元，请问壳的售价是多少？

2. 8台复印机花8分钟印出8本手册，请问24台复印件印制24本手册需要多长时间？

3. 荒地上有一片杂草，面积每天增加一倍，30天后荒地正好完全被杂草覆盖，请问杂草占据荒地一半面积是第几天？

第一题的答案是5美元，很多人会错答为10美元。第二题的答案是8分钟，很多人会错答为24分钟。第三题的答案是第29天。这三道题目并不难，但为什么答错的人那么多？甚至名牌理工大学的大学生都答错了不少？学者给出的解释是“理性的障碍很可能并非脑袋不好，而是思虑不周”①。很多人回答错了并不是因为他们的数学能力差，而是单凭直觉就十分自信草率地给出了答案，缺乏冷静、耐心和认真的思考态度。这个实验告诉我们，人都是有理性的，但人又往往不能够正确地运用自己的理性，面对许多问题都倾向于避难就易、轻率决定，从而陷入到各种思维谬误之中。

人有没有理性？人能否正确地运用自己的理性？人是否敢于运用自己的理性？这是三个不同的问题。上面的实验主要论证的是第二个问题——人常常不能正确地运用自己的理性。教材在“问题探究”栏目中提供了康德关于理性的经典论述，这段论述论证的是第三个问题——人如何才能敢于运用自己的理性？其实康德的这段论述对于中学生来说是非常费解的。例如，“启蒙运动就是人类脱离自己所加之于自己的不成熟状态。不成熟状态就是不经别人的引导，就对运用自己的理智无能为力。”这究竟是什么意思？许多学生都一头雾水。其实“在康德简洁明了的描述中，启蒙运动不过是一种勇气所促发的伟大行动，一种绝不畏惧解放的热情邀请”②。意思就是鼓励人们摆脱宗教的束缚，大胆地运用自己的理性来思考和处理问题。

这个测试实验给予我莫大的启发——照本宣科地向学生反复讲述一个观点，效果并不好，通过体验活动的方式，学生才能有更大的感悟。我想，我

---

① 平克．理性［M］．陈岳辰，译．台北：商周出版社，2022：28－30.

② 费罗内．启蒙观念史［M］．马涛，曾允，译．北京：商务印书馆，2018：27.

能否也编制一些题目让学生体验一下他们对理性、民主、自由、平等、独立思考等观点究竟理解到什么程度？估计大多数学生都相信自己是认可并充分理解这些观念的，但事实上果真如此吗？我最后改编和命制了25道题目，向学生发出了挑战："启蒙运动提出了诸多的思想观念，至今仍影响着我们这个现代世界。这些观念大家都是耳熟能详的，问题是大家都能够真正地理解和实践吗？下面我给大家呈现25道选择题，每道题4分，满分为100分。大家写下你们的选择项，最后我会公布答案，同学们对照答案自行评分。我看看大家在多大程度上符合一个现代人的标准。答题要求是不需要细想，凭你的第一判断作答就可以了，你的第一反应就是你最真实的想法。"热衷于做题的学生一下子都来了劲，个个拿出纸和笔，摩拳擦掌准备大干一番。

我改编和命制的题目都是简单的情境题，如下面的例子：

1. 如果一个朋友跟你约会却没有按时到达，你认为他晚来多长时间便算是迟到了？

A. 10分钟　　B. 半个小时　　C. 一个小时

2. 有人说，一个孩子应该学会去顺应、接受遇到的问题，另一些人说，一个孩子应该总是去奋斗，去克服遇到的困难与障碍。你认为

A. 应该去顺应和接受所遇到的问题

B. 应该去克服所遇到的困难、障碍

3. 如果你的一个朋友遭遇了车祸，你如何看待这件事情？

A. 是我朋友或者司机疏忽大意造成的

B. 是由一种叫"命运"的东西造成的

C. 既是命中注定的，也有个人疏忽的原因

4. 某些科学家正在研究一种目前还不清楚有什么用的公式，你认为这种研究

A. 毫无意义　　B. 鼓励进行　　C. 加以禁止

5. 你认为尊重女性的感情重要还是尊重男性的感情重要？

A. 同样重要　　B. 女性更重要　　C. 男性更重要

这个体验活动我尝试过4次，结果大体一样，能够上90分的学生只有5人左右，大多数都在80分左右，也有个别学生不合格。这个检测结果不仅让我深感意外，学生更是难以接受。一些学生非常可爱地问我："是不是低于80分就不是现代人了？""低于60分意味着还活在中世纪？"但更多的学生是对我的题目提出质疑，认为他们分数低并不是因为观念落后，而完全是因为题目有问题。例如下面的题目就引起很大的争议：

某人的妻子得了重病，他既让自己的妻子得到一切可能的治疗，也虔诚地进行祈祷。结果他的妻子痊愈了。你认为对康复来说，医疗和祈祷，哪一项更重要？

A. 医疗　　　　B. 祈祷　　　　C. 同样重要

我给出的答案是A，但大多数学生选择了C。我只好解释说："这里所说的祈祷是指借助宗教的神秘力量，跟我们现代所强调的心理治疗不是一回事。"

这些题目是否科学有效，我还在研究和反思中。但从教学效果看，每次都能够引发学生强烈的兴趣，教室里的气氛如同炸开了锅。最大的遗憾是，由于时间不够，我不能给学生逐一分析每道题目对应的是哪些观念，只能做简单的总结："启蒙运动前后，人们的思想观念发生了巨大的转变。正如教材所说的，启蒙运动进一步解放了人们的思想，为资本主义制度的建立作了理论准备和舆论宣传，直接推动了美国独立战争和法国大革命，有助于在这些国家建立资产阶级统治。启蒙思想也成为殖民地半殖民地人民争取民族独立的精神武器。启蒙运动至今无非就三百多年，我自己一直在不断地反省，我是否真正理解了启蒙运动的思想内涵？因此同学们对这一课内容的学习不应该停留在字面上，而要跟自己的言行和社会实践结合起来。"

我们知道，以奥苏伯尔为代表的认知心理学所倡导的"有意义学习（meaning learning）"有别于以罗杰斯为代表的人本主义心理学所倡导的"意义学习（significant learning）"。学者们认为，认知心理学的"有意义学习"属于智育范畴，即将新的学习材料纳入已有的知识系统之中；而人本主义心理学的"意义学习"则是智德融为一体的情感态度与价值观的熏陶。如果说"有意义学习"强调的是知识的积累，那么"意义学习"强调的则是把知识转化成自己的观念和行为。① 教学中的体验活动所追求的就是"意义学习"。在本课的设计中，我不相信让学生死记硬背"平等、自由"等术语有多大的价值，我只希望学生能够真正地理解这些观念，并且能够转化为自身的行动。

在进行教学反思的时候，我重读了《罗杰斯著作精粹》的教育部分，当中的不少论述更加坚定了我的想法。在罗杰斯心目中，一个好教师应该营造一种课堂氛围："情感——积极的、消极的、迷惑的——成为了课堂体验的

① 杨四耕. 体验教学［M］. 福州：福建教育出版社，2005：20.

一部分。学习改变了生活，变成了一种充满活力的生活。学生正成为一个学习者，一个改变着的人，时而兴奋，时而无奈。”① 在本节课中，学生的表现确实是时而兴奋、时而迷惑、时而无奈。这种情感的波动变化正是体验活动教学所带来的。

① 罗杰斯．罗杰斯著作精粹［M］．刘毅，钟华，译．北京：中国人民大学出版社，2006：268．

第十三章 中学历史分层教学的实践反思[①]

分层教学是一个内容广泛的概念，理论上包括学生水平的分层、教师能力的分层和学科内容的分层，实践上包括教育教学中的分层和考试评价中的分层。初中和高中的课程标准都强调了教材编撰、教学设计和评价测量的层次性，并制定了学业质量的水平层次目标。如何把课程标准的要求转化为教学实践？需要研究的问题很多。我对不同地区间的教学差异、初高中的教学衔接、学科核心素养的层次区分都做了初步的探索。

一、高一历史教学的最低要求是什么？

——《中华人民共和国成立和向社会主义的过渡》教学反思

在四年多的中学课堂教学实践中，到现场来听课的教师很多，我也有过十多次进入不同层次的中学给学生授课的经历。在评课的时候，经常有教师跟我说："你的这种教材处理方式和讲课方式在我们学校可能行不通，学生基础太差，他们理解接受不了的。"对于这个问题，我也经常反思。一方面，我对不同地区和学校的教育资源分布不均、差距巨大有清醒的认识；另一方面，我在备课授课的时候也经常犯刻意拔高的毛病，最终的结果是发现大多数学生明显没听懂。如何把握好教学中的"度"（包括难度、深度、广度、效度等），确实不是一件容易的事情。

我认为在教学中首先要满足基本的教学要求，然后才谈得上进一步拓展提高。前者属于教学的最低要求，是规定动作，是必须达成的；后者属于教学中的高要求，是自选动作，与教师个人的兴趣爱好、风格特征、资源储备

① 本文曾发表于《历史教学》2023 年第 4 期，有改动。

有较大的关系。

教育均衡的问题不是短期内可以解决的，但作为教师，改变自己“就高不就低”的教学理念和方法是可以较快实现的。所谓“就高不就低”是指教师备课授课的时候只考虑自己的学识才华能否尽情发挥，而没有充分考量课标教材的基本要求是否得以真正落实；只考虑基础较好的学生能否接受，而没有充分考虑基础薄弱的学生是否理解。

教学中“就高不就低”的现象有诸多表现，如过度备课，教师在参阅文献资料过多又难以消化的情况下，把一些基本的概念原理讲得晦涩难懂；如性格张扬，教师过分地展现自己的个性、观点和喜好，置课标和教材的要求于不顾，导致喧宾夺主；如容量超载，教师在一节课中设定的教学目标过多，提供的史料过量，让学生穷于应付；如强度过高，教师的讲课节奏太快，布置的任务太多，让学生的精神状态一直处于紧张之中；如要求下移，教师在高一讲课的时候就把高考的要求贯穿其中，使不少学生失去对历史学科的学习兴趣。

教学中出现“就高不就低”的现象有多方面的原因，如在思想观念上，一些教师对学科内容的重视程度远高于对学情的研究分析；在实践操作上，一些教师认为不断地重复一些尽人皆知的内容是令人沮丧的事情；在评价导向上，许多公开课和竞赛课都过分强调一节好课要有“亮点”“新意”，而这些“亮点”“新意”又被一些教师误解为教学必须达到高标准、高要求。

总之，教师们在教学上“就高”有各式各样的表现，但“不就低”的表现基本是一致的，就是无视课标和教材的要求，忽视大多数学生的知识基础和情感诉求。那么具体到高一的历史教学，最低要求究竟是什么呢？2022年的一项工作任务让我对这个问题有了更深的理解。

2022 年 2 月，在人民教育出版社历史编辑室的安排下，我参与了一项工作——编写《普通高中教科书　教师教学用书　历史（专用版）》中的教学案例和教学建议。所谓“专用版”，是指专门为少数民族地区教师编写的教学参考书。在已经出版了《教师教学用书》的前提下，仍继续编写“专用版”的《教师教学用书》，是因为相当部分的少数民族地区的教育资源十分匮乏，总体的教学水平有非常大的提升空间，需要根据当地的实际情况编写一套更加有针对性的辅助材料。接受这项任务的时候，我第一个想法就是——这是一项保底的工作，即在课程资源欠缺、师资水平亟待提升的情况下，如何满足教学的最低要求？

我组织了 18 名一线教师参与《中外历史纲要（上）》的教师教学用书编写。我的基本思路是，假如一名教师手头只有课程标准、教科书和教师教学用书，如何帮助他实现教学的最基本要求？我给编写教师提出了两方面的要求：一是深入钻研课程标准、教科书和教师教学用书，设计出能够实现基本教学目标的操作案例；二是充分考虑少数民族地区的教育资源和师资水平现状，提出有针对性的教学建议。

设计一个合格的教学案例的最基本要求是什么？《普通高中历史课程标准（2017 年版 2020 年修订）》有明确的说明。“教学与评价建议”包括如下四点内容：

1. 全面理解历史学科核心素养，科学制订教学目标
2. 深入分析课程结构，合理整合教学内容
3. 树立指向学生历史学科核心素养的教学理念，有效设计教学过程
4. 准确把握学业质量水平，多维度进行学习评价

在这四点当中，最能够体现历史学科核心素养要求的是第 3 点。怎样的教学过程才能体现核心素养的教学理念呢？《普通高中历史课程标准（2017 年版 2020 年修订）》的建议有四方面：一是创设历史情境；二是以问题为引领；三是开展基于史料研习的教学活动；四是充分运用现代信息技术，提高教学手段的多样化和信息化水平。

在上述所有要求中，除了运用现代信息技术需要硬件投入的客观原因外，其他目标的达成都取决于教师自身的教学观念。综合这些要求，我们设计教学案例的时候主要运用以下六个方面的思路：

1. 确定教学主题
2. 明确设计意图
3. 创设历史情境
4. 实施问题引领
5. 开展史料研习
6. 运用即时评价

这六个方面，就是我所理解的进行高一历史课堂教学的最低要求。下面对广东省汕头市金山中学苗青老师和汕头市教师发展中心朱命有老师合作设计的《中华人民共和国成立和向社会主义的过渡》案例进行分析。①

① 人民教育出版社课程教材研究所历史课程教材研究开发中心．普通高中教科书 教师教学用书 历史 必修 中外历史纲要（上）（专用版）［M］．北京：人民教育出版社，2022：348－350.

“确定教学主题”的依据是《普通高中历史课程标准（2017 年版 2020 年修订）》所说的“深入分析课程结构，合理整合教学内容”。整合教学内容的结果通常就是呈现新的主题。那么，把教材的内容和结构打乱重整是否属于规定动作呢？我认为未必。如何整合教学内容，《普通高中历史课程标准（2017 年版 2020 年修订）》提出了三方面的要求：一是把握学习专题中的关键问题；二是确定教学内容中的重点；三是设计新的综合性学习主题，包括历史横向联系和纵向联系两种方式。现在很多教师强调教学设计必须把教材内容打乱重整，这种认识是基于上述第三方面的要求——设计新的综合性学习主题。其实，教材所呈现的各种小专题、小主题和体例结构都是教材编撰者认真思考、反复讨论的结果，在很多情况下，根据教材的编写逻辑进行讲述就能够达成教学目标，不一定非得把原有的内容结构打乱重整。况且《普通高中历史课程标准（2017 年版 2020 年修订）》也指出了，如果教材的表述与关键问题、学习重点相对应，教师就该内容进行主题概括和提炼则可。例如，本课有一个小标题是“人民政权的巩固”，我们就根据《普通高中历史课程标准（2017 年版 2020 年修订）》的表述，把主题确定为“新中国巩固人民政权的主要措施”。

“明确设计意图”的依据是《普通高中历史课程标准（2017 年版 2020 年修订）》所说的“全面理解历史学科核心素养，科学制订教学目标”，相当于教学目标的制定。《普通高中历史课程标准（2017 年版 2020 年修订）》要求避免把核心素养的五个方面机械分离，突出教学目标的可操作性和可检测性。我们就把“新中国巩固人民政权的主要措施”这个主题的设计意图表述为“认识土地改革、稳定物价、剿匪镇反、抗美援朝是巩固人民政权紧迫而必要的重大决策，为国家向社会主义转变、实现工业化准备了条件；感悟全国人民为保卫和建设祖国团结奋斗的精神”。

“创设历史情境”和“实施问题引领”都是《普通高中历史课程标准（2017 年版 2020 年修订）》中的表述，这两者通常是需要结合起来运用的。创设历史情境不是教学目标，而是教学手段。通过情境创设，一方面帮助学生体验和感悟历史事物发展的真实性和复杂性，另一方面帮助学生结合具体的历史情境来发现和探究问题。如本课的“新中国巩固人民政权的主要措施”主题教学中，我们就提出了这样的情境问题：“阅读教科书第 161 页第 2 段正文，观察图片‘分到土地的农民’，思考如何回答‘思考点’栏目中的问题。”

“开展史料研习”的依据是《普通高中历史课程标准（2017 年版 2020 年修订）》所说的“开展基于史料研习的教学活动”。这里有两个关键问题：一是史料的来源，二是如何开展活动。考虑到少数民族地区的教育资源匮乏，我们以充分利用教材中的史料为立足点，强调教学活动的开展是由教师引导学生探索结论，而不是由教师灌输结论。如本课的“新中国巩固人民政权的主要措施”主题教学中，我们就设计了三个史料研习活动：一是“阅读教科书第162页第1段正文，概括新中国抗美援朝的原因”；二是“阅读教科书第162页‘历史纵横’栏目，结合正文，思考抗美援朝胜利的原因”；三是“阅读教科书第162页‘史料阅读’栏目，结合教科书正文，分析抗美援朝战争胜利的意义”。

“运用即时评价”也是依据《普通高中历史课程标准（2017年版2020年修订）》的表述。学业评价是一个系统的工程，涉及多种多样的方法和复杂的过程，但就课堂教学而言，即时的教学评价反馈是最主要的方式。《普通高中历史课程标准（2017年版2020年修订）》所指出的“注重课堂学习评价和实践活动评价的有机结合”“重视评价反馈”等都与课堂教学相关。根据少数民族地区的教学现状，我们给案例设计中的每个问题都提供了明确的答案。例如，抗美援朝战争胜利的意义就包括“巩固了新政权；提高了新中国的国际地位；增强了民族凝聚力，鼓舞人民为保卫和建设祖国团结奋斗”。

编写专用版的教师教学用书，我们给每一课书都提供了教学案例，但内容只是教学片段，而不是整课书的设计。我们不希望产生一个误解——按照这个设计来授课就是教学的最低要求。无论面向哪种层次的学生，教学都离不开教师的能动性和创造力。各地区的学情差距太大，不可能用一个教学设计来包打天下。因此，如何实现教学中的最低要求，我们在“教学建议”中提出了较详细的指引，其思路也是沿着上述六个方面展开的。

这项工作历时大半年，几易其稿，备受煎熬。由于修改的次数太多，力度太大，甚至是全盘否定，推倒重来，一些组员甚至萌生退意，想撂挑子不干了。但坚持下来以后，大家都觉得有巨大的收获，尤其是在思想观念的转变上。大家都在反思——在过去的教学中，我们是否都深陷入忽视学情、片面拔高的误区？教学中力求推陈出新，提出剑走偏锋、举座皆惊的思路固然不易，但依纲靠本、适应学情、夯实基础、循序渐进的教学方法是否更值得大多数教师追求？

两年多来，我也一直在跟踪一些教师的科研成果。例如，清远市洪伟老师作为广东省高中历史新课程教研基地的负责人，致力于研究常规课堂的教学规范化；佛山市南海区郭圣有老师承担省级重点课题核心素养课堂的评价，致力于研究新课程课堂教学的基本特点。清远地处粤北山区，佛山地处珠三角地区。尽管教育资源差距较大，但他们的研究都有共性和互补的地方，因为他们都共同关注了新课程课堂教学的最基本要求。

二、分层教学需要紧密结合历史专业研究的内容

——《辽宋夏金元的经济与社会》教学反思

我听了几位教师讲授高中《中外历史纲要（上）》第11课《辽宋夏金元的经济与社会》，有不少感悟。

本课题目是《辽宋夏金元的经济与社会》，其实讲的主要是宋元，尤其是宋。高中教材的内容与初中《宋代经济的发展》《宋元时期的都市和文化》两课是相对应的。无论是初中还是高中，这都属于既容易处理又难以把握的一课书。容易处理，是指本课书的内容贴近学生的生活经验，学生较容易理解；相关史料异常丰富鲜活，选择的余地很大；观点结论没有太多争议的地方，教师容易驾驭。难以把握，是指本课书由于有上述的特点，导致近二十多年来成为许多教师参加竞赛课、公开课、展示课的首选内容，能在中学使用的史料似乎已经耗尽了，能想到的思路也似乎穷尽了，基本上就是变着法子来使用《清明上河图》和《东京梦华录》。因此，听这课书，多少有点审美疲劳的感觉。

当然，我们听课、评课不应该抱着看电影的心态，不断地在追求新鲜、情节和刺激，而应该更多地站在学生的角度，思考判断学生的理解接受程度。因此，讲授宋元的社会生活，跟教材的其他内容一样，能够讲得准确、通俗、生动就行，不一定非得追求新观点、新角度、新材料。刻意拔高的结果，往往是教师自得其乐，学生云里雾里；过度备课的结果，往往是因小失大，基本问题没讲清楚，对一些细节却钻牛角尖。例如，本课书的处理，常见的问题有——过多地关注宋，而对元关注不足，对元大都、海运、青花瓷等内容略讲甚至不讲；试图通过创设某个历史情境来囊括所有的知识点，导致一些知识点无法进入该情境或者非常牵强地进入该情境；初中教学与高中教学趋同，无论是材料的选择还是教学方法的运用，初高中的教学都看不出太大的差别，高中教学基本就是把初中的内容再讲述一次。

上述问题中，最难处理的是最后一个——讲述宋代的经济与社会，初中和高中的区别到底在哪里？我想，这种区别首先表现为教材内容的不同，其次表现为对学生的要求不同。

《中外历史纲要（上）》在本课书中讲述了四个子目——“农业和手工业的发展”“商业和城市的繁荣”“经济重心南移”“社会的变化”。与初中教材相比，最大的不同在于增加了“社会的变化”。宋朝社会发生了什么变化呢？教材中“学习聚焦”栏目非常清晰地概括为三点——“门第观念淡化、社会成员身份趋于平等、国家对社会的控制相对松弛”。“学习聚焦”

栏目提出的内容都应该是教学中的重点内容，这就是初高中在处理本课书时的内容差异。

接下来就是如何帮助高中学生理解这种变化。我在教学中借用了北京大学历史系赵冬梅教授的研究成果。赵教授在《人间烟火——掩埋在历史里的日常与人生》一书中提出了一个非常有启发性的观点，把日常生活分为“生活的日常”和“生命的日常”两种。生活的日常包括衣、食、住、行、休闲娱乐，体现了人们的物质条件和生活习俗，而生命的日常是指政治、制度和思想文化对人的影响。① 简单说来，生活的日常包括那些看得见、摸得着的事物，是普通人可以控制的，而生命的日常涉及那些无形的制度和观念，它看不见、摸不着，却时时刻刻在影响和控制着每一个人。高中教材所说的“社会的变化”其实指的就是生命的日常。借用赵教授的观点，可以解决两个问题：一是初高中的教学层次区分问题——初中教学只需要讲清楚宋元时期人们的生活日常即可，而高中教学在讲述生活日常的同时，更要帮助学生理解人们生命日常的变化；二是高中教材的体例逻辑问题——教材前三个子目说的是生活的日常，第四个子目说的是生命的日常，理解这一点，授课的逻辑就比较清晰了。

对生活日常和生命日常不同程度的处理，就是讲授《辽宋夏金元的经济与社会》这一课的初高中异同。对于学生来讲，理解生活的日常，只需要有日常生活经验就行，而要理解生命的日常，单靠生活经验是不够的，还需要有社会实践的经历和感悟。赵教授指出：“个人无法选择自己的性别、家庭和时代，唯一能做的只是接纳家庭给予的，并在性别与时代的规定中，努力活出自我。”② 这条人生定律是今天的我们跟宋元时代的人们都需要面对的，不同的是今天的物质生活条件和社会制度环境已经发生了巨大的改变。初中生的生活经验足以理解衣食住行的重要性，但要较深入地领会社会的法律制度、风俗习惯、思想观念对每个人如影随形的制约，要在高中之后才可能达成。

要实施分层教学，首先就要确定层次目标。现在我们不少分层目标的表述是粗线条的，如“初中生掌握点状知识，高中生形成知识面”“初中生看重历史理解，高中生看重历史解释”“初中生追求历史知识的广度，高中生追求历史知识的深度”“初中生偏向形象思维，高中生侧重抽象思维”等。

---

① 赵冬梅. 人间烟火：掩埋在历史里的日常与人生［M］. 北京：中信出版集团，2021：3－6.

② 赵冬梅. 人间烟火：掩埋在历史里的日常与人生［M］. 北京：中信出版集团，2021：12.

这些表述都有合理性，但显得空泛，缺乏针对性。形象思维也有高低之分，高层级形象思维的掌握难度并不亚于抽象思维；点与面、理解与解释、思维广度与深度之间的界限也不容易区分清楚。因此，历史教学研究必须与具体的历史知识内容结合起来，脱离历史知识去空谈教学理念是意义不大的。而对历史知识的把握，除了深入钻研课程标准教材外，还需要更多地了解学术研究的新成果，以期夯实自身的专业素养。毕竟，如果我们对历史知识的理解是浅薄的，是不可能进行清晰的层次划分和有效的层次教学的。

因此，一方面，我希望中学教师要终身保持对专业阅读和研究的兴趣，不要觉得高校的学术研究跟中学关系不大；另一方面，我希望高中教师一定要钻研初中教材和教学，初中教师也一样要关注高中教材和教学。初高中教材都涉及的内容，在初中和高中教学中要讲到什么程度，需要逐一分析，逐个突破。例如，“百家争鸣”“丝绸之路”“三国鼎立”“北宋政治”等，都需要细加区分初高中的讲授层次差异。这种层次区分不能单凭一些空洞的教学规律和笼统的学情分析来确定，而必须借助高校研究的成果，通过深入研究学科内容本身来确定。

三、历史学科核心素养的分层教学是当前教研的大课题

——《和平发展合作共赢的历史潮流》教学反思

20 世纪 80 年代末以来，我们对中学历史学科能力的研究有了长足的进步，无论是能力的分类还是分层，都有了不少过硬的成果。但培育历史学科核心素养的课程目标被提出后，事情就有了新变化。一来核心素养的培育比能力更加复杂和困难，二来由于历史学科核心素养五个方面的分类在初高中是一样的，这意味着必须解决核心素养培育的分层问题。

高中历史课程标准对历史学科核心素养做了水平划分，这是我们教学与评价的重要依据。2019 年，本着“服务选才”的高考评价目标，我们从考试命题的角度对历史学科核心素养的层次做了进一步的细分。① 在此后的实践中，沿着“在命题中能体现的思路，在教学中同样可以实现”的教学规律，我也尝试把测量评价的分层方案运用到教学设计中。例如，关于唯物史观素养，《普通高中历史课程标准（2017 年版 2020 年修订）》做了两个水平层次的划分，我在此基础上细分为三个层次（见表 13－1）。

① 黄牧航，张庆海．历史学科核心素养分类分层测评标准例析［J］．历史教学（上半月刊），2019（8）：3－12.

表 13－1　唯物史观素养的分层内容

层次	内容
第一层：理解唯物史观基本原理	能够表述、解释和讨论唯物史观的基本观点和方法
第二层：运用基本原理分析教材的观点	运用唯物史观的基本观点和方法分析教材的观点和结论
第三层：运用基本原理解决新问题	运用唯物史观的基本观点和方法分析新的史料、观点和解决新问题

在教学中，第一层次的要求在历史课程和思想政治课程中都有涉及，是相对容易达成的目标；第二层次的要求是不少教师忽略的，历史课程标准和教材都是根据唯物史观编撰而成的，应该成为教学中首先依靠的资源；第三层次的要求是最能体现核心素养的培育目标的，因为它强调了在新情境下解决问题的综合品质。

关于第一层次，由于高中历史统编教材并没有系统地讲述唯物史观的内容，我们可以利用高中思想政治必修4《哲学与文化》教材的表述。该教材对唯物史观的论述主要集中在第二单元第五课《寻觅社会的真谛》。在使用该教材内容时要注意三个问题：一是要严格遵循教材的观点立场来讲授，因为语文、思想政治和历史三科同属于普通高中统编教材；二是要提前渗透融合唯物史观的内容，不要指望等学生学完思想政治必修4之后才考虑与历史学科结合；三是要充分体现历史学科的特点，更多地通过具体的史实来帮助学生理解唯物史观。例如，在讲授《资本主义国家的新变化》时，我要求学生从三个方面理解这个新变化——生产力飞速发展，生产关系不断调整，上层建筑深刻变化。首先学习好这些唯物史观的基本原理，然后再去理解教材的史实。①

关于第二层次，我们要引导学生运用唯物史观来分析教材的史料和结论。例如，《五四运动与中国共产党的诞生》一课提供了一则较长的史料——蔡和森《马克思学说与中国无产阶级》。这则史料不容易理解，因为涉及“初期的社会主义，乌托邦的共产主义，不识时务穿着理想的绣花衣裳的无政府主义，专主经济行动的工团主义，调和劳资以延长资本政治的吉尔特社会主义，以及修正派的社会主义”等系列术语。这则史料又很重要，因

① 详细的学案请参考：黄牧航. 中学历史学案设计与运用的教学反思［J］. 历史教学（上半月刊），2022（6）：27－30，45.

为教材要求学生阅读后“谈谈蔡和森为什么信仰马克思主义”。我认为这个问题应该从两个方面去解答，一是马克思主义的科学性，二是既有的其他理论无法解释和解决中国的现实问题。第一个方面，我使用了恩格斯《在马克思墓前的讲话》① 的材料，第二个方面，则使用了吴泽版《史学概论》的一段论述，最后设计了下面的学案（见学案片段 13－1）。

学案片段 13－1

任务：阅读教材和材料，回答下面的问题。

材料一　恩格斯《在马克思墓前的讲话》

材料二　洋务运动后，鼓吹生存竞争、弱肉强食的社会达尔文主义进化论被引进到中国，成为中国民族资产阶级的思想基础。无论是康有为、梁启超、严复的改良版进化论，还是孙中山的革命版进化论，尽管起到了解放思想、鼓舞民气的作用，但由于是“建立在古代传统的变易思想和西方庸俗的进化观点的基础上的，没有形成自己独立的思想理论体系。因此，在遭到帝国主义和封建主义文化夹攻的时候，便无招架之力，很快败下阵来”。在历史实践层面，第一次世界大战宣告了社会达尔文主义进化论在西方的破产，而巴黎和会上中国受辱则宣告了中华民族必须与西方传统的资本主义道路决裂。

——摘编自吴泽主编《史学概论》

1. 对比蔡和森的论述和恩格斯的讲话，指出两者的共同点。

回答：____。

2. “主义”是指系统完整的理论主张。阅读教材第 127 页“问题探究”，指出 20 世纪初的中国流行过哪些“主义”。结合材料二，指出蔡和森最终选择了马克思主义的原因是什么。

回答：____。

从核心素养培育的角度看，这个设计首先是基于情境创设——一个真实历史人物接受马克思主义的心路历程和历史背景；其次是基于问题解决——该历史人物为什么接受了马克思主义？所使用的三则材料中有两则来自教材（语文教材和历史教材），一则从课外寻找。运用语文教材和课外寻找的材料都是为了帮助学生更好地理解历史教材中的材料。在问题设计和解决的过程

① 这是普通高中《语文》教科书必修下册第五单元的一课书。虽然是下册的内容，但许多学校在高一上学期就已经讲授了这课书。

中，帮助学生深化对唯物史观的认识和理解。

关于第三层次，我们要引导学生运用唯物史观的基本原理解决新问题。例如，在讲授《马克思主义的诞生与传播》一课时，就有学生在课后问我如何看待《21 世纪资本论》这本书。此后，我就一直在思考应该在哪个环节跟全班同学探讨一下这个问题。

法国经济学家托马斯·皮凯蒂撰写的《21 世纪资本论》自 2014 年初推出后，立即成为全球学术界热议的焦点。由于马克思《资本论》无与伦比的影响力，这本起着同样名字的书在中国倍受重视。简体中文版在同年 9 月份就翻译出版了，学术界对其研究至今方兴未艾，难怪连普通的高中生也关注到了。

作为一本经济学专著，《21 世纪资本论》并不算非常难读，一来有历史学的味道，是从长时段看历史的典范；二来穿插了不少故事，许多经典的文学名著都被作者娓娓道来，成为论证的依据。但该书厚达 700 多页，让许多人都望而却步。如何在有限的课时里跟高中生简单地讨论这本书让我思考了很长时间。

《21 世纪资本论》最核心的观点是，整个 19 世纪，贫富不均的趋势不断拉大，二战后有所改善，20 世纪 70 年代后又逐渐恶化，如果继续这个趋势，21 世纪将会和 19 世纪一样，出现巨大的贫富差距、尖锐的社会矛盾，甚至引发社会动荡和战争。① 皮凯蒂认为资本所有者不仅会主宰财富和收入分配，甚至将主宰整个社会，但同时又认为资本主义不会灭亡，他开出的药方是在全球范围内课征财富税。②

我觉得对资本主义制度所引发的剧烈社会矛盾的揭露和剖析，皮凯蒂与马克思有一致的地方，但在“资本”的定义、研究的思路、解决问题的方法上差异巨大。我最后决定把这个问题放在《中外历史纲要（下）》第 23 课《和平发展合作共赢的历史潮流》中来讲述。

授课时我首先创设问题情境，简单介绍了皮凯蒂的《21 世纪资本论》的出版情况和主要观点，问学生我们应该如何看待这本书。然后分为以下四步进行探究。

第一步是重温第 11 课《马克思主义的诞生与传播》的内容，重点回顾“历史纵横”栏目中关于剩余价值论的分析和 1867 年《资本论》出版的时代背景、历史意义。

---

① 何帆.《21 世纪资本论》导读本［M］. 北京：中信出版社，2015：XIV.

② 李实，岳希明.《21 世纪资本论》到底发现了什么［M］. 北京：中国财政经济出版社，2015：20.

第二步是重温第19课《资本主义国家的新变化》的内容，重点回顾授课时所得出的结论——“新变化”并没有克服资本主义的基本矛盾。

第三步是呈现三则材料：一是第11课的正文“在工业化的早期阶段，欧洲各地普遍出现了贫富分化严重、工人阶级苦难深重的状况”。二是第23课的正文“据联合国有关机构2014年的统计，全世界最富有的1%人口拥有的资产占人类财富总量的近40%，而最贫困的50%人口拥有的资产仅占人类财富总量的1%。这个状况至今基本没有改变”。三是皮凯蒂的论述“最令人惊讶的事实无疑是，在所有这些社会里，半数人口几乎一无所有：最贫穷的50%人群占有的国民财富一律低于10%，一般不超过5%。在法国，根据最新数据（2010—2011年），最富裕的10%占有总财富的62%，而最贫穷的50%只占有4%。在美国，美联储最近所做的调查覆盖相同年份，表明最上层的10%占有美国财富的72%，而最底层的半数人仅占2%”①。要求学生阅读后思考：“进入21世纪后，人类社会发展面临怎样的困境？这种困境与资本主义制度有何关系？”

第四步是比对思考皮凯蒂开出的药方和中国的解决方案。我跟学生说，皮凯蒂的厉害之处在于挑战了资本主义所宣扬的拥有平等机会的人们可以各尽其能地开展公平竞争的神话，但他认为问题的根源在于“资本收益率大于经济增长率”，许多学者并不认同。有学者认为“想要探究不平等背后的深层原因，还是得从正宗的《资本论》处寻找答案：马克思早就说过，导致中心矛盾的根源在于资本与劳动之间的不平等，是赤裸裸的阶级矛盾”②。而皮凯蒂提出的“征收富人税”的可行性更是受到普遍质疑。最后指导学生阅读教材“在合作共赢中促进全球共同发展”的内容，归纳出为解决人类面临的共同问题，中国提供了哪些方案。

我认为历史学科核心素养课堂教学的最主要特点就是《普通高中历史课程标准（2017年版2020年修订）》所要求的“以新情境下的问题解决为重心”。上述关于唯物史观素养培育的三个案例，都是按照这个思路来设计的，但在素养层次上又做了区分。历史学科核心素养的分层教学是当前教研的大课题，需要加大研究的力度。关于唯物史观素养三个层次的划分，我觉得还比较粗浅，希望接下来有更细致深入的区分。

---

① 皮凯蒂. 21世纪资本论［M］. 北京：中信出版社，2014：261－262.

② 韦茜. 没有马克思的“资本论”：大卫·哈维评皮凯蒂［M］//何帆.《21世纪资本论》导读本. 北京：中信出版社，2015：272.

第十四章 中学历史课堂教学生成性问题教学反思

中学历史教学研究首先是一门实践的学问。离开真实的中学课堂去进行纯思辨性的研究并非毫无价值，但对教学的指导意义通常不会太高。在三十多年的研究中，我对归纳法的青睐更重于演绎法。归纳法意味着从大量的实践案例出发来总结经验、探索规律，演绎法意味着从理论和原理出发去寻找典型的实践案例。我喜欢阅读真实的教学案例，也坚持记录我在教学实践中的亲身经历。在一定程度上，归纳与演绎的关系类似生成与预设的关系。教学既离不开预设，也应该强调生成。生成性教学是一种开放、互动、多元的教学形式。我相信，只要给学生展示的平台，学生就能还我们以惊喜，也只有给学生展示的机会，学习才能真实地发生。

一、我被高中生绕晕的一个概念

——《隋唐制度的变化与创新》教学反思

"贵族"，是我差点被高中生绕晕的一个概念。有一天，学生问我：

"老师，士族是贵族吗？"

"士族当然是贵族啦。"

"贵族是什么时候消失的？"

"隋唐时期衰落，宋朝基本退出历史舞台。"

"但教材说是春秋时期开始瓦解的喔。"

"哦，教材说的是奴隶主贵族，士族属于地主阶级贵族。"

"教材说清末新政，政权掌握在极端腐败无能的权贵手中，那些权贵是贵族吗？"

“是贵族啊。”

“你不是说宋朝之后就没有贵族了吗?”

“……?”

我被迫查了一下教材。教材对“贵族”的表述可谓蜻蜓点水，着墨不多。我又查了一下历年的高考试题。高考试题中“贵族”却是一个出现率极高的概念。怪不得学生有此一问。

《中外历史纲要（上)》最先提到“贵族”的是“商鞅变法”：“剥夺和限制贵族特权”。接下来提到孔子“出身于春秋后期鲁国没落贵族家庭”。而在高二《国家制度与社会治理》教材中，则明确提出“贵族等级分封制”的概念，“西周时期，天子是国家最高统治者，控制着镐京和洛邑附近的王畿地区，其他地方则分封给与周天子有血缘关系的同姓贵族、异族功臣或旧贵族……形成贵族等级分封序列”，并且指出，“春秋时期，随着社会经济的发展和宗法血缘关系的瓦解，贵族等级分封制开始解体”。作为奴隶社会的贵族制，教材的表述基本清晰。所谓贵族，就是拥有政治和经济特权的阶层，他们通过血缘关系来世袭权力。

然而，对于封建社会中的地主阶级贵族，高中教材的表述就有点语焉不详了。《中外历史纲要（上)》指出：“自三国、魏晋以来，一些声名显赫的士大夫家族世代把持官位，享受政治、经济等方面特权，形成一个特殊的社会阶层，称为士族。”那么，这些士族是不是贵族呢？查初中《中国历史》七年级上册的表述，士族也是贵族：“司马睿和南下的北方山东大贵族王导交往密切，他当皇帝，得益于王导为首的南北大贵族的拥戴。”

关于三国魏晋的贵族（士族）与西周的贵族有何不同，史家多有论述。如陈寅恪先生十分强调他们的文化特质：“所谓士族者，其初并不专用其先代之高官厚禄为其惟一之表征，而实以家学及礼法等标异于其他诸姓。”①

又如日本学者内藤湖南认为士族的权力并不完全来自于天子，而来自他们在地方长期积累的地位和名望：“这一时代的中国贵族，不是在制度上，由天子授予领土与人民，而是由于其门第，作为地方名门望族延续相承的传统关系而形成的。当然这是基于历来世代为官所致。”②

受篇幅的限制，中学历史教材没有更多地反映关于三国魏晋南北朝的学术成果，导致学生提出了“这一时期有没有贵族?”“士族是不是贵族?”等诸多疑问。

---

① 陈寅恪．唐代政治史述论稿［M］．上海：上海古籍出版社，1997：69.

② 转引自：李济沧．东晋贵族政治史论［M］．南京：江苏人民出版社，2016：3.

那么，当士族在宋朝消亡后中国到底还有没有贵族呢？我认为，只要存在着君主政体，贵族这一阶层就肯定会存在，只是其在政治上所起的作用有所不同而已。美籍英国人史学大师劳伦斯·斯通所著的《贵族的危机：1558—1641 年》是一本上乘的学术著作，书中就提到："一个依赖君主政体的社会最鲜明的突出特征，是荣耀的爵位的存在。荣耀的爵位的效用是明确规定和保持各类社会等级，不仅起到阻止社会流动的作用，而且还是对这类发生的社会流动的官方确认。"① 中国古代社会一直存在着贵族，只是在不同的历史阶段，他们所起的作用大不相同。

贵族这个概念太复杂，当目光转移到世界史时，情况又与中国迥异。高一《中外历史纲要（下）》明确提及"贵族"这个概念已经到了近代："在英国，'议会'一词最初的含义是'谈话'，本指国王与贵族交谈和谈判。1215 年，因国王约翰随意征税，贵族起兵反抗，迫使约翰签署《大宪章》。"高二《国家制度与社会治理》则明确提出"贵族制"这个概念。但贵族制为何物？教材并没有做出解释。反而是初中《世界历史》九年级上册写得相对详细："公元前 509 年，罗马建立了共和国。国家统治的决策权掌握在由 300 名贵族组成的元老院手里，两个权力相等的执政官主持日常政务。"与古代中国的情况相类似，世界史中的贵族也是不同历史发展阶段的产物。古希腊罗马的贵族制并不等于中世纪的贵族制，两者的人员组成、权力来源和所发挥的作用都大不一样。

尽管教材对世界史中的贵族论述不多，但贵族却是理解世界史的一个重要概念，无论是学习古希腊罗马的政制，还是学习近代西方的社会变迁，贵族都是一个绕不过去的概念。这也是高考命题大量出现"贵族"这个术语的原因。例如，2023 年广东省的高考历史科试题（见例 14－1）。

例 14－1　（2023 年广东高考历史科第 20 题）

（12 分）阅读材料并结合所学知识，完成下列要求。

材料一　工厂制度在英国形成后，工厂主大多数不是贵族。他们凭自己的创造才能取得发明专利，更凭精明的算计开办工厂，有的成为万人瞩目的首屈大富。理查德·阿克莱特是工匠出身，前半生穷困潦倒。他发明了水力纺纱机，并很快取得专利权，1771 年建立水力纺纱厂。马修·波尔敦是手工业主，他创办了铁厂，并帮助瓦特改进了蒸汽机。

——摘编自钱乘旦、陈晓律《在传统与变革之间——英国文化模式溯源》等

① 斯通. 贵族的危机：1558—1641 年［M］. 于民，王俊芳，译. 上海：上海人民出版社，2011：38.

在我有限的阅读中，有几本书是值得推荐的。

第一本是阎照祥的《英国贵族史》。该书观点鲜明，文字通俗，条理清晰，体例完备，是入门的必备书。“就目前世界范围而言，英国贵族体制无疑是最古老最悠久、自始至终未曾中断过的一种体制。”① 英国的贵族体制已经成为西方贵族体制的一个缩影。

第二本是美国学者乔纳森·德瓦尔德撰写的《欧洲贵族：1400—1800》。该书没有按照时间分析欧洲贵族的演变历程，而是从性质、数量、财富、特权、政治、生活、文化等方面分析贵族这个特殊阶层的特性，并且反驳了托克维尔关于贵族的经典论述：“阿历克西·德·托克维尔认为，从十字军时代以来，欧洲贵族在逐渐走向衰落。在重要的方面他显然是错误的。虽然数量起伏不定、成分日趋多样，贵族在整个近代早期还是变得更为富裕也更加强大，他们对欧洲文化的影响也加深了。”②

第三本是劳伦斯·斯通著的《贵族的危机：1558—1641 年》③。高中《中外历史纲要（下）》提到“圈地运动”，指出“新兴资产阶级和新贵族强行圈占公有土地和农民份地”，这些“新贵族”究竟是何人？该书举了大量史料来论述。

第四本是法国学者埃里克·芒雄－里高所写的《贵族：历史与传承》④，是生活·读书·新知三联书店“新知文库”中的一种，主要论述近代法国贵族的发展历程。凭我的阅读收获，该书的内容跟中学历史教材关系不是太大。

二、我被中学生问倒的问题

——《近代以来的世界贸易与文化交流的扩展》教学反思

在讲授高二历史选择性必修 3《文化交流与传播》第 10 课《近代以来的世界贸易与文化交流的扩展》之前，有一名学生在课间问了我一个问题：

---

① 阎照祥．英国贵族史［M］．北京：人民出版社，2015：3．

② 德瓦尔德．欧洲贵族：1400—1800［M］．姜德福，译．北京：商务印书馆，2008：229．

③ 斯通．贵族的危机：1558—1641 年［M］．于民，王俊芳，译．上海：上海人民出版社，2011．

④ 芒雄－里高．贵族：历史与传承［M］．彭禄娴，译．北京：生活·读书·新知三联书店，2018．

"教材'学思之窗'提供了一份'1985—2010年跨国公司海外分支机构经营情况'数据表格（见表14－1），为什么2000年的数据达到峰值后就往下跌了？"

表14－1　1985—2010年跨国公司海外分支机构经营情况

年份	海外分支机构总产值占GDP的比例	海外分支机构销售额占GDP的比例	海外分支机构出口总额占全球出口额的比例
1985年	4.77%	20.02%	30.30%
1990年	6.27%	23.56%	26.41%
1995年	5.99%	27.63%	14.86%
2000年	9.63%	47.70%	44.67%
2005年	9.03%	46.18%	32.31%
2010年	10.24%	39.98%	33.04%

——根据卢进勇、杨国亮、杨立强等编著《中外跨国公司发展史》编制

这个问题一下子就把我问倒了——我也不知道为什么。这课书我已经备好课，但对这个数据表格的处理只想着简单地跟学生解析跨国公司的各项数据都在飙升，说明跨国公司对世界贸易所起的作用是巨大的。我没有认真分析为什么第二列和第三列的数据在2000年后就大跌和狂跌了！我只好坦白地告诉学生："我也不懂，我要回去查查资料。"心中有一点点庆幸——幸亏他不是在课堂上问我。

回家后，我赶紧查看教师用书，其解析是："表格展现了1985—2010年跨国公司海外分支机构总产值、销售额、出口总额的占比，虽然有些年份出现回落，但总的趋势是上升的，这说明跨国公司海外分支机构的活动规模和对世界经济的影响越来越大。实际上，当前跨国公司的跨境生产活动对世界经济已经具备了举足轻重的影响力。"这说明教师用书的编撰者也注意到了这个问题，知道某些年份数据是回落的，但仍能看出总体的趋势是上升的。

我由此反思了以下两个问题。

第一，第三列数据从2000年的44.67%下降到2005年的32.31%，这个落差未免太大了吧！其中原因究竟是什么呢？为什么有这个落差仍然说跨国公司的影响力越来越大呢？

第二，假如这是一道高考选择题的材料，命题者的意图可能要求学生分析出数据上升的趋势就行了，偏偏有些学生非常较真，认为并不能反映出其上升的趋势，最终因此而丢分，那是应该怪学生的过度解读还是应该怪命题

者大而化之的态度呢？从教学实情来看，能够看出数据的差异的学生肯定是优秀的学生，他们发现的问题我在备课过程中都没能看出来的，但从考试命题来看，这样的学生有可能是吃亏的——因为他们解读了命题者都没有注意到的信息点。

根据教材材料的引文，我紧接着把《中外跨国公司发展史》① 找来查阅，看看该书是如何解读的。这本书分上下两册，是套大部头的书。教材的数据资料出自第二章《跨国公司与世界近现代经济的发展》中的第二节《跨国公司推动世界经济演进的主要方式与途径》（见表 14－2）。

表 14－2　1985—2014 年跨国公司海外分支机构产量、销售额、出口比重变化

单位:%

年份	海外分支机构总产值占 GDP 的比重	海外分支机构销售额占 GDP 的比重	海外分支机构出口总额占全球出口额的比重
1985 年	4. 77	20. 02	30. 30
1990 年	6. 27	23. 56	26. 41
1995 年	5. 99	27. 63	14. 86
2000 年	9. 63	47. 70	44. 67
2005 年	9. 03	46. 18	32. 31
2010 年	10. 24	39. 98	33. 04
2014 年	10. 20	47. 04	33. 33

资料来源：整理自历年《世界投资报告》

我马上发现了一个问题：该书引用的数据是包括 2014 年的，为何教材的数据只引用到了 2010 年？如果完全引用本书的数据，学生提出的第一个问题是容易解释的——第二列的数据虽然在 2010 年有所回落，但到了 2014 年又重新上升了，所以总的趋势还是上升的。

至于学生提出的第二个问题，其实该书的作者也注意到了，所以他们采用不同的表述方式："从占比变化来看，跨国公司海外分支机构总产值占 GDP 的比重由 1985 年的 4. 77% 逐渐上升到 2014 年的 10. 20%；销售额占 GDP 的比重则由 1985 年的 20. 02% 上升到 2014 年的 47. 04%；出口总额占全

① 卢进勇，杨国亮，杨立强，等. 中外跨国公司发展史［M］. 北京：对外经济贸易大学出版社，2016.

球出口额的比重基本上保持在 1/3 左右。”① 该书对第三列数据的解析并非上升，而是“基本上保持在 1/3 左右”。

我由此继续反思了以下四个问题：

第一，以后使用这个数据材料，无论是讲课还是命题，都不能说“海外分支机构出口总额占全球出口额比重是不断上升的”，只能说“海外分支机构出口总额占全球出口额比重基本上保持在 1/3 左右”。虽然这样的分析并不完全影响书中的结论：“通过上表不难发现，几大指标均呈上升趋势，这反映了第二次世界大战后跨国公司海外分支机构的活动规模越来越大，对世界经济的影响也越来越突出。实际上，当前跨国公司的跨境生产经营活动对世界经济发展已经具备举足轻重的影响力。”② 但就这列数据而言，只有这样的表述才是准确的。

第二，假如这名学生不向我提出这个问题，可能在以后的授课中我都会笼统地跟学生说跨国公司的各项数据都在飙升，大多数学生也就糊里糊涂地认可了我的结论。但真正有效的史料实证素养的培育，的确应该让学生自主地阅读史料和分析史料，而不是教师通过滔滔不绝的讲述牵着学生的思维走。

第三，通过阅读《中外跨国公司发展史》一书，学生提出的问题似乎解决了，其实也并没有解决，因为该书没有解释为什么第三列数据在 2000 年后下跌了 10 多个百分点。如果学生继续追问我，我还是不知道如何回答。我最后查找到了中华人民共和国商务部的网页，读到一篇《〈2002 年世界投资报告〉部分观点阐述》的文章，文中有两个观点大致解开了我的疑惑。

第一个观点是“2001 年跨国直接投资下降的主要原因是全球性衰退，特别是三大经济体经济增长乏力，股市下滑，削弱了跨国公司对外投资的能力和意向”。“2001 年，美、日、欧对外直接投资规模占世界跨国直接投资的 83%，基本与 2000 年持平。其中，美、欧由于国内经济低迷，跨国并购减少，导致对外直接投资规模分别较 2000 年下降了 31% 和 62%，而日本 2001 年的对外直接投资却增长了 20%。”这说明 2000 年后数据下跌的原因就是全球经济的衰退。

第二个观点是“从吸收外资的行业构成看，发达国家以服务业为主，发展中国家则集中在制造业部门。2001 年，美国吸收的外国直接投资中有 1/3 投向了金融保险领域；欧盟吸收的外国直接投资业主要在公共服务、媒体、金融等领域；日本跨国公司在英国的投资 50% 以上集中在金融保险部门”。

---

①② 卢进勇，杨国亮，杨立强，等. 中外跨国公司发展史［M］. 北京：对外经济贸易大学出版社，2016：54.

这说明2000年后，跨国公司的投资结构发生了改变，相当部分的资金投入到公共服务、媒体、金融等领域，这些领域跟制造业等领域不同，它不存在出口的问题，因此总体占比就下跌了。

第四，备课要更认真一点，讲课要更慢一点，留给学生思考的时间要更多一点。我觉得我很应该向这名中学生学习，因为他阅读教材比我认真多了。《礼记·学记》指出："是故学然后知不足，教然后知困。知不足，然后能自反也；知困，然后能自强也。故曰：教学相长也。"希望在新课程改革中，涌现更多的能够把教师问倒的学生。

三、如何进行跨学科内容的渗透
——《亚非拉民族民主运动的高涨》教学反思

《普通高中历史课程标准（2017年版2020年修订）》并没有提出跨学科学习的要求，而《义务教育历史课程标准（2022年版）》却明确规定了进行跨学科主题学习的板块，并要求占10%的课时。其实历史学科是一个没有边界的学科，它跟任何学科都能够产生交叉，进行跨学科融合并不是太难的事情。例如，用唐诗来证史，这不就是历史学与文学的结合了吗？用图画来证史，这不就是历史学与美术的结合了吗？讲述革命歌曲的历史，这就不是历史学与音乐的结合了吗？再具体一点，离开了化学知识，我们就讲不清楚商周的青铜器是怎么回事；离开了数学知识，我们就讲不清楚宋代人口之谜；离开了地理学的知识，我们就讲不清楚新航路的开辟；离开了生物学知识，我们就讲不清楚物种的全球传播；离开了经济学知识，我们就讲不清楚1929年经济大危机……然而，跨学科教学与跨学科主题教学是不同的。跨学科教学仅仅意味着把多个学科的内容渗透到历史教学中，而跨学科主题教学一方面要确定一个有价值引领的主题，另一方面要运用多个学科的内容共同实现这个主题的教学。

在讲授《亚非拉民族民主运动的高涨》一课时，我进行过一些跨学科内容融合的尝试。这一课中，"圣雄"甘地是很重要的知识点。为了讲好这个知识点，我给学生展示了一系列关于甘地的纪念邮票。第一枚是英国在1969年发行的纪念甘地诞辰一百周年的邮票（见图14－1）。甘地曾经是英帝国最为头痛的对手，但死后仍然赢得了对手的尊重。

图 14 - 1　英国 1969 年发行的纪念甘地诞辰一百周年的邮票

第二枚是直布罗陀纪念甘地的邮票（见图 14 - 2），票面上印有甘地的一句名言“Hate the sin，love the sinner”。我问学生这个句子是什么意思，部分学生能够正确地翻译出来：“憎罪恶，爱罪人”。

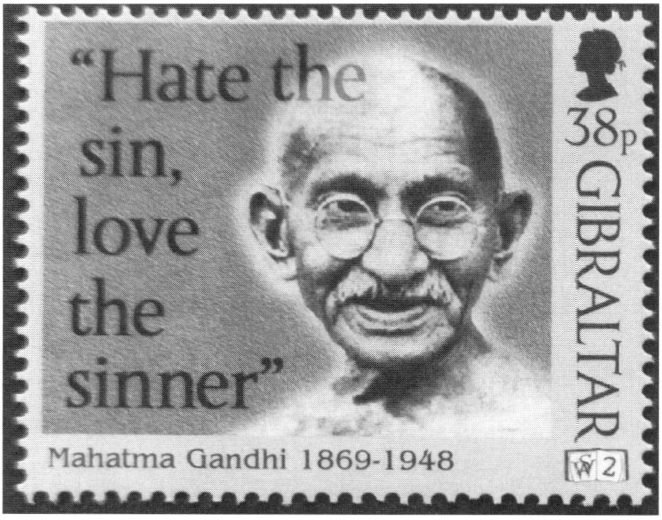

图 14 - 2　直布罗陀纪念甘地的邮票

第三枚是联合国 2019 年发行的纪念甘地诞辰一百五十周年的邮票（见图 14 - 3），票面上印有甘地的一句名言“The earth，the air，the land and the water are not an inheritance from our forefathers but on loan from our children”。一半学生能够翻译出来：“地球、空气、土地和水不是我们祖先的遗产，而

是从我们的孩子那里借来的”。

图 14－3　联合国 2019 年发行的纪念甘地诞辰一百五十周年的邮票

第四枚是印度 2000 年发行的纪念甘地的邮票（见图 14－4），票面是一幅简笔漫画。

图 14－4　印度 2020 年发行的纪念甘地的邮票

我跟学生说：“甘地的形象很有特点，恐怕是世界上最容易用简笔漫画绘制的政治家。大家跟着我一起画一下。先画一件披衣，再画半个脑袋，两只耳朵，最后画一根拐杖。完成。”我一边说，一边拿着粉笔在黑板上画起来。这时候有学生说：“这不就是一幅印度地图吗?”我听见后内心一怔，马上反应过来——这位学生的观察力很强，甘地身上的白布披衣其实就是被画成了印度地图的模样。这幅漫画的奇妙之处我先前也没有领会到，还是学生发现了并提醒了我。

这个教学设计耗时约 3 分钟，融合了英文、地理和美术的内容。这当然不属于跨学科主题教学，因为没有确立主题。它属于跨学科的教学，不过同时运用了多个学科的知识和技能。历史教师的知识面要尽可能广博一些，争取多了解各学科领域的内容。从大的方面看，有助于设计跨学科的教学主题，从小的方面看，有助于增加教学趣味，活跃课堂气氛。

在我的教学经验中，进行跨学科的教学设计比较容易活跃学生的思维。在一个信息化的社会里，学生的知识来源很广泛。只要给他们展示的平台和机会，他们看待问题的视角、解决问题的方法和探究问题得出的观点都会给教师带来惊喜。本案例就属于教学相长的例子。少了学生的提醒，我也不会注意到邮票中的漫画呈现的是印度的地图。生成性问题不一定指学生提出的问题，只要他们有新的视角、新的方法和新的观念，都可以列入生成性问题的研究范畴。

四、我被学生纠缠不清的一道题目

——《经济与社会生活》教学反思

讲授高二选择性必修2《经济与社会生活》第11课《近代以来的城市化进程》时，我给学生设计了一份学案，选用了2016年上海高考卷第14题：

例14-2 （2016年上海高考卷第14题）

有人描述某一时期英国人生活的情景：以前，人们日出而作，日落而息，生活艰苦，却很悠闲。现在，社会的节奏变快了。时间支配了整个社会，时钟成为人们的日常生活用品。导致生活节奏变化的主要原因是

A. 工业化　　B. 信息化　　C. 城市化　　D. 电气化

上课前，有学生问我为什么不能选择A项“工业化”。因为这是高考题，我以为学生已经查到答案，一时没有反应过来，随即发表了一通宏论，认为工业化的发展是一个缓慢的过程，刚开始的时候对乡村的影响并不是那么大，极大改变人们的生活方式和思想观念的还是城市，所以应该选C项“城市化”。

上课的时候，有学生跟我说，这道题目的正确答案是A项。我一下子懵住了，突然觉得A项和B项其实都是可以成立的，只好老实地跟学生说：“这道题目我课后查查资料再告诉你们。”

课后马上又有学生跟我说，这道题的答案肯定是A项，因为教材就是这样说的。她翻开选择性必修2《经济与社会生活》第5课《工业革命与工厂

制度》。在“工业革命后生活方式的变化”这个子目中，教材写道：“随着生活节奏的加快，人们的时间观念更为增强。工厂制度及蒸汽机车等交通工具出现以后，人们必须守时，准时准点成为现代生活的准则。城市中社会上层人士出行往往戴表，大城市的车站、码头、银行、机关及市区街道多设有标准钟。”

教材正文这段表述的旁边还有一个小栏目“思考点”，问：“工业革命是怎样改变人们的生活节奏的?”看来，2016 年上海的高考题虽然不是依据统编版高中历史教材命制的，但教材的表述却是对上海高考题的极好呼应。

问题似乎已经解决了，我也高度评价了这位同学的钻研教材的精神。但仍然有学生表达不同看法——工业革命当然是改变人们生活节奏的原因，但不一定是主要原因。教材正文所举的例子全部是城市的例子，教材的配图伦敦的“大笨钟”也是城市的例子。工业革命渗透到乡村后，乡村的生活节奏依然比城市慢得多。因此，改变人们生活节奏的主要原因是城市化，而非工业革命。

学生争论不休，我也意识到了问题的焦点所在——如何理解“主要原因”？我想到了我多年前写的一篇小论文《原因有主次轻重之分吗?》①。文章的论点是：“无论是分析主要原因或重要原因，它都是一种价值判断，而并非事实判断。价值判断是一种主观行为，你说某人某事重要，它就重要；反之，它就不重要。当一个人进行价值判断的时候，通常有两种思路：第一是选择有利于自己的方面来强调；第二是依据某种理论或学说来强调。”就本题而言，两种观点都有理论和事实的论据。选 A 项的人可持工业化的理论，认为没有工业化就没有社会节奏的加快，也没有时间观念的加强；选 C 项的人可持城市化的理论，认为真正改变社会节奏和时间观念的是城市生活，因为许多已经实现了工业化的乡村的生活节奏依然很慢，人们的时间观念也不太强。选 A 项的人可以继续反驳，城市化不一定会导致快节奏的生活，现在国内一些城市不就打出了“欢迎到 × × 市来享受慢生活”的广告吗？况且没有工业化，又何来城市化？选 C 项的人也可以反驳，工业化是快节奏生活的根本原因，但不是主要原因，工业化不一定会带来快节奏的生活，但快节奏的生活肯定是由城市化带来的。

对这个问题，我目前有以下两个思考。

第一，历史科选择题的命制，最好慎用“主要原因”“重要原因”“主要因素”“主要条件”等概念，因为题干的材料太单薄，难以实证，判断主次原因的主观性太强，很难有标准答案。例如，2023 年全国高考甲卷第 25

---

① 黄牧航. 原因有主次轻重之分吗? [J]. 中学历史教学，2017（2）：1.

题引发了较大的热议，原因是 B、C、D 三项都有一定道理，要确定哪一项是“主要因素”可谓见仁见智：

例 14－3　（2023 年全国高考甲卷第 25 题）

在中国古代，自然环境、社会生产状况、国家政策、灾害以及战乱，都会对人口的区域布局产生影响。图 3 显示了两汉间江浙一带与湘江流域人口增长的巨大差异，能够解释这种差异的主要因素是（　　）

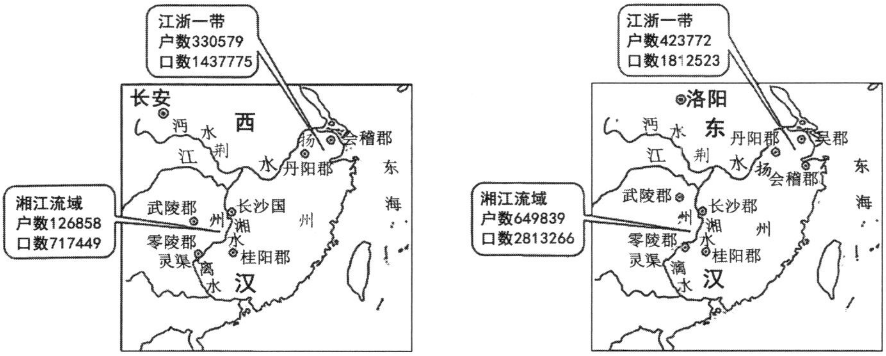

公元 2 年　　公元 140 年

图 3

A. 土地兼并程度　　B. 经济发展水平

C. 人口自然增长　　D. 移民流入数量

关于“主要原因”的提问如果放在主观题中就比较适合，因为主观题可以是开放型的，2023 年广东高考卷第 20 题就非常典型：

例 14－4　（2023 年广东高考卷第 20 题）

某学者认为，政治环境的不同是中英两国早期工厂创办者身份不同的主要原因。概括中英两国早期工厂创办者的不同身份，并评述该学者的观点。（要求：赞成该观点或另提出一个主要原因均可，并阐述理由）

这道题目明确指出，对“主要原因”的理解并不确定，认同题目的观点或者另外提出一个均可，甚至鼓励学生提出一个新的主要原因。如果把广东这道主观题改造为选择题，其思维含量就大大降低了。同样的道理，如果把上面的那道上海的题目改造为主观题，可能更加有利于拓展学生的思维。因此，我的观点是，“主要原因”的提问在主观题中可以出现，在选择题中慎重出现。

第二，根据《普通高中历史课程标准（2017 年版 2020 年修订）》和教科书的内容进行教学和命题仍需要大力倡导和坚持。今天许多复习备考资料的题目引发激烈争论的重要原因就是大家对许多概念术语的理解不一致。对概念术语理解的偏差，会导致一系列的认知偏差，许多无谓的争论就此展开。消除误解争执最好的办法就是依据《普通高中历史课程标准（2017 年版 2020 年修订）》和教科书的表述。就本题而言，导致生活节奏加快和时间观念改变的主要原因到底是因为工业化还是城市化？重要的解题思路就是明确什么是工业化和城市化。

什么是工业化？教材似乎没有下定义。但什么是城市化，教材是有较明确定义的："城市化进程表现在很多方面：城市数量的增加，城市规模的扩大，城市人口占总人口比例的增长，城市设施水平的提高和居民生活状况的实质性改变。"

这个定义有两个特点：一是归纳了世界城市发展的共性，二是从宏观层面讲述城市化的内容，并没有从微观层面论述城市化对普通个体的影响。城市化到底有没有提高生活节奏和改变人们的时间观念，在不同的历史阶段和不同的地域有着较大的差别，因此在这个定义中没有提及。从教材这个定义来看，上海的高考题选择 A 项"工业化"是对的，教材并没有说城市化提高了生活节奏和改变人们的时间观念，同时虽然没有给工业化下定义，但毕竟论述了工业革命如何改变人们的生活节奏。

我还注意到，教师教学用书有一个子目是"重要历史概念解释"，论述了"近代城市化与工业化的关系"。明确指出"近代城市化与工业化是一个相互影响、相互促进的关系。一方面，工业化带动了城市化。……另一方面，城市化也促进了工业化的发展"。从这个分析来看，在提高生活节奏和改变时间观念的作用上到底是工业化影响大还是城市化影响大，是一个见仁见智的问题，上海的高考题可以有两种答案。

我在读大学的时候，曾经看过吴怀连写的一篇文章《现代化的四个不等式》①，当时颇受震动，至今念念不忘。文中提到四个观点："工业化不等于现代化；城市化不等于现代化；西方化不等于现代化；市场化不等于现代化。"多年来，我一直想依据这篇文章的内容命制题目，却迟迟没有动手，原因在于我认为文中的五个关键概念都是我们耳熟能详却又难以定义的，如果硬性地把这些观点塞到试题里给学生去做，除了命题者显摆一下之外，并不能收到好的测量效果。我估计大多数学生都搞不清楚如何定义现代化、市

① 吴怀连. 现代化的四个不等式［J］. 读书，1990（4）：12－27.

场化，用这些概念去命题，弄不好的话又是一笔糊涂账。

现在大家都在提“教学评一体化”或者“教学评一致性”，我认为最基础和最扎实的工作莫过于实现重要概念术语的“教学评一体化”和“教学评一致性”，这样起码可以避免许多无效的争辩。我希望《普通高中历史课程标准（2017 年版 2020 年修订）》和教科书能够给重要的概念下明确的定义，也希望广大教师在教学和命题中能够更紧密地依托教科书，研究教科书中出现过的具体的历史概念，这比研究“大概念”重要得多。

第十五章
中学历史学案设计与运用的教学反思

学案教学法在中学历史教学中已经流行多年，但优秀的学案设计并不多见，大量的学案仍是以试题汇编的形式呈现的，一些重要的理论问题也未能很好地解决，如学案的性质、学案教学的优缺点等。在我的教学实践中，我对学案设计的重视程度高于课件制作，所花的时间也更多，因为学案是印发给学生的，他们可以认真看、反复看、长期看，容不得任何差错。利用学案进行教学，成为我教学的一个特点，也引发了我的许多思考。

一、学案设计的重点在于学法指导
——《资本主义国家的新变化》① 教学反思②

学案设计与学案教学已经不是新鲜事，国内外很多教师都在使用。学案的名称很多，如作业纸、工具单、学历案③等。而关于学案的功能，其定义也很多，如认为学案是一种教学方法、教学策略、学习方案、导学材料等。而在实践中我所看到的大多数学案，无论是高中还是初中，呈现出来的无非就是“思维导图 + 试题汇编”的形式，教师的使用方法就是指导学生在课堂上做题。

在课堂教学中让学生做题，边听边练，这无可厚非，但却不是学案教学

① 该课学案设计见本文末学案设计 15 – 1。

② 本文曾发表于《历史教学》2022 年第 6 期，有改动。

③ 关于学历案是不是学案，学者们有争议。我的观点是两者本质是一样的，只是对教师和学生的具体要求和呈现方式有所不同。

的重点所在。学案教学的重点应该在于教会学生学习的方法。虽然做题也是学习方法之一，但不是学习方法的根本。多年以来，我们一直呼吁教学研究的重点应该从过分关注教师如何教转变到学生如何学，而在实际操作中却是雷声大雨点小。相比教师如何教来说，学生如何学的研究成果太少了。如果说教案设计的重点在于寻找教师如何教的规律，那么，学案设计的重点就在于寻找学生如何学的规律。

在备《资本主义国家的新变化》一课时，我就在想，这一课的观点很多，史实也很多，学生究竟应该如何学？我提供的新材料足以让学生听得入迷，然而如果我只是在教材内容的基础上增添材料，那不正是我一直反对的"以论带史"的教学设计思路吗？所谓"以论带史"，就是先确定教学的基本观点，接着就使用一大堆材料向学生证明我这些观点都是对的。这样的教学思路，学生除了拓展了知识面，在思维能力上也不会有太大的提高。

最后，我决定采用"三次序材料教学法"的思路来设计这一课的学案，目标是让学生掌握史料实证的一些学习方法。三次序材料教学法是美国伊利诺伊州立大学的弗雷德瑞克·德雷克（Frederick D. Drake）教授和印第安纳大学的莎拉德·德雷克·布朗（Sarah Drake Brown）教授提出来的，"根据对历史思维的研究，我们发现学生在分析和研究历史材料时需要拥有优秀的思维能力"①。他们根据历史专业的研究思路，把中学历史材料分为以下三个次序。

第一次序材料（first-order documents）：这是教师教学中最核心的材料。从历史研究的角度看，这样的材料一般源自史学界对某个历史问题研究时所采用的最典型、最常用的史料，而考虑到中学历史教学的实际，教师可以选取一些既有科学性，同时又能够吸引学生兴趣的材料。通常我们只提供一到两条这样的材料。教学上我们强调帮助学生理解材料的来源，两位美国学者称之为"来源启发式"。

第二次序材料（second-order documents）：支持或质疑第一次序材料的材料。它可以帮助我们进一步了解第一次序材料的思想和观点，其来源可以更广泛，如照片、绘画、图表、文物等，通常有3～5则这样的材料。这样的材料还是由教师来展示，并从中启发学生掌握探究的基本方法和思路。教学上我们强调帮助学生理解材料的互相印证，两位美国学者称之为"佐证启发式"。

第三次序材料（third-order documents）：由学生自己寻找到的可以佐证第一次序材料的材料。我们对学生的评价主要就是看他们如何找到这些材料，以及这些材料的价值如何。

---

① DRAKE F D. NELSON L R. Engagement in teaching history：theory and practices for middle and secondary teachers［M］. London：Prentice Hall，2008：139.

例如，我们在讲授“冷战”的时候，丘吉尔的铁幕演说和乔治·凯南的电报可以成为第一次序材料；教师个人积累的相关图片、视频素材成为第二次序材料；教师发动学生去寻找的素材成为第三次序材料。

严格说来，第一次序材料必须是经典的第一手史料，我把它做了变通，把第一次序材料变为教材提供的材料，如学案片段 15－1 所示。

学案片段 15－1

任务一：阅读教材，完成下面表格的填写。

论点		教材中的材料	教师提供的材料	学生找到的材料
一、生产力飞速发展	1. 科学理论的突破	相对论、量子力学、系统论、信息论、控制论	［英］保罗·约翰逊著《现代——从 1919 年到 2000 年的世界》；验证相对论的日食观测一百周年纪念邮票	
	2. 科学技术的创新	原子能、电子计算机、互联网、空间技术、海洋技术、生物工程技术	改变 20 世纪的十大发明；纪录片 *The 1900 House*	
	3. 社会结构的变化	服务业人口比重增加，“中间阶层”人数增加		
二、生产关系不断调整	1. 所有制关系，分散股权	“中间阶层”有较高的收入，有可观的生活资产，如住房、汽车、股票等		
	2. 劳资关系，职工参与管理			
	3. 分配关系，社会福利制度	“福利国家”的建立，在缓和收入分配不平等、保持社会稳定方面起到一定积极作用		

（续上表）

论点		教材中的材料	教师提供的材料	学生找到的材料
三、上层建筑深刻变化	1. 政府管理职能变化	加大政府在公共事业领域的开支，增加就业机会，刺激消费需求；制定经济发展计划，促进经济协调发展；利用信贷、利率、税收等经济杠杆实施宏观调控		
	2. 国际协调合作加强	通过建立国际货币基金组织、世界银行、关税与贸易总协定等国际经济组织，加强在金融、投资和贸易等领域的国际协调		
	3. 公民权利不断扩大	美国黑人民权运动、妇女运动、学生运动等		

这个设计希望学生掌握的学习方法包括：一是看书，能够区分出教材表述中哪些属于观点，哪些属于材料，并进一步思考观点与材料之间的关系；二是记笔记，在听讲的过程中把老师所提供的材料快速记录下来；三是思考，知道教材中的材料、教师提供的材料与学生找到的材料这三者的关系，知道除了教材和教师提供的材料外，自己也应该寻找更加有力的支撑材料或者反驳材料，学会使用多种材料来论证同一个观点。

在学案设计中呈现学习方法主要有两种方式：第一种是在学案中直接写明某种学习方法如何操作；第二种是在具体的问题设计中呈现学习方法。本课的设计属于第二种。第二种设计通常要提供示范，通过例子告诉学生如何操作，学生再模仿进行，如本课在“教师提供的材料”中就做了两个示范，要求学生在接下来的听讲中完成记录。

从授课效果来看，学生对“学生找到的材料”一栏几乎没有反应，只有一名学生在课后私下向我提出了几个想法，问我能否成立，我肯定了他的思路。事实上，在课堂上我并没有留太多的时间让学生去思考回答，学生手头也没有资料可以查找，如果平时没有积累，确实很难回答。但他们还是理解了学案中所呈现的这种思维方法。我希望在日后的教学中能够多次强调，也让学生在课外有更充裕的时间查找资料。后来在教师培训中，我现场给教师们演示这个课例。受训教师模拟中学生，他们都能够独立提出更丰富的观点。但无论是对于学生还是对于教师，提出的观点正确与否并不重要，重要的是掌握寻找多方面的材料来论证观点的操作方法。

学案设计 15－1

第19课　资本主义国家的新变化

一、学习目标

理解资本主义国家的新变化有三个要点：

1. 生产力飞速发展
2. 生产关系不断调整
3. 上层建筑深刻变化

二、思维方法

（一）运用唯物史观的基本原理来分析问题

生产力决定生产关系；生产关系反过来对生产力的发展起着促进或阻滞的反作用。

经济基础就是与生产力的一定发展阶段相适应的占统治地位的生产关系的总和。上层建筑是指建立在一定的经济基础之上的意识形态以及与之相适应的政治、法律制度和设施。经济基础决定上层建筑，而上层建筑又反作用于经济基础。

（二）从多渠道寻找史料，以此来论证某个论点

三、学习内容

任务一：阅读教材，完成下面表格的填写。

论点		教材中的材料	教师提供的材料	学生找到的材料
一、生产力飞速发展	1. 科学理论的突破	相对论、量子力学、系统论、信息论、控制论	［英］保罗·约翰逊著《现代——从1919年到2000年的世界》；验证相对论的日食观测一百周年纪念邮票	

（续上表）

论点		教材中的材料	教师提供的材料	学生找到的材料
一、生产力飞速发展	2. 科学技术的创新	原子能、电子计算机、互联网、空间技术、海洋技术、生物工程技术	改变20世纪的十大发明；纪录片 *The* 1900 *House*	
	3. 社会结构的变化	服务业人口比重增加，“中间阶层”人数增加		
二、生产关系不断调整	1. 所有制关系，分散股权	“中间阶层”有较高的收入，有可观的生活资产，如住房、汽车、股票等		
	2. 劳资关系，职工参与管理			
	3. 分配关系，社会福利制度	“福利国家”的建立，在缓和收入分配不平等、保持社会稳定方面起到一定积极作用		
三、上层建筑深刻变化	1. 政府管理职能变化	加大政府在公共事业领域的开支，增加就业机会，刺激消费需求；制定经济发展计划，促进经济协调发展；利用信贷、利率、税收等经济杠杆实施宏观调控		
	2. 国际协调合作加强	通过建立国际货币基金组织、世界银行、关税与贸易总协定等国际经济组织，加强在金融、投资和贸易等领域的国际协调		
	3. 公民权利不断扩大	美国黑人民权运动、妇女运动、学生运动等		

任务二：阅读下面的材料并回答问题。

材料一　在生产力已经自动化、智能化的情况下，在研制、开发新技术、新产品的创造性劳动成为主要劳动方式的情况下，劳动者的地位以及劳动者同资产者的关系，必然要发生根本性的变化。……新的科技革命使自然资源优势以及资本优势的重要性不断下降，而技术资源的主导地位急剧上升，技术更新的速度越来越快，从而决定了大批从事创造性劳动的“金领工人”成为企业生存、发展以及提高竞争实力的关键。在这样的条件下，企业主必须保证劳动者拥有优裕的生活条件和工作条件，必须确保劳动者既是新技术、新产品的研制者和开发者，又是新技术、新产品的拥有者；必须维护劳动者在劳动中的自主性和参与管理的权利，体现劳动者的自身价值。

材料二　在生产规模已扩大到相当程度的情况下，资本主义必须改变整个社会生产的无政府状态，必须强化政府对经济的宏观调控及对社会生产的协调与管理。否则，整个社会生产将无法进行，其后果不堪设想。由于生产分工越来越细，生产规模越来越大，在当代资本主义社会中，企业之间，行业之间的联系举足轻重，利害攸关。大型客机、航天飞机的研制和生产，需要上百个专业的协作；核电站的安全与否，关系到整个社会的方方面面。尤其是大型化的生产力对资金的需求量大，对金融、保险、通信等行业依赖程度高，从而使整个社会生产对金融、证券、电力、通信等行业的依赖程度也在增大。……在现代生产力条件下，一旦纽约股票交易所的股票暴跌，就可能导致整个国家，甚至引发全世界的金融危机；一旦纽约全城停电哪怕只有24小时，美国的经济就可能陷入瘫痪。显然资本主义再固执地坚持社会生产的无政府状态已是不可能的了。

——胡连生、杨玲著《当代资本主义的新变化与社会主义的新课题》

请回答：

1. 材料一的分析方法运用了唯物史观的什么原理？可以与教材的哪些内容相呼应？

____

____

____

2. 材料二的分析方法运用了唯物史观的什么原理？可以与教材的哪些内容相呼应？

____

____

____

二、学案设计的特点在于把教学目标转变为任务来呈现

——《十月革命的胜利与苏联的社会主义实践》[1] 教学反思[2]

传统教学论所强调的许多内容其实在教学实践中都会遇到诸多的困难。例如，我们强调教学目标撰写的重要性，而在实践中却很难评价这些目标是否得到落实。又例如，我们强调现代信息技术应用的重要性，那么，课件的内容与板书的内容是什么关系？学生到底要不要做笔记？笔记的内容是依据课件还是板书？教师课后会把课件留给学生吗？有多少学生会在课后认真地重温老师的课件呢？这些实际的问题不解决，理论阐释得再完备美好，在实践中也会让师生们举止失措。

学案教学法的运用，为解决上述问题提供了一种出路。首先，通过在学案教学法中设计的具体问题或者任务，教师得以掌握和评价学生的回答或者学习成果的质量，比单纯撰写教学目标更能掌握学生的达成情况。确定和撰写教学目标的意义和价值，必须建立在该目标能够被评价的基础上，否则教学目标有可能成为“不写白不写，写了也白写”的文字游戏。

例如，在讲授《十月革命的胜利与苏联的社会主义实践》一课时，我们可以根据课程标准的要求把教学目标确定为“了解列宁领导的十月革命爆发的原因、过程”，可以根据教材“学习聚焦”栏目的要求，确定为“理解列宁主义是帝国主义和无产阶级革命时代的马克思主义”，也可以综合考虑确定为“了解列宁的生平和十月革命爆发的原因和过程，理解列宁主义的基本内容”。问题的难点在于如何检测和反馈教学目标的达成情况。学案教学就把教学目标转化为包含若干问题的学习任务。任务的主题和框架如下：

主题探究：神奇的伟人——列宁

一、杰出的组织家

二、深邃的思想家

三、伟大的战略家

四、无畏的革命家

五、灵活的改革家

六、坚定的政治家

（七、列宁的失误和争议）

---

① 该课学案设计见本文末学案设计 15－2。

② 本文曾发表于《历史教学》2022 年第 6 期，有改动。

这六方面的定位完全是根据教材的内容来归纳提炼的，学生要完成的任务是阅读教材，找出相关的表述来论述这六个观点。例如，为了让学生理解列宁是一位深邃的思想家，就要求学生填写列宁主义的相关内容（见学案片段 15－2）。

学案片段 15－2

二、深邃的思想家

任务二：阅读教材并完成下面的填空。

列宁认为：

1. ________是资本主义发展的最高阶段，“是无产阶级社会革命的前夜”。

2. 由于资本主义发展的不平衡规律，________是“帝国主义链条中最薄弱的一环”。

3. “社会主义可能首先在________________资本主义国家内获得胜利”。

4. 工人阶级要以暴力推翻资产阶级政权，建立________________。

教师可以通过课室巡阅或查看平板电脑的方式来了解学生填写的结果，从而掌握学生达成教学目标的总体状况。上述的问题是比较简单的，教材上都有明确的答案。针对基础一般的学生，讲述前六点即可，而针对基础较好的学生，可以增加第七点，提高任务的难度，如学案片段 15－3 所示。

学案片段 15－3

七、列宁的失误和争议

任务七：阅读教材第 90～91 页，指出列宁的失误和争议。

失误：____。

争议：____。

任务七的难度较大，在我四次的授课经历中，大多数学生都能够找到失误，却没有学生能够发现争议。失误是指余粮收集制“严重损害了农民的利益，导致战后的经济和政治危机”。争议是指如何准确理解“帝国主义是资本主义发展的最高阶段”？为接下来讲授第 19 课《资本主义国家的新变化》埋下伏笔。

这些任务的设计，都是为了让学生达成教学目标，即理解列宁的生平、十月革命的经过和列宁主义的内容。任务设计与单纯教学目标设计的区别在于——任务设计是可以检测反馈的，单纯教学目标设计是难以检测反馈的。这是学案教学的优势所在。

另外，学案教学也在一定程度上解决了“课件—板书—笔记”的矛盾。在高中阶段，我不太主张学生抄写板书，这是一种耗时、低效的简单动作。板书呈现的主要是关键的字、词和重要的图示。教学的逻辑结构是通过学案的设计来呈现的，相当于已经为学生印制好笔记。学生学习的重点不是听讲和抄写笔记，而是根据学案的任务要求来完成相应的活动。课件呈现的是纸质学案无法提供的资源，如高清的图片、历史题材的音频和视频等。简言之，学案是学生的学习笔记，是学生的学习活动指引清单，是学生的学习方法指导手册，是重要史料的文本记录，而课件和板书更多是为学案的使用服务的。

当然，学案教学也存在着印刷成本高、教师备课难度大、对学生基础要求高等问题，并不适用于所有的学校。

学案设计 15－2

第 15 课　十月革命的胜利与苏联的社会主义实践

主题探究一：神奇的伟人——列宁

一、杰出的组织家

任务一：阅读教材并完成下面的填空。

1898 年，俄国社会民族工党宣告成立，展开了有组织的工人运动。1900 年，流亡国外的列宁创办《________________》，宣传马克思主义，为建立新型无产阶级政党作了思想上和组织上的准备。1903 年，俄国社会民族工党举行第二次代表大会，列宁的拥护者在中央委员会中占多数，被称作“________________”。这次代表大会标志着________________的建立。

二、深邃的思想家

任务二：阅读教材并完成下面的填空。

列宁认为：

1. ________________是资本主义发展的最高阶段，“是无产阶级社会革命的前夜”。

2. 由于资本主义发展的不平衡规律，________是“帝国主义链条中最薄弱的一环”。

3. “社会主义可能首先在________________资本主义国家内获得胜利”。

4. 工人阶级要以暴力推翻资产阶级政权，建立________________。

三、伟大的战略家

任务三：阅读教材并完成下面的填空。

1917 年 4 月，列宁从瑞士回到彼得格勒，提出了将俄国从________________向________________推进的战略和策略。

四、无畏的革命家

任务四：阅读教材并完成下面的填空。

列宁亲自领导了组织革命武装夺取政权的斗争。________年________月________日，即俄历 10 月 25 日，革命武装占领临时政府所在地________。次日，全俄工兵代表苏维埃第二次代表大会宣布推翻临时政府，成立________________领导的苏维埃政权，列宁当选为人民委员会主席。这次大会标志着苏维埃政权在俄国正式建立，宣告了世界上第一个社会主义国家的诞生。

五、灵活的改革家

任务五：阅读教材并完成下面的填空。

1918 年夏，国内战争开始后，为了把有限的力量集中起来保证战争的胜利，苏维埃政权实行了__________________，其中最重要的是________制，将农民除口粮、种子粮以外的一切余粮收集到国家手中。

1921 年 3 月，苏俄政府决定实行________________。重心是调整国家与农民的关系，通过粮食税等________机制建立工农联盟，同时允许________有一定程度的发展，并以租让制等形式在一些经济部门引入________。

六、坚定的政治家

任务六：阅读教材并完成下面的填空。

1922 年 12 月，“______________________”成立，简称“苏联”。

七、列宁的失误和争议

任务七：阅读教材第 90 ~91 页，指出列宁的失误和争议。

失误：____。

争议：____。

主题探究二：苏联模式是怎样形成的?

一、什么是苏联模式?

任务八：阅读教材并完成下面的填空。

________________领导的建设社会主义的体制机制，后被称为“苏联模式”。它在经济上表现为____；在政治上表现为______________________。

二、为什么苏联会走向“苏联模式”？

任务九：关于新经济政策为什么会转向“苏联模式”，历史学家争论不休。阅读下面的材料并提出你的观点。

持方	观点一	观点二
正方	苏联是世界上第一个社会主义国家，如何建设社会主义，建立什么样的体制没有先例可循。	由于资本主义国家对苏联的包围，苏联是处于世界资本主义汪洋大海中的一座“孤岛”，苏联不得不用特殊的方式发展自己，壮大自己。
反方	新经济政策已经顺利实施，并且初见成效，说明新经济政策是可行的，有先例可循，没有必要转向实行“苏联模式”。	苏联并非什么“孤岛”，它有世界 1/6 的土地，两亿多人口，按照新经济政策的思想来进行社会主义建设，同样能够不断增强自身的实力。
我的观点	正方的观点 □赞同 □不赞同 □不完全赞同 反方的观点 □赞同 □不赞同 □不完全赞同 理由如下：	正方的观点 □赞同 □不赞同 □不完全赞同 反方的观点 □赞同 □不赞同 □不完全赞同 理由如下：

任务十：阅读下列材料，从中推测苏联实行“苏联模式”的原因。

材料一　俄罗斯发端于 9 世纪建立的基辅罗斯，深受拜占庭帝国的影响。基辅罗斯一度是东欧最强大的国家，13 世纪上半期，被蒙古征服，成为金帐汗国的臣属。在反抗蒙古统治过程中，莫斯科公国逐渐兴起。16 世纪初，以莫斯科公国为中心的统一国家建立，并向周围扩张。1547 年，伊凡四世正式加冕为沙皇。他颁布新法典，改组中央机关，镇压大贵族，巩固和强化了中央集权。与此同时，俄罗斯继续扩张。到 17 世纪末，俄罗斯成为地跨欧亚两洲的庞大帝国。

——《中外历史纲要（下）》第 19 页

从材料中我可以推测：____

____

材料二　十月革命沉重打击了帝国主义对世界的统治，极大地鼓舞了殖民地半殖民地人民的解放斗争，改变了20世纪的世界格局。从此，资本主义和社会主义两种制度的并存与竞争，成为世界历史的重要内容。

——《中外历史纲要（下）》第91页

从材料中我可以推测：____

____

材料三　查找材料，结合所学知识，了解共产党在亚洲民族民主运动中的领导作用。

一战后，受俄国十月革命的影响，中国、日本、朝鲜、越南、印度尼西亚、印度、土耳其、伊朗等15个亚洲国家在20世纪二三十年代成立了共产党。中国、朝鲜、越南等国的共产党逐步掌握了本国民族解放运动的领导权。苏俄（苏联）以及共产国际从中发挥了重要的作用。

——《普通高中教科书教师教学用书　历史　必修　中外历史纲要（下）》

从材料中我可以推测：____

____

三、学案设计要注意形式的活泼和美观

——《两宋的政治和军事》[①] 教学反思[②]

在进行《中外历史纲要》备课的时候，我就把重心放在了学案设计上，而不是放在课件制作上。课件展示的特点如同骑自行车——只宜向前，不宜退后，其实还是有利于教师按照自己的思路来讲述。学案的设计是根据学生的学习思维来进行的，考虑的是学生的学习方法，而且在教学中教师是可以根据需要灵活地调整指导顺序的。

除了内容外，学案设计也要考虑篇幅和形式。篇幅不能超过一张A3纸，而形式则力求活泼美观。这两个问题涉及学生如何保存和是否愿意保存学案。

首先，在上课的时候，我注意到各个学科的教师都给学生印发许多资料。学校的打印室是从早到晚运作不停，学案的印制起码要提前一天交给打印室。每次我要求学生拿出历史科的学案时，学生都会忙乱一阵子，从小山般高的资料堆中抽出那一纸学案。为此，我采取了两个措施：一是确保每课学案的字号不低于小四号，篇幅不超过一张A3纸，以便于学生阅读和装订；

① 该课学案设计见本文末学案设计15－3。

② 本文曾发表于《历史教学》2022年第6期，有改动。

二是给学生赠送一个历史题材的塑料资料袋。资料袋有 9 种风格，都是美轮美奂的历史场景绘画。按照女生先挑、男生后选的规则，每名学生都得到了一个资料袋，解决了学案保管难的问题。

其次，更重要的是让学生觉得学案是值得保存的。如果学案是一大堆的试题汇编，学生通常是做完了就扔掉。为此，每份学案的设计，我都在呈现方式和排版上煞费苦心，目的是让学生喜欢我设计的学案。

在备《两宋的政治和军事》一课时，教材写道：“为抑制武将势力膨胀，北宋实行崇文抑武的方针，罢免宿将兵权，用文官担任枢密院长官。”如何让学生更加直观地理解这个问题呢？我设计了下面的学案（见学案片段 15 –4）。

学案片段 15 –4

任务：完成下面的填充并回答问题。

	姓名：晏殊 代表作：________________ ________________________ ________________（篇名或词句） 曾任官职：枢密使 职权范围：负责管理全国军政
	姓名：范仲淹 代表作：________________ ________________________ ________________（篇名或词句） 曾任官职：陕西经略安抚招讨副使 职权范围：负责边防

（续上表）

	姓名：欧阳修 代表作：________________ ________________ ________________（篇名或词句） 曾任官职：枢密副使 职权范围：协助管理全国军政
	姓名：文天祥 代表作：________________ ________________ ________________（篇名或诗句） 曾任官职：枢密使 职权范围：负责管理全国军政

问题：上述文学家的官职有什么相同特点？为什么会出现这种现象？

答：________________

在教学中，学生积极回答，气氛非常活跃。这四位文学家都是学生熟悉的，个别学生填写出许多远超我预期的篇名和词句。我现场挑了几份内容完整、字体漂亮的学案向全班学生展示。

这个设计的思路并不复杂，教师可以通过讲授和提问来进行教学，但以学案为载体、通过任务驱动的教学方式来传授可让学生的印象更为深刻。图文并茂的排版形式是为了让学生感受到学案的美观和有趣、感受到教师的用心和专业。当教师重视自己所设计的一字一图时，学生也会慢慢重视自己所写的一词一句。从评价的角度看，活泼的学案设计有助于我们理解开放性试题的命制；从教学过程的角度看，学生完成学案的积极性要比单纯的记录板书笔记要高；从资源建设的角度看，学生对学案的利用效率比课后重温教师的课件要高。因此，教师应该把学案的设计作为优质的课程资源开发来对待。

学案设计 15－3

第 9 课　两宋的政治和军事

一、宋初国策的制定

任务一：阅读教材第 49～50 页“宋初中央集权的加强”的内容，找出最能体现制定宋初国策精神的一个句子。

答：____

任务二：宋初国策可以归纳为两大方面的内容——“强干弱枝”和“重文轻武”。请根据教材的表述完成表格的填写。

核心	分类	具体内容
强干弱枝	军事集权	
	财政集权	
	分化事权	
重文轻武	重用文官	
	提倡文治	

任务三：完成下面的填充并回答问题。

<table>
<tr><td></td><td>姓名：晏殊
代表作：________________________
____
________________________（篇名或词句）
曾任官职：枢密使
职权范围：负责管理全国军政</td></tr>
<tr><td></td><td>姓名：范仲淹
代表作：________________________
____
________________________（篇名或词句）
曾任官职：陕西经略安抚招讨副使
职权范围：负责边防</td></tr>
</table>

（续上表）

姓名：欧阳修

代表作：________________________________

____

____________________________（篇名或词句）

曾任官职：枢密副使

职权范围：协助管理全国军政

姓名：文天祥

代表作：________________________________

____

____________________________（篇名或词句）

曾任官职：枢密使

职权范围：负责管理全国军政

问题：上述文学家的官职有什么相同特点？为什么会出现这种现象？

答：____

____

二、宋初国策造成的困境

任务四：阅读下面的数据表，你认为北宋中期后出现了什么困境？为什么会有这样的困境？

在位者	官员数目/万人	士兵数目/万人	财政收入和支出/万钱	
			收入	支出
宋太祖		37		
宋太宗		66		
宋真宗	1	91	15 000	12 000
宋仁宗	2	125	12 000	12 000
宋英宗	2. 4	118	11 000	13 000

答：____

任务五：阅读教材中的史料，指出对北宋加强中央集权措施的评价，苏洵和叶适的观点有何不同，为什么有这样的不同。

教材史料一：吾宋制治，有县令，有郡守，有转运使，以大系小，丝牵绳联，总合于上。虽其地在万里外，方数千里，拥兵百万，而天子一呼于殿陛间，三尺竖子驰传捧诏，召而归之京师，则解印趋走，惟恐不及。

——苏洵（1009—1066 年）《嘉祐集》卷 1《审势》

教材史料二：今内外上下，一事之小，一罪之微，皆先有法以待之；极一世之人志虑之所周浃（jiā），忽得一智，自以为甚奇，而法固已备之矣，是法之密也。虽然，人之才不获尽，人之志不获伸，昏然俯首一听于法度，而事功日隳（huī），风俗日坏，贫民愈无告，奸人愈得志。

——叶适（1150—1223 年）《水心别集》卷 10《实谋》

答：____

____

任务六：阅读教材第 51 页“历史纵横”之“北宋的募兵政策”，结合教材所说的隋唐均田制的内容，你认为募兵政策的实行与均田制的瓦解是否有关系？

答：____

三、摆脱困境的改革

募役法（免役法）是王安石变法的重要内容之一。该法规定：由政府出钱雇人服役，然后按户征收雇役费用，称“免役钱”；原本免役的官户、僧道户等，也缴纳同样的钱，称“助役钱”。

募役法（免役法），使原来轮流充役的农村居民回乡务农，原来享有免役特权的人户不得不缴纳役钱，使很多农民免除劳役，官府也因此增加了一宗收入。

“我是王安石，江西临川人，典型的南方人。”	“我是司马光，山西夏县人，地道的北方人。”

（续上表）

南方农民：“今年收成不错，种植的水果药材也卖了点钱。我可以交钱给官府，我的差役就由官府找人替我干了。” 	北方农民：“我的收成仅够糊口，叫我出力可以，我哪里有钱请人代役啊？” 
王安石：“老百姓可以缴纳免役钱，由政府雇人代役。”	司马光：“从古至今，哪有出钱请人代役的事情？这法令万万不可行！”

问题：你认为王安石推行免役法和司马光反对免役法的理由分别是什么？你认为他们为什么会产生如此大的分歧？

答：____________________

四、中学历史学案设计的基本要素

——《中国古代官员的选拔与管理》① 教学反思

学案是教师在充分了解学情、课标和教材的基础上，从学习者的角度设计的指导学生进行自主学习的导学材料。学案有不同的名称，如学历案、工作纸、学习单等，设计的要求也各有不同，但本质是一样的，属于帮助学生学习的导学材料。学案教学是落实“教—学—评”一致性理念的有效工具，一份优秀的学案应该包含结构、问题、学法、情境、媒体和资源六方面的要素。

（一）结构要素

学案在很大程度上起到笔记的作用，应该给学生呈现本课的学科知识体例。体例既可以照搬教材，也可以对教材进行整合和创新。通过学案呈现学习体例，能够提高课堂学习效率，减少学生抄板书的时间，而把更多的精力放在对问题的思考上。

① 该课学案设计见学案设计 15－4。

（二）问题要素

学案设计的重要特点是把教学目标转化为问题或任务来呈现，这有助于教学目标的真正落实。教师可以根据学生对问题的回答程度或者对任务的完成程度来判断教学目标是否达成。

问题的设计起码要符合三个方面的要求。一是基础性，能够帮助学生掌握和巩固基础知识。基础性的问题通常是依据教材的内容来设计的；二是趣味性，能够激发学生探究问题的兴致。试题是问题，但问题却不一定是试题。试题肯定有标准答案，但问题却不一定有标准答案。三是层次性，问题必须有梯度，一来满足不同水平层次学生的学习需求，二来促进所有学生的思维能力不断地提升。

（三）学法要素

学案的设计思路与课件差异较大。课件的设计思路是立足于教师如何教，而学案的设计思路更多侧重于学生如何学。一份学案如果没有充分的学法指导内容，就称不上是合格的学案。学法指导通常有两种方式：一是直接写明学习的思路，本课设计从多种渠道向学生说明学习的方法；二是通过解题示例帮助学生掌握相应的学习方法。

（四）情境要素

情境创设是实施学科核心素养课堂教学的重要策略。情境分为历史情境设计和历史情境活动设计。一般说来，历史情境设计相对容易，只要提供与教材知识点相关的史料素材即可，但历史情境活动设计则比较难，也是学科核心素养课程改革的重点之一。历史情境活动设计意味着整节课都围绕一个或一类活动情境展开。情境活动要素的融入，能够较好地增强教学的趣味性、复杂性、开放性和真实性。

（五）媒体要素

学案大多数是纸质媒介，少数以电子白板来呈现。无论是哪种呈现方式，都要根据《义务教育历史课程标准（2022 年版）》的要求，力图“将现代信息技术与历史教学深度融合”。学案设计要把学习任务的完成与多媒体技术的运用结合起来，充分发挥学案的导学功能。离开了现代信息技术，学案仅能呈现纸笔测试的功能，而有了现代信息技术的助力，学生就能够更好地理解学案的内容和任务要求。同样，有了学案的指引，学生就能更好地带着问题去利用现代信息技术的资源。因此，不能把学案等同于中考高考试卷，要充分地与多媒体的资源结合起来。

（六）资源要素

学案要给学生提供优质和丰富的资源。这些资源包括经典的史料、清晰的图片、创新的题目、美观的排版等。许多学生对学案并不重视，不注意保管，很容易遗失，其中的原因就是学案编写得单调乏味，要么是对教材内容的简单重复，要么是大量搬用中考、高考试题。刘超老师的学案材料生动、问题有趣、图文并茂、排版灵活，就属于学生乐于接受和保存的优质学习资源。

学案教学法具有加强学法指导、提高课堂教学效率等诸多优点，也有成本较高、容易流于形式等缺点。如何设计出一个高质量的教学课件，教师们已经有丰富的经验，但如何编撰出一份高水平的学案，相关的经验总结还是不多。一份好学案的编撰，除了教师需要有研究学法的兴趣和能力外，还需要教师拥有教材编写、试题命制、美工排版等多方面的能力。我们在龙华区教师实践的基础上做了粗浅的总结，希望对广大教师的学案设计有所启发。

学案设计 15 －4

第5课　中国古代官员的选拔与管理

一、中国古代官员的选拔制度

（一）基本常识

官员
- 选拔
- 管理
  - 考核（对官员任期内的履职情况进行考定和核查）
  - 监察（对官员进行监督、考察和检举）

（二）教材知识

任务一：根据教材的内容完成下表的填充：

中国古代官员选拔方式的演进

历史时期	选官制度	选官方式	选官标准	典型人物
西周	世官制	世袭	血缘	周公
春秋战国	举荐制、军功授爵制	举荐、依据军功大小	尚贤、才能、军功	毛遂、管仲

（续上表）

历史时期	选官制度	选官方式	选官标准	典型人物
秦	以法为教，以吏为师	向官吏学习律令、为官	对法律掌握程度	喜
汉	察举制，积功劳为官，征辟	先考察后推举，自上而下，自下而上	品行、能力	卫青、霍去病、董仲舒
魏晋	九品中正制	评定、推荐	家世、门第、道德、才能	王羲之、顾恺之
隋唐	科举制	考试后再选拔	身、言、书、判	李白、杜甫、白居易、元稹
两宋	科举制	一经录取，立即授官	科举成绩	苏洵、苏轼、苏辙、范仲淹、王安石
元	蒙古传统方式和科举	世袭、推举、科举	血缘、人际关系	郭守敬、许衡、刘伯温
明清	科举制	考试，捐纳	科举成绩、捐纳数量	王守仁、杜凤治

（三）能力训练

任务二：根据所学知识和教材内容回答下面的论点做出判断，并提出你的证据。

1．科举制度的“科”是指分科考试，“举”是指选拔推举人才。

□正确　　□错误

证据：____。

2．通过考试选拔官员始于隋唐的科举制。

□正确　　□错误

证据：____。

3．组织科举考试以及试后任命官员都是由吏部负责。

□正确　　□错误

证据：____。

4. 宋代以后，考试科目日益集中在进士一科。从某种程度上来说，已经开始失去了科举制度分科考试的特征。

☐正确　　☐错误

证据：____。

5. 宋代以后的科举考试的重要特点之一是各级的考试都由朝廷主持，加强了专制君主对人才选拔的控制。

☐正确　　☐错误

证据：____。

6. 明代以后，科举制度已经形成了一个等级分明、层次清楚、条规严格、名目繁多的复杂体系，但考试内容与形式也日益僵化。

☐正确　　☐错误

证据：____。

二、中国古代官员的考核制度

（一）教材知识

任务一：根据教材的内容完成下面的填充：

1. 秦汉考核官员的办法被称为____上计制____。

2. 隋唐考核官员的职能由____尚书省吏部____行使。

3. 明朝对官员任职期满的考核被称为____考满____；对外地官员三年一次的朝觐考察和京官六年一次的京察被称为____考察____。

4. 清朝的考课制度包括三年一次的____京察____和____大计____，分别考察____京官____和____外省文官____。

（二）能力训练

任务二：根据所学知识和教材的内容回答下面的问题：

1.《商君书》是战国时期法家代表人物商鞅（可能还包括其后学）著作汇编，现存26篇。其中《禁使》篇写道："夫吏专制决事于千里之外，十二月而计书以定，事以一岁别计。"这明确记载了秦代的哪一种制度？

A. 军功授爵制　　B. 什伍连坐制

C. 上计制　　D. 户籍制

2.《商君书》是战国时期法家代表人物商鞅（可能还包括其后学）著作汇编，现存26篇。其中《禁使》篇写道："夫吏专制决事于千里之外，十二月而计书以定，事以一岁别计。"这记载包含了秦代的哪些制度？

A. 军功授爵制和上计制　　B. 郡县制和什伍连坐制

C. 郡县制和上计制　　D. 郡县制和户籍制

3. 阅读下面的材料并回答问题。

材料 萧相国何者，沛丰人也。以文无害，为沛主吏掾（yuàn，古代官署属员的通称）。……秦御史监郡者与从事，常辨之。何乃给泗水卒史事，第一。秦御史欲入言徵何，何固请，得毋行。（意译：相国萧何，是沛县丰邑人。因为他能够处理文书而无疵病，因此担任沛县的主吏掾。……秦朝的御史到泗水郡督察郡的工作时，萧何跟着他的属官办事，经常把事情办得有条有理、清清楚楚。萧何于是担任了泗水郡卒史的工作，公务考核中名列第一。秦朝的御史打算入朝进言征调萧何，萧何一再辞谢，才没有被调走。）

——《史记·萧相国世家》

（1）根据教材的表述，请指出萧何担任秦朝沛县的官吏，其工作的主要职责是什么。

答：____

____。

（2）秦朝负责考核官员的职官被称为什么？萧何在考核评价中被评为第一名，这种考核评价制度在秦朝称为什么制度？

答：____。

4. 阅读下面的材料并回答问题。

材料 卢承庆为吏部尚书，总章（唐高宗的年号）初，校内外官考。有一官督运，遭风失米，承庆为之考曰："临运损粮，考中下。"其人容止自若，无一言而退。承庆重其雅量，改注曰："非力所及，考中中。"既无喜容，亦无愧词。又改曰："宠辱不惊，考中上。"众推承庆之弘恕。

——《大唐新语·容恕》

（1）根据教材内容指出唐朝考核官员的标准是什么，并以材料中的例子来证明。

答：____。

（2）唐朝负责考核官员的职官被称为什么？根据教材内容指出唐朝考核官员的结果分为多少个等级，并以材料中的例子来证明。

答：____。

5.《明太祖实录》卷一七〇"洪武十八年正月癸酉"载："天下布政使司、按察司及府州县朝觐官，凡四千一百一十七人。考其政绩，称职四百三十五人，平常二千八百九十七人，不称职四百七十一人，贪污百七十一人，阘茸（tà róng，资质驽钝愚劣）百四十三人。""称职者升，平常者复其职，不称职者降，贪污者付法司罪之，阘茸者免为民。"这种官员的考察方式被称为

A. 考满　　B. 朝觐考察　　C. 京察　　D. 大计

6. 下表为清咸丰八年部分官员的考察结果：

姓名	职位	评语	结论
图麟	内阁侍读	操守清、政事勤、才具长、年力壮	称职
庆福	太常寺读祝官	声音宏畅、礼仪娴熟	称职
杜春芳	钦天监夏官正	算法熟练	称职
海寿	銮仪卫鸣赞鞭官	声音清亮、唱赞熟练	称职

该考察方式属于

A. 京察　　B. 朝觐考察　　C. 上计　　D. 大计

7. 清雍正四年十一月，广东巡抚杨文乾推荐了三名考察结果优异的官员，其中广州府新会县知县张理的评语为："本官操守清廉，征收钱粮银米从无加收耗羡。本官每逢朔望，会集绅衿耆老宣讲圣谕广训，化民成俗，并赴学宫恭诵御制训饬士子文，士风丕振。……"该考察方式属于

A. 京察　　B. 朝觐考察　　C. 上计　　D. 大计

三、中国古代官员的监察制度

（一）基本常识

中国古代监察制度
- 御史制度（上对下的监察纠禁）
- 谏官制度（下对上的匡正建议）
- 封驳制度（把诏书退回给皇帝而拒绝执行）

（二）教材知识

任务一：根据所学知识和教材的内容回答下面的问题：

1. 根据教材的内容完成下表的填充：

中国古代官员监察方式的演进

时期	监察机构（官职）	主要特点	典型人物
秦	御史大夫	位高权重，监察制度早熟	/
汉	刺史	位卑权重，监察范围扩大	晁错
隋唐	御史台（御史大夫）	定期或不定期进行监察	颜真卿
宋	台谏合一	加大了监察权与行政权抗衡的力量	包拯、万俟卨
元	御史台、行御史台、肃政廉访司	民族矛盾和阶级矛盾尖锐，监察机构严密	/

（续上表）

时期	监察机构（官职）	主要特点	典型人物
明	废御史台，建立都察院、六科	进一步加强为皇权服务	海瑞
清	六科并入都察院	监察的重心放在了对大臣的监督上	/

2. 根据上表的内容，你可以总结出中国古代监察制度的哪些特点？

①监察机构只对皇权负责。

②监察官员独立行使职权。

③监察官员权力巨大。

④监察机构设置严密。

⑤“逐渐分离、再由分到合”的反复循环规律。

（三）能力训练

任务二：根据所学知识和教材的内容回答下面的问题：

1. 阅读下面的材料，指出材料记述的是哪位监察御史的事迹，并根据材料指出他的监察职能包括哪些内容。

材料　再迁监察御史，使河、陇。时五原有冤狱久不决，天且旱，真卿辨狱而雨，郡人呼“御史雨”。复使河东，劾奏朔方令郑延祚母死不葬三十年，有诏终身不齿，闻者耸然。

——《新唐书·颜真卿传》

答：____。

2. 阅读下面的材料并回答问题。

材料　嘉靖三十九年（1560），海瑞任淳安县令之后，都御史鄢懋卿巡行浙江。都御史是御史台长官，相当于中央纪检委书记，所到之处，接待的规格本来就很高。况且鄢氏平时即好排场，因此，各地官员在接待上都下了不少工夫。连吃喝带“土特产”，一个县没有千把银子下不来。鄢氏所到之处，“监司郡邑诸吏膝行蒲服，跪上食。携妾偕行，制五彩舆，令十二女子舁（yú，共同用手抬）之。仪从煌赫，道路倾骇”。

鄢氏将过境淳安的消息传来，师爷愁眉紧锁。府员、道员到来你公事公办还则罢了，这一次来的可是部级干部，并且是都御史，如果把他得罪了，一个小小县令，官位立刻不保。

海瑞却不信那个邪，面对师爷的劝告，他不耐烦地说：“充军死罪，宁甘受，安可为此穿窬（yú，从院墙爬过去。多指偷窃行为）举动耶！”即使充军杀头，也不做这样见不得人的事！

他告诉师爷，不必发愁，且看本县如何处置！

他的“处置”就是给鄢部长写了封信。信的大意是：接到您发来的公文，知道您将巡视我县。您在公文里说您“素性简朴，不喜承迎”，要各地接待上要简朴，不可铺张浪费，以节省国家钱财。可是我听您到过的县报告说您所到之地，“各处皆有酒席，每席费银三四百两。金花金段，一道汤一进”，与您在通知中所说的大相径庭。是不是各县官员误解了您的意思，把您的要求当成虚文了呢？

接到了这封信，鄢氏连淳安所属的严州都没有进，绕道而去。严州知府大发雷霆，把海瑞叫到州上拍案大骂了一顿：“你多大一个破官，还反了你了！”

——张宏杰《大明王朝的七张面孔》之《海瑞：偏执症患者》

（1）根据教材的表述，都御史主要有哪些职能？

答：＿＿＿＿＿＿＿＿＿＿＿＿＿＿＿＿＿＿＿＿＿＿＿＿＿＿＿。

（2）提取材料中的信息，指出为什么明朝的州、县官员都害怕都御史。

答：＿＿＿＿＿＿＿＿＿＿＿＿＿＿＿＿＿＿＿＿＿＿＿＿＿＿＿。

（3）描述海瑞对付飞扬跋扈的都御史的方法，下面哪个成语比较合适？

A．犯颜极谏　　B．声东击西　　C．指桑骂槐　　D．欲擒故纵

3．阅读下面的材料并回答问题。

材料　在起复之初，他（海瑞）的职务是南京右佥都御史，不久升任南京吏部右侍郎。自从永乐皇帝迁都北京以后，这个名义上称为陪都的南京，除了正德皇帝一度在此驻跸以外，从来没有举行过全国性的大典。这里的各种中央机构，实际上等于官员俱乐部。他们的官俸微薄，公务又十分清闲，于是就殚精竭虑地设法增加额外收入。最常见的方法是利用职权，向市井商人勒索，其公行无忌有如抢劫。这种种怵目惊心的情形，使稍有良心的官员无不为之忧虑。

海瑞在1586年升任南京右都御史。在命令发布之前，他已经向万历提出了一个惹是生非的条陈。他提议，要杜绝官吏的贪污，除了采用重典以外别无他途。条陈中提到太祖皇帝当年的严刑峻法，凡贪赃在八十贯以上的官员都要处以剥皮实草的极刑。这一大干众怒的提议在文官中造成了一阵震动。谁知一波未平，一波又起。有一位御史在家里招了一班伶人排戏，海瑞得悉此事，就宣称按照洪武的祖制，这位御史理应受到杖责。其实这类事情在南京已属司空见惯，海瑞却以为有坏风俗人心而加以反对，结果只能被大众看成胶柱鼓瑟，不合乎时代的潮流。

海瑞的再度出山以及一如既往的言行，对当时的南京地区来说，有如一块巨石投进了一池死水。对他的批评和赞扬同时出现。不久，就有一位巡按南直隶的监察御史上疏参劾右都御史海瑞。下级监察官参劾上级监察官，虽不能说背于法制，毕竟是有逾常情。即此一端，就不难窥见反对者的愤慨。

这位御史的奏疏一开始就对海瑞作了全盘否定：……

这种接近人身攻击的批评，立刻遭到无数青年学生和下级官僚的激烈反对。拥护者和反对者互相争辩，几乎一发而不可收拾。万历皇帝于是亲自作出结论："海瑞屡经荐举，故特旨简用。近日条陈重刑之说，有乖政体，且指切朕躬，词多迂戆，朕已优容。"主管人事的吏部，对这一场争论也提出了自己的意见，说海瑞节操可风，只是近日关于剥皮实草的主张过于褊执，"不协于公论"，所以不宜让他出任要职，但可以继续保留都御史的职位。皇帝的朱批同意吏部的建议："虽当局任事，恐非所长，而用以镇雅俗、励颓风，未为无补，合令本官照旧供职。"

——黄仁宇《万历十五年》

（1）结合教材的表述，指出海瑞担任南京右都御史后发挥了都察院监察御史的什么职能。

答：____。

（2）结合教材的表述指出为什么下级监察官能够参劾上级监察官海瑞。

答：____。

（3）海瑞作为一名耿直的监察官员却无从发挥其应有的作用。根据上述材料，指出明政府对他实行了哪些制约。（不少于 3 点）

答：____。

第十六章
中学历史教材研读的实践反思

教材一直在教学中起着重要的作用。教材并非教学的唯一资源，但肯定是教学中最重要的资源。随着信息社会的到来，师生们获取教学资源的渠道增多了，获取的方法便捷了，获取的数量丰富了，这使得部分师生产生了轻视教材的想法，觉得教材无须精读细读，只需要了解个大概即可。这种想法是错误的。在我的教学实践中，我不断地强调教材的重要性，认为学生学好教材是打好知识基础的根本。我也主张教师在备课的时候首先要利用好教材的资源，不要急于去寻找其他资源。能够把教材的内容给学生讲深讲透，就已经是了不起的课堂教学了。

一、教材一个字，史料万万千
——《中华文明的起源与早期国家》教学反思

今天收到了印度2023年发行的一枚新邮，查网上的说明，标注为“纪念2023国际黍年”。再查相关资料，有“国际小米年”之说，并没有“国际黍年”之说：“2021年3月，联合国大会第七十五届会议宣布2023年为‘国际小米年’。北京时间2022年12月6日，联合国粮农组织在罗马总部新闻发布厅举行庆祝‘2023国际小米年’启动大会，强调促进可持续种植和消费小米的好处，希望在即将到来的2023年，能够借由‘国际小米年’各项活动的举办，提高人们对小米的认识。”小米又名粟，但“粟”和“黍”却是两种不同的植物，把“国际小米年”翻译为“国际黍年”明显是不对的，倒是可以翻译为“国际粟年”。

“粟”和“黍”在初中和高中历史教材中都提到了。这一直是一个教学难点，尤其是南方的学生，平时主食以稻米为主，接触到粟米较少，接触到黍米就更少了，要区分两者的差别并不容易。借由“国际小米年”纪念邮票（见图 16－1）发行的契机，我想到了以下三个问题。

图 16－1 “国际小米年”纪念邮票

第一，初中历史教材对“粟”和“黍”的叙述还是比较详尽的，教学中让学生记住这两个字意义并不大，宜通过实物让学生分清楚两者的差别。粟米和黍米的外观差异明显，尽管都呈淡黄色和颗粒状，但黍米比粟米大，更呈浑圆形。黍米被称为大黄米，粟米被称为小米，南方人虽然食用不多，但在市场上都很容易买到。教材提供的考古出土的炭化的粟和黍的图片，是一个教学资源，但让学生认识日常生活中的粟和黍也有实际意义。这让我想起 20 世纪 90 年代初广州育才中学江东老师的感悟——“学生记住教材中‘马赛曲’这三个字意义不大，因为大多数学生都没有听过这曲调。”当年江东老师想方设法找到了“马赛曲”的录音磁带，在上课的时候播放给学生听。同样的道理，给初一的学生讲粟和黍的起源，在没有实物样品的情况下，学生就只能死记硬背这两个字了。因此，讲课的时候还是应该给学生展示直观的实物或者图像，这样才能让学生真正理解这个事物。

我尝试收集更多的关于小米的邮票，但收获甚微。关于水稻和小麦的邮票数量非常多，但关于黍和粟的邮票就很少了。2000 年以色列发行了美食邮票，其中一枚有目录翻译为“中东小米”，看样子也的确很像小米。但仔细看图中的文字，写着的却是 couscous。couscous 被译为古斯米，又名中东小米。古斯米并非一种米，而是用粗面粉加工成的食品，流行于非洲和犹太人地区。因此，这枚邮票在教学中并无大用。在缺乏图片资源的情况下，只能考虑使用实物进行教学了。

第二，中学历史教材的表述，容易让师生产生“稻”一直以来都是中国最重要的农作物的误解。初中《中国历史》七年级上册第 2 课《原始农耕生活》中提到："目前，世界上最早的栽培稻、粟和黍均发现于中国。稻、粟和黍的人工栽培，是我们的祖先为人类文明作出的重要贡献。"高中选择性必修2第一单元第1课《从食物采集到食物生产》提到："中国具有悠久的农业生产历史，是稻、粟、黍等作物的发源地。"这些表述都把稻放在了第一位。从考古发掘来看，稻的起源比粟和黍都早，所以这样的表述有合理性，但同时也会让师生误以为稻历来比粟和黍重要。对此，万国鼎著的《五谷史话》一书是这样论述的：

> 粟（稷，谷子）原产于中国，在原始农业时期，因其适应黄土高原的地理生态环境而优先得到驯化。粟有产量高、品质好的特点，随着农业技术改进，到商周时期，粟便逐渐取代了黍，成为最重要的粮食作物，种植相当普遍，一直到隋唐时期，其首要地位才被稻所取代。①
>
> 黍也原产于我国，与粟一样，在原始农业时期已经驯化栽培，因其生产期短、耐旱，竞争力最强，种植最早，成为主要粮食作物。到商周时期，黍仍是主要的粮食作物，而到了春秋战国时期，黍的地位已经下降，"黍稷"的首席地位已被"菽粟"所代替，仅在魏晋南北朝时期地位有所回升后，便不再是主粮。②

水稻在农业生产中占据重要地位是伴随着经济重心南移而体现的，而占据绝对优势地位应该在明朝以后。"明代宋应星在他著的《天工开物》（1637年）一书中说：'现在全国的粮食，稻占十分之七，大小麦、谷子、黍等共占十分之三。'这个估计，对水稻的比重来说虽然有些偏高，但是从这里也可以看出，当时稻已高居粮食作物的首位了。"③

了解稻、粟、黍在中国农业史上不断变化的发展历程，对正确认识中国古代史非常重要。无论是稻还是粟、黍，对于古代中国人来说不仅仅是赖以生存的重要食物，更与许多文化现象紧密结合。如《诗经·王风》中的名句："彼黍离离，彼稷之苗。行迈靡靡，中心摇摇。知我者谓我心忧，不知我者谓我何求。悠悠苍天，此何人哉?"诗人所看到的并非一大片稻田，而是粟田黍地。

此外，先秦时期人们喝的酒，应该是以黍来酿造的。有学者说："黍主要生长在中国北方，是抗旱性极强的作物，对水的依赖性不强，那么古人为

① 万国鼎. 五谷史话［M］. 北京：人民出版社，2019：3.

② 万国鼎. 五谷史话［M］. 北京：人民出版社，2019：3－4.

③ 万国鼎. 五谷史话［M］. 北京：人民出版社，2019：40.

什么要在‘黍’字边上加一个‘水’呢?《说文解字》释:‘黍,禾属而黏者也。以大暑而种,故谓之黍。从禾,雨省声。孔子曰:“黍可为酒,禾入水也。”’《论语》中并不见有这段孔子讲的话,估计这是许慎的噱头,或当时确定流传此类的话。这段话的意思是:孔子讲过,黍主要用于酿酒,酿酒过程中须添加不少的水,于是‘黍’字中有‘水’。我找不出更合理的解释,也只能认同。”①《诗经·小雅·鹿鸣》中的名句“我有旨酒,嘉宾式燕以敖”,这里喝的应该也是黍酒吧?

第三,2023年被确定为“国际小米年”,这增加了我对粟(小米)的认识。联合国粮食及农业组织列出了把2023年确定为“国际小米年”的六个理由:一是小米能够在恶劣的气候环境下生长,有助于解决粮食短缺问题;二是小米有助于健康膳食;三是小米可以在贫瘠、退化的土壤中生长;四是可以为小农增加更多的生产机会;五是可以增进全球粮食体系的多样性;六是小米在制药和医疗方面有很多潜力可以挖掘。这说明从商周到隋唐时期中国最重要的粮食作物今天又大放异彩了。另外,目前我只看到了印度发行了“国际小米年”的纪念邮票,原因是印度是目前世界上最大的小米生产国,其次是尼日利亚、尼日尔和中国。印度小米的产量占全球产量的20%,占亚洲产量的80%,印度一直努力促进小米的出口。

“稻”“黍”“粟”,在教材中只是非常简单的几个字,但每个字背后都有极其丰富的历史信息,也有海量的史料资源在支撑着。一个“粟”字,可讲的历史就非常多。从“耻食周粟”到“黄粱一梦”,从“沧海一粟”到“厉兵粟马”,与“粟”相关的故事和成语何其多。再往后,我们还可以讲“小米加步枪”的故事——中国共产党带领中国人民打败了日本侵略者。“小米加步枪”体现了共产党及其领导的人民军队自力更生、艰苦奋斗的革命精神和在极其艰苦的条件下英勇斗争的精神风貌。因此,我还是那个观点,“教材一个字,史料万万千”,学生能够扎实理解教材的内容,已经是相当不简单的事情了。

二、从《封神》想到历史教材里的“状物”图片

——《西汉与东汉——统一多民族封建国家的巩固》教学反思

近期,电影《封神》第一部在全国热播。出于职业思维,我首先关注的是人物形状和服饰的设计。1990年版的《封神》由于浓厚的古罗马风饱受争议,新版的《封神》汉风浓郁,但观众又质疑商周时期的中国人是否穿着

① 薛理勇. 五谷漫笔[M]. 上海:上海文化出版社,2013:18-19.

如此。其实，由于文物资料太过欠缺，商周时期中国人的衣着打扮如何，我们并不清楚。由此我联想到了中学的历史教材。中学历史教材中出现的“状物”图片最早来自汉代之后，这也说明了汉代以前“状物”图片资源的稀缺。

所谓“状物”，就是如实地描写或描绘现实世界中的人物、物品和景物。在美术创作中，“状物”的风格是与“纹样”的风格相对应的。纹样是通过花纹图案来描绘事物的，并不直接反映事物的外观，具有抽象性、装饰性等特点。

在中学历史教材里，最先出现的“状物”图片是哪一幅呢？（这里的图片是指文物图片。）对这个问题的回答，要将中国历史与世界历史、高中教材和初中教材分开讨论。

初中《中国历史》最先出现的“状物”图片是“大禹治水像”，这是山东嘉祥武氏祠东汉时期的画像石拓本（见图 16－2）。

图 16－2　大禹治水像

有人可能不同意这个观点，认为应该是“半坡人面鱼纹彩陶盆”（见图 16－3）或者“河姆渡遗址出土的猪纹陶钵”（见图 16－4）。但严格来说，这两件文物的命名都指出了是“纹”，因此还是应该把它们列入“纹样”和“纹饰”类的作品，而非“状物”类的作品。

图 16－3 半坡人面鱼纹彩陶盆

图 16－4 河姆渡遗址出土的猪纹陶钵

高中《中外历史纲要（上）》最先出现的“状物”图片是“东汉画像砖中描绘的集市”（见图 16－5）。

图 16－5 东汉画像砖中描绘的集市

有人可能也不同意这个观点，认为应该是“孔子像”“秦始皇像”和“汉武帝像”。这三幅像确实是“状物”图片，但均不是当时的文物图，属于后人绘制的想象图，而“东汉画像砖中描绘的集市”是反映当时社会生活的“状物”图。

初中《世界历史》最先出现的“状物”图片是“古埃及墓穴壁画，描绘了古埃及人的社会经济生活”（见图 16－6）。

图 16 - 6　古埃及墓穴壁画，描绘了古埃及人的社会经济生活

高中《中外历史纲要（下）》最先出现的“状物”图片是“苏美尔人的战车”（见图 16 - 7）。

图 16 - 7　苏美尔人的战车

有人可能不同意这个观点，认为应该是“阿尔及利亚塔西利 - 恩 - 阿耶洞穴白壁画”。其实这个问题跟“半坡人面鱼纹”和“河姆渡猪纹”相类似，一来还是显得抽象；二来同类的图像数量太少，基本上就是个案；三来没有证据表明这些绘画传统被后人传承下来，所以我还是把苏美尔人的图像视为教材中出现的最早的状物图片。

研究这些现象有什么意义呢？这些现象其实反映了中国古代“状物”艺术的发展规律和中西方“状物”艺术发展历程的差异，是值得深入挖掘的教学内容。

首先，中国古代的艺术起源于“纹样”，而非“状物”。先秦（公元前 3 世纪以前）所留下的视觉遗迹中，具体的人物、动物形象难得一见，大多数都是抽象化、图案的纹饰。李泽厚在《美的历程》中有详细的论述：原始社会的“陶器几何纹饰是以线条的构成、流转为主旋律”①。这种纹饰的美术

① 李泽厚. 美的历程［M］. 北京：生活·读书·新知三联书店，2009：28.

风格被带进青铜时代，只不过是“由活泼愉快走向沉重神秘”①。在商周时期，这个审美风格是与礼乐制度密切相关的。为何会出现这种见纹饰而不见人的艺术风格？李泽厚做了详细的解释：

> 人在这里确乎毫无地位和力量，有地位的是这种神秘化的动物变形，它威吓、吞食、压制、践踏着人的身心。但当时社会必须通过这种种血与火的凶残、野蛮、恐怖、威力来开辟自己的道路而向前跨进。用感伤态度便无法理解青铜时代的艺术。这个动辄杀戮千百俘虏、奴隶的历史年代早成过去，但代表、体现这个时代精神的青铜艺术之所以至今为我们所欣赏、赞叹不绝，不正在于它们体现了这种被神秘化了的客观历史前进的超人力量吗？正是这种超人的历史力量才构成了青铜艺术的狞厉的美的本质。②

回到新版的《封神》电影，尽管剧中的人物服饰是汉化风格，但无论是衣服的纹饰还是建筑的装饰，都是青铜器风格的纹路。有人质疑这些纹路的使用是否有点过分了，可以看得出电影的美工师深受青铜器纹饰的影响，而他们所能收集的素材也是大量的纹饰图案。

到了春秋战国时期，随着社会转型、礼崩乐坏，服务于礼器制作的审美风尚也发生了改变，以描绘现实世界为目标、以叙述人物事件为内容的艺术创作开始兴起。初中《中国历史》教材提供的“战国铜壶”图片（见图16－8）就是这一时期艺术的典型代表。从图中可见，其风格既有纹饰的味道，也有写实的追求。

图16－8　战国铜壶

① 李泽厚．美的历程［M］．北京：生活·读书·新知三联书店，2009：33.

② 李泽厚．美的历程［M］．北京：生活·读书·新知三联书店，2009：40.

中国古代“状物”艺术的完善是在汉代，因此中学历史教材中，无论是初中还是高中，第一幅“状物”的文物图片都是出自汉代。

其次，与古代中国不同，其他文明的艺术源头多是以“状物”的形态出现的。因此，初中教材提供的古埃及人图片和高中教材提供的苏美尔人图片都是具体的人物形状。

然而古代希腊的情况跟中国有点类似。在迈锡尼时期，希腊的图像风格也是以几何纹饰为主，而进入公元前 8 世纪后，风格就发生巨大的变化了，大量的艺术作品以人物写实为主。关于这个问题，曲丹儿在《古希腊瓶画的叙事性》一书中做了详尽的论述。①

研究教材图片选择的这些特点，对我们使用好教材有莫大的帮助。例如，在讲述先秦的历史时，初中历史教材提供了大量的青铜文物图片，这些图片所呈现的都是纹饰的内容，缺乏人物、动物和景物的形象。这正是那个时代的特点，而这一特点又跟西周的礼乐制度是紧密结合的。又如，为什么大量“状物”的图片在汉代之后大量涌现？这与春秋战国时期的社会转型有巨大的关系。这一点在《汉唐奇迹——中国艺术状物传统的起源与发展》有详尽的论述。书中的核心观点是：“萌生于春秋战国晚期的‘状物艺术’在经历了几个世纪的艰难演化后，终于发展为汉代以呈现物像特征及叙事关系为追求的再现性艺术。”②

三、“车同轨”到底有没有实施？
——《水陆交通的变迁》教学反思

高二选择性必修 2《经济与社会生活》第 12 课《水陆交通的变迁》中写道：“秦朝‘车同轨’政策和道路建设，提高了国家的行政效率，加强了中央集权，促进了不同地区的经济往来，具有深远的影响。”这里涉及两个问题：一是什么是“车同轨”？二是“车同轨”到底实施了没有？

“车同轨”这个表述属于“你不说我还明白，你一说我反而糊涂了”的类型。“车同轨”中的“轨”到底指什么？这涉及文字学、考古学和物理学等多个学科的内容，学者们已经做过长篇大论的考证。阅读这些考证文章，实在是烧脑。教师教学用书在《学术观点——关于“车同轨”的争论》一文中进行了简洁的总结，认为有四种观点：一是统一道路的宽窄；二是指车

① 曲丹儿. 古希腊瓶画的叙事性［M］. 北京：北京交通大学出版社，2020.

② 王坤. 汉唐奇迹：中国艺术状物传统的起源与发展［M］. 上海：上海书店出版社，2019：4.

轮之间的距离相同；三是统一遗留在道路上的车辙印；四是认为“轨”指车轴头。最后明确指出，教材选用了第三种观点，即“轨”就是指车辙。

我觉得教师教学用书选用的观点易于理解和讲授，学生也更容易接受。在教学中，我使用的资源是中国邮政 2013 年为纪念“中华全国集邮联合会第七次代表大会”发行的纪念邮票（见图 16 －9）。这枚邮票在教学上非常有价值。邮票采用的图像主要来源于里耶秦简，这是中学教材提及的内容。而邮票边纸展现的河北井陉秦皇古道照片有助于讲授什么是“车同轨”。井陉秦皇古道距离石家庄 30 公里，位于井陉县城向东 5 公里处，长约百里，贯穿太行山，建在山岭沟谷中，被认为是秦朝古道的遗迹。从照片上看，这条古道留下了深深的车辙印。所谓的“轨”，就是指道路上的车辙印。

图 16 －9　中国邮政 2013 年为纪念“中华全国集邮联合会第七次代表大会”发行的纪念邮票

中国邮政集团公司发行的邮票年册配了一幅线描的想象图（见图 16 －10），更加直观地展现了马车在轨道上行驶会更加顺畅的原理。

图 16 －10　中国邮政集团公司发行的 2013 年邮票年册中的配图

其实，这个原理并不难理解。如同今天的火车，在轨道上行驶肯定更加平稳快捷。近代西方的马车也有不少是在轨道上行驶的。

当然，秦朝的“车同轨”还不能跟近代西方的马拉车轨道完全相提并论。“车同轨”是指车轮碾压出来的痕沟，而近代西方的马拉车轨道则是真正修建的铁轨。

接下来的问题是“车同轨”到底实施了没有？徐卫民、余熠在《秦始皇“车同轨”辨证》一文中认为“车同轨”有迫切的现实需求，秦始皇也颁布了政令，但这一理想最终并没能实现。

文章论证了“车同轨”的原理以及全面实施的必要性：

> 当时道路多为土路、沙石路，即使是部分铺设砖、石板的城市道路，路面的硬化程度也远不如现代的水泥路面。而且当时的车轮均为木轮，有的木轮外还包镶铁皮或打上铁钉，轮子普遍较硬也较窄，这样的车子走多了就会在路面上留下车辙，随着车辙的痕沟越来越深，就变成了“轨道”。路面上有了这样两条“轨道”后，行走在这条道路上的车子就只能沿着“轨道”行进，如此才能安全、快速通行。反之，如果车轮套不进这两条车辙，就会崎岖不平、速度很慢。但各诸侯国的车子宽度不同，两轮间的距离也就不同，从而留在路面上的车辙间的距离也就各不相同。这就不利于其他形制的车子在上面行驶，也容易引起行车震动、颠簸、摇摆，不利于快速行驶。春秋战国时期各诸侯国在制造车子的时候，有意使本国车轮间距与其他诸侯国不同，为的是在运送辎重尤其是在运送军用物资的时候，给其他诸侯国造成交通上的不便，因此，道路上的轨道就成为战略防御武器。①

然而，文章认为“车同轨”的理想在秦汉都未能实现，原因是技术难度太大了。河北井陉秦皇古道、云南曲靖秦故道和辽宁朝阳城门的车辙都是1.40米，与当时规定的“舆六尺”（合今天1.39米）基本一致。但更多的考古发现差异甚大，能够证明秦道的车辙是1.40米的并不多。例如，根据对秦始皇陵铜车马的测算，一号车的车距为1.90米，二号车的车距为2.03米。换言之，秦皇陵铜车马的两辆车按照真实比例复原后，是无法在河北井陉秦皇古道上平稳行驶的。因此，“车同轨”不但跟轨道相关，也与车的形制相关。真的要在全国实现“车同轨”，其工程量比修筑长城和秦皇陵还要大。

① 徐卫民，余熠．秦始皇“车同轨”辨证［J］．中国史研究动态，2022（6）：61－66.

我基本同意《秦始皇“车同轨”辨证》一文的观点。秦始皇修长城、筑直道、统一货币、统一度量衡和统一文字都得到了实现，但“车同轨”并未能完全实现，只能说是在部分地区实现了。

四、中学历史教材中的嘉庆皇帝

——《清前中期的鼎盛与危机》教学反思

清仁宗嘉庆皇帝是清高宗乾隆皇帝的儿子。1796 年，乾隆传位给嘉庆。1820 年，嘉庆驾崩，道光皇帝继位。清史的研究，前期是集中在康、雍、乾三朝，后期是集中在在位期间发生了鸦片战争的道光皇帝及其之后的历朝皇帝，嘉庆夹在中间，是最没有存在感的一个皇帝。

然而，中学历史教材提到这位皇帝的地方并不少。我统计了一下，初中和高中历史教材中出现“嘉庆”两字的地方分别有 4 处，总共是 8 处；一些史实虽然没有明确指出是哪位皇帝在位期间发生的，其实就是在嘉庆统治时期发生的［如《中外历史纲要（上）》写道：“这一时期，以英国为首的西方列强在中国东南沿海频繁活动，要求扩大对华贸易，开拓中国市场。”］；高中历史教材更有两段颇长的原始史料是出自嘉庆帝的。因此，在中学历史教学中，嘉庆不是一个可有可无的人物，在备课中还是应该认真厘清一些史实，力图准确地评价这个历史人物。

在清朝历帝的学术研究成果中，嘉庆是最薄弱的一个。为了备课，我重新阅读了关文发教授所著的《嘉庆帝》① 一书。关文发教授是我读本科时的授业恩师。我很清楚地记得当年他上课的时候就谈到撰写此书的艰难，同时也很高兴自己终于完成了书稿。当年阅读此书，由于自己水平太低，没有留下什么印象，今天带着备课的任务重读此书，收获巨大，深感这是一本史料扎实、观点中肯、文笔流畅的好书，解决了我不少备课的困惑。

带着问题去阅读，是高效阅读的方法之一。《嘉庆帝》一书分上下两册，共 626 页，我没有时间从头到尾逐字逐句地阅读，只能带着备课中遇到的问题从书中寻找答案。具体读书记录如下。

第一是如何评价嘉庆帝。初高中历史教材并没有直接评价嘉庆帝，只是说他在位期间，清王朝的“衰象更为明显”。由此看来，教材对其评价并不高。《嘉庆帝》一书对他做了全面的评价：

> 嘉庆从嗣位的第一天开始，即承受了乾隆给他留下的那付历史重

---

① 关文发. 嘉庆帝［M］. 长春：吉林文史出版社，1993.

> 担，面对着一个内创累累、积重难返的疲败政局。在这内外交困的逆境中，他尚能保持着较为清醒的头脑，敬谨从事，振作自持，有所作为，有所前进，力所能及地去匡救清代一百数十年积累下来的种种弊政，虽不能说是力挽狂澜，但毕竟已尽到了一个守成之主应尽的责任。至于清王朝的衰败，实际上已经和整个封建机制的衰败紧密地联结在一起了，并且已成历史必然之势。嘉庆虽力图挽救，充其量只不过是起着某种延缓的作用，要想从根本上改变这一总的趋势是不可能的。这就是本书对嘉庆一生所作的基本结论。①

关于这个问题，我结合高中教材的两则史料给学生解说。两则史料均出自《清仁宗实录》，再结合教材《从隋唐盛世到五代十国》“历史纵横”栏目中《皇帝的谥号、庙号和年号》的内容，我问学生：“清仁宗是属于谥号、庙号还是年号?”接着提醒学生回忆我在讲宋史的时候给他们讲过的内容——中国历史上第一位去世后被群臣议立庙号为“仁宗”的皇帝是宋朝的第四位皇帝赵祯。以儒家的核心观念“仁”来评价一个皇帝的情况，历史上并不多。可见，清朝人对嘉庆的评价其实是非常高的。因此，嘉庆帝虽然没有什么大的作为，但尚能勤勉治国，没有变本加厉地扩大前朝的苛政暴政，并在一定程度上修正了前朝的一些弊政。

第二是嘉庆诛杀和珅的问题。嘉庆在乾隆大丧之日诛杀大贪官和珅，可能是他留给后人印象最深刻的一件大事。初中历史教材在“相关史事”栏目中有较详细的介绍。

> 乾隆皇帝最宠信的大臣和珅，弄权 20 多年，不择手段地聚敛财物。嘉庆皇帝继位后，他被赐死，家产被查抄。据不完全统计，查抄的黄金有 33 500 余两，白银 300 余万两，当铺 75 座，银号 42 座，还有大量的房产和地产，珍贵衣物、珠宝、古玩、洋货等不计其数。对 109 件查抄清单中的 26 件清单估价，即值 2. 2 亿两白银，而当时国库每年的收入仅为 4 000 多万两，所以当时流传“和珅跌倒，嘉庆吃饱”的说法。

教材的这段表述，最后以“和珅跌倒，嘉庆吃饱”来点题，说明还是沿用传统的“经济原因为主”的观点。《嘉庆帝》对此案的来龙去脉分析得非常详尽，对此案的评述也成为书中的一大亮点。关文发教授认为，抄斩和珅虽然不可避免地涉及钱财问题，但主要目的并非经济，而是政治。诛杀和珅

---

① 关文发. 嘉庆帝［M］. 长春：吉林文史出版社，1993：587.

是为了严肃纲纪、整饬军备和安抚民心，这对于挽救清朝危局不仅十分必要，而且非常关键。

关于和珅到底有多少家产的问题，关文发教授认为“从来没有一个准确的统计数字，所谓‘八百兆有奇’之数，只不过是小钞传闻，推测估计，实不足据”①。我为此专门查阅了冯佐哲写的《和珅其人》一书。该书用了一章的篇幅来考证和珅的家产，基本观点与关文发教授一致，认为“有关和珅家产的传说种种，大多是小道消息，而且随着时间的推移，简直是越传越奇，越传越多，以至到了让人们难以相信的地步”②。他们认为比较可靠的数字应该来自《清实录》《清史稿》和《清史列传》。如《清实录》载：“至金银数目尚未抄毕，已有数百余万之多。”“家内银两及衣服等件，数逾千万”；“且有夹墙藏金二万六千余两，私库藏金六千余两，地窖内并有埋藏银两百余万”，“附近通州、蓟州地方均有当铺钱店，查计资本，又不下十余万”。③ 冯佐哲做出的总体估算是：“从《清实录》与其他正史、档案的记载来看，和珅家除了珍藏大量稀世宝物、珠玉、古玩和字画（这部分财产是难以估价的）外，能够估价的现金、土地、房屋等，当在一二千万两之谱。”④

第三是嘉庆帝与文字狱的关系。关于文字狱，初高中的表述略有差别。高中教材指出“清朝统治者对思想文化的控制非常严密，频繁制造文字狱，对文化造成严重的摧残”，给学生的感觉是文字狱贯穿清王朝始终；而初中教材则有时间限定，范围集中在康、雍、乾三朝，所举的具体例子也全部出自这一时期：

文字狱与文化专制政策

清朝统治者非常注重从思想领域严密控制知识分子。康熙、雍正和乾隆三朝，经常从知识分子的文章、诗词中摘取只言片语，加以歪曲解释，再借题发挥，罗织罪状，制造了大批冤狱，很多人因此被处死，连亲属、师友都受到迫害。人们把这种做法称为“文字狱”。

根据《嘉庆帝》一书，我觉得初高中教材的表述都没错，需要我们结合起来思考。

---

① 关文发. 嘉庆帝［M］. 长春：吉林文史出版社，1993：79.

② 冯佐哲. 和珅其人［M］. 北京：中国社会科学出版社，2008：261.

③《清仁宗实录》第37卷，转引自关文发. 嘉庆帝［M］. 长春：吉林文史出版社，1993：80.

④ 冯佐哲. 和珅其人［M］. 北京：中国社会科学出版社，2008：80.

首先，清朝搞文字狱最严重的时期确实是康、雍、乾三朝，初中教材的表述是正确的。

其次，嘉庆继位后，在一定程度上修正了这一恶政。书中第六章《用人、言路和吏治》就专门论述了这个问题。书中提到："为了进一步表明广开言路的诚意，鼓励言官们敢言敢谏，嘉庆在亲政的当月，还做了一件令人瞩目的事，就是重新处理了乾隆时两起因直言而获咎的冤案，对蒙冤者进行了公开的褒扬。"① "由于嘉庆以实际行动去表明他诏求直言、广开言路的诚心和决心，因而在他亲政后的一段时间里，的确出现过'下至末吏平民，皆得封章上达，言路大开'的局面。一时间，科道言官竭诚献纳，纷纷指陈朝政，参劾贪吏。"② 因此，与康、雍、乾三朝骇人听闻的文字狱相比，嘉庆朝的言论环境有了较大的改观。

最后，"嘉庆这种虚怀纳谏、竭诚求言的势头，未能维持多长时间"③，其中一个标志性事件就是洪亮吉案。嘉庆四年，洪亮吉上书言事，触怒嘉庆皇帝，被投进大狱并定死罪。后来嘉庆有所醒悟，改为流伊犁，百日之后，又被释放回籍。尽管嘉庆没有治洪亮吉死罪，但"正由于嘉庆错误地处理洪亮吉上书事件，其后的改正又不彻底，因面对开通言路所投下的阴影不能不说是巨大的，刚亲政时所出现的那股势头，已很难恢复过来，甚至是每况愈下，不仅谏者寥寥，就连弹劾百官，亦觉多一事不如少一事"④。因此，高中教材关于清统治者严密地控制思想文化的表述也是成立的。

顺带说一下，在我读高中的时候，语文教材选编了洪亮吉的《治平篇》，论述了土地与人口的关系问题，他认为人口增长过快会对社会稳定造成负面影响。今天的语文教材已经没有收入此文，学生对洪亮吉很陌生。此文还是可以选编为重要的课外阅读史料，帮助学生理解清朝人口增长所带来的社会矛盾的。

第四，如何看待嘉庆的对外贸易政策。高中教材在"问题探究"栏目中列举了乾隆和嘉庆关于对外贸易政策的史料，如何解读这两则史料是教学中的一个难点。

尔国距中华过远，遣使远涉，良非易事；且来使于中国礼仪不能谙习，重劳唇舌，非所乐闻。天朝不宝远物，凡尔国巧之器，亦不视为珍异。尔国

① 关文发. 嘉庆帝［M］. 长春：吉林文史出版社，1993：235.
② 关文发. 嘉庆帝［M］. 长春：吉林文史出版社，1993：238.
③ 关文发. 嘉庆帝［M］. 长春：吉林文史出版社，1993：241.
④ 关文发. 嘉庆帝［M］. 长春：吉林文史出版社，1993：255.

王其辑和尔人民，慎国尔疆土，无间远迩，联实嘉之。嗣后毋庸遣使远来，徒烦跋涉。但能倾心效顺，不必岁时来朝始称向化也。俾尔永遵，故兹敕谕！

——《清仁宗实录》卷320嘉庆二十一年七月乙卯

阅读上述材料，了解乾隆、嘉庆两位皇帝是怎样看待西方列强的，并予以评论。

分析这则史料，需要注意以下三个问题。

一是注意史料的背景。教材对史料的背景做出了说明：“乾隆、嘉庆时期，英国先后派出使团来华，希望扩大贸易，增开通商口岸，但都以失败告终。”这说明两则史料是针对英国而言的。《嘉庆帝》对此有说明：“处于十八世纪末、十九世纪初的嘉庆时期，葡、西、荷等老牌殖民主义势力，已经渐趋衰落；美、法、俄等国的势力，虽然正在迅速上升，但从世界范围加以考察，主要还是英国殖民主义称霸的时代。当时与中国打交道最多的西方国家，当首推英国，故有必要分析一下嘉庆朝的对英关系与对英政策。”①

二是通过对比分析乾隆和嘉庆的两则史料，可以发现两人“远离世界现实、妄自尊大、故步自封的陈腐观念”如出一辙。②

三是要把史料与教材正文的内容结合起来分析。教材正文写道：“清朝起初指定四处对外通商口岸，后仅保留广州一处，并规定由官府特许的‘十三行’商人代为管理对外贸易事务。外商在广州的活动及其与中国商民的交往，都受到严格约束。民间船只出海贸易，更在严厉禁止之列。”这段话有三个句子，第一个句子的内容其实在乾隆时期已经实施，而第二、第三个句子的内容应该是特指嘉庆朝的行为。对此《嘉庆帝》是有详尽分析的。例如，关于“外商在广州的活动及其与中国商民的交往，都受到严格约束”，《嘉庆帝》写道：

嘉庆嗣位后，更是严守乾隆所定下的一口通商的僵硬政策，丝毫没有松动的余地。即使在广州港，也并非实行完全的自由贸易，除了由公行实行垄断外，还有诸多的清规戒律，一般是规定外国商船于每年五、六月间抵粤，泊黄埔换货，限于当年九、十月间回航返国，即使账目未清，亦须在澳门住冬结算。所以当时的广州港，充其量也不过是一个季节性的贸易市场而已。在这里还应该指出，广州港的贸易对象，虽无明

① 关文发. 嘉庆帝［M］. 长春：吉林文史出版社，1993：355.

② 关文发. 嘉庆帝［M］. 长春：吉林文史出版社，1993：323.

文规定，但实际上主要是对欧美商人开放，至于像北方的俄国等，则显然是被排除在外的。①

对于“民间船只出海贸易，更在严厉禁止之列”，《嘉庆帝》也举了不少的例子，如：

对于方便营运之事，不是尽量提供条件，而是诸多阻挠，表现得很不合情理。例如暹罗国，历来是清王朝的友好邻邦，从未对清王朝构成过什么威胁。该国王郑华（祖籍广东），于嘉庆十二年（1807）曾雇请内地民人，代驾货船，进口贸易，被嘉庆谕令禁止。②

第五，如何解读嘉庆帝的《罪己诏》。高中《中外历史纲要（上）》的“史料阅读”栏目提供了嘉庆帝下《罪己诏》的史料，内容较多，学生的阅读理解有一定的困难。结合《嘉庆帝》一书的评述，我做了两方面的处理：

［史料阅读］

天理教攻打皇宫被镇压后，嘉庆帝下《罪己诏》通告全国，其中说：

猝于九月十五日，变生肘腋，祸起萧墙。天理教逆匪七十余众，犯禁门，入大内，戕害兵役……突遭此变，实不可解，总缘德凉愆（qiān）积，唯自责耳。然变起一时，祸积有日。当今大弊，在“因循怠玩”四字，实中外之所同。朕虽再三告诫，舌敝唇焦，奈诸臣未能领会，悠忽为政，以致酿成汉、唐、宋、明未有之事……思及此，实不忍再言矣！予唯返躬修省，改过正心，上答天慈，下释民怨。诸臣若愿为大清国之忠良，则当赤心为国，竭力尽心，匡朕之咎，移民之俗；若自甘卑鄙，则当挂冠致仕，了此一身，切勿尸禄保位，益增朕罪。笔随泪洒，通谕知之！

——《清仁宗实录》卷274嘉庆十八年九月庚辰

一是强调《罪己诏》的背景和影响。背景就是教材正文所指出的“嘉庆后期，白莲教支派天理教发动的一次起义还攻入了北京皇宫”，这一事件史称“癸酉之变”，给嘉庆帝造成的震动是异常巨大的。我要求学生从材料

① 关文发．嘉庆帝［M］．长春：吉林文史出版社，1993：324－325．

② 关文发．嘉庆帝［M］．长春：吉林文史出版社，1993：329．

中找出一句话，用以证明嘉庆帝的震惊程度。我希望学生找到的是“以致酿成汉、唐、宋、明未有之事”。

二是分析《罪己诏》是如何寻找事变的原因的。结合《嘉庆帝》的论述，我认为《罪己诏》主要分析了三方面的原因：一是历史的原因，“然变起一时，祸积有日”；二是官员的原因，“当今大弊，在‘因循怠玩’四字”；三是自身的原因，“予唯返躬修身，改过正心”。在教学中，宜根据学情和授课时间灵活处理。比较简单的处理方法是提问学生：“教材正文说嘉庆统治时期，‘政治腐败和贫富矛盾的积累，乱象逐渐萌生’。请从《罪己诏》中找出一句话，印证这个观点。”我希望学生找到的是“然变起一时，祸积有日”。比较复杂的处理方法就如上面所述，要求学生从材料中找出嘉庆帝总结了事变的三方面的原因。

当然，我们还可以从更深入的角度挖掘《罪己诏》所表达的内容。《嘉庆帝》做了如下分析：

> 说明了他长期推行的“自责以责人”的方法，效果并不好。其实，嘉庆这一“罪己诏”本身就很典型，尽管在当时已酿成了汉唐宋明未有的非常巨变，但嘉庆仍一个劲地“返躬修省，改过正心”。很明显，劝诫如果不与惩戒结合起来，即使再苦口婆心，亦将无济于事。无论嘉庆如何“舌敝唇焦”“笔随泪洒”，那一大批“积习已成”“尸禄保位”的权贵们，也绝不会轻易地“挂冠致仕”“了此一身”的。①

从教材摘编的史料内容来看，近三分之二的篇幅是苦口婆心的劝诫，足见嘉庆帝束手无策的窘况。这一点，需要对整则史料做完整的分析才能总结出来。

总之，嘉庆帝虽然只是教材中一个非常小的知识点，但蕴含的内容却十分丰富，尤其是一些史料的背景化信息，需要阅读专业的史学著作才能准确理解。关文发教授《嘉庆帝》一书，史料丰富，考证翔实，观点中肯，给予了我莫大的帮助。

---

① 关文发. 嘉庆帝［M］. 长春：吉林文史出版社，1993：489.

五、离婚就一定是坏事吗？
——《世界主要国家的基层治理与社会保障》教学反思一

最近，一位教师问我一道题目：

例 16－1 下图出自 1330 年前后海德堡的一册手抄本，反映了教士宣布解除婚姻，丈夫、妻子和子女分离开的场面。这反映了当时的基督教

A. 与王权争夺统治地位　　B. 控制了民众的精神生活
C. 主张结婚和离婚自由　　D. 充当了基层治理的角色

教师们对其中两个选项产生了意见分歧。大多数教师认为正确的选项应该是 D 项，而题目提供的答案却是 B 项。题目还给出了解释："1330 年，基督教会在西欧占有举足轻重的地位，当时离婚制度的特征是实行禁止离婚主义，材料提到'教士主持解除婚姻'，丈夫、妻子和子女都要被迫分离，可以得出基督教会控制了民众的精神生活的结论。"

题目的材料来源于高二选择性必修 1《国家制度与社会治理》第 18 课《世界主要国家的基层治理与社会保障》的导入栏目：

▲ 教士主持解除婚姻的场面

自古以来，婚丧嫁娶是基层社会治理面对的主要问题之一。在中古时期的西欧，无论是结婚还是离婚，都必须获得教会的许可。图片出自 1330 年前后海德堡的一册手抄本，它反映了教士宣布解除婚姻，把丈夫、妻子和子女分离开的场面。

图 16－11　高中《国家制度与社会治理》中的导入栏目

选项 B“控制了民众的精神生活”来自高一《中外历史纲要（下）》第 3 课《中古时期的欧洲》：

> 基督教会在中古西欧占有举足轻重的地位。它拥有大量庄园和广袤土地，并向信徒征收什一税；它也是最大的有组织的力量，形成了从教皇到各级神职人员的等级制度；整个西欧社会的居民几乎都是基督教徒，教会控制着他们的精神生活，宗教戒律严重束缚了人性的发展。

命题者能够把教材的相关内容结合起来思考是值得肯定的，但这则教士解除婚姻的史料能够说明教会控制了人们的精神生活吗？从题目的答案解释来看，似乎是自相矛盾的。前面说基督教禁止离婚，后面又说教士主持解除婚姻，那到底是通过禁止离婚来控制精神生活还是通过解除婚姻来控制精神生活呢？禁止离婚和解除婚姻，到底哪个对精神生活打击更大呢？单纯的理论思辨是无法解答这个问题的，我们要回到材料本身，思考图中的教士为什么要解除这一家人的婚姻。

在华南师范大学历史文化学院刘虹男博士的热心帮助下，我得到了《中世纪的生活：从七世纪到十三世纪》（*Life in the Middle Ages: from the Seventh to Thirteenth Century*）一书，该书第 37 页提供了这幅图：

图 16－12　《中世纪的生活：从七世纪到十三世纪》书影

从书中得知，这幅图出自《萨克森之鉴》（*Sachsenspiegel*），这一作品大约出现于 13 世纪；创作于 1330 年的《海德堡插图手稿》（*Heidelberg Illustrated Manuscript*）是《萨克森之鉴》（*Sachsenspiegel*）的一份精装手抄副本。我阅读后思考了以下两个问题。

第一，该书对图片的解读与教材略有不同。该书的解读是“教士把丈夫和妻子、子女分离开”，而教材的解读是“把丈夫、妻子和子女分离开”。认真观察图片，似乎英文书的解读更加准确。图中左二的黑衣人应该是教士，他用右手把左一的男性推开，这名男性应该就是丈夫。教士左手指着图中右边的三个人应该就是妻子和两个子女。妻子挺着肚子，估计还怀着一个孩子。因此，图片的内容是教士把这个家庭拆开为两半，子女都跟随了女方。教材的内容会让人误解为教士把家庭拆开为三份——丈夫、妻子和子女都分离了。

第二，无论是中学教材还是英文版的学术著作，都把图片解读为“教士解除婚姻”，为什么不直接写“离婚”呢？“解除婚姻”和“离婚”有差别吗？为此，我专门查阅了《西方婚姻史》一书。该书对几个概念做了辨析：

> 在教会法的词汇里，分离、离婚和废除婚姻这几个词之间，到13世纪才有了区别，虽然区别这几个词的诸元素早就存在，而且理论也是根据这些元素建立起来的。离婚是夫妻关系终止，所以原因出现在结婚之后；离了婚的人可以再婚，但一般还会得到教会同意。分离，可以是分居或财产分有，分离之后婚姻继续存在，因此不能再婚；在中世纪，遇到夫妻之间严重不和时，实行分离是相当容易的。废除婚姻是证明婚姻关系本不存在，因此，原因存在于结婚之前，只是举行婚礼的时候尚未被发现而已。既然这样的婚姻只是个表面现象，废除之后就可以缔结新的婚约。不合法的婚姻，存在着使婚姻受到玷污的结婚障碍的婚姻，一律在废除之列。在这三种情况里，只有第一种情况即离婚，是把婚姻关系推翻了。因此，从那时以后，离婚就遭到了禁止。①

这段话翻译得有点拗口。《分道扬镳——离婚简史》一书表述更加清晰：“离婚和废除之间的区别在于离婚是解除现存的婚姻，而废除婚姻则声明在某个男人和女人中间根本不存在婚姻关系。”② 因此，教材的表述“教士主持解除婚姻的场面”是正确的，不能够表述为“教士主持离婚场面”。“离婚”和“解除婚姻”是两个不同概念。

接下来的问题就变得有趣了：既然教材的图片不是离婚，而是解除婚姻，那么教士为什么要解除这桩婚姻呢？目前，我找不到关于这幅图片的更

---

① 布洛涅．西方婚姻史［M］．赵克非，译．北京：中国人民大学出版社，2008：158－159.

② 菲利普斯．分道扬镳：离婚简史［M］．李公昭，译．北京：中国对外翻译出版公司，1998：2.

多解读资料，但从中世纪的教会文献中，我们还是可以推测其中的原因。如前所述，所谓解除婚姻就是认定某桩婚姻是无效的，必须予以废除。那么哪些婚姻是无效的呢?《分道扬镳——离婚简史》一书中有如下表述：

> 这些障碍中最有名的就是血缘障碍和姻亲障碍，即两人分别具有血缘或姻亲关系，所以说，近亲之间是不能结婚的。然而究竟什么样的关系才不能结婚呢？虽然《圣经》中对此有明确规定，但教会却扩大了规定的范围。12世纪禁止七亲之内结婚，也就是说，一个男人不可以跟自己相隔六亲关系或再近一些的远房表姐妹成婚。①

这应该是无效婚姻中最重要的一条。除此之外，无效婚姻还有多种情况：

> 再一种婚姻障碍是所谓的精神姻亲障碍，即某个家庭的成员与任何一个曾热心参加过该家庭施行洗礼或坚信洗礼的人之间的障碍。有这么一个例子，在14世纪英国约克郡的某镇，一位鳏夫被禁止娶一个女人为妻，原因是这个女人曾经为他和亡妻所生的孩子当过教母。
>
> 天主教教义还制定了其他一些限定合法婚姻的条款。有人要是在婚前已经定过亲，就不允许再跟别人结婚，这就好比已经结了婚的人不能重婚一样。②

教材图片中的教士为什么要解除这桩婚姻？我们不得而知。但上述的三种可能性都是存在的。如果存在这三种可能性之一，尽管这个家庭已经有了两三个小孩，这桩婚姻依然会被认定为无效，必须予以解除。

回到上面的那道题目，可能在很多学生的心目中解除别人的婚姻肯定是一种野蛮的行为，必须予以谴责，但中世纪的情况比我们想象的要复杂得多。有人可能会问，无论是离婚还是解除婚姻，也无论是合理的解除婚姻还是不合理的解除婚姻，归根到底还是说明了教会控制了一切啊！这个想法没错。但婚姻生活虽然包含有精神生活的成分，但更主要的是一种社会生活。教士解除婚姻这幅图片可以说明教会控制了社会生活，但并不能很充分地证

① 菲利普斯. 分道扬镳：离婚简史［M］. 李公昭，译. 北京：中国对外翻译出版公司，1998：3.

② 菲利普斯. 分道扬镳：离婚简史［M］. 李公昭，译. 北京：中国对外翻译出版公司，1998：4.

明教会控制了精神生活。教材使用这幅图片，也并非用以证明教会控制精神生活，而是证明中世纪的基层治理，所以选择“充当了基层治理的角色”这个选项更合理。

再回到这道题目的答案解说，其中提到中世纪的基督教会禁止离婚，这一点是对的。《分道扬镳——离婚简史》一书也提到：“直到13世纪为止，天主教的教义是绝对禁止离婚的。”① 该书专门撰写了一章《世俗化、启蒙运动与法国革命》，指出“在大约从1600年到1800年这一关键时期里，世俗化是促使离婚发展的因素”②。同时指出启蒙运动对离婚问题进行了全面的反思，“认为婚姻不可解除的原则是违反人性的”③。书中写道：

> 18世纪出现了大量谴责婚姻不可解除的原则以及呼吁立法批准离婚的文章，这些文章列举了分居的种种弊端。离婚成了这个启蒙主义时期的热门话题，家庭的方方面面——婚姻、遗产继承、父权、婚姻的权威性、教会和政府的作用等等——都从理性、自然法、自由和自然权利等角度得到了分析和批评。④

因此，如果本道题目拟保留“控制了民众的精神生活”这个选项，不妨考虑把题干的内容重新设计，指出中世纪的教会禁止离婚，而启蒙运动的思想家重新审视了这个问题，以此证明教会对民众精神生活的控制。正如《分道扬镳——离婚简史》一书所说的：“因为正是世俗化才使得离婚的理论、政策、法律和行动比较彻底地挣脱了被宗教改革撬动了的神学枷锁。”⑤ 但这样的内容又超出了中学历史课程的范围。

六、关于《雅典政制》一则史料的理解

——《世界主要国家的基层治理与社会保障》教学反思二

高中历史教材选择性必修1《国家制度与社会治理》第18课《世界主

① 菲利普斯. 分道扬镳：离婚简史［M］. 李公昭，译. 北京：中国对外翻译出版公司，1998：2.

② 菲利普斯. 分道扬镳：离婚简史［M］. 李公昭，译. 北京：中国对外翻译出版公司，1998：61.

③④ 菲利普斯. 分道扬镳：离婚简史［M］. 李公昭，译. 北京：中国对外翻译出版公司，1998：72.

⑤ 菲利普斯. 分道扬镳：离婚简史［M］. 李公昭，译. 北京：中国对外翻译出版公司，1998：81.

要国家的基层治理与社会保障》“史料阅读”栏目提供了古希腊亚里士多德《雅典政制》中的一则史料：

> “凡父母双方均为公民者有公民权，公民在十八岁时在他们村社的名簿中登记。当他们登记时，村社成员对他们宣誓投票，作出决定……如果投票结果认为他没有自由民身份，他得向陪审法庭申诉……”

根据教师教学用书的解读，本则史料主要是让学生理解“村社在自由民身份确认时的决定作用”。史料的内容学生大体能理解，但有一句话却有歧义。“村社成员对他们宣誓投票”有两种理解：一是村社成员集体宣誓后才进行投票；二是在“他们”宣誓后，村社成员对“他们”的宣誓行为进行投票。哪种理解是正确的呢？

教材的史料来自日知、力野翻译的版本。该译本翻译于 1957 年，我查阅的是商务印书馆 1999 年版，本则史料出自第 46 页。关于《雅典政制》一书，我有两个建议：一是建议教师们同时参阅冯金朋的译本（吉林出版集团 2013 年版）；二是阅读原著，了解这则史料的前后文说了些什么。

冯金朋的译本对这句话的翻译是：“德莫成员要在宣誓后对他进行投票。”这就非常明确了，执行宣誓行为是村社成员，而不是申请公民权的人。

日知译本关于本则史料的全文如下：

> 现行宪法的形式如下。凡父母双方均为公民者有公民权，公民在十八岁时在他们村社的名簿中登记。当他们登记之时，村社成员对他们宣誓投票，作出决定，首先，他们是否达到法定年龄，如果认为未到年龄，他们便复归于儿童之列，其次，这个候补人是否为合法出生的自由民，然后，如果投票结果认为他没有自由民身份，他得向陪审法庭申诉，村民由自己人中选出五人对他辩论，如果判决他并无登记权利，国家便把他出卖，但如果他胜诉，村民便必须让他登记。然后议事会检查登记者的名单，如发现任何人未满十八岁，许他登记的村民便要受罚金的处分。

这段文字也有一些让人费解的地方，如“国家便把他出卖”是什么意思？“许他登记的村民便要受罚金的处分”是否意味着所有举手同意的人都要受到处罚？对这些问题，冯金朋的译本就清晰很多：

> 当前宪法的情况如下。公民权授予所有亲生父母皆为公民的人。他们年满十八岁时在德莫登记造册。登记时，德莫成员要在宣誓后对他进

> 行投票；首先，候选人是否达到法定年龄（如果没有，他们将被降级归入儿童行列）；其次，候选人是否是合法出身的自由人。如果他们裁决候选人不是自由人，此人可向民众法庭申诉，而德莫将指派五名成员担当起诉人；如果法庭判定他无权入籍，将会被国家卖为奴隶；如果他胜诉，便有权入籍，而不再继续接受审查。登记造册完毕之后，议事会将检查人籍名单；如果发现有未满十八岁者被列入其中，为其登记的村民将被处以罚金。

一本好的译本，除了译文要准确通畅外，还应该满足两个要求：一是要有翻译者的序言，让读者明白这本书的基本情况和学术研究动态；二是要有详细的注释，帮助读者理解许多费解词句背后的含义。从这两方面看，冯金朋的译本都做到了。冯金朋译序对《雅典政制》的内容、流传和翻译情况做了详尽的叙述，而书中注释文字数量之大，甚至超过了原文。认真阅读书中的注释，我们对这则史料就会有更加准确的理解。

例如，对“所有亲生父母皆为公民”一句，冯金朋注写道：“这里只强调了‘亲生父母皆为公民’，没有强调其本人是婚生子还是私生子。在斯巴达，私生子是不准被入籍成为公民的；在雅典，却不存在明确的史料来证明私生子的地位、是否需要在成年之时登记造册。”①

又如，对史料中“公民”一词，冯金朋注写道：“包括被授予公民权的归化民，雅典归化民的后代会自动成为全权公民，而不再受任何特殊的限制。同时，包括雅典妇女在内的古希腊妇女不具有公民资格，尽管存在着‘女公民’之说；‘女公民’之说重在强调女人的血缘纯正，而不是她的政治权力。”②

再如，对于登记的操作，冯金朋明确指出“雅典没有一个全国性的户籍管理中心，人口清查与登记的权力归属每个德莫拥有；并且，每个德莫并不对新生儿进行登记造册；而只对年满 18 岁的男性公民进行登记造册；女公民不必登记，她们的身份是根据父亲的身份来确定的”③。理解这一点，我们才能解开一个疑惑——如果有严格的新生儿登记制度，就根本不需要在年满 18 岁的时候由一群人来宣誓投票确定其身份。那么，村社成员（德莫成员）又是根据什么来确定一个人的身份的呢？冯金朋也做出了解释：“我们很难想象出雅典衡量年龄的具体标准，因为雅典不存在新生儿登记制度，这就给确定入籍者的年龄带来困难；不过，阿里斯托芬在《马蜂》（578）中曾提到雅典人是根据性器官发育状况来判断入籍者的年龄的。在户籍制度不完善的情况下，这个判断年龄的标准或许切实可行。”④

①②③④　亚里士多德．雅典政制［M］．冯金朋，译．长春：吉林出版集团，2013：141.

第十七章
中学生历史阅读教学的实践反思

中学生要学好历史，我认为有三个因素是至关重要的——教材、阅读和社会实践。我称之为中学生历史学习的“三驾马车”。其中，阅读的重要意义，我在近年来的实践中感受尤其深刻。身边一些优秀的学生，无论是历史写作能做到思维缜密、文采斐然的，还是历史高考能得高分的，都有一个共同的特点，就是酷爱阅读。《普通高中历史课程标准（2017 年版 2020 年修订）》提到“阅读”的字眼总共有 17 处，与《普通高中历史课程标准（实验）》的 2 处相比，其要求和重视程度大大提高了。在今天历史书籍的出版极其繁荣的背景下，中学生该如何选书？又该如何有效阅读？这是值得我们深入研究的大课题，也是我孜孜以求的教学改革内容。

一、“无中生有”是深度阅读的方法之一
——《诸侯纷争与变法运动》教学反思①

《普通高中历史课程标准（2017 年版 2020 年修订）》两次提到了“深度阅读”这个概念。其中很明确地指出：“教师要引导学生在深度阅读的基础上，分析和认识史料对历史研究的重要作用，并尝试运用各类史料探究历史问题。”但对于何谓“深度阅读”，《普通高中历史课程标准（2017 年版 2020 年修订）》并没有给出定义。知名学者徐贲指出“深层阅读就是超越字面意义的阅读，不要读到什么就信以为真，不要浅尝辄止、囫囵吞枣，更不

① 本文曾发表于《历史教学》2023 年第 2 期，有改动。

要人云亦云、随声附和”①。这个提法很有启发性。那什么是“超越字面意义的阅读”呢？我认为其中一个方法就是读出文字没有写出来的内容和意思。

《中外历史纲要（上）》中《诸侯纷争与变法运动》一课的重点内容是理解东周社会转型的本质是什么。为此，我在学案设计中引用了一则新材料（见学案片段 17 –1）。

学案片段 17 –1

任务：阅读材料并回答问题。

材料　春秋时犹尊礼重信，而七国则绝不言礼与信矣。春秋时犹宗周王，而七国则绝不言王矣。春秋时犹言祭祀、重聘享，而七国则无其事矣。春秋时犹论宗姓氏族，而七国则无一言及之矣。春秋时犹宴会赋诗，而七国则不闻矣。春秋时犹有赴告策书（指在礼仪制约下互相通告的文书），而七国则无有矣。邦无定交，士无定主。此皆变于一百三十三年之间，史之阙（同“缺”）文，而后人可以意推者也。不待始皇之并天下，而文武之道尽矣。

——（清）顾炎武《日知录》

1. 请从材料中找出顾炎武论述战国时期社会特征最有概括性的一句话。

____

2. 请用今天我们惯用的名词术语来表达这句话的意思。

____

3. 顾炎武论述战国时期的社会现象时，采取了什么思维方法？

____

第一个问题我预设的答案是“文武之道尽矣”，但大多数学生提出的答案是“邦无定交，士无定主”。后来我了解到，不少学生搞不清楚“文武之道”是什么意思，自然不会选择这句话。我跟学生说，“文武之道”是指周王朝的开创者周文王和周武王治理国家的方法。他们的方法是什么呢？请大家查阅一下教材第一课是怎么说的。对了，就是实行分封制和宗法制。“文武之道尽矣”的意思就是分封制和宗法制的瓦解，这也就是第二个问题的答案。

① 徐贲. 人文的互联网：数码时代的读写与知识［M］. 北京：北京大学出版社，2019：71.

第三个问题很简单，大多数学生都能够回答出来是对比法，把春秋时期的社会现象与战国时期的社会现象进行了对比。我继续追问学生："大家有没有发现顾炎武这种对比方法的特别之处？我们通常是把A事物与B事物进行对比，而顾炎武是把存在的某现象与不存在的某现象进行对比。这意味着，顾炎武读书的时候，不但看到了书籍写了什么，还看到了书籍没有写什么。"讲到这里的时候，全班学生突然集体起哄："无中生有！"我有点愣然，不知道发生了什么事情。一问才知道，原来刚上完的数学课中，数学老师教空集时提到要"无中生有"。我说："好吧，我们也可以把这种历史阅读的方法称为无中生有。"

我进一步给学生做了拓展的试述："深度阅读意味着你不仅仅看懂了字面上的意思，还看懂了字面背后的意思，甚至看出作者没有写出来的内容。"为了帮助学生理解，我给学生展示了一枚纪念周恩来同志诞生一百周年的邮票（见图17－1）。告诉学生这枚邮票设计有误，请大家找出错漏的地方。全班同学聚精会神，议论纷纷，但多数人都只关注邮票中的文字，并没有发现什么错漏。最后，我公布了答案："中山装是有四个袋子的，为何总理的衣服只有三个袋子？大家都盯着已有的信息，却没有在意本应有却没有出现的信息。这就是对大家观察力的考验。"

图17－1 纪念周恩来同志诞生一百周年的邮票

同学们恍然大悟，我接着举了第二个例子。李清照是宋代著名的词人，千百年来，她的作品深受人们的喜爱，对她的研究也成为了重要的学术研究方向。被称为"一代词宗"的夏承焘先生（1900—1986）写有一首绝句评价李清照："中原父老望旌旗，两戒山河哭子规。过眼西湖无一句，易安心事岳王知。”① 靖康之变后，李清照南渡至临安。夏承焘先生发现，李清照晚年寄寓杭州，与苏东坡赞美的“淡妆浓抹总相宜”的西湖近在咫尺，但她的诗文却没有一字提及。这就是“过眼西湖无一句”的含义。为什么会这样呢？夏承焘分析说李清照的心事只有岳飞才能明白——面对破碎的山河和醉生梦死的南宋小朝廷，谁有心思欣赏和描绘西湖的美景呢？其实，“易安心事岳王知”也可以写成“易安心事承焘知”，因为千载之后，李清照还是找到了知音——夏承焘研读李清照的诗文不但读懂了文字的内容，还读出了文字没有提及的内容。这就是深度阅读的力量。

在教学中，我经常刻意地渗透各种思维方法。我不要求所有的学生都能够理解和接受，只希望打开他们的思路，对他们的学习有所启发。此外，思维方法的教学不要指望能够收到立竿见影的效果，在日后的教学中要注意不断地提示和重申。例如，讲到近代西方列强瓜分非洲时，可以让学生观看教材中的“列强瓜分非洲”地图并要求他们指出有哪些列强是没有参与瓜分非洲的；又如，讲述北洋时期的军阀割据时，可以问学生：“为什么‘北洋军阀统治时期军阀割据示意图’中河南省和西北地区没有显示军阀割据？”再如，讲述一战后的巴黎和会及《凡尔赛条约》时，我们都会展示克里孟梭、劳合·乔治和威尔逊“三巨头”并肩行走的照片，可以同时问学生：“他们身边缺少了哪些‘巨头’？那么多关键的‘巨头’没有参会，这个会议有代表性吗？”

阅读能力是历史学习和历史研究的基本能力。新课程标准要求学生大力开展阅读活动，并且明确提出进行深度阅读的要求。深度阅读的方法包括寻找文本中隐藏或者缺失的信息、持续跟踪阅读某个历史事物的文献材料、寻找文本中重要观点的史料来源等，以看出文字和图片所隐藏或缺失的信息属于寻找文本中隐藏或者缺失的信息。

二、“与古人交朋友”是深度阅读的方法之二

——《辽宋夏金元的文化》教学反思②

无论是教师还是学生，阅读都有一些基本的方法。我在给中学教师做读书分享报告时，向教师们提出了以下 12 条建议。

（1）找一个问题，带着解决问题的目标去阅读。

（2）找一个主题，用 5 ~ 10 年的时间成为一个领域的专家。

---

① 夏承焘．瞿髯论词绝句［M］．北京：中华书局，2017：56.

② 本文曾发表于《历史教学》2023 年第 2 期，有改动。

（3）选一份书单，区分必读和选读、精读和泛读的书。

（4）选几套丛书，加深对某个领域或问题理解的厚度。

（5）订阅几种杂志，关注某个专业的学术研究动态。

（6）挑选一本枕边书，戒掉睡前看手机的习惯。

（7）发展几个兴趣，保持非功利性的阅读习惯。

（8）选择一个古人，与一个古代名人做一辈子的朋友。

（9）选好笔记本和文摘卡片，保持做读书笔记的习惯。

（10）关注几个阅读公众号，养成阅读书评的习惯。

（11）观看几部阅读题材的电影，保持对阅读的敬畏感。

（12）坚持参与阅读分享活动，寻求志同道合的人。

这 12 条建议中，第 8 条是特别针对学习历史的师生提出来的。这里所说的交朋友，不是指简单地了解一个历史人物，而是指系统地阅读一个历史人物的相关材料，用一辈子的时间去全面、深入、持续地研究他（她），不断地从他（她）身上汲取生活的智慧和工作的力量。当我们对一个历史人物的研究达到一定程度后，就可以触类旁通、举一反三，真正感受到历史学对文明赓续和人生启迪的重大作用。

为什么这样说呢？首先，历史学是关于人的学问。我们学习历史上的人、事、制度、文物等，无一不与人性和人的实践活动相关。历史学既研究抽象的人和群体（如阶级分析法），更研究具体的个人。其次，历史学是关于时间的学问。历史学的时间是指人文时间。在马克思主义哲学中，时间问题是与人的生命价值紧密联系在一起的。① 再次，历史学是关于文明传承的学问。图书馆和博物馆仅仅是保存和延续人类文明的物质载体，真正要把文明传承下去，还得依靠学者们的火尽薪传和每个普通人的身体力行。也就是说，在文明传承中，人才是最主要的因素。

文明的传承、历史的奥秘、人性的本质、时间的规律……这些概念术语对于中学生来说显得晦涩难懂，但如果我们把教学内容聚焦在某个历史人物身上，中学生就容易接受得多了。通过阅读历史人物传记，中学生可以更加真切具体地理解这些宏大抽象的历史内容。

人的一生究竟有多长？应该如何度过？其实我们都没有完整地经历过，但优秀的历史人物传记可以告诉我们答案。世易时移，风云变幻，人类今天

---

① 马克思在《1861—1863 年经济学手稿》中指出："时间实际上是人的积极存在，它不仅是人的生命的尺度，而且是人的发展的空间。"参见：马克思恩格斯全集：47 卷［M］. 中共中央马克思恩格斯列宁斯大林著作编译局，译. 北京：人民出版社，1979：532.

所面临的困难和挑战与古代社会已经大不相同，但几千年来，人性并没有发生根本的改变。无论是古人还是今人，我们都需要珍惜生命、运用智慧、克服恐惧、战胜怯懦……如何才能够较好地做到这一切？优秀的历史人物传记也可以告诉我们答案。

我曾与一些地市历史教研员合作，推广“我跟一个历史名人交朋友”活动，要求每个历史教师都选择一个自己心仪的历史人物，大量阅读他（她）的传记和著作，思考总结他（她）的人生给你的教学和生活带来了哪些启迪。这种阅读方法古人就曾提出过。唐代诗人韩愈在《出门》一诗中写道：“长安百万家，出门无所之。岂敢尚幽独，与世实参差。古人虽已死，书上有其辞。开卷读且想，千载若相期。”意思是说，在茫茫人海中，知音难觅，不如在家里认真阅读古人留下的文章，尽管时空相隔甚远，但并不妨碍与古人进行心灵的对话。

与历史名人交朋友并非简单地了解一个人物的生平概况，而是指深入地研究。既然要深入，就意味着需要阅读他（她）留下的所有著作，收集所有与之相关的重要学术材料，了解其生活时代的各种信息。从历史专业的角度看，这种阅读方法有助于我们通过一个人来了解一个历史时期的各种信息，把一个历史时期的政治、经济、社会、文化等内容综合起来理解。还可以更好地理解历史学的各种思维方法，如个人与国家、社会的关系，个人的生活时空与人类长时段的历史发展时空的关系，等等。从个人生活的角度看，这种阅读方法有助于我们实现古为今用的史学价值，在传承古代优秀人物的学问功业、道德才华的同时，也获取其人生智慧，走好自己人生的每一步。

在跟中学历史教师交流时，我会以自身为例，介绍我二十多年来研究苏东坡的心路历程，讲述如何通过阅读苏东坡来深入理解整个宋代社会，以及在我人生遭遇困顿挫折的时候苏东坡给予我的启迪和力量。当然，对于中学生，我们不可能提出这么高的要求。在 2021 年的寒假，我给高一的学生布置了一个作业——阅读一本较翔实的名人传记并写一篇读书笔记。

我认为，在高中阶段，学生认真阅读一本不少于 20 万字的人物传记是必须的。为此，我推荐了两个系列丛书。对中国历史人物感兴趣的同学，推荐阅读作家出版社出版的“中国历史文化名人传丛书”。该丛书自 2013 年后已陆续出版了七辑 70 多种，在中国古代历史文化名人的选择和丛书作者的选择上都经过编委会用心的讨论。该丛书的宗旨是：“这些文化名人的灿烂人生就是中华文明历史的缩影；他们的思想智慧、精神气脉深深融入我们民族的血液中，成为代代相袭的中华魂魄。”对世界历史人物感兴趣的同学，推荐阅读商务印书馆的“中外名人传记”丛书。该丛书的编译出版长达百年之久，始终坚持“三名”原则——“一名”为所选传主均为各时代、各国家、各民族的名流巨擘；“二名”为传记作者本身即为名家；“三名”为译者是博古通今、大有学问的学者。

寒假结束后，过半数的学生交了阅读心得。我给每份作业都写了评语，鼓励他们以此为起点，在不断深入理解这个历史人物和他（她）的时代的同时，更多地思考和感受这位“终身的朋友”给我们的人生所带来的智慧和力量。

到了高二阶段，面对选择历史科的学生，在人物传记阅读上要提出更高的要求。我的计划从三个方面展开：一是根据《普通高中历史课程标准（2017 年版 2020 年修订）》“编制历史人物年表”的活动要求，指导学生掌握更丰富的研究历史人物的方法；二是结合《普通高中历史课程标准（2017 年版 2020 年修订）》“学术情境”的创设要求，提供书单并指导学生完整地阅读一本著名历史学家的传记，如陈勇著的《最后一位国学大师：钱穆传》（上海人民出版社 2019 年版）；三是依据《普通高中历史课程标准（2017 年版 2020 年修订）》“初步了解历史比较研究法”的学业要求，选择一些观点差异较大的人物传记进行比较阅读，如比较王曾瑜著的《荒淫无道宋高宗》（河北人民出版社 2007 年版）和何忠礼著的《宋高宗新论》（上海古籍出版社 2021 年版）。这三个方面都要求学生在高一阅读的基础上进一步深入研究，如为高一选择的那位历史人物编制一份年表，搜索高一阅读的那本人物传记的作者的基本材料，收集高一选择的那位人物的不同版本的传记材料并进行对比分析。

古人云：“弱水三千只取一瓢”。同样的道理，中学生在历史学习中面对教材里出现的众多人物，永远停留在识记基本信息的层面是远远不够的。深入了解一个历史人物，使之成为自己一生的良朋益友，这是深度阅读的重要目标和方法之一。

三、“寻找观点的出处”是深度阅读的方法之三

——《从明朝建立到清军入关》教学反思①

在备课的过程中，我对自己提出四点要求——从新处讲，从疑处讲，从出处讲，从对比处讲。强调这四点，是希望把高中历史教学与初中历史教学区分开来。从新处讲是指要讲出新意，不宜把初中的内容再简单地翻炒一次，让学生觉得高中的内容跟初中没多大差别；从疑处讲是指要从大家都觉得没有问题的地方挖掘出问题来，深化学生对原有知识的思考；从出处讲是

① 本文曾发表于《历史教学》2023 年第 2 期，有改动。

指适当帮助学生探寻教材的结论到底是依据什么史料得出来的，让学生了解教材的观点其实都是有根有据的；从对比处讲是指要把古今中外的历史知识进行纵横比较，让学生了解知识点之间的联系。这四点说起来容易，做起来却不轻松。面对具体的教材内容，哪些是新的？哪些有疑点？史料的源头在哪里？怎样对比才是符合逻辑的？其实都需要大费思量。要做到这四点，既跟教育观念和教学方法相关，也跟历史专业能力相关，而这一切在很大程度上是建立在海量阅读的基础上的。

例如，我强调高中历史教学要“从出处讲”，因为它既是历史学科核心素养“史料实证”的要求，也是历史学专业的思维和方法，还是深度阅读的重要方法。在《中外历史纲要（上）》《从明朝建立到清军入关》一课中，“郑和下西洋”是个重要的知识点。教材正文没有写起止时间，附录的大事年表却写明了“1405—1433 年”。这里就可以引出一个问题——我们是怎样知道郑和下西洋的史实的？为此，我设计了下面的学案（见学案片段 17－2）。

学案片段 17－2

任务：《天妃灵应之记》碑，俗称“郑和碑”。大明宣德六年（1431 年），郑和在第七次出使西洋前夕，寄泊福建长乐以等候季风开洋，在重修长乐南山的天妃行宫后，镌嵌《天妃灵应之记》碑于南山宫殿中。《明史》和《天妃灵应之记》都记载了郑和七下西洋。对比下面的表格，请指出两者有何异同。你更相信哪个记录？为什么？

《明史·郑和列传》的记载			《天妃灵应之记》碑的记载		
次数	出发时间	返回时间	次数	出发时间	返回时间
第一次	永乐三年（1405 年）	永乐五年（1407 年）	第一次	永乐三年（1405 年）	永乐五年（1407 年）
第二次	永乐六年（1408 年）	永乐九年（1411 年）	第二次	永乐五年（1407 年）	永乐七年（1409 年）
第三次	永乐十年（1412 年）	永乐十三年（1415 年）	第三次	永乐七年（1409 年）	永乐九年（1411 年）
第四次	永乐十四年（1416 年）	永乐十七年（1419 年）	第四次	永乐十一年（1413 年）	永乐十三年（1415 年）
第五次	永乐十九年（1421 年）	永乐二十年（1422 年）	第五次	永乐十五年（1417 年）	

（续上表）

《明史·郑和列传》的记载			《天妃灵应之记》碑的记载		
第六次	永乐二十二年（1424年）		第六次	永乐十九年（1421年）	
第七次	宣德五年（1430年）		第七次	宣德六年（1431年）	

通过对比，学生发现《明史》和郑和碑的记载除了第一次下西洋来回的时间完全吻合外，其余的六次都不吻合。由此可见，尽管我们常说郑和七下西洋，但所依据的史料并不一样。那么，历史学家更相信哪个记载呢？

为此，我先给学生介绍了《天妃灵应之记》碑的基本情况。该碑1930年发现于福建省长乐县城之南山，现存于长乐师范附属小学内原孔庙泮池旁之碑亭。这方明宣德六年（1431年）刻立的石碑，至今保存基本完好，碑文字迹清晰可读。石碑高162厘米、宽78厘米、厚16厘米。全碑正文楷书31行，共1 177字。① 有学者认为，该碑有四方面的史学价值：一是明确了郑和七下西洋的目的与任务，反驳了其他各种目的论，体现了明朝宗藩思想；二是明确了郑和七下西洋的时间，纠正、弥补各种史料的错漏和不足；三是为证实郑和的天妃信仰而提供了新文物史料；四是成为明朝拓展海上丝绸之路的历史物证。② 由于石碑是郑和所立，而石碑的文字只会被磨损，不会被更改，因此是更加可信可靠的史料。

《普通高中历史课程标准（2017年版2020年修订）》在选修模块“史料研读”中指出：“主要文献史料包括：史书；档案与文书；文集、笔记、书信与日记；地方史志；报刊；碑铭与简牍；族谱、契约、账簿等。”同时要求学生“知道历史上遗留下来的许多实物是重要的史料，选择有代表性的实物史料进行研读；知道对实物史料的运用不仅需要历史学的方法，也需要借助考古学、科技史等不同学科的方法。所涉及的主要实物史料包括：器物；建筑物；遗址、遗迹。”可见引导学生了解各种史料的形式和分类是基本的教学要求。此外，《普通高中历史课程标准（2017年版2020年修订）》在选

① 庄景辉. 长乐《天妃灵应之记》碑考［J］. 厦门大学学报（哲学社会科学版），1988（4）：57－62，16.

② 林婧. 长乐太平港《天妃灵应之记碑》的史学价值［J］. 福建文博，2020（3）：42－46.

修模块“史学入门”中还要求学生“认识对史料的来源、性质及其价值进行鉴别和考证的重要性”。在历史学专业研究中，这属于“史源学”的范畴。所谓史源，就是史料的来源。我国现代著名的历史学家陈垣创立了史源学，认为这是一门追寻史料来源，进而稽考史实、辨明正误的学问。在教学中，陈垣要求学生在阅读史料的过程中认真考证人名、故事的出处，以此训练学生史学研究的基本功。我认为，这就是深度阅读的方法。对于史学阅读来说，深度阅读意味着对文中观点所依据的史料来源要细加考究，如果出处有问题，结论就肯定是不成立的。

“寻找观点出处”的深度阅读方法，首先要运用的对象当然就是中学历史教材。教材的观点结论太多，学生不可能逐一去考究。教师在这个过程中要发挥好引导作用，选择好切入点，设计好教学方案。通过深入研读教材培养好深度阅读的习惯和批判性的思维能力后，教师应该进一步指导学生把习惯和能力迁移到其他文本的阅读中。在阅读的时候，对任何文本中的重要观点都要思考其信息来源，不断地提升自己史料实证的历史学科核心素养。

四、高中历史教师的必读书目

阅读是一件很个性化的事情。敢于开列书目的人，难免被讥讽为好为人师，而把开列的书目命名为“必读”的，更有点哗众取宠的味道。但作为高中历史教师，我认为确实存在一份必读书目，只是这份书目不是我开的，而是教材要求的。

高中历史教材每课书的最后一个栏目名为“探究与拓展”，该栏目通常给学生提出了阅读的建议。我了解到许多教师对这个栏目并不怎么在意，认为属于学生的自选动作，教师无须强求。我在教学中却遇到了尴尬的情形——学生根据“探究与拓展”的指引去找书读了，然后要跟我讨论，而有些书我居然从来就没有认真读过。因此我认为，高中历史教材“探究与拓展”栏目所提及的书目，尤其是“探究与拓展”栏目中的小栏目“学习拓展”所提及的书目就是高中历史教师的必读书目。学生根据教材的建议阅读了一本书，教师反而没有读过，这无论如何是说不过去的。

我把高中5本历史教材“探究与拓展”栏目的建议书目梳理了一下，按照教材篇目的顺序排列，结果如下：

《中外历史纲要（上）》

1. 《尚书》
2. 《诗经》和“楚辞”中的经典篇章
3. 《荀子·强国篇》

4. 《后汉书·仲长统列传》
5. 杜佑《通典·食货典》
6. 陆贽《中书奏议》，《白居易集》卷2《重赋》
7. 《唐律疏议》
8. 向达《唐代长安与西域文明》
9. 杜甫作品中与当时历史现实有关的诗篇
10. 许衡《时务五事·立国规模》
11. 《马可·波罗行纪》
12. 洪迈《容斋随笔》卷5《韩文公荐士》，欧阳修《论逐路取人札子》
13. 程颢、程颐《河南程氏遗书》，朱熹《朱子语类》
14. 《资治通鉴》选读
15. 黄宗羲《明夷待访录》
16. 一两篇明清八股文
17. 王守仁《王文公全书》
18. 李贽《焚书》
19. 《广东军务记》，载《三元里人民抗英斗争史料》
20. 毛泽东《中国革命和中国共产党》
21. 严复《论世变之亟》
22. 孙中山《中国问题的真解决——向美国人民的呼吁》
23. 《中华民国临时约法》
24. 梁启超《异哉所谓国体问题者》
25. 蔡和森《马克思学说与中国无产阶级》
26. 习近平《在纪念红军长征胜利80周年大会上的讲话》（2016年10月21日）
27. 《中共中央为公布国共合作宣言》
28. 蒋介石《对于卢沟桥事件之严正表示》
29. 中共中央党史研究室《中国共产党的九十年》
30. 1954年《中华人民共和国宪法》
31. 邓小平《坚持四项基本原则》
32. 《中国共产党第十一届中央委员会第三次全体会议公报》
33. 习近平《开放共创繁荣　创新引领未来——在博鳌亚洲论坛2018年年会开幕式上的主旨演讲》（2018年4月10日）
34. 习近平《决胜全面建成小康社会　夺取新时代中国特色社会主义伟大胜利——在中国共产党第十九次全国代表大会上的报告》（2017年10月18日）

《中外历史纲要（下）》

1. 孔子和苏格拉底的著作

2.《后汉书·西域传》

3. 周一良、吴于廑总主编，郭守田主编《世界通史资料选辑·中古部分》

4. ［荷］布洛克曼、［荷］霍彭布劳沃著，乔修峰等译《中世纪欧洲史》

5. 梁启超《祖国大航海家郑和传》

6. ［德］马克思、恩格斯《德意志意识形态》，马克思《1857—1858年经济学手稿》

7. ［德］马克思《资本论》

8. ［德］恩格斯《反杜林论》

9. ［德］康德著，何兆武译《历史理性评判文集》

10. ［法］伏尔泰《中国孤儿》

11. 王觉非主编《近代英国史》

12. 杨生茂、陆镜生《美国史新编》

13. ［德］马克思、恩格斯《共产党宣言》

14. ［德］恩格斯《在马克思墓前的讲话》

15. ［英］霍布斯鲍姆著，贾士蘅译《帝国的年代：1875—1914》

16. ［德］马克思《不列颠在印度的统治》《不列颠在印度统治的未来结果》

17. ［苏］列宁《在莫斯科省的县、乡、村执行委员会主席会议上的讲话》

18. ［英］丘吉尔《第二次世界大战回忆录》

19. 齐世荣主编《世界通史资料选辑·现代部分》

20. ［美］约翰·里德著，李娜等译《震撼世界的十天》

21. 邓小平《改革是中国发展生产力的必由之路》

22. ［英］约翰·惠勒－贝内特著，林书武、沈芜清、金宜久、张启荣译《慕尼黑——悲剧的序幕》

23. ［苏］赫鲁晓夫著《最后的遗言——赫鲁晓夫回忆录续集》

24.《中非合作论坛北京宣言》（2000年10月12日）

《国家制度与社会治理》

1. 柳宗元《封建论》和顾炎武《郡县论》

2.《中共中央关于进一步加强中国共产党领导的多党合作和政治协商制

度建设的意见》（2005 年 2 月 18 日）

3. 习近平总书记在 2019 年 1 月 23 日主持召开的中央全面深化改革委员会第六次会议上发表重要讲话

4. 张居正《请稽查章奏随事考成以修实政疏》

5. ［英］玛格丽特·撒切尔著，李怀强译《唐宁街岁月》

6. ［苏］列宁《革命的一个根本问题》

7. ［德］奥斯瓦尔德·斯宾格勒著，齐世荣等译《西方的没落》

8.《中共中央关于加强社会主义精神文明建设若干重要问题的决议》（1996 年 10 月 10 日）

9.《红十字公约》（1864 年 8 月 22 日）

10.《国际联盟盟约》（1919 年 6 月 28 日列入《凡尔赛条约》第一部）

11.《联合国宪章》（1945 年 6 月 26 日）

《经济与社会生活》

1.《淮南子·修外训》《白虎通义·号》《汜胜之书》《四民月令》《汉书·召信臣传》

2. 吴其濬《植物名实图考》（中华书局 2018 年版）

3.《管子·海王》

4. ［德］恩格斯《英国工人阶级状况》

5. 习近平《在中国科学院第十九次院士大会、中国工程院第十四次院士大会上的讲话》（2018 年 5 月 28 日）

6. ［法］贝尔纳代特·默尼著，景昭译《生活在古埃及》

7.《中华人民共和国电子商务法》

8. ［美］巴里·伯格多尔著，周玉鹏译《1750—1890 年的欧洲建筑》

9. 张謇《代鄂督条陈立国自强疏》

10.《希波克拉底誓言》、孙思邈《大医精诚》

11. 习近平《在全国卫生与健康大会上的讲话》（2016 年 8 月 19 日）

《文化交流与传播》

1. 习近平《在纪念孔子诞辰 2565 周年国际学术研讨会暨国际儒学联合会第五届大会开幕会上的讲话》（2014 年 9 月 24 日）

2. 毛泽东《论十大关系》《同英国记者斯坦因的谈话》

3. 希罗多德《历史》、司马迁《史记》

4. ［美］斯塔夫里阿诺斯著，吴象婴等译《全球通史：从史前史到 21 世纪》

5. 吴于廑《世界历史上的游牧世界与农耕世界》

6. ［英］杰弗里·巴勒克拉夫主编，毛昭晰等译《泰晤士世界历史地图集》

7. ［俄］赫尔岑《往事与随想》

8.《关于加强文物保护利用改革的若干意见》（2018 年 7 月 6 日中央全面深化改革委员会第三次会议审议通过）

我总结的教材所开列的这份书目，有以下几点需要说明。

第一，有些书教材并没有指出使用哪个版本，这需要我们选择较好的版本。如“选读杜甫作品中与当时历史现实有关的诗篇”，我认为较好的是黄珅编注的《杜甫诗选评》（人民文学出版社 2018 年版）。

第二，有些书教材仅仅指出阅读的方向，并没有具体说明是哪些书，这需要继续寻找相关的书籍。如《中外历史纲要（上）》第 3 课提到湖北云梦睡虎地秦简，建议学生继续查找其他例证。我给学生推荐的是《睡虎地秦简所见秦代国家与社会》（［日］工藤元男著，曹峰、广濑薰雄译，上海古籍出版社 2018 年版）。

第三，有些经典著作，短时间内是难以啃完的，可以阅读导读本。如《资本论》，就可以先阅读《〈资本论〉导读》（高等教育出版社、人民出版社 2012 年版），同时建议阅读何帆著的《〈21 世纪资本论〉导读本》（中信出版社 2015 年版）。而一些大部头的中国古籍，如《史记》《资治通鉴》等，可以先从选读本开始阅读，或者根据教材内容有选择地阅读。

第四，上述书目是根据教材“探究与拓展”栏目梳理的，有教师会问，那么教材其他栏目出现的书目难道不应该阅读吗？其实也应该阅读。教材小栏目中出现的史料都是片段的摘录，不阅读全文，难以真正理解其含义。教材其他栏目出现的史料，与教材正文内容的结合相对紧密，教师在授课中也会重点讲授，因此关注度较高，而对“探究与拓展”栏目内容的重视程度就没有那么高了。我对这个问题的认识也是源自学生的提问，有些学生真的就根据“探究与拓展”栏目的指引去找书阅读了。这种情况，相当于是学生倒逼老师去读书。因此，高中教材中所引用过的书目，我们都应该尽可能找原书来翻阅，而“探究与拓展”属于教材对学生提供的课外阅读建议，教师也应该把这些书列入自己的必读书目中。

第五，单单一个栏目就引出了那么多的书籍，如果把教材所有栏目的内容都做梳理，这份书单会更加长。教师们难免会慨叹——这么多的书，怎么读得完？这就涉及一个阅读方法的问题。有些书需要细读，有些书粗读即可；有些书需要通读，有些书选读即可；有些书需要反复读，有些书看书评或者导读本即可；有些书需要边读边做笔记，有些书翻阅前言和目录即可。

无论如何，持之以恒、有计划地开展阅读是历史教师专业发展所必需的。

之所以有这些反思，来源于我跟中学生交流的经历。例如，教材提出“尝试读一读《往事与随想》，看一看你能够从这本书中获得哪些重要的历史信息。”有学生真的就从图书馆借来阅读了。这套书是厚厚的三大册，学生疑惑到底有没有必要把它读完？又应该如何去读才是高效的？这些问题让我很惭愧，因为我也提不出太好的建议。

俄国作家赫尔岑撰写的《往事与随想》对巴金影响巨大，目前中文译本有两种版本，一种是巴金翻译的，一种是项星耀翻译的。巴金并没有把全书译出，所以建议阅读项星耀的译本。我手头的版本是人民文学出版社 1993 年版的，1995 年 5 月购买于华南理工大学与华南农业大学交界的一间小书店。书店早已不在，记忆中面积不大，光线昏暗，但却是人头攒动，生意兴隆。书买回来后其实一直没有认真读完，读过的一些片段也早已忘得一干二净了。最近受学生的触动，我觉得有必要把这套书读一遍了。

断断续续读了半个月，才读了一百多页，但已经有不少的感叹。《往事与随想》的时间跨度太大，没有相关的历史知识，真是读不懂。全书“从 1812 年的卫国战争，十二月党人的起义，40 年代俄国先进知识分子的生活和思想，1848 年欧洲的革命风云，反动的资产阶级政权对人民的血腥镇压，直到 50 年代伦敦各国流亡者的活动和宗派斗争，60 年代俄国的社会政治面貌和新一代革命者——赫尔岑所说的‘未来风暴的年轻舵手’的成长，几乎包括了 19 世纪初叶至巴黎公社前夕的整个历史时期”①。我搞不清楚，应该建议学生通过阅读此书来学习历史，还是在掌握更多的历史知识后再读，更能读懂此书？

《往事与随想》有许多细腻敏锐的心理活动描述和精致入微的情境描写，但全书的故事性并不强，如果没有平静的心境，很难把书读进去。这有点类似最近热播的电视剧《漫长的季节》，刷惯短视频的人抱怨剧情进展太慢，懂得欣赏的人才能发现大量细节背后的乾坤。阅读《往事与随想》也一样，只有细嚼慢咽，才能读懂每个人物和情节的意义。例如高中教材提到俄国十二月党人试图推翻农奴制，那么农奴制在俄国意味着什么？《往事与随想》对一个名为安德烈·斯捷潘诺夫的农奴的描写可谓入木三分，把农奴可悲又可怜的生活和精神状态揭露得淋漓尽致。恐怕这就是教材希望中学生从中获得的关于农奴制的历史信息吧：

> 我望望老头儿：他那充满稚气的坦率神情，那哈腰曲背的身子，那

① 赫尔岑. 往事与随想［M］. 项星耀，译. 北京：人民文学出版社，1993：3.

> 病得口眼㖞斜的面容，那暗淡无光的眼睛，那微弱的声音，一切都不由得你不相信他的真诚；他不会撒谎，不会奉承拍马，他确实盼望临死前看一眼那位“挂满勋章和绶带”的老爷，而这位老爷却为了几根木柴，十五年来一直不肯宽恕他。这是什么？是神圣还是疯癫？然而，不正是疯癫才能使人达到神圣的境界吗？①

《往事与随想》中关于少年赫尔岑和他的历史教师的故事同样引发了我的兴趣。从中可见历史教育对一个人的影响有多大：

> 我偶然听老布肖讲过，法国革命时期他在巴黎，我非常想向他问个究竟。但布肖是严峻阴沉的人，鼻子很大，戴副眼镜，从来不跟我讲一句多余的话，只谈动词变位，举些例子让我听写，骂我几句，然后拄着粗大多节的拐杖走了。
>
> 一天上课中间，我问他：“为什么要处死路易十六？”
>
> 老头儿看了看我，垂下一条灰白色眉毛，扬起另一条，把眼镜像脸甲一般推到额上，掏出一方大蓝手帕，一边擦鼻子，一边郑重其事地说道：
>
> “因为他背叛了祖国。”
>
> “如果您当时也是法官的话，您会在判决书上签字吗？”
>
> “毫无疑问。”
>
> 这一堂课比任何虚拟法则更重要。对我说来已经够了：很清楚处死国王是他罪有应得。
>
> 老布肖不喜欢我，把我看作没有头脑的顽皮孩子，因为我不好好做功课。他常说：“您成不了大器。”但他一旦发现我同情他的“弑君”思想，便变愤怒为和蔼，宽恕我的错误了；他向我讲述93年的各种故事，以及在“淫乱者和骗子们”当道后他如何离开了法国。下课时，他依然一本正经，没有笑容，但已能体谅地说：
>
> “我确实认为您成不了大器，但是您的高尚情操将会挽救您。”②

如果还有学生问我：“《往事与随想》是否值得读？该如何读？”我会回答：“《往事与随想》值得读，但我找不到什么阅读的窍门，只能慢慢读，细细品味。”对于教材推荐的大多数书目也一样，尽管可分细读、粗读、全读、选读，但归根到底还是只能一本一本地去读。

---

① 赫尔岑．往事与随想［M］．项星耀，译．北京：人民文学出版社，1993：25－26.

② 赫尔岑．往事与随想［M］．项星耀，译．北京：人民文学出版社，1993：49－50.

第十八章 历史作业设计和复习备考的教学反思

课外作业的布置与批改是教学过程的重要环节，能帮助学生内化知识、提升技能、落实素养。在“双减”的大背景下，历史学科作业设计应在保留历史特点的同时朝着个性化、多样化、生活化的方向努力，强调对学生创新精神与实践能力的培养。中学历史教师在作业布置与讲评时重视对学生的学法指导，可推动学生历史思维的发展。而历史学科的复习备考也需要新的思路和方法，在充分利用教材、开阔学生思维、培育核心素养方面多下功夫。

一、作业点评的重点在于学法指导①

2021 年国庆节前，历史科年级备课组统一给全年级的同学布置了一份假期作业：“寻物春秋——发现身边的历史”（见作业方案 18－1）。我在研究生梁灏同学的协助下，对作业要求进行了细化。

作业方案 18－1

“寻物春秋——发现身边的历史”作业方案

一、导语

徜徉在历史长河中，我们看尽王朝兴衰、人物浮沉，总感觉历史遥不可及，殊不知历史就在我们身边。也许只是偶然的一天，我们随手拾起家中一小物件，聆听长辈讲述它的前世今生，才发现，原来它也是历史的见证者，

① 本文曾发表于《历史教学》2022 年第 12 期，有改动。

也经历了一系列社会变迁。或许只是一张老照片、一个旧证件、一枚钱币、一本日记、一件老旧用品，但它们都可以成为我们的“传家宝”，承载着一个个鲜为人知的故事。只是物件无声，需要有心之人述说它们的故事、探索它们背后的历史，方能给予它们新的生命。

二、作业任务

寻找身边能反映家庭、时代、社会变迁的“传家宝”实物，包括照片、证件、钱币、日记、老旧用品等等，通过对“传家宝”文物持有者或者使用者进行访谈，进一步了解“传家宝”文物背后的历史故事，挖掘“传家宝”文物蕴藏的历史信息。

结合访谈内容以及自身研究，以“寻物春秋——发现身边的历史”为主题，撰写一篇800字以上的演讲稿并将核心内容制作成PPT，于第九周周日前以电子版的形式发到所教老师的邮箱，邮件命名为“班级+姓名+学号+探寻‘传家宝’背后的历史”，老师将邀请作业最具特色的四位同学于第十一周周二的历史课堂上进行5分钟左右的展示。

三、具体要求及主要事项

（一）访谈

1. 前期准备。

（1）熟悉文物的基本情况，了解文物的历史背景。

（2）访谈大纲：根据访谈内容制定访谈大纲，应包含以下要素：

受访者信息：姓名（若不愿透露个人信息可不填写）、年龄、居住地、受教育程度、职业等。

访谈问题：针对文物的年代、时代背景、设计意图以及与使用者之间的故事等进行提问。

（3）工具：笔记本、笔、录音笔、相机（可用手机代替）。

（4）受访者：访谈前应联系受访对象，商定访谈时间、地点，简单介绍访谈内容，让受访者事先了解访谈大纲以做准备。

2. 访谈过程。

（1）根据设计好的访谈大纲进行访谈，若受访者提及提纲外与主题相关的内容，应及时补充；若受访者对访谈大纲的问题不甚了解，也可以根据受访者熟悉的内容，在不脱离主题的情况下引导受访者进行访谈。

（2）及时录音、摄像并做好相关笔记，以便事后进行资料整理。

（3）注意礼节，文明用语，不随意打断受访者，不与受访者争辩。

（4）尽量使用受访者熟悉的语言。例如珠三角地区部分长者习惯使用粤语，不熟悉普通话，为了获得更为有效的信息，节约时间，应尽可能地使用粤语与受访者进行访谈。

3. 后期整理。

(1) 访谈结束后应及时整理相关笔记、录音、照片，以防遗忘。

(2) 材料整理过程中若发现新问题，可进行多次访谈。若日常生活中受访者提及有关“传家宝”物件的信息，也应及时记录。

(3) 将访谈内容与所学的历史知识进行对比分析。

(二)“传家宝”文物解读

拿到“传家宝”后，可以尝试从以下四个方面进行解读。下面以“20世纪80年代华南师范大学菜票”为例进行解释：

1. 文物中的图文内容所反映的历史信息，包括文物的年代、时代特征以及历史事件。可通过对文物细节的观察记录以及历史访谈的内容全面了解文物，并结合所学的历史知识与之相对照。

例：从菜票中可以认识到中国计划经济时代的社会生活，其产生与废止也反映出20世纪中国不同时期生产力与经济发展水平。图中的两张菜票为1980年入读华南师范大学的学生所有，一张面值为一角，可以在学校第三学生饭堂使用；一张面值为五分，可以在学校第一学生饭堂使用。菜票设计简单明了，主要材质为塑料，有着耐用、不易损坏、使用周期长、可循环利用的特点。菜票距离今天已经40余年，虽留下了岁月的痕迹，但总体而言保存完好，字迹、图案清晰，少有损坏。

2. 文物使用所反映的历史信息。历史物件有着一定的时代性，是一定时期生产力、社会发展的产物，其使用与废止也体现了时代的需要。

例：菜票的使用体现了中国一定时期的历史特征，其与粮票密切相关。菜票产生于新中国成立初期，当时中国社会百废待兴，生产力低下，物资极度匮乏，粮食无法正常供应，加之以单一的公有制计划经济为主导，国家对于社会生活所需要的物品凭票供应。高校学生的吃食同样也是由国家统一安排，最早采用的是一次性票，饭菜不分，到了70年代饭票与菜票开始分离。

一般而言，男生紧张，女生宽裕，如有剩余可到农贸市场上去换取鸡蛋。经过40来年的努力，我国生产力水平获得了极大的提高与发展，社会物资供应相对充足，加之改革开放后中国特色社会主义市场经济目标确立，计划经济时代结束，饭菜票与粮票一道基本完成了它们的历史使命，逐渐淡出高校学生的视野。

3. 文物持有者或使用者所经历的历史事件。对于文物持有者或使用者而言，文物中所反映的历史事件是他们经历的一部分。从文物出发，了解社会上普罗大众是如何经历与看待历史事件的，也能深化对历史事件的理解。

例：菜票使用者是1980年入读华南师范大学的学生，能顺利通过高考入读高校与1977年恢复高考改革有关。据使用者口述，当年整个广东省佛山市三水区能考上大学的普通学生不多，大学入学时还是区教育局派车把他们几位学生送到华师，回想起来也是十分值得骄傲的事情。她是国家政策的受益者，在恢复高考不久，通过努力入读高校，实现成为教师的理想。与当下情况不同，那个年代大学覆盖率极低，时人大多选择中专，以求获得一技之长。而近20年来，能通过高考入读高校者快速增长，这是教育的进步，也是时代的发展。

4. 文物及持有者或使用者的经历所折射出来的历史背景。文物持有者或使用者的经历同样也是一部历史，尤其是祖辈，见证了新中国的发展历程。从文物持有者或使用者的经历出发，了解其背后的社会状况。

例：饭菜票伴随着一代人的记忆，在那个物质缺乏的时代能吃饱穿暖绝非易事。但是在计划经济主导下，国家起码能够保证人民的日常所需，尤其是高校学生，基本生活问题是有保障的。但以今人视野观之，难免有几分悲情色彩，会去感叹过去生活之艰。只是社会进步并非一朝一夕之功，值得欣喜的是，改革开放以来，中国经济获得腾飞，“票证时代”已经成为历史。作为21世纪的学生，我们理应牢记曾经那段艰难岁月，立足当下，奋发图强，为实现中华民族伟大复兴的中国梦贡献出自己的力量。

（三）演讲稿

1. 字数在800字以上，标题自拟，不得抄袭，符合演讲稿基本格式规范。

2. 演讲稿内容须涉及“传家宝”文物解读的某一方面，并体现家国情怀。

3. 学会讲述故事。要求用通俗生动、简洁易懂的语言将故事的主人公以及故事前因后果交代清楚，内容真实、情感真挚，可加入自身对故事的思考与理解。

（四）PPT制作

1. 以10页左右为佳，背景美观简洁，字体大小适中，颜色协调，图片清晰。

2. 要素：

（1）“传家宝”文物介绍：文物照片、文物解读的某一方面。

（2）历史访谈情况介绍：历史访谈照片、访谈过程。

（3）探寻“传家宝”作业的收获与反思。

四、作业评价量规

<table>
<tr><th colspan="2">项目</th><th>一般</th><th>良好</th><th>优秀</th><th>学生自评（40%）</th><th>教师评价（60%）</th></tr>
<tr><td rowspan="3">“传家宝”文物（60分）</td><td>文物选择（10分）</td><td>文物的历史性不强，平平无奇（<6分）</td><td>文物能基本反映特定历史事件及历史背景（6～8分）</td><td>文物历史性突出，价值较高，发人深思（9～10分）</td><td></td><td></td></tr>
<tr><td>历史访谈（20分）</td><td>能大体完成访谈任务，但只设置了几个简单问题，缺乏深度，未能清晰梳理文物的历史脉络；缺乏访谈礼貌，存在打断受访者的现象（<12分）</td><td>基本完成访谈任务，问题设置完整，较好地引导受访者针对文物及其历史进行访谈，并做好相关记录；基本做到有礼貌；事后能及时整理相关材料（12～15分）</td><td>条理清晰地完成访谈任务，事先做好充分准备，问题设置体现一定梯度，访谈内容体现出浓厚的历史性，能依据实际情况随机应变；待人彬彬有礼；访谈素材完备（16～20分）</td><td></td><td></td></tr>
<tr><td>文物解读（30分）</td><td>能简单了解文物故事，但与历史知识结合有限，分析文物折射出的历史背景不够充分（<18分）</td><td>能从文物的图文、使用方法以及历史访谈中获取信息，简单分析文物及其使用者所处的时代背景（18～24分）</td><td>能从文物以及使用者两个方面获取历史信息，与所学的历史知识紧密结合，深入思考与之相关的历史事件以及时代背景，思路清晰详尽（25～30分）</td><td></td><td></td></tr>
</table>

（续上表）

项目		一般	良好	优秀	学生自评（40%）	教师评价（60%）
演讲稿（20 分）	基本规范（5 分）	字数较少，演讲稿格式较为混乱（<3 分）	字数基本达标，基本符合演讲稿格式要求（3～4 分）	字数达标，行文流畅，演讲稿格式规范（5 分）		
	信息量（10 分）	能简单叙述文物故事，信息量较少（<6 分）	能清晰地介绍文物及相关历史事件，信息量较大（6～8 分）	全面呈现文物解读四大方面的内容，细节安排合理，信息量大（9～10 分）		
	感染力（5 分）	叙述平淡，缺乏思考与感情升华（<3 分）	叙述有一定故事性，有一定的个人思考与感情升华（3～4 分）	叙述的故事性强，引人入胜，对文物及其背后的历史有深层次思考，体现出强烈的家国情怀（5 分）		
PPT 制作（20 分）	布局（5 分）	布局较为混乱，文字图片不突出（<3 分）	布局基本合理，文字图片较为清晰（3～4 分）	PPT 制作精美，背景与主题相关，文字图片清晰，比例适中（5 分）		
	要素（15 分）	只有简单的文物图片与介绍文字，研究过程以及个人思考欠缺（<9 分）	基本提及文物解读、历史访谈、个人思考三方面内容，结构较为完整（9～11 分）	完整呈现出文物解读、历史访谈、个人思考三方面内容，图文并茂，有较强的思想性与历史性（12～15 分）		
总分（100 分）						

本作业方案的设计向学生介绍了文物的收集、整理、研究和介绍等方法和流程，让学生对身边的历史文物有一个直观感性的认识。在所有的内容中，关键的还是“文物解读”部分的内容。该部分的内容向学生介绍了解读文物的四种切入角度，并以学校食堂的菜票为例说明如何运用这四种角度进行分析。因此，作业布置的重点是学法指导。

国庆假期结束后，我收齐了大部分学生的作业。多数学生做得比较认真，其中不乏让人眼前一亮的精品作业。我把优秀的作业进行了分类讲评，并沿着作业布置的思路，把学法指导作为分类和讲评的重点。

第一类是研究文物中的图文所反映出来的历史信息。例如，相当多的学生展示了钱币，当中有中国古代的铜钱，也有近现代的纸币。这些学生都能够较详细准确地描述钱币上的文字和图案，并且说明其含义。

第二类是研究文物使用的方法。例如，有学生展示了大量的粮票、食用油票、布票等，介绍了这些票证在当时是如何使用的；有学生展示了 2005 年的摩托罗拉折叠型手机，讲述了其基本功能以及跟当下智能手机的差别。

第三类是文物持有者或使用者所经历的历史事件，这部分的内容需要学生进行访谈才能获取相关资料。例如，有学生的家里保留了第一代人民币，那是曾祖父辈参与家乡运河建设所获得的报酬。有学生家里保留了一套医书，其曾祖父辈通过自学医书帮助了村里的不少人。

第四类是文物及持有者或使用者的经历所折射出来的历史背景。例如，有学生展示了其外婆与学生的合影照片。这是一群知识青年，反映了知识青年上山下乡的历史背景。有同学展示了 20 世纪 90 年代初祖父参加自学考试的学员证，反映了 20 世纪八九十年代对学历教育的重视。

通过这种分类的讲评的方法，既集中表扬了作业优秀的同学，也让所有的同学都知道自己与别人的差距和自身的不足。为了讲好这节讲评课，前期所做的工作还是非常多的，需要认真批改每份作业，然后对作业进行等级分类，最后为提高讲评的效率，还把学生的作业转换为统一格式并制作成课件。最后的讲评效果非常好，同学们都觉得有收获，个别没有交作业的同学后来都补交了。

《普通高中历史课程标准（2017 年版 2020 年修订）》设计了一门名为“史料研读”的选修课程。根据课程的要求，本次作业中大多数同学都对实物史料、口述史料和图像史料进行了研读。由于高二选修物理的同学不再接触历史科，无法系统地学习这门选修课程，但通过这份假期作业，他们能够掌握史料研读的基本方法，提高文科素养。

二、高中历史复习备考课的教学反思
——高中历史教材阅读的十种思维方法①

2021年和2022年，广东省普通高中学业水平合格性考试都安排在7月份，为此，我在6月上旬就完成了新课的教学，然后进入复习备考阶段。如何复习《中外历史纲要》？这是一个全新的课题。两册《中外历史纲要》教材的内容非常厚重，相关的优质配套练习题十分紧缺，这都是需要解决的难题。我想，掌握学习方法、充分利用教材、适当进行做题训练是最基本的三种思路。复习备考的第一课，我以《中外历史纲要（下）》为例，首先教给学生的是十种学习历史的思维方法。

第一是宏观思维，是指整体把握教材的内容，不要单纯一课一课地去阅读教材，起码要做到立足于整个单元去理解教材。具体的方法是——认真阅读理解每个单元前面的概述。例如，《资本主义制度的确立》前面的论述就帮助我们把握了整个资本主义发展的脉络："西欧封建社会后期，资本主义开始萌芽。14—18世纪，西欧相继发生文艺复兴、宗教改革和启蒙运动。……思想解放是社会变革的先导。17—19世纪，资产阶级在一些国家相继进行了不同规模、不同形式的革命或改革，确立资本主义制度。"这里告诉我们，资本主义制度不是几十年间通过几个重大事件就建立起来的，它历经四五百年的时间，在经济、政治、军事、思想等领域都发生系列的变革后才逐渐形成。我们要带着这种宏观的思维去仔细阅读教材，理解和记忆具体的历史事件。

第二是系统思维，是指把握好历史学科的体系结构，理解纷繁复杂的历史现象之间的逻辑关系。具体的方法是——认真阅读理解教材的目录。目录就是历史学家和教材编撰者为我们搭建的学科体系框架。例如，我们讲到20世纪的"战争与革命"，当中包括了四波的革命浪潮，分别与教材四课书的内容相对应：第一波革命浪潮是第15课《十月革命的胜利与苏联的社会主义实践》，第二波革命浪潮是第16课《亚非拉民族民主运动的高涨》，第三波革命浪潮是第20课《社会主义国家的发展与变化》，第四波革命浪潮是第21课《世界殖民体系的瓦解与新兴国家的发展》。沿着这个思路，我们可以进一步思考，殖民地和半殖民地人民、第三世界国家是如何反抗西方列强的侵略和剥削的？在20世纪之前和之后有哪些重大的现象？我们可以向前追

① 本文曾发表于《黄金时代》2024年第2期，有改动。

溯到第11课《马克思主义的诞生与传播》、第13课《亚非拉民族独立运动》，往后延伸到第23课《和平发展合作共赢的时代潮流》。这说明起码有7课是沿着同一主题和线索叙述的。我们要运用这样的思维才能建立起完备的知识体系结构。

第三是发展思维，是指我们要用变化的眼光去看待历史事物的发展进程。具体的方法是——前后对比分析教材对同一历史事物的不同表述，思考为什么会发生这样的变动。例如，第3课《中古时期的欧洲》对王权的加强持肯定的态度："封建社会初期，权力分散，王权软弱。……中古中后期，随着社会环境逐渐稳定，经济增长，西欧各国王权有不同程度的加强。英格兰国王在与贵族的斗争中强化权力，到15世纪晚期都铎王朝建立后，英格兰逐渐形成了较为强大的王权。法兰西国王借助通婚和征服等手段，击败各地封建主，逐步扩大王室领地，到15世纪晚期，基本完成了法兰西的统一，王权得到强化。15世纪末，在伊比利亚半岛形成的国家有西班牙和葡萄牙。这些王国为西欧民族国家的发展奠定了基础。"而到了第9课《资产阶级革命与资本主义制度的确立》，王权却成为了革命的对象："16—17世纪，英国资产阶级和新贵族在经济上日益强大，他们以议会为基地，向专制王权发起挑战。"根据唯物史观的原理，我们可以分析出欧洲封建王权从一股进步力量变成了落后的势力，原因就在于社会经济基础发生了变化。这就是教材所说的，"18世纪，法国专制制度严重阻碍资本主义发展，力量日益壮大的资产阶级迫切要求摆脱封建专制统治和等级制度的束缚"。缺乏了发展的思维，我们就无法理解为什么同一事物在不同的历史阶段会有不同的性质和表现。

第四是时空思维，是指我们必须结合时间和空间的定位来理解历史事物的发展。具体的方法是——阅读教材的时候要利用好教材和地图册中的地图。例如，我们学习《中古时期的欧洲》一课，首先要确定本课书的时空定位。"中古"是时间，"欧洲"是空间。教材把"中古"的时间确定为"5—15世纪"。根据教材的表述，中古欧洲的许多新的事物是从10—11世纪兴起的，因此我们又可以大致分为两个阶段，5—10世纪为第一个阶段，10—15世纪为第二个阶段。欧洲的地理区域可划分为西欧、东欧、中欧、北欧和南欧五大块。教材讲述中古欧洲的历史则分开西欧和东欧来叙述。把握中古欧洲的空间概念，尤其要充分利用地图。教材的相关地图主要有4幅——第3课的"6—7世纪的拜占庭帝国"和"俄国在欧洲和亚洲的领土扩张（至18世纪初）"，第4课的"阿拉伯人商业活动示意图"和"15—16世纪的奥斯曼帝国"。观看地图的时候，要注意确定东南西北的方向定位以及图示图标。时空思维的培养，意味着我们在思考论述问题的时候，不要笼统地说欧洲如何如何，而要明确什么时期的欧洲的某一区域如何如何。

第五是联系思维，是指我们要学会把不同的知识点进行对比分析。具体方法是——我们可以把同一单元不同课的知识点进行对比分析，也可以把《中外历史纲要》上下册教材的知识点进行对比分析。例如，《中外历史纲要（下）》第7课《全球联系的初步建立与世界格局的演变》指出，“15—16世纪是世界历史发展的重要时期。随着新航路的开辟，人类社会发生了深刻的变化”。而《中外历史纲要（上）》第18课《挽救民族危亡的斗争》则指出，“遭逢‘数千年未有之大变局’，晚清一批读书人逐渐认识到，唯有实行变法才能救亡图存。维新思想很快发展成爱国救亡的政治运动”。这两者表面上看起来关系不大，其实有内在的逻辑联系。尽管世界格局的变化一直对中国产生持续的影响，但中国人深切地感受到这种影响变化却发生在19世纪的后半期。通过不断地运用联系思维，我们就能够建立起更加完整的知识网络，深化对历史知识点的理解。

第六是微观思维，是指我们要精读教材。具体方法是——对教材的文字内容、图片内容、地图内容都要认真琢磨领会。例如，第6课《全球航路的开辟》提到“新航路开辟的动因和条件”，我们就得思考，为什么教材使用了“动因”而不是“原因”这个概念？“动因”“原因”和“条件”有何异同？又如，观看第12课《资本主义世界殖民体系的形成》中的漫画“英国殖民者在非洲的野心”，思考殖民头目罗得斯手里牵着的绳子代表着什么，这跟第二次工业革命有何关系？再如，通过对比第14课《第一次世界大战与战后国际秩序》中的“第一次世界大战后欧洲和中东领土变迁示意图”和第17课《第二次世界大战与战后国际秩序的形成》中的“1945年5月以后欧洲领土变迁示意图”，可见南斯拉夫的领土和名称发生了怎样的变化。微观思维在很大程度上表现为对细节的观察和把握能力。对待文字史料，我们要咬文嚼字，对待图片史料，我们要见微知著。

第七是发散思维，是指寻求多种思路来分析某个历史现象。具体方法是——从纵向、横向等多维角度去分析历史事物。例如，《十月革命的胜利与苏联的社会主义实践》一课提到“斯大林领导的建设社会主义的体制机制，后被称为‘苏联模式’”。苏俄政府从新经济政策转为苏联的斯大林模式是一个巨大的变化，如何解释这种变化就需要发散性思维。从纵向看，这跟俄国的历史传统有关，教材第3课《中古时期的欧洲》提到“1547年，伊凡四世正式加冕为沙皇。他颁布法典，改组中央机关，镇压大贵族，巩固和强化了中央集权”；从横向看，这与苏联跟资本主义国家的竞争相关，本课提到“十月革命沉重打击了帝国主义对世界的统治，极大地鼓舞了殖民地半殖民地人民的解放斗争，改变了20世纪的世界格局。从此，资本主义和社会主义两种制度的并存与竞争，成为世界历史的重要内容”。发散思维在历史学习中应用范围很广，如立体思维（多个角度去思考一个事物）、组合思维（多个层面去思考一个事物）、逆向思维（从相反方向去思考一个事物）等都属于发散思维。灵活地运用发散思维，能够给历史学习带来更多的思考乐趣。

第八是实证思维，是指通过史料来重现历史真实的态度与方法。具体做法是——区别教材中的史料和观点，理解如何通过材料来论证观点。例如，第18课《冷战与国际格局的演变》的正文中提出了一个观点："苏联极其关心自己的安全，特别是西部边界的安全。"能够印证这个观点的是教材"学思之窗"提供的一则史料："波兰问题对于俄国人不仅仅是个荣誉问题，而且是个安全问题……因为苏维埃国家一些极为重要的战略问题都与波兰有关……波兰问题对苏维埃国家来说是一个生死攸关的问题。"（《1945年2月斯大林在雅尔塔会议上的讲话》）同时还要区分直接史料和间接史料，教材为了帮助学生理解这个观点提供了一幅地图"第二次世界大战后波兰领土变迁示意图"，这属于间接史料。

第九是形象思维，是指通过想象力来重现历史场景。具体做法是——通过教材的图片和描述，想象历史人物的形象、言行以及历史事物发生的具体场景。例如，第10课《影响世界的工业革命》引用了英国作家狄更斯在小说《艰难时世》中的描述："这是个到处都是机器和高耸的烟囱的市镇，无穷无尽的长蛇般浓烟，一直不停地从烟囱里冒出来……镇上有一条黑色的水渠，还有一条河，这里面的水被气味难闻的染料冲成深紫色，许多庞大的建筑物上面开满了窗户，里面整天只听到嘎啦嘎啦的颤动声响，蒸汽机上的活塞单调地移上移下，就像一个患了忧郁症的大象的头。"这些描述，不但要读懂，而且在脑海里要形成相应的画面，进而深入理解工业革命所造成的一系列严重的社会问题。

第十是抽象思维，是指使用概念术语来把握事物的本质特征。具体做法是——理解和运用教材中的重要概念术语和唯物史观基本原理来分析具体的史实。例如，第19课《资本主义国家的新变化》一课包含了大量的唯物史观的分析方法，我们在学习的时候不宜从概念到概念，从原理到原理，应该把概念原理的学习与具体的历史现象结合起来思考。如根据生产力决定生产关系原理，我们就得思考，二战后资本主义国家的生产力有哪些变化？由此又带来了生产关系的哪些变化？教材明确指出，"科学技术的发展包括原子能的开发利用，电子计算机的发明和互联网的建立，空间技术和海洋技术的迅速发展，各种新材料的出现，生物工程技术的突破等。这些新的科技成果使社会发展进入信息时代，劳动方式日益自动化和智能化，极大地推动了社会生产力"，这是属于生产力的变化。教材又指出，"另一个重要变化是所谓

‘中间阶层’的人数增加。他们一般不拥有生产资料，但有较高的收入，有可观的生活资产，如住房、汽车、股票等。20 世纪 80 年代，发达国家中间阶层的发展趋于稳定，保持在人口比例的 25% ~30%”，这是属于生产关系的变化。历史学习，既要有理论思维，又必须要有结合史实的理解和记忆。

以上分析十种历史思维所举的例子，我在新课的讲授中都有详细的讲述。在复习备考阶段强调这十种思维方法，目的是重申阅读教材的方法。我们常说重要的事情要说三次。其实在中学教学中，重要的事情说三次恐怕远远不够，需要经常说、反复说才有效果。通过期末的梳理总结，再次强调阅读教材的重要性、掌握正确高效的学习方法的重要性，比大量地刷题更为关键。

三、我做广州高考一模题

——在试题讲评中培养学生的历史解释能力

最近几天，接连几名高二的学生来找我，问我广州 2023 年高考一模题第 19 题第（2）问应该怎样回答，说从来没有见过这类题目，完全找不到解题的思路。今天，我干脆给他们做了一个小讲座，讲了我的答题思路。

例 18 –1　（2023 年广州高考一模第 19 题）

19. 学者围绕“近代荷兰经济的发展”这一主题展开研究。下表是关于能源与近代荷兰经济发展关系的观点。阅读材料并结合所学知识，完成下列要求。(12 分)

材料

观点	史实
泥炭说	16—17 世纪上半期，荷兰埋藏较浅的泥炭被大量开发，且运输便利，使得酿酒、蒸馏、制陶等工业能够充分发展 17 世纪后期，较深层泥炭开采的成本上升 18 世纪，荷兰经济出现衰退时，依然有大量的泥炭资源可供开采
泥炭、煤炭混合说	17 世纪，荷兰每年进口的煤炭平均数是 65 000 吨。这些进口的煤炭约占国内泥炭提供能耗的 2/5 18 世纪，荷兰的泥炭产量逐步减少，泥炭价格稳定上升，煤炭竞争力加强，煤炭的使用和泥炭变得大致相等 1863 年，荷兰煤炭消费税被废除后，泥炭总消费从 1863 年占全国能源消费的 50% 下降到 1865 年的 38%

——据金德尔伯格《世界经济霸权（1500—1990）》等

(1) 指出材料中两种观点的共性，并分别概括两种观点的论据。(6 分)

(2) 围绕“近代荷兰经济的发展”这一主题，评析上述学术研究的价值。(6 分)

这道题目其实是从能源的角度解释了荷兰经济发展的原因，提出了两种学说，要评述其学术研究的价值，就应该从“历史解释”本身所具有的本质属性切入思考。

历史解释的第一个属性是主体性。主体性是指“人”是历史实践的主体，同时也是历史认识、历史理解和历史解释的主体。所有的历史著作都是人写出来的，所有的历史观点都是人提出来的。《普通高中历史课程标准(2017 年版 2020 年修订)》指出：“通过一些史学家对同一史事的论述，了解史学家对历史的论述会有不同的解释与评判，并分析造成不同解释与评判的主要因素。”这说明历史学家总是力图从不同的角度、运用不同的方法来解释历史现象。历史学家提出的解释不一定是正确和合理的，但所有的解释都有存在的价值。从这个角度看，这道题目的第一个答案是：

学术研究的思路和方法是多样的，本研究从能源开采和使用的角度切入，为研究荷兰经济发展提供了一种合理的解释。

历史解释的第二个属性是叙述性。《普通高中历史课程标准（2017 年版 2020 年修订)》指出：“所有历史叙述在本质上都是对历史的解释，即便是对基本事实的陈述也包含了陈述者的主观认识。”历史叙述是历史解释的基础，也是最基本的历史解释。为什么这样说？因为所有的叙述都是带有人的主观性的，带有主观性的表述都属于解释的范畴。例如，全班同学针对某一事件，每人各写一篇记叙文，最终的结果肯定不同。他们对同一事件的选材、描述的侧重点各不相同，其实就是我们对事件的理解和解释的不同。这道题目的两则材料，都根据时序的规律对泥炭使用或者泥炭、煤炭混合使用的过程做了叙述，这本身就是非常好的一种解释。从这个角度看，这道题目的第二个答案是：

无论是泥炭说还是泥炭、煤炭混合说，本研究都按照时间的顺序梳理了荷兰能源使用的历程，这使我们对这一史事的发展脉络有清晰的理解。

历史解释的第三个属性是价值性。价值观在很大程度上决定着历史解释主体所采取的立场、观点和方法，不同的价值观念指导下必然会产生不同的解释结论。例如，2013 年广东省的一道高考题问：“历史认识受到哪些因素的影响?”答案是“认识者的立场、思想观念、所处时代环境等”。而同年上海的一道高考题问“对于鸦片战争，有人称为中英战争，有人称为通商战争，也有人称为夷匪犯境。其中淡化了历史认识中价值判断的表述是（　　）”。这都说明，由于解释者的价值立场、思想观念的不同，必然会导致解释结果的不一样。《普通高中历史课程标准（2017 年版 2020 年修订）》指出，“以唯物史观为指导，对人类历史发展进行科学的阐释，将正确的思想导向和价值判断融入对历史的叙述和评判中”，因此我们要处理好历史解释与价值判断之间的关系。从这个角度看，这道题目的第三个答案是：

> 本研究遵循了唯物史观的基本原理，从生产力（生产资源）的角度解释荷兰经济发展的原因，为解释荷兰经济发展的原因找到了有力的证据。

历史解释的第四个属性是时代性和社会性。历史解释的主体不是抽象的人，而是具体的人，同时，历史解释的主体也不是孤立的人，而是社会中的人。作为具体的人，不同的历史解释者之间存在着学识、阅历、性情的差异；而作为社会中的人，他们又存在着阶级属性、国家属性、民族属性和时代属性的差异。这意味着在研究历史解释的时候，既要关注解释者的个体性，也要关注解释者所体现出来的社会性和时代性。一般说来，一个人有可能超越其阶级属性和民族属性，但不可能超越其时代属性。恩格斯在《自然辩证法》中指出：“从历史的观点来看，这件事也许有某种意义：我们只能在我们时代的条件下进行认识，而且这些条件达到什么程度，我们便认识到什么程度。”《普通高中历史课程标准（2017 年版 2020 年修订）》提出了“学术情境”这个概念，也有助于我们理解这个问题。学术情境就是指历史学家是在什么样的历史背景、社会背景、时代背景甚至是其家庭背景、学历背景、身体健康背景下得出这个观点结论的。具体到本题，其中一个重要信息点就是材料的出处——“金德尔伯格《世界经济霸权（1500—1990）》”。这说明金德尔伯格撰写这本书的时间起码是在 1990 年以后。1990 年是个什么年代？我们可以从这个切入点思考本研究的价值。从这个角度看，这道题目的第四个答案是：

> 从时间上看，本研究应该是完成于 1990 年之后，在这一时期，能

源问题仍是困扰人类经济发展的大问题。研究者从能源的角度探索其对经济发展的影响，有较强的现实意义。

其实，广州高考一模的答案是正确规范的，我所做的工作只是把它进一步细化而已。此外，通常我们并不要求学生能够回答出 4 个方面，只要回答出其中任意的 3 个方面就可以了。综上所述，我把本题的答案做出如下设计：

学术研究的思路和方法是多样的，本研究从能源开采和使用的角度切入，为研究荷兰经济发展提供了一种合理的解释。

无论是泥炭说还是泥炭、煤炭混合说，本研究都按照时间的顺序梳理了荷兰能源使用的历程，使我们对这一史事的发展脉络有清晰的理解。

本研究遵循了唯物史观的基本原理，从生产力（生产资源）的角度解释荷兰经济发展的原因，为解释荷兰经济发展的原因找到了有力的证据。

从时间上看，本研究应该是完成于 1990 年之后，在这一时期，能源问题仍是困扰人类经济发展的大问题。研究者从能源的角度探索其对经济发展的影响，有较强的现实意义。

（回答其中一点得 2 分，总分不得超过 6 分。学生言之成理，可酌情给分。）

最后，我跟学生说："根据定义，'历史解释是指以史料为依据，对历史事物进行理性分析和客观评判的态度、能力与方法'。这说明历史解释不仅仅是能力和方法，同时也是一种态度。这对我们的要求是——解释历史问题的时候要充分发挥人的主观能动性，做到'不为尊，不为上，不盲从'。我今天跟大家说了历史解释的四方面价值，这不一定是完整的、正确的认识，你们还可以在此基础上继续思考，提出第五、第六甚至更多方面的价值。"

四、从 2023 年高考历史科北京卷第 8 题想到的
——谈根据课程标准和教材进行教学设计和命题的方法

2023 年高考已经结束，据说历史科北京卷第 8 题为：

例 18－2　1954 年，政务院发布通知，要求政府机关人员"在每天上午

和下午的工作时间中各抽出十分钟做工间操”。随后，国家体委也公布并推行了第一套少年广播体操和儿童广播体操，很快成为中小学生每日必做的早操和课间操。这表明

A. 政府意在减少劳动和学习时间　　B. 竞技体育精神深入社会各行业

C. 民众逐渐接受了休闲娱乐观念　　D. 政府高度重视增强民众的体质

我认为这是一道依据课程标准和教材来命制的好题。题目的依据应该是高中历史选择性必修2《经济与社会生活》中的第六单元《医疗与公共卫生》的内容。课程标准的相应要求是：“了解现代医疗卫生体系的建立、发展及其对社会生活的影响。”教材的相应表述是：“中华人民共和国成立以来，党和政府把公共卫生事业当作一件大事，将保护人民的生命安全和身体健康放在首位，发动群众，开展形式多样的清理环境、预防疾病、保护健康的爱国卫生运动。它体现出我国卫生工作的鲜明特色，有助于人民群众养成文明卫生的生活方式。”

教材的表述概括性很强，试题通过具体的历史事件把教材的表述情境化了，便于学生想象和理解，属于比较典型的情境命题。受本题的启发，我想到了两个问题：

第一个问题是我在2021年6月18日曾经发过的一条微信朋友圈，内容就是与第一套广播体操相关的：

> 1951年11月24日第一套成人广播体操公布后，一件此前从未有过的事逐渐变成中国人日常生活的一部分：每天早晨广播喇叭一响，亿万人随着有节奏的乐曲做操。
>
> 广播体操在当时有多重要，从下面这件小事可见一斑。第一套广播体操的诞生甚至比全国体育总会的正式成立还早7个月，成立的当天，国家邮政发行新邮票“广播体操”，将所有动作拆解后印在40张邮票上，以这种形式向全国普及。值得注意的是，邮票上的人物形象是一个短袖短裤的健康女性形象，暗示了近代以来两个主题的融合：民族的拯救有赖于女性和身体的解放。

这段文字摘抄自书评人维舟的文章《为中华之崛起而做操》①。这段材料十分有趣，对材料的提炼角度也非常特别，对一套普通的邮票做了“身体解放”和“女性解放”两个方面的解读，并且上升到“拯救民族”这个宏

① 维舟. 一只脚踏进后现代［M］. 南京：南京大学出版社，2020.

大主题。

1952 年 6 月 20—24 日，中华全国体育总会成立大会在北京举行。会议选举朱德为中华全国体育总会名誉主席，马叙伦为主席。会议听取了荣高棠《为国民体育运动的普及和经常化而奋斗》的报告，通过了《中华全国体育总会章程》。毛泽东为该会题词："发展体育运动，增强人民体质"。朱德题词："普及人民体育运动，为生产和国防服务"。1952 年 6 月 20 日，第一套广播体操邮票发行。

这套邮票的发行堪称是世界邮票发行史上的奇迹。一个国家居然把一套广播体操的动作拆解后印制在 40 枚邮票上，可见当时邮票这个媒介的影响力有多强，也可见当时国家对这套广播体操有多么的重视。一套邮票总共 40 枚，这个纪录在中国邮政史上也保持了 47 年，接近半个世纪，直至 1999 年发行了 56 枚一套的《中华人民共和国成立五十周年——民族大团结》邮票，才打破了这一纪录。

历史科的命题，素材和立意是至关重要的两个要素。拥有了好的材料后，我们就可以考虑从哪些角度切入提问。下面是我想到的三个例子：

例 18 - 3 1952 年 6 月 20 日，中华全国体育总会成立大会在北京召开，同日，中国邮政发行了一套 40 枚的成人广播体操邮票（下图为其中的 4 枚）。邮票的人物形象是一个穿着短袖短裤的健康女性，分别展示 40 个体操动作。如果学校以这些历史事件和邮票资料为题材设计一个宣传栏，你认为这个宣传栏最合适的主题是

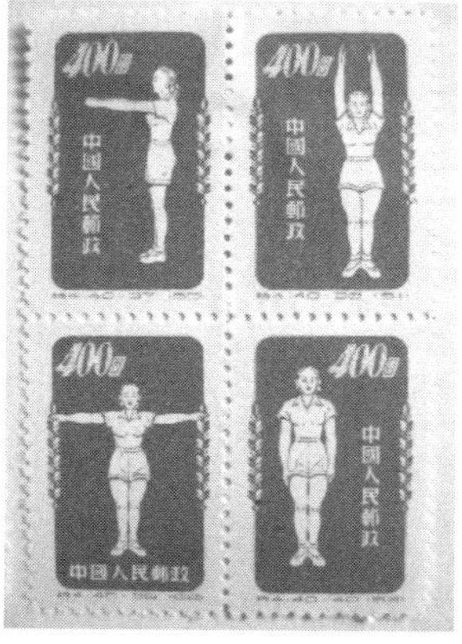

A. 发展成人广播体操运动　　B. 解放身体，解放女性

C. 向"东亚病夫"说不　　D. 拯救国家，拯救民族

例 18 - 4 1951 年 11 月 24 日，中国公布了第一套广播体操。1952 年 6

月20日，中国邮政为这套广播体操发行了一套40枚的邮票（下图为其中的4枚），这是新中国发行的第一套体育题材邮票，有力地推动了广播体操在中国的普及。此后，每天早晨广播喇叭一响，亿万人随着有节奏的乐曲做操。这起事件说明了

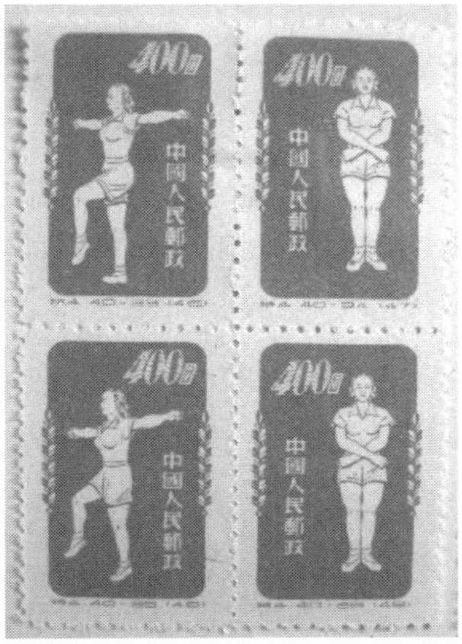

A. 邮票是普及广播体操的主要渠道

B. 政府大力倡导体操运动和集邮爱好

C. 新中国的体育运动从广播体操起步

D. 中国的公共卫生事业民族特色鲜明

例 18－5　1951年11月24日，中国公布了第一套广播体操。1952年6月20日，中国邮政为这套广播体操发行了一套40枚的邮票（下图为其中的4枚），邮票的人物形象是一个短袖短裤的健康女性，分别展示40个体操动作。这事件表明中国政府

A. 推广普及新式的运动服装
B. 提高女性在社会生活中的地位
C. 倡导养成文明卫生的生活方式
D. 把女性健康放在卫生工作的首位

［参考答案］

例 18－3 B；例 18－4 D；例 18－5 C

第二个问题是我想起了我在 2022 年初命制的一道题目。这道题目的立意也是新中国成立后，中国政府把爱国主义与全民卫生运动结合起来，大力倡导人民群众养成文明卫生的生活方式：

例 18－6 《卫生的现代性——中国通商口岸健康与疾病的意义》是美国学者罗芙芸以天津为研究对象撰写的一本影响较大的学术著作。阅读她的主要思路、论点和论据，回答问题。

材料：（略）

请回答：

1. 根据上述材料，指出在中国古代、晚清和民国期间、中华人民共和国成立后，“卫生”这个术语各有什么含义。

2. 根据上述材料，指出“卫生”这一事物从哪些方面对中国社会产生了影响。

3. 根据上述材料，归纳出罗芙芸的主要研究方法。（不少于 3 点，不得摘抄原文）

［参考答案］

1. 中国古代的“卫生”是指养生之道。晚清民国的“卫生”是指政府对人民的健康提供服务和监控。中华人民共和国建立后，“卫生”这一术语与爱国、民族振兴结合起来。

2. 由政府来统筹社会资源服务人民的身体健康；有足够的基础设施提供服务；有足够的现代医疗技术提供服务；人民对待健康的思想观念发生了变化；人民对待健康的生活习惯发生了变化。（答出 3 点可给满分，言之成理也可给分）

3. 梳理时间发展脉络，按时间顺序把中国人对卫生的认识过程和实践成果整理出来；确立空间定位，以天津为切入点，研究中国近现代卫生事业的发展；史料实证，通过引用谚语、调查数据等材料论证观点；历史解释，通过中华人民共和国成立后的成就把卫生运动与爱国主义结合在一起；语言文字分析，通过研究“卫生”的含义变化来反映中国人思想观念的变迁。

（答出3点可给满分，言之成理也可给分）①

这道题目的资料来源是一本医疗学名著——《卫生的现代性——中国通商口岸健康与疾病的意义》（［美］罗芙芸著，江苏人民出版社），先后有2007年和2021年两个版本。

我命制的这道题目，核心立意是对“爱国卫生运动”这个概念的阐释。教材说得很清楚，新中国成立后，中国政府“发动群众，开展形式多样的清理环境、预防疾病、保护健康的爱国卫生运动。它体现出我国卫生工作的鲜明特色，有助于人民群众养成文明卫生的生活方式”。这句话最重要的概念就是“爱国卫生运动”，最主要的观点就是“有助于人民群众养成文明卫生的生活方式”。为帮助学生理解好教材，我们可以使用不同的材料，但不宜完全脱离教材去另起炉灶，利用学生完全不熟悉的领域和材料来命题。

依标教学、依标命题并非一个新的理念，早在21世纪初的课程改革中就已经被明确提出，我认为今天仍然需要大力奉行并且落实到位。中学生能够达成课程标准的要求，理解清楚教材的内容已经非常不容易。因此无论是教学还是命题，我们开发丰富的课程资源都是为用好课标、学好教材服务的。阅读2023年不少的高考题，不少题目都是沿着这个路径走的，这是一个可喜的现象。

五、高考命题会考地方史的内容吗？

——处理国家课程与地方历史资源关系的反思

在讲授高二历史选择性必修1《国家制度与社会治理》第17课《中国古代的户籍制度与社会治理》时，我给学生设计了一个探究问题：“中国古代国家政权对乡村社会管理的力度究竟有多大？”回答这个问题，需要有相应的情境材料。没有材料，学生无从探究；缺乏情境，学生难以理解。我于是给学生讲述了广东省两个村子的故事。

一个是广州市从化区太平镇钱岗村，该村主要为南宋宰相陆秀夫的后裔所建。2022年春节前夕，我去到这个村子游玩。当时还是疫情期间，基本看不到游人，我可以很自在地拍下大量照片。该村的重点建筑之一是陆氏广裕宗祠，2006年被列入第六批全国重点文物保护单位。我给学生讲陆氏广裕祠，是为了说明这曾经是一个宗族力量很强、很集中的村落。

① 黄牧航．高考历史科“三维立体命题框架”命题研究［J］．中学历史教学参考，2022（4）：4－10.

另一个是河源市龙川县佗城镇佗城村，全村2 000人，却有140个姓氏，被称为“中华姓氏第一村”，相传村民都是当年驻扎在百越的秦始皇军队的后裔。我给学生讲佗城村，是为了说明这曾经是一个宗族力量比较分散的村落。

讲课至此，有个学生突然问我：“高考会考地方史吗?”听到这个提问，我隐约感觉到部分学生的不耐烦，认为我讲课跑题了。我于是明确跟学生说：“高考命题会考地方史。”

近日跟高三学生交流，又有一名学生提出同样的问题：“高考会考地方史吗?”面对准备参加高考的学生，我觉得不能够笼统地说会还是不会了，需要较详细地分析一下这个问题。

我跟学生说，高考命题是会命制地方史的内容的，但如果严格按照相关文件要求，命题不会单纯地为考地方史而考地方史，地方史的考查都是为了国家民族的宏大叙事服务的。因此无论是做选择题还是非选择题，如果碰到地方史的内容，都应该从宏观叙事的角度去思考。

在学术研究中，“地方史”“地域史”“区域史”等概念的定义很多，且内容多有重叠之处，并不容易界定，但我认为这些概念的本质都指向了“微观史”。微观史是相对于宏观史而言的，两者相辅相成。微观史的研究如果不跟宏观史结合起来，会极大地限制研究的视野；而宏观史的研究如果脱离了微观史，其结论的根基就会很薄弱。《历史学宣言》指出：

> 微观史若不与更大的历史叙事相联系，不明确交代自身的研究想要推翻什么、坚持什么，那就很容易被人称为好古癖。我们希望复兴的是这样一种历史，它既要延续微观史的档案研究优势，又须将自身嵌入到更大的宏观叙事，后者要采信多种文献数据。这样，历史上实实在在的个体生命所经历的事件依旧会为我们提供令人震撼的、丰富的历史信息，依旧值得史学家去反思、回味、分析和评述，但此时的历史背景却被大大拓宽了。当然，我们也不必把长时段历史叙事中的每一个链条都联系到微观史的细节；只需把历史事件排成一个序列，有重要的细节做支撑，然后放到一个大的框架中，这样，既能凸显历史的连续性，又不忘具体历史事件的细节。①

回到中学历史教学，我查阅了《普通高中历史课程标准（2017年版

① 古尔迪，阿米蒂奇．历史学宣言［M］．孙岳，译．上海：格致出版社，2017：150－151.

2020 年修订)》，发现其中对“地方”“地域”“区域”等概念都有提及。其中“地方”提及 17 次，“区域”提及 5 次，“地域”提及 1 次。由此可见，课程标准对地方史、区域史和地域史的学习是有要求的。我们需要进一步研究：这些要求具体指的是什么？

课程标准对“地方史”的要求最多，共有 17 处，可分为两类，第一类是中央与地方的关系，详见活动主题“探讨中国古代历史上中央与地方的关系”；第二类是文献史料研读的内容，包括“地方史志”。这两个要求都不是为地方史而学习地方史，而是跟宏观叙事结合起来。前者是央地关系，后者是史料的分类。

课程标准对“区域史”的要求有 5 处，指向的问题分别是“民族交融”“古代文明的产生与发展”“中古世界的多元面貌”“全球联系的建立”和“多样发展的世界文化”。

课程标准对“地域史”的要求只有一处，选择性必修 3《文化交流与传播》中指出：“不同地域上生存的人类相互有了接触，便有了文化的交流与传播。”可见，学习不同的地域历史还是为了强调从全球角度看待地域之间的文化交流。

从上述分析可见，课程标准关于“地方（区域、地域）史”的学习目标最终大都指向了宏大主题，单纯的“地方（区域、地域）史”并不存在。“地方（区域、地域）”这个微观角度还是服务于“国家、民族、世界、人类”的宏大叙事的。

“地方（区域、地域）史”的研究和学习是否必须指向宏观叙事？当然不是！如有学者指出，在区域史研究中，以国家为主体的历史解释和以个人为主体的历史解释在思路和结论上都大不相同。① 到底哪种解释更加合理？这属于学术上的争论。

通过不同的角度切入来解读地方史，学术上的观点非常多，远不止上述的两种，但高中历史课程标准无疑强调以国家民族为主体的叙事解释。我的理解是——教学和命题中可以有地方史的内容，但目标都需要为国家民族的叙事服务，单纯为学习地方史而学习地方史的教学和评价并不适宜。在考试命题中，比较典型的例子是 2023 年全国新课标卷第 43 题：

例 18－7　阅读材料，完成下列要求。（12 分）

中华文明在五千多年不间断发展的历史进程中，融汇各地域文化的涓涓

---

① 刘志伟，孙歌．在历史中寻找中国：关于区域史研究认识论的对话［M］．上海：东方出版中心，2016：20.

细流，内涵不断丰富，影响逐渐扩大，形成“六合同风，九州共贯”的气象。

选择一个地域，结合所学中国古代史知识，以具体史实阐述该地域对于中华文明发展的贡献。（要求：选择的地域与史实须相互吻合，表述清晰，观点正确。）

这道题目就是典型的地方史与民族叙事的结合。学生可以论述全国任何一个地域，但最终都要回归到中华民族发展这个宏大主题上来。当然，在历年的高考试题中，有很多的题目并不是这样做的，我也只能表示遗憾了。

回到前面《中国古代的户籍制度与社会治理》一课的内容，我给学生讲述广东的陆氏广裕祠和佗城村，主要不是为了进行地方史的教学，而是为了服务教材中“历代基层组织和社会治理”的内容要求。营造这两个情境，是为了提出一个问题——“有学者认为中国古代基层治理的真相是‘皇权不下县，县下惟宗族’，而有的学者则认为真相是‘县下惟编户，户失则国危’。你认同哪个观点?”我营造的两个情境，分别对应了这两个观点，似乎两个观点都能够成立，这给学生带来了一个思维悖论，需要深入进行思考和讨论。对课程标准和教材中的这个内容，全国各地的老师都有自己的地方史料资源，也都可以在教学和命题中充分利用起来，但需要注意的是，教学和命题的归宿最终都应该服从于国家和民族叙事。因为教材详细地讲述了乡里制度，我最终给了学生一个结论：“乡里制度是国家统治制度的组成部分，是王朝国家权力体系在县级以下的表现，是‘下县的皇权’。”

中学历史教学与评价中的地方史，属于“小地方，大历史”的解释范畴。其基本的教学与命题原理是——“小地方的历史蕴含于对国家话语的深刻理解之中，与此相一致，大历史也可以在区域社会中全息地展示出来，正是有这样的‘大与小’的关系，才体现出小地方建构大历史的功能。”① 因此，高考命题中会出地方史的题目，只是命题的思路可能与我们原先想象的不太一样。

① 行龙. 区域社会史研究导论［M］. 北京：中国社会科学出版社，2018：84.